本书出版得到中国社会科学院出版基金资助
中国社会科学院重点课题　课题号：YZDN

中国产业政策变动趋势实证研究

The Empirical Analysis of Chinese Industrial Policy Changing Tendency

2000~2010

赵　英 / 主　编
倪月菊 / 副主编

经济管理出版社

图书在版编目（CIP）数据

中国产业政策变动趋势实证研究（2000~2010）/赵英主编. —北京：经济管理出版社，2012.8
ISBN 978-7-5096-2060-1

Ⅰ.①中… Ⅱ.①赵… Ⅲ.①产业政策—研究—中国—2000~2010 Ⅳ.①F120

中国版本图书馆 CIP 数据核字（2012）第 171057 号

组稿编辑：邱永辉
责任编辑：邱永辉
责任印制：黄　铄
责任校对：超　凡

出版发行：经济管理出版社
　　　　　（北京市海淀区北蜂窝 8 号中雅大厦 A 座 11 层　100038）
网　　址：www.E-mp.com.cn
电　　话：(010) 51915602
印　　刷：三河市延风印装厂
经　　销：新华书店
开　　本：787mm×1092mm/16
印　　张：18.25
字　　数：428 千字
版　　次：2012 年 9 月第 1 版　2012 年 9 月第 1 次印刷
书　　号：ISBN 978-7-5096-2060-1
定　　价：49.00 元

·版权所有　翻印必究·

凡购本社图书，如有印装错误，由本社读者服务部负责调换。
联系地址：北京阜外月坛北小街 2 号
电话：(010) 68022974　邮编：100836

前 言

20世纪80年代，"产业政策"进入中国政府、学术界、企业界的视野，并逐步成为人们关注的热点。为了从政策制定、操作角度弄清楚产业政策制定与发挥作用的机理与框架，中国政府和学术界先是从日本"取经"，了解当年日本政府是如何做的，日本学术界对产业政策的研究成果也被翻译过来。笔者至今对国家计划委员会组织的一场产业政策报告会记忆犹新。一位日本通产省的退休官员在会上侃侃而谈，与会者兴趣浓厚，不时发问。在借鉴与研究日本经验和理论的同时，中国政府、学术界也开始根据中国国情对产业政策进行研究，从具体产业政策制定到产业政策存在的理论基础均进行了深入研究。20世纪80年代中期到90年代初期，形成了产业政策研究的热潮，成果颇丰。

这一时期，对产业政策的研究基本上是沿着两个方向进行的。其一是从经济理论角度对产业政策进行的规范研究。当时这类研究成果颇多。其二是从产业政策在中国的制定与执行角度进行的实证研究。当时在中国社会科学院工业经济研究所支持下，笔者主持的"中国产业政策实证研究"（最终成果为《中国产业政策实证分析》一书）就属于这类课题。该课题对产业政策的制定过程、战略重点、政策工具的使用、产业政策的绩效等方面进行了深入分析，对20世纪90年代中国产业政策的形态进行了系统的论述。

20世纪90年代后期以来，虽然产业政策已经成为政府最常用的经济政策手段，并且得到了外国政府的高度关注，中国政府官员对产业政策的制定下了很大工夫，也在有关产业范围内取得了不少研究成果，但学术界对产业政策的研究却相对沉寂。其实，从20世纪90年代后期至今，中国产业政策发生了巨大转变，产业政策形态愈加丰富；产业政策影响力越来越强；产业政策手段的运用愈加熟练；产业政策制定的规则与理念发生了巨大变化。中国在产业政策方面的丰富实践，值得予以研究和总结。从某种意义上说，中国的产业政策实践，对于世界也具有相当价值。作为以产业政策为研究方向的研究人员，自20世纪以来，笔者一直从事产业政策的研究，并亲身参与了许多重要产业政策的制定与咨询，对产业政策制定的实态有很深的体会，对产业政策的转变有较深的认识。因此，笔者提出对21世纪初中国产业政策演变趋势进行实证研究，并得到了中国社会科学院的支持，列为院重点课题。本书就是该课题的最终成果。

前后两个产业政策实证研究课题，实际上构成了对中国产业政策演变长达20年的跟踪研究。由于是对同一重大问题的跟踪研究，因此，本书在研究方法、研究框架、研究重点上，基本延续了《中国产业政策实证分析》一书中体现的研究方法、研究框架、研究重点。但是，光阴荏苒，中国产业政策在持续变化，我们对产业政策的认识也在变化，从事这一课题的研究队伍构成和知识结构也发生了很大变化，因此本书与上本书相比，有了如下改进：

首先，对于产业政策的基本认识与理论分析有了一定的突破。上一本书主要从市场失灵及发展中国家视角对产业政策的存在合理性进行了论述，本书则从宏观经济调控、宏观经济体制乃至经济哲学的角度，对产业政策的作用与存在合理性进行了探索。

其次，产业政策既是一种经济政策，也具有公共政策的属性。本书把产业政策作为一种公共政策进行了分析与研究，为产业政策研究提供了新视角，为改进产业政策制定提供了技术上的参考。

再次，本书更加重视财政政策、金融政策、产业技术政策等在产业政策体系中的作用，重视对这些政策进行深入的分析，在分析的深度上也超过了上一本书。

最后，本书对20年来中国产业政策的变动演进趋势进行了总结与分析，由于这种总结与分析是建立在对中国产业政策20余年跟踪基础上的，因此对学术界研究认识中国的产业政策，乃至认识中国经济政策的演变具有参考价值。

当然，本书也有不尽如人意之处，如对产业政策绩效的定量评估就没有取得进展，只能有待后来者了。

产业政策关系到政府在经济发展中的决心、意志和选择，关系到各个利益集团之间的博弈。严格地说，产业政策研究应当建立在政治经济学基础上，发达国家学者也往往将其作为政治学或公共政策的一部分加以研究。对产业政策历来争议不断（从理论到实践），国际、国内皆如此。本书的某些观点也会引起批评和争论。批评和争论，能够推动对产业政策更深入的思索和研究，本书的作者们表示欢迎与期待。

经济学家从实证角度对现实经济进行的研究，实际上都是从不同角度在撰写经济史，希望本书不仅对政府改进产业政策的制定、提高产业政策的绩效有借鉴意义，对后来者研究中国这一段经济史也有所帮助。

赵 英

2012年7月21日

目 录

绪 论 ··· 1
 一、本项研究的目的、方法及取得的成果 ·· 1
 二、21世纪初中国产业政策的宏观背景 ··· 3
 三、21世纪初中国产业政策的主要变化 ··· 6
 四、产业政策制定与执行过程中的博弈 ·· 13
 五、产业政策手段评价 ··· 20
 六、产业政策绩效评价 ··· 30
 七、财政政策、货币政策与产业政策 ·· 40
 八、中国与日本产业政策比较 ·· 44
 九、21世纪初中国产业政策发展趋向 ··· 50
 十、改进产业政策制定的建议 ·· 52
 十一、20年来产业政策演进趋势回顾 ·· 54

第一章 21世纪初促进中国产业发展的财政政策 ·· 57
 一、21世纪初中国财政政策对产业发展的影响 ··· 57
 二、加入WTO后财政政策对产业政策的作用与影响 ·· 59
 三、促进产业结构调整的税收政策 ··· 66
 四、产业政策与税收政策 ·· 72
 五、推进产业结构优化与升级的财政投融资政策 ·· 77
 六、全球金融危机后财政政策转型 ··· 80

第二章 21世纪初促进中国产业发展的金融政策 ·· 87
 一、新世纪金融政策在支持经济增长及各产业总量扩张方面发挥着重要作用 ······· 87
 二、新世纪金融因素在促进产业结构调整上作用明显 ·· 90
 三、21世纪金融政策要在促进区域产业统筹协调发展上发挥重要作用 ················· 93
 四、21世纪金融政策新变化及在利用国际国内两个市场两种资源的产业发展
   战略中金融政策的作用 ··· 94
 五、21世纪金融政策支持产业发展的重点及措施 ··· 97

第三章 21世纪初的中国贸易救济政策 ········· 101

一、引言 ········· 101
二、WTO框架下的贸易救济体系 ········· 102
三、中国贸易救济体系的建立和完善 ········· 103
四、贸易救济制度对产业安全的影响 ········· 110
五、进一步完善我国贸易救济制度的对策与建议 ········· 115

第四章 21世纪初的中国产业技术政策 ········· 119

一、什么是产业技术政策 ········· 119
二、产业技术政策的分类和政策工具 ········· 120
三、日本、美国的产业技术政策 ········· 123
四、20世纪80~90年代中国的产业技术政策 ········· 126
五、21世纪初中国的产业技术政策 ········· 128
六、21世纪初中国产业技术政策制定的过程 ········· 130
七、中国产业技术政策制定与实施面临的挑战 ········· 132

第五章 财政政策、货币政策与产业政策
——21世纪初中国经济宏观调控模式探讨 ········· 135

一、产业政策在经济宏观调控中的作用的经验分析 ········· 135
二、三大政策并用的经济宏观调控模式存在的体制弱点 ········· 139
三、对三大政策并用的经济宏观调控模式的思考 ········· 141
四、结语 ········· 146

第六章 21世纪初宏观调控视角下的产业政策 ········· 147

一、产业政策参与宏观调控的依据 ········· 147
二、产业政策作为宏观调控手段的内在矛盾 ········· 150
三、完善宏观调控政策体系，合理发挥产业政策作用 ········· 152

第七章 集体理性与个体理性
——产业政策与市场兼容探讨 ········· 155

一、对人类理性有限性的扼要论述 ········· 155
二、集体理性与个体理性 ········· 157
三、从经济学视角看集体理性与个体理性 ········· 159
四、产业政策与市场兼容 ········· 161

第八章 21世纪初的中国钢铁工业产业政策 ········· 163

一、20世纪90年代钢铁产业政策的简要回顾 ········· 163

二、21世纪以来钢铁产业政策制定的宏观背景 164
三、近年来钢铁产业政策的演变与调控重点 167
四、钢铁产业政策实施效果分析 172
五、进一步完善钢铁产业政策的建议 179

第九章　21世纪初的中国船舶工业产业政策 181

一、改革开放至20世纪末船舶工业的发展 181
二、21世纪初船舶工业产业政策制定背景 184
三、21世纪初主要的船舶工业产业政策 185
四、金融危机背景下的船舶工业产业政策 189
五、船舶工业产业政策的制定 191
六、制定船舶工业产业政策应当处理好的几个关系 192

第十章　21世纪初的中国机械工业产业政策 195

一、20世纪80~90年代机械工业产业政策的扼要回顾 195
二、21世纪初制定机械工业产业政策的背景 196
三、21世纪初机械工业产业政策的特点 198
四、21世纪初的机械工业产业政策 200
五、21世纪初中国机械工业产业政策的绩效评价 205
六、21世纪初中国机械工业产业政策的制定过程 207
七、21世纪初中国机械工业产业政策的走向 210

第十一章　21世纪初的中国军事工业产业政策 213

一、20世纪80~90年代军事工业产业政策的扼要回顾 213
二、21世纪初制定军事工业产业政策的背景 217
三、21世纪初军事工业产业政策的特点 218
四、21世纪初军事工业产业政策的战略目标与主要内容 219
五、21世纪初军事工业产业政策的绩效评价 221
六、军事工业产业政策的制定过程 224
七、21世纪初中国军事工业产业政策的走向 225

第十二章　21世纪初的中国汽车工业产业政策 229

一、20世纪80~90年代汽车工业产业政策的扼要回顾 229
二、21世纪初的汽车工业产业政策 232
三、2000~2010年中国汽车工业产业政策总体绩效评价 237
四、21世纪初中国汽车工业产业政策的制定过程 240
五、21世纪初中国汽车工业产业政策的走向 242

第十三章 21世纪初的中国轻工业产业政策 245
- 一、加入WTO至今中国轻工业发生的重大变化 245
- 二、21世纪初中国轻工业产业政策的变动趋势 247
- 三、轻工业产业政策中财税政策的运用 252
- 四、21世纪初中国轻工业产业政策的基本评价 256
- 五、对《轻工业调整和振兴规划》实施和效果基本评估 260

附录 调查问卷分析 265
- 一、简答题 265
- 二、程度类问题 266
- 三、选择项之间没有关系，但可以做多项选择 270

参考文献 273

后 记 279

绪　论

一、本项研究的目的、方法及取得的成果

20世纪80年代中期以来，中国政府、学术界对产业政策的研究形成了热潮。其背景是中国经济体制由计划经济体制向市场经济体制转变，政府急需寻找适合于转轨时期，能有效推动经济发展，干预宏观经济的政策工具。产业政策的主要作用之一是通过政府适度干预，使经济落后国家获得后发优势，加速经济发展。产业政策的这一作用，正处于新中国成立以来采取的赶超战略的延长线上，因此中国政府把产业政策作为国家宏观经济政策的重要组成部分，不仅是由于有强烈的政策需求，而且更重要的是由于其与国家发展战略有着内在的逻辑联系。在这种强有力的政策需求推动下，1996年中国社会科学院工业经济研究所设立了"中国产业政策实证研究"课题。这一课题以实证的研究方法，对产业政策的制定过程、战略重点、政策工具的使用、产业政策的绩效等方面进行了深入分析，对20世纪90年代中国产业政策的形态进行了系统的梳理、刻画。

进入21世纪以来，对产业政策的研究相对沉寂，与此相对应的是中央政府、地方政府对产业政策的运用却更加频繁，中央政府、地方政府、企业界（包括跨国公司）乃至外国政府对中国的产业政策更加重视。产业政策在经济宏观调控中的作用得到了放大。最突出的例子是，为了应对全球金融危机，中央政府迅速推出了《汽车产业调整和振兴规划》、《电子信息产业调整和振兴规划》、《纺织工业调整和振兴规划》、《船舶工业调整和振兴规划》、《有色金属产业调整和振兴规划》等产业政策，对稳定中国经济，应对金融危机，起到了重要作用。值得注意的是，国家综合经济管理部门，在应对经济周期，抑制经济过热，调节产能过剩时，也越来越青睐产业政策。对于这一现象进行实证分析，并且尽量做出理论上的解释，是本书所研究的重点之一。

加入世界贸易组织（以下简称WTO）后，中国政府在制定各种经济政策时都不能不考虑是否与WTO的有关规则相适应，产业政策的制定也是如此。加入WTO后，中国政府的产业政策与20世纪90年代的产业政策相比，从内容到形式，再到制定过程都发生了巨大的变化。

进入21世纪以来，中国国内生产总值（以下简称GDP）已居世界第二位，200多种工业品产量居世界第一位，中国进出口总额也居世界第一位，中国成为拥有外汇储备最多的

国家。经济总量的增长，工业规模的扩张，已经不是中国经济发展的主要矛盾。中国是经济大国但不是经济强国、是工业大国但不是工业强国已成为举国共识。与此同时，随着中国经济规模的扩张、工业的迅速增长，中国经济的庞大规模带来了一系列突出问题：能源、矿产资源对外依赖度日益提高，不仅带来日益严重的经济安全问题，而且使中国工业发展不能不承受高昂的进口能源、矿产价格；劳动力成本迅速提高，进一步推动了工业成本提高；持续的大规模出口，巨大的贸易顺差，使国际贸易摩擦不断加剧；持续的重化工业高速增长，使来自国际、国内的环境、生态方面的压力日益增加。在这种背景下，转变经济增长方式、加速自主创新能力的形成、提高中国工业在全球产业链的地位成为经济发展中的突出问题。

由于上述经济基本面的变化，中国产业政策也发生了较大变化。同时，也产生了再次对中国产业政策进行全面梳理、研究与分析的需要。在这种背景下，中国社会科学院设立了院重点课题"21世纪初中国产业政策变动趋势研究"。这一课题与20世纪末中国社会科学院工业经济研究所的所重点课题"中国产业政策实证研究"相连续，构成了持续20年（1990~2010年）来中国产业政策状况进行的跟踪研究。1990~2010年，是中国经济产生飞跃的20年；是中国经济全面融入全球经济体系的20年；是中国经济体制转变的关键时期；仅就这一点而言，本书对于中国产业政策进行的实证刻画与分析就具有重要的经济史学意义。因此，本项研究仍在深入、细致、具体地论述、研究中国产业政策的实际形态上下工夫。

由于本书与"中国产业政策实证研究"紧密连接，因此在研究方法、研究内容、研究重点等方面尽量与其保持一致，以形成对比。同时，根据外部环境变化，中国经济发展，经济、政治体制变化，适当增加了研究内容，调整了研究方法。

"中国产业政策实证研究"对于中国产业政策的绩效评估，下了很大工夫。本项研究在重视产业政策绩效评估的同时，把重点转到对中国产业政策制定过程、产业政策形成的理论依据、产业政策的演变趋势上，力求对政府为何更加重视产业政策的运用，给予理论上的解释；对改进政府产业政策制定与实施，从理论上提出某些新的理念与原则。

"中国产业政策实证研究"对产业政策体系中的财政政策予以了重点关注，因为当时中央政府通过财政政策能够实施对产业的巨大支持。进入21世纪以来，政府财政已经由支持经济发展为主的财政，逐步转变为公共财政，除个别产业外，财政不再对一般工业生产能力形成进行支持。同时，金融政策、产业技术政策在产业政策中的地位不断上升。因此本项研究对产业政策工具的论述，相对多了一些。对产业案例的研究相对有所减少。

本项研究的目的是，通过对21世纪初中国产业政策制定和执行机制的研究，结合对中国产业政策的绩效评价，深入地梳理中国产业政策演变的脉络，分析产业政策的作用、地位、特征、重点等方面的变化，使我们对21世纪中国产业政策有深入的认识和了解。为在经济发展中，正确地制定产业政策，适度地发挥产业政策的作用，改进政府对产业政策的制定与实施，提供理论基础和思路。同时，从一般公共政策的角度，对产业政策制定进行研究，不仅具有全新视角，也便于政府改进产业政策的制定方式、方法，提高产业政策绩效，同时从中看到，中国一般经济政策制定与实施的体制、机制的转换，加深人们对中国经济体制、机制变换的认识，乃至对中国的政治体制变换有相当深度的认识。

本书延续了"中国产业政策实证研究"课题中采取的实证研究方法。首先，由参加过有关政策制定的政府官员、中介组织有关人员及对相关政策有深入了解的科研人员，对有关的产业政策的制定、执行与绩效进行实际描述与分析，并且进行案例研究，在此基础上写成专题报告，为10年来中国政府在这方面的政策活动勾勒出大致轮廓。其次，通过调查问卷的方式，了解政府、中介组织、学术界、企业界、舆论界（包括合资企业中的外籍人士）对产业政策制定与执行机制的看法，对产业政策的评价。再次，参与本书研究的人员都在不同程度上实际参与了这一阶段产业政策的制定与实施，尤其是2008年全球金融危机爆发后推出的各项产业调整与振兴规划的制定与实施，在亲身参与过程中，观察和听取了政府部门官员、企业家的想法与做法。又次，本书把政府官员、中介组织工作人员、专家学者的专题报告与问卷调查的分析结果，结合实践中的体会，进行综合分析，得出最终结论。最后，针对产业政策研究的重大问题，如"产官学"联盟的作用，地方政府与中央政府在产业政策执行中的利益冲突等问题，进行了专题调研。通过采取延续中有改变的实证研究方法，既可以进行对比研究，又可以体现进入21世纪以后出现的重大转变。

本书还全面地运用了"对比"的方法，通过将从产业政策制定程序、方法到产业政策战略重点、产业政策手段作用、产业政策绩效等全面地与20世纪80年代的产业政策进行对比，进一步揭示20余年来中国产业政策的演变与发展趋势。

需要特别指出的是，本书初步研究了集体理性与个体理性，产业政策与市场机制的兼容性问题；中国政府宏观经济调控模式（财政、金融、产业三大政策共同调控）问题。这两大问题影响深远，本书只是从实证研究角度进行了分析，并从理论角度进行了初步研究。这两大问题对于认识中国经济、对于一般经济理论研究、对于政府制定政策都具有重要意义，希望本书能够引起读者的注意，以便今后展开广泛、深入的研究。

本书完成了总报告，以及财政政策、金融政策、产业技术政策、机械、汽车、船舶、钢铁、军工、轻工等产业分报告。各产业分报告较深入地刻画与分析了进入21世纪以来，本领域产业政策制定与执行的总体情况、变化及特征。

本书与"中国产业政策实证研究"课题一样，采取了问卷调查的方法。共发放400余份问卷，收到有效问卷363份。考虑到产业政策涉及问题的专业性，问卷采取定向发放的方法，主要由政府有关部门官员、研究机构学者或博士生、企业界人士、中介组织人士、舆论界人士填写。问卷的问题设计，大部分与"中国产业政策实证分析研究"课题进行的问卷调查内容相一致，以便从对比中看到变化，同时根据情况变化增加了若干重要的内容。

作为辅助研究，本书还对2000~2010年中央出台的主要产业政策进行了统计分析。

本书已发表中间成果——9篇论文、1篇内部研究报告。内部研究报告得到了中央领导的批示，受到了政府有关部门的重视。本书绪论即为本项课题的总报告。

二、21世纪初中国产业政策的宏观背景

进入21世纪以来，中国产业政策制定与推行的国际、国内宏观背景发生了巨大变化。这些巨大变化，导致了产业政策制定从战略目标、战略重点、政策手段选择到制定程序等

方面的一系列变化。

第一，中国加入WTO，对中国政府制定产业政策造成了全方位的影响。正式加入WTO前，中国政府已根据谈判中的有关情况对相关法规或行政规定进行了修改或清理。加入WTO后，WTO有关规则更成为制定产业政策的前提条件之一。

首先，中国政府制定任何产业政策都必须在WTO有关规则框架内展开。由于WTO有关规则的存在，不仅使中国政府制定对外经贸政策时受到相当束缚；在制定国内政策时，也往往受到影响。

其次，中国加入WTO后，产业政策中受影响最大的是产业保护与扶植政策。产业保护政策不得不大大减少，或与国际规则接规。产业扶植政策也只能在WTO框架内进行。尤其在中国政府扶植自主创新能力时，政策制定受到了很大制约。

再次，由于WTO规则的存在，使产业政策制定不得不在WTO框架内寻求新的政府干预方式和政策手段。例如，在制定汽车工业产业政策时，政府日益倾向于通过制定油耗标准、排放标准等方式对汽车工业进行管理。又如，为了提高整车自制率，中国政府自2005年实行《构成整车特征的汽车零部件进口管理办法》，对具有整车特征的汽车零部件进口，按照整车征税，但是被美欧国家起诉到WTO。经WTO裁决，中国败诉。自2002年9月1日起实施了4年多的"进口零部件构成整车特征"相关条款停止实施，这意味着国内汽车进口"60%零部件进口底线"被取消。这是我国加入WTO以来，首次被迫修改产业政策。[①]

最后，由于加入WTO大大束缚了政府制定各类产业政策的空间，因此在相当程度上减少了政府对市场、产业发展的过度干预。

第二，政府经济管理机构改革是21世纪初产业政策制定又一个重要背景变化。20世纪末到21世纪初，中国政府经济管理机构先后经历了大幅度撤销各专业经济管理部门（主要撤销各个工业部），实施"大部制"管理等变化。政府经济管理机构的持续改革，在相当程度上改变了计划经济体制下依托专业管理机构，分工过细，利益冲突，很难形成符合客观经济发展规律的产业政策的状况，使产业政策制定具有了更加合理的视野，减少了部门之间的摩擦。同时由于政府对相关产业不可能关照到以前各个专业管理部门存在时那种程度，甚至缺乏精湛的专业知识，因而不得不借助于从原来政府专业管理部门蜕变而成的协会等中介机构，加速了产业政策制定程序与方式的转变。随着政府机构的改革，相关权力的重新分配，产业政策的制定过程、关注重点也发生了相应的变化。

制定政策的政府官员的基本理念、素质已经发生了很大变化。20世纪80~90年代政府产业政策制定的主导者仍然是计划经济体制下成长起来的官员，他们熟悉的是计划经济下形成的一些管理办法，在制定产业政策时往往难以脱离原有的思路；产业政策制定依托的政府机构仍基本上是计划经济下形成的机构。进入21世纪后，政府官员的政策理念与素质已经发生了重大变化。在充分发挥市场机制基础上制定与推行产业政策；在产业政策制定与执行中，多采用经济手段；遵守国际规则等理念在很大程度上成为有关政府部门及相关官员的共识。官员基本理念与素质的变化，对产业政策制定的影响不可低估。

随着政府机构改革、官员基本理念与素质的变化，政策制定过程、参与主体、政策制

---

① 《中国商报》(汽车导刊)，2009年9月4日。

定技术等方面也发生了较大变化。

第三，进入21世纪以来，中国基本完成了向市场经济体制的过渡。国有企业在数量上已大大减少，国有企业主要存在于垄断性行业、军工行业及公共基础行业，这些领域的国有企业也在不同程度上进行了股份制改造。中国经济微观基础的变化，使中国产业政策运行的微观机制发生了巨大变化，政府产业政策制定的战略出发点、制定过程、政策重点等也随之都发生了较大的变化。

第四，加入WTO后，中国经济体系加速对外开放，加速融入了全球产业链。跨国公司全面加速进入中国。中国企业在金融危机发生后加速了走向世界的步伐。中国经济与世界经济的相互依存度空前提高。经济利益关系日趋复杂。这对产业政策的制定与执行产生了较大影响。例如，2009年11月中华人民共和国商务部（以下简称商务部）对原产于美国的排气量在2.0升及2.0升以上的进口小轿车和越野车发起"双反"调查，由于复杂的汽车企业利益关系，使调查遇到困难，进展迟缓，直至2011年才做出裁决。

第五，进入21世纪以来，中国总体上已进入工业化中期阶段。2010年中国GDP已经居于世界第二位。中国外汇储备自2006年起超过1万亿美元，稳居世界第一位，目前已经超过2万亿美元。2011年人均GDP超过5000美元，成为"中等收入国家"。

进入21世纪以来，中国再一次出现了重工业持续快速增长的态势。2010年全部工业增加值达到160030亿元。轻工业增长13.6%，重工业增长16.5%。中国工业中多数产业就规模而言已居世界第一位。200多种工业产品产量居世界第一位。例如，中国钢铁工业产量近6.3亿吨，占全球产量的44.3%。中国以绝对优势稳居世界第一产钢国地位。中国的钢铁产量创造了工业革命以来的奇迹。2010年中国汽车产量达到1826.47万辆，保持了世界第一的地位。中国制造业增加值占全球的19.8%，规模居世界第一位。多数工业产品已处于供过于求的状态。21世纪中国要由工业大国向工业强国转变，加速形成高水平的自主创新能力，加速产业结构调整与升级，已经成为政府和企业界的共识。在此基础上，政府产业政策的重点，发生了巨大变化。

第六，进入21世纪后，随着经济体制改革深化，中央政府的"五年计划"已由具体规定投资项目的指令性计划，转变为指导经济发展方向的弹性较大的规划，不再与直接的项目投资挂钩。在这种背景下，产业政策在中央政府落实规划、指导经济发展中的地位相对上升。

第七，进入21世纪后，随着中国经济体制的改革，中国加入WTO，中国财政体系的基本功能发生了根本转变，由过去支持经济建设、支持工业项目投入的主体向公共财政转变。政府财政投资基本退出了竞争性产业的工业项目。在涉及国家安全、社会发展的基础设施等领域，政府财政也不再是单独的投资主体。

第八，中国金融体系发生了巨大变化。随着股市的壮大，直接投资有了很大进展；金融机构自主性大大增强；国际金融资本加速进入中国；商业银行、信用社等金融机构数量与规模都在迅速扩大；民间资本的规模、能力在逐步提高。

随着国民经济迅速发展，国家财力逐步增强，国家通过财政手段对产业发展予以支持的能力得到了较大提高。

第九，中国政府在以民为本，科学发展观的指导下，对行政管理方式逐步进行改革，更加依靠法律体系调节经济过程与经济利益关系，更加强调政策制定必须在法律框架内进行，必须遵守科学论证的程序。《信息公开条例》作为一部法规，从制度上明确要求政府应主动公开信息。政府机构信息公开，得到了公众及新闻机构的监督与评判。网络普及与运用，使民众通过当代通信手段参与产业政策的制定与讨论，从技术上得到了支持。例如，中央政府对车船税的修订、地方政府对轿车消费采取的限制性政策，就通过网络以博客、微博等渠道得到了民众较充分的评论。政府产业政策制定的科学性、透明度逐步增加。

第十，随着中国工业规模的迅速扩大，中国工业发展面临的能源、资源、环境等外部约束越来越严峻。21世纪以来，中国石油对外依存度一直保持在50%左右。大量进口石油不仅严重影响着中国的经济安全，石油价格的波动也严重影响着经济平稳运行。中国还不得不忍受国际矿业巨头大幅度地调高铁矿石的价格给中国相关产业展带来的冲击。随着重化工业的推进，工业化对环境的影响，也越来越明显，影响着社会、政治的稳定。在这种情况下，节能减排成为政府发展经济必须予以关注的战略重点。

21世纪初中国的产业政策就是在上述背景下制定，并出现较大改变的。上述背景还将在2020年前后继续对中国产业政策的制定、形态及发展趋势给予相当大的影响。

三、21世纪初中国产业政策的主要变化

与20世纪90年代的中国产业政策相比，21世纪前10年的中国产业政策主要在以下几方面发生了巨大变化：

1. 由"供给侧管理"转向"需求侧管理"

中国产业政策是在中国逐步由计划经济向市场经济过渡的历史时期出现的，20世纪90年代是中国经济由"短缺经济"向"相对过剩经济"的转变期。但由于多数产业仍然处于规模扩张阶段，计划经济体制下，产业发展仍然严重依靠政府通过计划直接提供资金。因而无论是政府官员还是学者，在研究制定产业政策时，着重点还是放在"供给侧"方面，对如何通过政府计划、财政、税收等手段直接支持某些产业的发展给予了高度关注，各利益相关方也主要围绕政府投入资金的规模展开博弈，对需求考虑不够。

进入21世纪以来，随着中国工业体系中多数产业已处于供大于求状态，许多产业规模已居全球第一。政府投入已退出了竞争性产业，退出了一般生产项目，政府对相关产业发展给环境、生态造成的外部经济影响越来越重视，从"需求侧"制定产业政策，对产业进行管理，进而调控宏观经济已经成为政府决策时的首要选择。2008年对经济发展过热的调控，全球金融危机以来的危机对策，都具有"需求侧"管理的浓厚色彩。

由于政府产业政策手段受到WTO规则框架的约束；国民对于工业发展导致的环境、生态问题越来越给予积极的关注；消费者对产品安全、质量要求越来越高；在多数产业中民营企业已经在数量上居于主导地位；政府从"供给侧"进行管理，制定产业政策的空间与手段选择受到了很大局限。因此，从"需求侧"进行管理，寻找"政策抓手"成为政府产

业政策制定中的主要考虑。

2. 在一定程度上由中长期政策目标转向短期政策目标

20世纪90年代产业政策的主要目标是：产业结构调整；支柱产业的培育与发展；产业组织结构合理化等中长期目标。20世纪90年代末至今，产业政策在一程度上成为政府应对经济危机，对经济周期采取逆向调节的短期政策。例如，在全球金融危机发生后，中央政府采取的最突出的危机应对政策就是一口气推出了涉及汽车产业、钢铁产业、有色金属产业、石化产业、船舶产业、装备制造产业、轻纺产业、电子信息产业、物流产业等十大产业的产业调整与振兴规划及156项实施细则，对应对全球金融危机发挥了重要作用。

3. 从计划管理主导转向以市场经济为基础

中国产业政策在20世纪80年代中期到90年代中期，是在计划经济和市场经济两种体制并行，以计划经济为主的体制中实施的。因而其运行机制也带有两种体制的特点。由于产业政策是在传统计划体制下习惯于传统观念的官员指导下制定的，因而带有很强的计划经济色彩，如强调行政手段的运用，对市场自身调整机制不够重视，总是想人为地设定产业发展目标等。例如，工业管理部门曾设想轻型汽车只设5~6个生产点；重型汽车只设3~4个生产点，不符合国家要求的生产点不予立项，想以行政手段制止盲目发展。但实际上，汽车生产厂至今仍然有100余家。在资源分配上，政府计划仍发挥着重要作用。政府通过计划控制项目投资，进而强势影响着产业、企业的发展。进入21世纪以来，政府对经济的管理已逐步建立在市场经济体制上，发挥市场的基础作用已成为政府制定产业政策的前提。

4. 从中央政府强势主导逐步向多主体参与转变

20世纪80年代，中国仍处于计划经济时代，产业政策的制定权高度集中在中央，尤其集中在中央政府的综合部门（如国家计划委员会），中央政府的专业管理部门在计划体制下有一定发言权，地方政府发言权小，掌握的资源也少，企业基本没有发言权。

20世纪90年代，中国产业政策的制定经历了一个由单一主体决策到多主体协调决策的过程。随着经济体制向市场经济体制的转变，地方政府掌握资源的增加，企业自主权的增加，产业政策的制定和执行逐渐变成一个多利益主体的参与过程。但是，政府机构的意见仍然是"一言九鼎"。某些行业的国有大企业即便得到了参与产业政策制定的某些机会，也仅限于对某些既定的问题，按照大方向发表意见而已。

21世纪初，虽然中央政府仍主导了产业政策的制定进程，但是其他利益主体的发言权进一步增强，影响力进一步增加。地方政府由于掌握了更多的资源，更大的主动权，因而对产业政策的发言权进一步增加。例如，在全球金融危机发生后，地方政府根据中央陆续出台的十个产业调整与振兴政策制定了本地区的产业调整与振兴规划。可以说中央的产业政策如果没有地方政府的相应政策配合，其效果可能会打折扣。

企业界对中央产业政策的制定，也采取了更加积极、主动的态度。有些垄断性大企业更是主动地对产业政策制定施加影响。跨国公司则对自己利益所在给予了极大关注，并且通过积极游说，力图影响产业政策的制定。例如，在中央政府酝酿制定鼓励自主创新有关政策时，跨国公司及有关国家政府就通过各种渠道施加影响，最后使跨国公司在中国研发的产品也被视为"自主创新产品"，从而大大影响了有关政策的效果。

进入21世纪以后，随着政府管理机构的变化，中央政府经济管理部门更加精简，专业管理部门及人员大大减少。从技术、实际操作角度看，中央管理部门对产业的管理方式，不得不更加依靠行业协会。为了使政府对经济的管理方式与WTO有关规则一致，政府部门也要进一步发挥行业协会的作用。

进入21世纪以后，行业协会的官方色彩明显淡化，逐步向代表行业利益的中介组织转变。2008年全国性工商行业协会已有400余家。民营、外资企业也参加了行业协会。行业协会参与产业政策制定，一方面向政府机构提供专业知识，对具体问题进行深入研究；另一方面反映企业的想法。有些行业协会还成为某些政策的主动推动者。政府部门还委托相关协会承担部分行业管理基础性工作。主要包括：制（修）定行业规划的前期调研和中期评估；制（修）定产业政策的课题研究和政策效果评估；行业准入管理有关工作；起草并推动实施行业标准；行业信息化组织和推广工作；行业（企业）统计调查、资料分析整理和综合信息报送；行业（企业）科技创新和管理创新成果的总结、鉴定、评价、评估和推广应用；行业安全生产、节能减排和质量管理有关基础工作；技术和管理交流、人才培训、有关资质认证等相关工作。① 在政府支持下，协会参与产业政策制定有了更大的活动空间。

中国加入WTO后，外国政府依据WTO有关条款，增加了对中国产业政策的发言权。由于中国加速融入全球产业链条，使中国经济利益的存在与表现形式均大大复杂化了。中国大量外汇储备的存在，一方面增加了中国政府经济、政治上博弈的能力；另一方面也制约了中国经济政策制定的能力。不仅外国政府，外国的相关利益方也力图对中国施加影响。例如，美国钢铁工人联合会就以"保护主义及掠夺性措施"为由，鼓动美国政府向WTO起诉中国，认为中国政府向本国新能源企业提供补贴并鼓励出口，有失公平。

跨国公司在21世纪前十年由视中国为"世界工厂"转变为视中国为"世界市场"。中国在其全球战略中的地位迅速提高，因此它们对中国产业政策高度重视。跨国公司总是力图在政策形成阶段就施加影响，其途径是通过本国政府施加影响；通过中国的舆论机构反映看法；通过施加影响于某些学者，从施政理论、施政合理性、技术合理性等方面影响政府；通过合资企业中方反映意愿；等等。例如，2010年6月1日，中国政府出台的《关于开展私人购新能源汽车补贴试点的通知》中规定，进口新能源汽车不在政府补贴范围内。通用（中国）公司与日产（中国）公司相关人士均向《中国经营报》记者表达"迫切需要中国政府放开对进口新能源汽车补贴"的愿望。因为在他们看来，随着所属车型进入中国市场的时间日益临近，这是相关车型在国产之前以进口形式打开中国市场的必要条件。与此类似，2005年相关外资企业曾就《构成整车特征的汽车零部件进口管理办法》向中国政府进行过游说。②

随着政府机构政策制定过程民主性、科学性、透明度的提高，专家学者、新闻舆论机构参与产业政策制定，施加影响的活动空间也相应得到了扩大。例如，在发展大飞机的政

---

① 工业和信息化部：《关于充分发挥行业协会作用的指导意见》，2009年4月13日，工业和信息化部网站。
② 《中国经营报》，2010年9月20日。

策辩论中，专家学者和新闻舆论机构就发挥了较大的影响。

5. 由主要关注工业，逐步向一、二、三次产业并重转化

随着中国经济发展水平的提高，工业发展水平的提高与升级，人民消费水平的提高，现代服务业的迅速发展；为使经济均衡、平稳增长，中央政府对第三产业发展给予了越来越大的关注。《中共中央关于制定国民经济和社会发展第十二个五年规划的建议》（以下简称"十二五"规划）中明确提出："促进经济增长向依靠第一、二、三次产业协同带动转变。"①中国政府的产业政策由主要关注第二产业，逐步向一、二、三次产业并重转化。

例如，2004年国务院颁布了《关于发展我国影视动画产业的若干意见》，2006年颁布了《关于推动我国动漫产业发展的若干意见》，对于动漫产业政策做出了具体规定。为促进物流产业发展，2009年国务院颁布了《物流业调整与振兴规划》。2010年8月，国务院办公厅发布了《关于促进物流业健康发展政策措施的意见》，提出通过扩大营业税差额纳税试点范围、结合增值税改革试点的方法，解决物流业"同业不同税"问题，为物流业税收"减负"，并明确提出进一步降低过路过桥收费，按照规定逐步有序取消政府还贷二级公路收费，减少普通公路收费站点数量。

6. 产业政策手段有了较大变化

首先，各种产业政策手段在产业政策体系中的地位与作用有所变化。例如，20世纪90年代末的产业政策研究表明，税收手段在产业政策诸手段中占有突出地位。本书的研究表明，财政手段、金融手段占有突出地位。其次，创造出了某些新的产业政策手段。例如，产学研联盟已经成为推动中国产业技术进步、自主创新的重要形式。以新材料行业为例，在新材料开发与生产领域已形成多个产学研联盟。"十一五"期间，由行业协会组织，上海大学、上海应用技术学院、上海第二工业大学与上海重型机器厂有限公司、上海力达重工制造有限公司、上海建设路桥设备有限公司参加的产学研联合体合作开发重型机械取得了明显成效。在某些涉及国家安全利益的重大成套设备和工程的研发领域，也通过组织产学研攻关，取得了较好成绩，并促进了军工科研成果的转移。再次，国家产业政策的行政调控手段从计划经济体制下的以投资规模控制为主，转向"生产要素调控"，通过对土地、电力、资金等生产要素供应数量、价格等进行调控，力图引导产业的发展。最后，进入21世纪以后，产业政策的执行状况受到了更大程度的关注。例如，为应对金融危机而出台的多项产业调整与振兴规划，不仅在出台后不久即进行了实施中遇到问题的研究与调整，在实施一年后还进行了绩效总结。

7. 产业政策的制定程序与方式有了较大变化

20纪90年代制定产业政策基本上是在政府各个部门内的循环论证过程，虽然有研究机构、专家参与其中，但也是在政府既定预案内进行谈论的。从草案提出、修改，基本上是由政府行政有关部门主导。

---

① 《中共中央关于制定国民经济和社会发展第十二个五年规划的建议》，人民出版社，2010年版，第6页。

进入21世纪后，某些产业政策的提出与发起者，已经是人大、政协甚至行业协会。政府有关部门的产业政策构想推出前，也往往主动征求人大、政协及行业协会的意见。在某些情况下，学者、专家通过人大、政协、行业协会及媒体发表意见，也能够对产业政策产生相当的影响。例如，发展大飞机的政策制定，来自学者、专家的呼吁、讨论就发挥了相当大作用。① 如果说20世纪90年代政府制定产业政策时，听取各方面意见表现为虚心纳谏，自上而下的态度；那么本世纪政府制定产业政策时，听取各方面意见时，则表现为一种必须的、借以获得"合法性"的程序。

进入21世纪后，在产业政策制定过程中，征求有关产业意见（行业协会），专家、学者意见，企业意见，相关部门政府官员意见，已经形成相对固定的程序。有些政策还要征求民众的意见。例如，在制定新能源汽车发展政策制定过程中，就分别召开了专家学者座谈会，企业座谈会，相关部门座谈会，政府官员、专家学者、企业家共同参加的座谈会。有些政策在征求意见过程中，根据不同意见做出了修改。例如，《车船税》是第一个从国务院法规上升为法律的税种，尽管争议不断，但是车船税法草案的最终定稿相比初审稿大幅度降低了税负，并且根据产业协会、专家、民众的意见，对不同排量轿车的车船税做了修改。②

产业政策的制定过程，由原来政府部门内部的循环过程，逐步演变成了比较开放的社会循环过程。不同利益诉求，不同的专业观点，都能够得到比较充分的表达。

政策制定过程中，某些产业政策的制定还要在网上公布，征求民众意见。多数产业政策制定后，采取了公开颁布的形式。产业政策制定与执行的透明度有了较大提高。

8. 产业政策的表现形式有了一定变化

20世纪90年代所有产业政策都是以国务院行政法规的形式颁布的。中国政府唯一一个系统颁布的产业政策——《汽车工业产业政策》，就是以国务院行政法规的形式颁布的。进入21世纪以来，有些产业政策以国家法律的形式颁布，如《可再生能源法》是我国第一部对产业发展（新能源产业）予以系统规范的法律。有些产业政策则从属于国家有关法律、法规的相关条款。如，行业协会从法律、法规方面得到了参与产业政策制定与实施的保证。例如，国务院《关于建立外国投资者购并境内企业安全审查制度的通知》的第4.2条规定：国家安全审查可以由国务院有关部门、全国性行业协会、同业企业及上下游企业申请启动。又如，《中华人民共和国循环经济促进法》在第2条、第40条、第56条中对"再制造"进行了阐述，把再制造产业的发展纳入法制轨道。

随着产业政策越来越朝"需求侧"管理的方向发展，产业政策逐步由原来主要表现为投资方面的准入政策、投资政策，转向通过对产品质量、水平、能耗、环保等方面进行终端管理的政策。技术标准、安全标准、节能环保标准等，成为产业政策的重要组成部分。产业政策中"技术"含量逐步增加。

---

① 21世纪初，在中央政策研究室主导下，航空工业的专家、中国社会科学院的专家、科技部官员及某些重要的战略科学家曾多次参与了发展大飞机的研讨会。
②《车船税的胜利》，《经济观察报》，2011年2月28日。

产业政策制定与实施加速与国际规则接轨，主要表现为：在产业政策制定时，以我国加入的国际组织的规则为前提，如我国的产业保护与扶植政策就受到了国际规则的极大影响；在产业政策内容与表现形式上尽量与国际规则接轨；在使用的概念上，尽量严谨地使用国际通用语言；一旦出现矛盾与冲突，运用国际规则予以解决。

9. 产业政策体系中产业保护政策明显减少，节能减排政策显著增加

20世纪90年代，我国产业政策体系中居于核心地位的政策是投资政策、产业保护政策。随着我国加入WTO，产业政策体系中产业保护政策明显减少。针对传统产业的保护政策已经很少。即使仍存在的产业保护政策，也基本在WTO框架内运行，与国际规则接轨。产业保护政策减少，一方面以我国多数产业已具有了相当国际竞争力为背景，一方面也使我国多数产业能够脱离政府长期"保姆"式的保护，真正在开放的市场中竞争，对我国产业提高竞争力具有促进作用。

在科学发展观指导下，引导工业走可持续发展之路已经成为政府制定产业政策的基本出发点，进入21世纪以来，节能减排政策从数量上有很大增加，在产业政策体系中的地位也逐步提高。政府通过行政、金融、土地、建设、环境保护等方面的政策，抑制"两高一低"（高污染、高能耗、低附加值）产业的发展，提高此类企业的市场准入门槛，抑制此类产品的出口。此外还通过制定差别电价、差别水价、差别污染费等政策，调整产业结构、产品结构，减少环境污染和能源消耗。

10. 产业政策体系逐步完善

进入21世纪后，各类产业政策的出台频率，大大高于20世纪90年代，产业政策体系逐步完善。究其原因，是因为进入21世纪后，政府的经济计划，逐步转变为指导性的、弹性较大的规划；政府仍在很大程度上习惯于对经济运行进行较多干预，并且习惯于使用行政手段。在这种情况下，产业政策成为政府干预经济运行的"抓手"，作为调节经济运行的手段，得到了频繁使用。另外，经济发展规划在增加弹性的情况下，实际上成为广义产业政策的一部分。例如，许多地区产业发展规划、特色产业基地规划、开发区规划等，实际上是中央政府给地方政府发放项目上马牌照，或予以政策引导。

产业政策得到更加频繁的使用，产业政策体系进一步完善的另一个证明是，中央主要经济管理部门都设立有专门制定与实施产业政策的机构。

20世纪90年代我们研究中国产业政策发展趋势时曾经提出几个基本判断与建议：

中国产业政策将在市场体系上运行；在21世纪产业政策仍将发挥较大的作用；研究需求，促进需求，制定扩大需求的政策将成为产业政策的政策重要内容；信息手段将对引导产业的发展起到越来越重要的作用；制定产业政策要注意与国际接轨；要改变以官员为主导的产业政策制定方式；要更多地运用财政、税收、信息引导等手段间接地对产业予以引导，尽量减少行政手段的运用；政策手段的选择与运用要与市场机制相匹配。①

21世纪初中国产业政策发生的重大变化表明，20世纪90年代进行的研究基本上是符

---

① 赵英主编：《中国产业政策实证分析》，社会科学文献出版社，2000年版，第37~42页。

合我国经济客观发展进程的。

与20世纪90年代相比，中国产业政策固然发生了很大变化，但也有不少特征延续至今：

第一，政府机构和官员主导的产业政策制定方式与流程，基本没有变化。

第二，有关政府机构和主管官员的想法、意志仍对产业政策制定产生决定性影响。尽管有关政府机构和主管官员在产业政策制定前，要委托研究机构进行研究，在制定过程中听取各方面意见，但是有关政府机构和主管官员的主要想法仍要得到体现。即便是委托研究，也往往是在既定方向上进行研究。虽然其他利益相关方可以在不同程度上影响政策的具体形态、具体措施等，但是总体上仍是政府机构和主管官员的想法、意志及预案发挥决定性作用。需要指出的是，参与产业政策制定的官员的素质，对市场经济的理解有了较大提高。

第三，政府之间（包括中央政府综合经济管理部门、中央政府专业经济管理部门、地方政府）的博弈，仍然是影响产业政策形态及实施效果的主要因素。

第四，虽然行政手段在产业政策中的实际影响力有较大下降，但是政府机构和官员仍热衷于使用行政手段。例如，国家发展与改革委员会规定，不同规模的工业建设项目分别采取"备案"、"核准"等不同审批方式，但官员们可以通过约谈等方式对有些备案项目予以干预。过多使用行政权力，既扩大了行政权力的干预范围，也使政策实施中的不确定性增加。

第五，与仍热衷于使用行政干预作为产业政策手段相映衬，产业政策制定时，对市场机制的重视和考虑仍然停留在20世纪90年代的程度。无论从实际研究和问卷调查看均表明了这一点。例如，官员们仍然在热衷于对某些产业的过剩生产能力进行猜测，以确定淘汰的依据，而不是顺应市场规律去淘汰过剩生产能力。

第六，产业政策的干预范围仍然过多，产业层次干预过细。20世纪90年代，中国政府制定的产业政策几乎涉及了所有产业。制定产业政策甚至干预到了具体产品的规模、结构与水平。21世纪前10年，产业政策仍基本覆盖了工业领域的所有产业。在涉及具体产业时，仍然深入到产品的规模、技术水平甚至工艺。例如，轻工业已经是我国工业中具有全球竞争力的产业，但是在应对全球金融危机中，政府仍制定了《轻工业调整和振兴规划》。政府产业政策干预过多、过细，对中国这样一个市场差异很大的国家来说，有时恰恰是导致产业政策难以真正推行的原因。

时光荏苒，回顾20年产业政策的演变，耐人寻味，令人感慨。中国产业政策合理性和实施绩效的提高，与其说有待于政策制定流程、方法和技术上的改进，不如说取决于经济管理体制改革的进一步深化。

四、产业政策制定与执行过程中的博弈

1. 产业政策制定流程

20世纪90年代,产业政策一般由国家综合经济管理部门(一般是国家计委)起草,征求国家其他综合经济管理部门(如财政部)及国家各专业经济管理部门意见,并听取有关专家意见,进行反复修改后,上报国家最高层审批。通过后,颁布全国执行。综合性产业政策由于内容往往比较原则,又主要是在综合经济管理部门内部进行协调,因而形成时间相对较短,政策制定成本较低。

进入21世纪以后,产业政策的制定流程有所改变。虽然一般是国家发展与改革委员会(以下简称发改委)起着主导作用,但是其他经济管理综合部门在某些政策上也发挥主导作用。本课题组对2000~2010年公开颁布的165个重要产业政策文件进行分析,根据各个经济管理部门主导和中华人民共和国参与产业政策文件的数量确定其对产业政策的影响力排名,依次是:国家发展与改革委员会、工业和信息化部、中华人民共和国财政部、中华人民共和国商务部、银行业监督管理委员会(以下简称银监会)、税务总局、中国人民银行、中华人民共和国国土资源部、中华人民共和国环境保护部、中华人民共和国科技部、国家质量监督检验检疫总局、中华人民共和国交通部等。多数政策实际上是中央政府多个经济管理综合部门协调会商的结果。例如,在制定支持战略性新兴产业发展的政策过程中,财政部、科技部、发展与改革委员会、工业和信息化部都参与其中,最后由国务院颁布《国务院关于加快培育和发展战略性新兴产业的决定》。再如,新版《汽车工业产业政策》由于在经济综合管理部门之间迟迟未能取得一致意见,拖延许久。

20世纪90年代,行业性产业政策,一般是由国家专业经济管理部门提出或发起,先在行业内反复征求企业领导和专家的意见,反复修改后,上报国家综合经济管理部门。进入21世纪以后,行业性产业政策已经基本由国家综合经济管理部门发起和制定了。因为,通过不断的经济管理体制改革,专业经济管理部门基本消失,目前的工业和信息化部实际上也是一个对全部工业和信息产业进行管理的综合经济管理部门。专业经济管理部门基本消失,极大地改变了产业政策制定流程,缩短了决策链条,同时参与面扩大。

产业政策在发起与制定阶段,已有相关产业的专家学者及产业组织的负责人参与。由于改革后的产业管理部门在综合经济管理部门中往往只是一个"司"或"处"①的编制,因此无论从政策制定流程的合理性、民主性、科学性看,还是从实际运作的人力、技术等方面看,经济综合管理部门在制定产业政策过程中,更加依赖借助外部力量,势在必行。

产业政策发起制定前,政府有关部门一般会委托有关研究机构从事政策的前期研究。在进行政策研究课题委托时,会同时把问题委托给两家以上的研究机构,以形成竞争性意

---

① 在国家发展与改革委员会、工业和信息化部等政府部门,一般设立"司"或者"处"管理某个产业。

见。在这一阶段，主要是弄清情况，分析政策环境与背景，提出政策制定的基本方向与思路，为制定政策寻找合法性与依据，为决策部门提供决策参考。例如，为了促进自主创新而统一中外企业在华税率的政策出台前，商务部、人大财经委就委托多个研究机构进行研究，并且征询了多个政府机构、研究机构、企业界及学者的意见。

产业政策在发起与制定阶段，政府机构首先依靠的是相关产业协会及有关专家，进行文件起草。协会经常承担有关政策的预研。需要说明的是，如果涉及相关法律问题，则要通过人大财经委员会。人大财经委员会有时也参与政策制定，提供相关意见。这一阶段，还要征询国务院及其咨询机构的意见。在这一阶段，有时根据政策制定具体需要，还会邀请外国专家参与讨论。例如，制定《重型商用车燃料消耗限值标准》时，就邀请了欧洲相关领域专家介绍了国外重型商用车燃料消耗标准法规的进展和技术动态。20世纪90年代中国政府在制定产业政策时，就邀请过有关国家政府、产业界的专家进行咨询。通过合作研究，外国一些发展市场经济的理念和方法，被吸收到我国产业政策中，对我国在经济转轨时加强宏观调控，促进相关产业发展，发挥了作用。进入21世纪以来，在产业技术制定的技术层面，外国智库和专家的参与有所增加。

文件初步形成后，一般要召开座谈会，征询中介机构、专家学者、企业的意见。例如，在制定发展新能源政策时，就分别召开了上述座谈会。又如，在制定与实施应对全球金融危机的产业调整与振兴规划时，也分别召开了上述座谈会。召开座谈会征询意见，已经成为产业政策制定过程中的必经程序。

产业政策草案经过征求意见，基本定稿后，有些产业政策还在政府部门官网征求意见。例如，《外商投资产业指导目录》（2011年）修订初稿，2011年4月1日在中国政府网上征求意见，中国企业、外商投资企业、外国商会乃至外国政府机构，均可发表意见，确实也收到很多意见和建议。国家发改委称：经认真研究，合理的意见和建议将加以吸纳。[①] 又如，中国欧盟商会于2010~2011年上半年，参与了中国政府67项法规草案的意见征求工作，认为中国政府法规草案征求意见的时间过短。[②]

产业政策草案经征求意见，基本定稿后，会在各相关部门之间征求意见，如果意见相持不下，最终将由更高的政府层次（国务院办公厅或国务院有关领导）予以协调。

产业政策定案出台后，一般要挂在有关政府部门官网上，同时通过其他媒体予以公布。有些部门还由新闻发言人专门举行记者见面会予以进一步的阐述。

产业政策主要分成两类：一类是比较综合性的产业政策，如《战略性新兴产业发展规划》、《钢铁产业调整和振兴规划》等。这类产业政策涉及面比较广，政策层级比较高，因此一般由国务院最后做出决定。另一类涉及产业内部某些问题，可以由主管政府部门与相关政府部门协调后推出，如某些产品的强制性技术标准、某些产业的准入标准等。

产业政策公布实施后，并不意味着产业政策不可以改变。因为一旦公布，才是公众真正参与的阶段。这时公众的舆论与行为，往往对产业政策形成不同程度的影响。例如，《汽车工业调整和振兴规划》中，原来规定农民购车享受优惠政策的同时，要淘汰旧农用

---

① 2011年9月14日国家发展与改革委员会官网。
② 中国欧盟商会：《欧盟企业在中国建议书》（2011~2012），第8页。

车，但是由于农用车购买与使用费用要大大低于汽车，因此这一政策未得到农民响应，后来不得不予以修改。又如，2009年，工业和信息化部要求在学校、网吧及其他公共场所安装过滤不良信息的软件——绿网。但是，由于考虑不周，遭到公众质疑，最终不得不以"暂缓安装"、"不强制安装"来改变政策。

从21世纪前10年中国产业政策的制定程序看，中国政府在产业政策制定过程中，已初步形成了一套相对固定的程序，虽然没有明确的法律、法规将这一套程序固定下来，但是一般来说已经形成了约定俗成的固定程序。与20世纪90年代相比，利益相关方、掌握专业发言权方参与政策制定已有了相对稳定的渠道；在政策制定的各个环节上"磋商"已成为工作方式；政策的讨论比较充分；政府机构与其他政策参与主体之间的相互制衡在萌生。

这一程序的形成，为我们观察中国政府的经济决策方式提供了例证。经过20年的改革、探索，中国政府在经济政策制定过程中的民主性、科学性及透明度在逐步增强和提高。问卷调查结果也支持这一认识。在问卷调查中，接受调查的人中，70.5%的人认为21世纪前10年产业政策制定过程中的科学性、民主性与20世纪90年代相比"明显增强"或"逐步增强"；61.7%的人认为21世纪前10年产业政策制定过程中的透明度与20世纪90年代相比"明显提高"或"有所提高"。

2. 政策制定及执行过程中博弈行为分析

20世纪90年代末的研究表明，参与产业政策制定各主体的作用按大小排序，依次为：国家综合经济管理部门，国家专业经济管理部门，地方政府，大企业，行业协会。本书研究的结果表明，21世纪前10年，参与产业政策制定各主体的作用按大小排序，依次为：国家综合经济管理部门，国家专业经济管理部门，地方政府，本土大企业，行业协会，专家学者，新闻舆论机构，跨国公司，外国政府。能够影响产业政策制定的主体增加了，但是20年来，作用力大小依然基本保持原来的排序，这一点是耐人寻味的。

较强的政策制定的影响力，并不等于能有效执行政策的能力。在实际政策博弈中，即便政策按照政策制定主导机构的意愿出台，各个利益主体在实施政策的博弈中仍然可以化解、扭曲不利于自己利益的政策。地方政府掌握的实际资源和政策资源远远超过了国家综合经济管理部门，有些被中央政府列为抑制重复建设的项目，地方政府仍然可以通过自己的资源予以鼓励发展。尤其在比较富庶的东部地区，政府财政实力雄厚，民间金融力量强大，中央政府的相关政策往往难以得到落实。例如，在钢铁工业发展上，中央政府与地方政府、民间企业之间发生的博弈，就突出地说明了这一点。

中国地域广大，城乡、地区间收入差距大，消费水平差异大，这就使得中央政府的产业政策在制定时，难免在市场、技术和专业的合理性等方面存在不足，在实施中不能不迁就实际情况，这也形成了各个利益主体进行博弈的政策空间。多次博弈之后，产业政策在实际执行中逐步变形，效率也逐步弱化。

20世纪90年代我国产业政策制定与执行过程中，存在着五重博弈行为：中央政府各个专业部门之间的博弈；中央政府综合经济管理部门之间的博弈；中央政府综合管理部门与专业管理部门之间的博弈；中央政府与地方政府之间的博弈；中央政府、地方政府与企业（主要是国有企业）之间的博弈。①

进入21世纪以后，产业政策制定与执行过程中的博弈过程更加复杂，出现了重大变化。

首先，参与博弈的主体增加了。除原来的中央政府综合经济管理部门、专业经济管理部门、地方政府、企业等主体外，还增加了外国政府、跨国公司、中介组织、专家学者及新闻舆论机构等。为此本书在问卷调查等方面都进行了相应的调整。相关调查也显示，中介组织对于产业政策的制定，作用为"中"；专家学者在产业政策制定过程中的作用，也为"中"；外国政府、跨国公司、新闻舆论机构的作用虽然为"小"，但也开始发挥作用。

其次，由于政府经济管理体制改革不断深入，实行了"大部制"改革，中央专业经济管理部门大大减少，因此，各个专业经济管理部门之间的博弈也随之减少。20世纪80年代、90年代的博弈中，专业经济管理部门都想在国家产业政策中占有更突出的地位，最突出的表现是对"支柱产业"地位的争取。通过对支柱产业地位的获得，来获取国家的财政资源支持以及一系列的优惠政策。进入21世纪以后，各个专业经济管理部门之间的政策博弈逐步减少，转为政策主导权之争，经济利益之争。例如，在"三网合一"的政策实施过程中就存在着工业和信息化部、国家广电总局及所属企业间的利益博弈。

再次，原来的政策博弈基本上在政府体制之内进行，进入21世纪以后，政策博弈不仅在体制内进行，也表现为体制外的博弈。专家学者可以通过舆论机构表达不同意见；外国政府可以通过直接"喊话"，诉诸国际机构（如WTO、各种国际论坛）表达意见；本土企业可以通过地方政府、行业协会、新闻舆论机构乃至直接与政府官员会面表达意见；跨国公司则通过本国政府、外国新闻舆论工具、我国的新闻机构表达自己的意见，甚至采取支持我国某些研究机构进行研究，举办国际会议等方式，影响决策。类似发达国家存在已久的"游说"、"院外活动"等政策博弈行动，在中国实际上已经出现。

来自行业、企业的人大代表、政协委员也在人大、政协会议召开期间，为本行业、本企业急需解决的问题进行呼吁。例如，汽车工业的人大代表、政协委员在20世纪80年代，主要呼吁把汽车工业作为支柱产业；90年代主要呼吁发展轿车；进入21世纪以来，主要呼吁扶植自主品牌，培育开发能力；与汽车工业的发展阶段紧密配合。

又次，随着利益集团逐步形成，参与政策制定的利益相关方在参与、影响政策制定时，表现得更有主动性和进取心，更不讳言利益的诉求。例如，我国原来生产自行车后转而生产电动自行车的企业，是在电动自行车国家标准下生存的。但是，国家标准化管理委员会在修订电动摩托车国家标准时，把40公斤以上，时速20公里以上的电动自行车称为"轻便电动摩托车或电动摩托车"划入机动车予以管理。这就使2000余家电动自行车企业处于困难境地。因为根据工业和信息化部设定的准入门槛，获得摩托车牌照的企业项目总投资不得低于2亿元人民币；固定资产不得低于1亿元，其中注册资本不得低于8000万元。当时能满足这一条件的电动自行车企业不超过20家。在多位电动自行车的企业高层看来，这个标准如果实施，就会堵死2000多家电动自行车企业的生路，获益者是摩托车生产企业。②双方围绕电动摩托车国家标准的修订进行了激烈博弈。中国自行车协会下属电动自行车委

---

① 赵英主编：《中国产业政策实证分析》，社会科学文献出版社，2000年版，第17~20页。
② 《中国经营报》，2009年12月1日。

员会向国家标准化管理委员会提交了"电摩国标暂缓执行"书面申请后，多次与国家标准化管理委员会磋商，反映电动自行车企业和消费者的诉求。四川、山东等地的电动自行车协会也多次要求暂缓执行电动摩托车国家标准。博弈之激烈，惊动了国务院。[①] 国务院办公厅向天津市政府发送急件，要求报送电动自行车行业现状。国家标准化管理委员会不得不宣布：原定2010年1月实行的电动摩托车标准中《电动轻便摩托车》的内容暂缓执行。经过这次博弈，电动自行车企业生存、发展至今。

最后，某些由原来政府专业经济管理机构转变而成的具有垄断地位或重要战略地位的特大国有企业具有了与政府经济管理部门进行博弈的强大能力。例如，在政府进行石油价格调控时，出现的局部地区的"油荒"就让人感觉到这些企业的力量。又如，国务院酝酿三年有余的《工资条例》，至今仍未出台的一个重要原因是，国资委和国有大型企业对劳务派遣问题比较敏感。由于现在劳务派遣职工的工资未纳入国有企业职工工资总额，也未纳入工资成本，只是作为劳务费，对国有企业老板、老职工的利益没有影响。对于劳务派遣工人工资如何规定，如何确保实现同工同酬，成为《工资条例》中一个较难处理的问题。由全国总工会完成的"国内劳务派遣调研报告"称，全国劳务派遣人员总数已经达到6000多万，比此前人力资源和社会保障部公布的2700万多出逾一倍，主要集中在公有制企业和机关事业单位，部分央企甚至超过2/3的员工都属于劳务派遣。《工资条例》关于同工同酬的规定，对央企来说，意味着用工成本大幅增加，这成为央企反对的焦点。[②]

从根本上讲，进入21世纪以后产业政策制定与执行过程中的博弈之所以更加复杂，是因为利益诉求更加复杂，追求目标存在着较大差异。

从问卷调查中也可看到参与产业政策博弈各方关注的前5位政策目标排序有较大差异：

中央综合经济管理部门：GDP、财政收入、就业、产业发展、生态。

中央专业经济管理部门：产业发展、就业、GDP、财政收入、企业利润。

地方政府：财政收入、GDP、就业、产业发展、企业利润。

产业协会：产业发展、企业利润、GDP、就业、财政收入。

本土大企业：企业利润、市场份额、产业发展、GDP、生态。

专家学者：产业发展、生态、GDP、企业利润、就业。

新闻舆论机构：产业发展、生态、就业、GDP、企业利润。

外国政府：企业利润、市场份额、生态、产业发展、就业。

跨国公司：企业利润、市场份额、生态、产业发展、财政收入。

国家综合经济管理部门之间的博弈。进入21世纪后，这一层次的博弈发生在国家发展和改革委员会、商务部、财政部、工业和信息化部等机构间。这一层次的博弈，很大程度上由于从不同角度出发，对于政策的主要指向，在何种程度上实施政策有不同理解、不同认识。

政府机构间的权力分割也是导致争论的重要原因。例如，在降低奢侈品进口税上，商务部主张降低，财政部则认为会导致税收流失。在这一层次，各部门都认为自己是国家利

[①]《新京报》，2009年12月17日。
[②] "新浪网"新闻中心，2011年8月22日。

益的代表，利益和权力的刚性加大，达成妥协的难度大大增加了。有时，由于政策制定与实施分别由不同的综合部门执行，也导致了部门之间的摩擦。例如，十大产业调整与振兴规划中落后产能淘汰工作主要放到工业和信息化部，而新项目审批工作主要由发改委负责，这导致了在"等量置换"和"减量置换"上难以形成统筹安排，增加了工作难度。政策制定成本增加，很大程度上是在这一层次拖延了时间。经过这一层次的妥协，原来政策草案上的某些锋芒也所剩不多了。这一层次的博弈与20世纪90年代相比没有太大变化。

国家专业经济管理部门与国家综合经济管理部门之间的博弈。由于国家专业经济管理与20世纪90年代相比，已经大大减少，国家专业经济管理部门与国家综合经济管理部门之间的博弈，表现为在综合经济管理部门内各个主管的行业机构（司或处）对本产业优惠政策的争取。由于原来部门之间的博弈转变为机构内的博弈，因此协调难度大大减轻，使这一层次上政策制定的时间成本有所降低。在这一层次博弈中，产业协会往往也介入其中，与主管产业的司或处合作，争取本行业利益。

国家综合及专业经济管理部门与地方政府之间的博弈。与20世纪90年代相比，进入21世纪以后，地方政府的政策博弈能力与空间有所扩大。这是因为：指令性计划经济体制已不复存在，市场经济体制给地方政府制定本地区经济发展政策留出了较大空间；地方政府（尤其是经济发达地区）的财政实力有较大提高，地方政府还可以通过政府融资平台进行融资，吸引外资，对使用土地、金融等资源也有很大影响力，再加上摆脱了严格的计划经济体制下中央政府以行政手段对投资的束缚，地方政府投资能力和自主权有较大提高；中央政府对地方政府以GDP增长为主的政绩考核方式，刺激了地方政府选择本地区经济利益最大化的路径与发展方式；财政制度的变革，使地方政府有动力发展某些与中央产业政策不相符的产业、项目。由于利益所在，这一层次的博弈使中央政府不得不使用严厉的调控手段。例如，对地方政府上马与节能减排政策不相符的工业项目或没有完成中央下达的淘汰落后产能任务的地区，严格控制国家安排的投资项目，实行项目"区域限批"实际上是对地方政府违背中央政府政策的行为做出威慑。[1]这在20世纪90年代是没有的。

20世纪90年代，地方政府在与中央政府进行博弈时，往往以某些项目对本地区的特殊意义，说服有关部门，使其予以批准。或者采取游说的办法，通过对高层的"公关"，绕过有关主管部门，使项目得到批准。甚至对某些官员采取特殊的手段，使其放松管制。进入21世纪后，地方政府在与中央政府博弈中更多的是依靠经济手段，甚至与本地企业合作，实现自己的目标。

20世纪80~90年代中央政府与地方政府博弈的焦点是计划内的项目；21世纪中央政府与地方政府博弈的焦点则是用何种手段与资源抑制或推动项目。

当然，地方政府与中央政府在产业政策方面合作还是占主导地位的，在中央政府产业政策与地方政府利益比较一致的情况下，尤其如此。例如，中央提出发展战略性新兴产业后，浙江省就出台了《关于加快培育战略性新兴产业的实施意见》，提出"十二五"期间浙江省力争战略性新兴产业增加值年均增长率15%以上，占总产值的比重达到12%左右；还从科技创新、市场培育、财税政策、土地和资源环境等方面提出了保证战略性新兴产业发

---

[1]《国务院关于印发节能减排综合性工作方案的通知》，《经济日报》，2007年6月1日。

展的具体措施。又如,山西省为推进产业结构调整、升级,促进中小企业技术创新、成果转化、节能减排,2011年从本级财政新增产业发展资金5亿元,集中用于支持产业发展。[①]中央政府实施产业政策时,也进行了一些政策手段创新,以获得地方政府积极支持。例如,国家发改委就与天津、内蒙古等18个省(市、区)签订了淘汰落后产能责任书,到2010年关停和淘汰炼铁能力不足4931万吨、炼钢能力不足3610万吨的企业,涉及企业573家。

中央政府、地方政府与企业之间的博弈,与20世纪90年代相比,有了较大变化。20世纪90年代,这方面博弈主要发生在国有企业与政府之间。进入21世纪后,这方面的博弈发生在政府与各种所有制企业之间。不同所有制企业在与政府进行政策博弈时有不同做法。国有企业倾向于通过内部渠道影响政策,某些大型垄断企业则直接与国家有关部门对话;民营企业则通过协会、政府关系乃至诉诸舆论工具,反映利益诉求;跨国公司则通过本国政府、本国舆论机构、中国政府、中方合资伙伴、中国舆论机构、研究机构反映自己的要求。这一层次的博弈发生于产业政策制定、实施的各个阶段。例如,跨国公司对我国《构成整车特征的汽车零部件进口管理办法》的攻击就出现在政策制定各个阶段,动员了海内外新闻舆论机构、本国政府机构,乃至上诉到WTO。又如,科技部会同国家发改委、财政部联合起草的《关于开展2010年国家自主创新产品认定工作的通知(征求意见稿)》在网上征求意见。在最新版(征求意见稿)中,原先"认定条件"中有关必须具有"自主知识产权"和"自主品牌"的两个要求项,被"依法在我国享有知识产权或知识产权许可使用权"和"依法在我国拥有产品注册商标专用权或使用权"所替代。这种改变源于跨国公司的压力。因为担心产品难以进入《国家自主创新产品目录》,以美国的高技术企业为首,通过北京的中国美国商会及上海美国商会和美国技术产业团体——信息技术产业理事会通过海外媒体表示抗议。上海美国商会还游说美国政府,在中美战略与经济对话中讨论此事。中国欧盟商会对修改后的方案表示:"基于上述会谈的一些改进,已经在新草案中得到反映,我们对此感到满意。"[②]

中国政府与外国政府之间进行的博弈。外国政府、跨国公司出于对在华利益的关心,往往对我国产业政策提出看法。值得注意的是,外国政府有时出于国家安全利益,地缘政治利益对我国产业政策说三道四,表面上讲的是所谓"国际规则"。例如,在稀土产业政策上,我国出于环境保护需要,规范稀土出口与生产。以美国为首的发达国家却认为违反WTO规定。同样,出于环境保护需要,我国减少焦碳出口,发达国家也认为违反了WTO规定。

政府、协会、企业与民众之间的博弈。在政府、产业协会及相关产业的企业达成共识,产业政策征求意见或予以实施阶段,可能出现博弈。这一层面的博弈与上述其他层面的博弈有很大不同。前几个层次的博弈是发生在参与政策制定的、掌握相当资源的精英层内部的博弈。这一层次博弈是政策精英层与政策接受层——最广大民众之间的博弈。政策与民众直接感受生活变化的联系越紧密,越容易引发这一层次的政策博弈。民众可以通过舆论机构、各级政府反映自己的意见,也可以通过新媒体(网络、手机短信等)表达看法与利

[①]《中国财经报》,2011年8月25日。
[②]《参考消息》,2010年4月14日。

益诉求。在此阶段,专家学者、新闻舆论机构、非营利性组织(以下简称 NGO)往往也积极发表意见,对政策的最终形成与实施发挥影响。需要指出的是,专家学者、新闻舆论机构、NGO 组织的加入,往往使政策讨论偏离原来议题,有时甚至成为论证政府行为是否合理,政府行为应当遵循什么原则的讨论。

不同产业利益集团之间的博弈。这方面的博弈在前面已提到,在此不再赘述。进入 21 世纪以后,这方面的博弈呈现迅速上升的趋势。

五、产业政策手段评价

产业政策手段主要有:行政手段、法律手段、财政税收手段、金融手段、信息手段等。各种产业政策手段在不同时期占有不同的地位,发挥不同的作用,构成产业政策手段体系。

20 世纪 90 年代末,各种产业政策手段的作用大小依次是:行政手段、财政税收手段、金融手段、信息手段、外贸手段、法律手段。

本书根据专题研究和问卷调查得出的结果依次是:财政手段、金融手段、行政手段、国内法律法规、技术标准、国际法律法规、信息手段、税收手段、产学研联盟。

行政手段之所以地位与作用相对下降,是因为政府指令性计划已经退出历史舞台,计划转变为与政府投资脱钩的指导性规划;政府行政越来越多地在国际、国内法律、法规框架内进行;市场配置资源的作用日益增大。

在这种背景下,财政手段成为产业政策手段中作用最大的手段。20 世纪 90 年代,财政手段是企业感受最敏感的政策手段,也是国家调整产业结构的重要手段。国有企业对于财政依赖程度很高。国家预算内安排的基本建设投资在国家财政支出中占很大比重。财政手段在产业政策诸种手段中居于第二位。财政手段的表现形式见表 0-1。

表 0-1 财政政策及制度作为产业政策工具的内容

	直接干预型		间接引导型	
	支持手段	限制手段	支持手段	限制手段
财政手段	财政投资 财政补贴	财政资金不许进入	低税率 减税、免税 加速折旧 投资抵免 再投资退税 出口退税 减免进出口关税 对市场进入设置关税、非关税壁垒	高税率 征收附加费 进出口高关税

资料来源:根据江小涓(1996)整理并补充。

加入 WTO 后财政补贴使用范围受到限制,财政手段中"直接投资"与"财政补贴"两项已经大大减少。中国加入 WTO 以后,国内基本建设投资占财政支出的比例由 1978 年的

40.3%下降到 20 年后的 12.18%。① 政府财政退出了一般竞争性产业,财政补贴也由于加入 WTO 而受到限制,但是其他财政手段仍得到运用。

第一,中央政府及时、有力地推出积极的财政政策,应对全球金融危机,抑制了中国经济下滑的势头。2008 年 11 月,中央政府为应对世界金融危机出台 4 万亿元刺激政策以及十大产业振兴规划,用于支持产业技术改造、促进战略性新兴产业发展、形成自主创新能力、补贴新产品市场导入的财政投入,有了较大增长。实施家电、汽车下乡等补贴政策,出台了扩大内需十项措施,通过挖掘国内需求潜力为经济增长提供动力。2009 年政府采购总规模达到 5990.9 亿元,同比增长 23.7%,对拉动经济增长起到了积极作用。

4 万亿元投资中,资金来源以中央国债补助、中央国债转贷、地方配套、银行贷款为主,还有部分利用外资或其他配套资金。中央国债补助和地方配套资金总体比例大致为 1:1。②

第二,财政手段对基础设施建设发挥了重要作用。为应对世界金融危机出台 4 万亿刺激政策中,相当一部分财政资金或国债用于基础设施建设(包括铁路、城市轨道交通、机场、能源基础项目、高速公路及农村公路,医院设施、农村生产、生活基础设施等)。其中,用于铁路建设的资金规模达到 2 万亿元;用于能源项目的资金规模超过 2000 亿元;用于机场建设的资金规模达到 2500 亿元;用于环保产业的资金规模达到 1 万亿元。经过几年的加速推进,中国的基础设施又有了巨大飞跃。例如,我国高速铁路系统已居世界第一位。

第三,财政资金作为推动科技进步、形成自主创新能力发挥着关键作用。在推动产业、企业技术进步中,财政投入起了极为重要的作用。国家科技发展中长期规划中的重大科技项目均得到了中央财政大力支持。需要指出的是,发达地区的地方政府也在以财政资金支持自主创新能力的形成,建设科技开发基础设施,设立产业技术研发基金,投入规模越来越大。财政资金在推动科技项目产业化进程中,起了引导和带动作用,带动了其他渠道资金的进入。

第四,财政手段在推动战略性产业发展壮大,促进新兴战略产业形成方面起到了重要作用。例如,中央和地方政府为支持新能源汽车发展,对购买新能源汽车给予了补贴(中央和地方政府对等补贴)。在政府财政支持下,我国的风能、太阳能发电已居世界前列。在国家应对全球金融危机推出的十大产业调整与振兴规划中,中央政府以财政资金支持企业在产业发展的关键领域进行技术改造。

第五,财政手段支持了产业政策的落实。进入 21 世纪后,财政部门根据国家产业政策,以促进可持续发展、增强自主创新能力、节能减排为重点,调整财政支出结构和国债资金投向结构,资金安排有保有压、有促有控,重点支持了节能减排新项目、新产品、新技术的发展。通过调整税率,改革税收制度,抑制"高能耗、高污染、资源性"产业的发展;对于淘汰落后企业、落后产品及工艺给予财政补贴,促进产业结构的调整升级。例如,财政部、发改委、环保部通过定期发布《环境标志产品政府采购清单》、《节能产品政府采购清单》,引导企业走保护环境、减少污染之路。2009 年政府节能、节水产品采购金额为

---

① 资料来源:根据《中国财政年鉴》(2009)整理计算。
② 连玉明、武建中主编:《中国救市》,中国时代经济出版社,2009 年版,第 19 页。

157.2亿元，环保产品采购金额为144.9亿元。[①]在国家鼓励政府机构采购正版软件政策的引导下，截至2011年5月135家中央国家机关共采购正版软件176763套（许可），其中国产软件66511套，[②]促进了我国软件产业健康发展。

第六，财政手段在调整外贸结构方面也发挥了重要作用。例如，财政部和商务部根据国家有关产业规划，运用财政手段对进口技术和装备予以支持，联合出台了《进口贴息资金管理办法》，以贴息方式鼓励进口，减少与有关国家的贸易逆差，发展我国的高端制造业。

第七，财政手段对产业结构调整发挥了一定作用。中央和地方政府通过财政补贴支持战略性新兴产业的发展；通过补贴支持淘汰落后产能。例如，中央政府和地方政府采取对等补贴的方式，支持新能源汽车的产业化示范。

虽然财政手段的使用，在产业政策体系中占有极为重要的地位，从中长期看财政手段仍然可以保持目前的地位。但是，对财政手段的运用，依然要保持谨慎态度。这是因为：财政手段的运用，在制度约束较弱的情况下，实际上在相当程度上是行政机构扩大自身行动能力，乃至获得部门利益的政策空间；在制度约束较弱的情况下，财政手段强势，进而"挤压"、"绑架"金融手段的可能较大；在目前体制下，各个强势政府部门仍可通过向高层"游说"、"活动"，"俘获"财政资源；财政资金使用效率仍不高；对财政资金使用的监督体制仍有待健全。

20世纪90年代，金融手段在产业政策中的地位，仅次于行政手段、财政手段，因为当时我国的金融深化不够，银行要根据国家计划委员会的计划去贷款，金融业规制较多，金融产品不丰富。但是，即便如此，金融手段也越来越受到的重视。

进入21世纪以后，随着银行真正成为具有自主经营权的金融企业；中国金融市场逐步成形；金融业逐步开放，国际化程度不断提高；各种金融产品不断出现；金融手段在产业政策体系中已占有重要的战略地位，广泛地发挥着重要作用。

第一，金融深化程度进一步提高，金融促进产业增长的功能得以体现。21世纪的前10年，中国经济保持了持续快速增长，以金融深化为代表的金融因素发挥了重要作用。2000~2008年9月，中国GDP从不足10万亿元迅速攀升至30余万亿元，年均增长达到10%左右的水平。同期，广义货币供应量（M2）余额从2000年末的13.46万亿元增长到2008年末的47.52万亿元。以（M2/GDP）为代表的金融深度从1.35进一步上升到1.58。

第二，银行信贷继续扩张，支持经济增长力度加大。以银行信贷为主的间接融资规模持续扩大，在促进经济增长及各个产业总量扩张上作用明显。对中国货币政策传导渠道的诸多研究中，信贷渠道被赋予极其重要的意义，并被认为是中国货币政策传导的主要渠道。

第三，直接融资市场规模显著提高，支持产业增长的作用日益提升。经过10年发展，中国资本市场（主要是股票市场）得到长足发展。20世纪90年代初建立股票交易所时，年股票筹资额合计不足10亿元（如1991年仅为5亿元），此后股票市场虽然波澜曲折，但筹资额不断扩大。进入21世纪以来，股票市场筹资额除2002年季度低迷时期外，其余年

[①]《政府采购信息报》，2011年8月12日。《政采力倡环保》：列入清单企业要承诺在当期"环保清单"一年有效期内，保证对清单内产品提供产品和相应服务。

[②]《政府采购信息报》，2011年8月22日。

份筹资额均在千亿元以上。其中行情较好的2007年，股票筹资额合计达到8680.17亿元，其中A股发行筹资额（IPO）为7722.99亿元，A股配股筹资额227.68亿元，H股（N股）发行筹资额957.18亿元。以股票为代表的直接融资市场的发展不仅给企业带来了大量发展资金，同时促进公司治理结构进一步优化，为做大做强国家政策扶持的主导产业发挥了重要作用。

尽管执行中不尽如人意，但中小板、创业板的设立，为中小企业、高新技术企业上市融资，支持高技术产业、战略性新兴产业发展创造了条件。政府还通过抑制或支持企业在股市融资，实现产业政策目标。例如，对于环境污染大的企业，一般不批准上市；出于抑制房地产泡沫的需要，2011年证券业监督管理委员会（以下简称证监会）暂停了房地产公司在股市的融资。

第四，进入21世纪以来，中国的产业发展目标更多地转向结构调整，其中三次产业间比例关系的调整是重要内容之一。对发展中大国而言，三次产业比例关系的协调首先体现在第一产业在国民经济中的比重下降，第二、第三产业比重上升。2000年，我国三次产业的比重为15.1%、45.9%、39%；到2008年三次产业间的比重优化为11.3%、48.6%、40.1%。在三次产业结构的变化过程中，金融手段起到相当重要的作用，本书的计量结论显示金融深化过程与第二、第三产业在GDP中的合计占比呈显著的正相关关系。

第五，中国产业发展，尤其是工业大规模发展使得产品对海外市场的依赖逐渐增大（规模效应及产业内贸易的效应）。21世纪以来，相关金融支持措施在促进对外贸易方面发挥了重要作用，通过出口信贷、出口信用保险等措施，稳定和扩大外需，支持船舶、钢铁、装备制造、轻工、纺织等行业企业承接海外订单，承揽海外重大工程，适时建立海外营销网络，稳定海外市场份额。一些重要的金融机构，如中国进出口银行提供买方信贷、卖方信贷等业务，中国出口信用担保公司提供相关保险业务，各家商业银行打破原有的行业地域分割、开拓国际业务，为中国企业的出口提供各种服务。中国的对外贸易进出口总额占GDP比重及出口占GDP的比重均有大幅度提高。

第六，金融手段在扶持相关产业向海外延伸产业链条，支持企业走出去，充分利用海外资源方面发挥了重要作用。

经济快速发展的同时，中国面临日益严重的资源约束，原油、铁矿石、农产品（如大豆）等大宗商品进口量与日俱增。从石油进口依存度来看，在加入世界贸易组织前的2001年，我国石油进口量依存度（石油净进口量占国内石油消费量的比例）只有30%，而2007年则首次突破50%，2010年进一步上升到52%左右。我国大量进口铁矿石，不得不承受高昂的进口价格。

全球金融危机为我国利用海外资源，实施"走出去"战略，提供了难得的历史机遇，在以往环境下，企业收购战略性资源可能遭到东道国强大的政治阻力，即便成功也需要付出高昂代价。在全球金融危机影响下，一些主要依赖大宗商品出口的国家经济受到重创，急需外部资金，这些东道国的企业往往也在危机影响下生产经营困难，财务状况恶化。金融手段的运用，为我国有关产业在全球范围延伸产业链条，企业实施"走出去"战略提供了便利。

针对重要资源开发领域，中央制定的相关产业振兴规划中提出要通过进一步简化包括外汇管理等在内的项目审批程序，支持符合准入条件的石化、有色、矿产行业的重点骨干企业到境外开展资源勘探、开发、技术合作和对外并购，支持大型钢铁企业利用境外矿产资源权益投资专项资金、对外经济技术合作专项资金和国外矿产资源风险勘探专项资金增强资源保障能力。从实践来看，中国企业成功实施海外战略的案例明显增加，例如，中国石油化工集团公司下属全资子公司中国石化集团国际石油勘探开发有限公司已与总部位于瑞士的Addax石油公司达成现金收购协议，总投资72亿美元；中国石油天然气集团收购伊朗油田项目；吉利汽车公司收购沃尔沃汽车公司等。

第七，金融手段在促进自主创新能力形成中，起到了极为重要的作用。金融手段运用灵活，涉及面广，从基础研究、应用研究、关键技术、共用技术的研究、新产品的开发、产业化、商业化，金融手段都起着重要作用。由于在其他地方已有论述，在此不再赘述。

21世纪初制约金融手段发挥作用的主要因素有：

随着我国金融体系国际化、货币国际化，金融手段的应用受到国际因素的影响与制约越来越大。例如，美国政府一直就人民币汇率，对我国政府施加巨大压力。人民币的准备国际化对我国政府和金融机构都带来了长远、深刻的挑战。

我国金融机构仍处于各级政府的强势影响之下，由于政府压力导致经营风险增加。来自政府的行政干预，造成了行政对金融资源的"硬挤压"（政府强行要求银行为项目提供贷款或为地方融资平台融资）及财政对金融的"软挤压"（例如，通过地方财政、土地为项目担保），导致金融资源的制度性"无效渗漏"，严重影响着金融机构自身的经营状况。这种问题突出表现在金融机构为响应政府应对危机的政策，不得不大举贷款，然后又不得不大举到股市融资，以充实自身资本。

我国金融机构内部治理结构、运行方式、经营管理方式仍在相当程度上具有国有企业乃至官僚机构的色彩，需要进一步深化改革。

我国金融体系仍不能为中小企业提供及时、足够的服务；为中小企业服务的金融机构、金融产品、金融业态也没有足够的发育。"在2008~2010年货币宽松的三年当中，中小企业贷款余额占全部企业贷款比重的增幅连续下降，分别为3.7%、2.5%和0.6%。"在中国工商银行、中国农业银行、中国银行、中国建设银行四大行开户的中小企业总量不超过30万户，还不到全国460万户中小企业的10%。[①]

以上问题制约着金融手段在产业政策中充分发挥作用。

自20世纪90年代开始，到2010年，我国用了20年时间，逐步转变为以财政、金融手段为主的宏观调控方式。财政手段与金融手段成为我国产业政策体系中影响力、作用居于第一、二位的政策手段，意味着我国政府的宏观经济管理、调控方式基本与国际接轨，财政、金融两大调控手段已经在中国经济管理和宏观调控中，占主导地位。但是，认真思考我国经济调控过程中财政、金融手段运用，就可以看到，我国财政、金融手段不仅仅进行总量调控，而且与产业政策紧密结合，深入到产业层面影响经济的运行。财政、金融政策与产业政策相结合的调控方式，是中国政府经济调控的一大特色。

行政手段在21世纪产业政策体系中的影响力呈下降趋势。产业政策中行政手段的运用

---

① 《经济观察报》，2011年8月29日。

主要是：某些建设项目的审批；出于国家经济安全对外资购并的审批；淘汰污染和落后企业、产品、工艺；维护国民经济、重要产业正常运行；对重要产品和服务价格进行管理；鼓励节能减排产业发展，抑制高能耗、高污染、资源性产业、企业的发展；通过地区规划引导产业的区域布局；通过发布《外商投资产业指导目录》等文件，引导外资进入；通过制定产业技术标准、安全标准对产业、企业生产经营进行管理；以"行政意见"的方式对产业发展予以指导，如商务部和国家开发银行就联合发布《关于支持中西部地区承接加工贸易梯度转移工作意见》，鼓励加工贸易型企业向西部转移；对某些外部性较强的产业予以特殊规制；抑制不正当的市场竞争行为、反垄断；等等。

从上面罗列的行政手段运用领域，可以看出尽管行政手段地位与影响在下降，但其运用仍极其广泛。这是因为从时间成本看，行政手段在制定一些应急政策时也自有其优点。在应对经济危机时，运用行政手段可以迅速做出反应，进行干预。经济领域中出现的大量需要政府予以解决的问题，没有具体法律、法规可以遵循，只能靠政府依据情势，通过具体行政手段予以干预。

虽然我国经济体制已基本上完成了向市场经济体制的过渡。但是由于我国的国情，各级政府仍直接干预经济发展进程，存在着大批国有企业，同时考虑到发展中国家政府在经济发展中的特殊地位，行政手段仍是中央政府、地方政府运用起来最方便，使用最频繁的手段。

政府行政手段运用，从宏观经济运行、政府运作和管理技术等方面看，有其合理性、必然性，但是长期在比较广泛的范围内运用行政手段，是有问题的。

在20世纪90年代末进行的产业政策研究中，法律手段排在最后。本次研究国内法律法规在产业政策体系中的作用居于第四位，有了很大提高。国内法律法规之所以在产业政策中发挥了更大作用，主要是因为我国政府越来越按照法律法规管理经济；我国的法律法规体系越来越健全；产业政策必须以法律法规为前提进行制定。

国内法律法规对于产业政策的影响主要体现在以下三方面：

首先，产业政策直接以法律法规形式体现。产业政策以法律形式体现还为数不多，但是法规却越来越多。制定法规虽然主要局限于国务院行政体系内部，但是也要征求有关立法机构意见。

国内法律体系中约束、影响产业政策制定的相关法律及法律条款越来越多，这些法律和法律条款成为产业政策制定的前提与框架。因此有关部门在制定产业政策时，听取人民代表大会的意见已经成为必要的程序。产业政策制定必须在法律框架内，沿着既定轨道前行。

其次，产业政策制定与实施必须依据相关法律。例如，工业和信息化部在公布淘汰落后产能的产业政策及淘汰企业名单的同时，还以附件形式列出了淘汰落后产能的法律依据："淘汰落后产能（装备、工艺等）的主要法律法规依据是《中华人民共和国大气污染防治法》、《中华人民共和国水污染防治法（1996年修正）》、《中华人民共和国固体废物污染环境防治法（2004年修订）》、《中华人民共和国清洁生产促进法》和《中华人民共和国安全生产法》等。[①]

[①]《中华人民共和国工业和信息化部公告》（工产业［2010］第111号）。

附件具体列出了国家经济综合主管部门提出落后工艺、装备和企业目录的依据是：《大气污染防治法》第19条；《水污染防治法》第22条；《固体废弃物污染防治法》第28条；《清洁生产促进法》第12条；《安全生产法》第31条。

附件具体列出了淘汰落后能力的主要程序依据是：《大气污染防治法》第49条；《水污染防治法》第50条；《固体废弃物污染防治法》第72条。

附件还列出了其他法律依据：《安全生产法》第54条。

一部以政府法规形式予以实施的产业政策，从行动合法性依据、程序性依据及其他依据，如此具体地列举出来，表明我国政府产业政策制定的确已经建立在法律基础之上，同时也表明我国法律体系已比较完善，可以为产业政策的制定与实施提供足够的法律依据。如此详尽地以有关法律依据为政策制定与实施依据，已接近日本经济产业省的产业政策制定程序。

国内法律体系对产业政策的影响还表现在，产业政策在征求意见过程或执行过程中，为利益相关方博弈提供了依据，为民众监督、批评产业政策提供了依据。例如，工业和信息化部推出"绿网"，并强制安装，就因为公众认为违反了有关法律而告吹。

"技术标准"和"产学研联盟"是推动产业技术政策的有效手段。本书在调查时出乎预料地发现"技术标准"在产业政策体系中已占有较高的地位，在调查中技术标准在产业政策体系中的作用居于第五位，作用程度中等。产学研联盟的作用，第一次进入调查范围，虽然在产业政策手段中居于最后，作用程度"小"。但是其作用已得到一定认可，并且呈现上升趋势。

"技术标准"和"产学研联盟"手段的作用，表明产业技术政策在产业政策体系中的地位与作用加速上升。

技术标准作为政府制定产业政策时的工具，在21世纪初得到了广泛运用，主要运用于如下领域：

作为产业准入门槛之一。政府为解决产能过剩，抑制重复建设，常常制定产业准入政策，而技术标准经常被列为准入的重要标准之一。

作为淘汰落后生产能力、落后产品、落后装备、落后工艺的政策工具。例如，目前汽车工业中未能达到欧3标准的商用车，已经被政府列入了淘汰之列，相应的生产企业如果不转产，也就不得不退出汽车生产领域。又如，在根据产业调整与振兴规划淘汰落后产能时，政府有关部门通过完善落后产能淘汰标准，改变以企业规模或设备规模作为判断落后产能唯一标准的情况，增加了环保、能耗等经济技术指标的比重。

作为促进节能减排的政策工具。政府通过越来越严格的能耗标准、排放标准抑制高能耗、高污染产业的发展，抑制使用落后装备、落后工艺、生产落后产品的企业的发展。例如，国家"十一五"时期淘汰落后生产能力时，主要依据就是技术标准与生产规模（见表0-2）。

相比企业规模，技术标准更能够反映企业、装备的能力、水平，能够更准确、科学地确定落后产能、落后工艺装备及落后产品。

作为促进自主创新的政策工具。政府支持企业开发具有自主知识产权的产品，而自主知识产权的突出体现就是以技术专利形式存在的技术标准。这方面最突出的例子就是国家

表 0-2 "十一五"时期淘汰落后生产能力一览表

行业	淘汰内容	单位	"十一五"时期
电力	实施"上大压小"关停小火点机组	万千瓦	5000
炼铁	300 立方米以下高炉	万吨	10000
炼钢	年产 20 万吨以下小转炉、小电炉	万吨	5500
电解铝	小型预焙炉	万吨	65
铁合金	6300 千伏安以下矿热炉	万吨	400
焦炭	碳化室高度 4.3 米以下的小焦机	万吨	8000
水泥	等量替代机立窑水泥熟料	万吨	25000
玻璃	落后平板玻璃	万重量箱	3000
酒精	落后酒精生产工艺及年产 3 万吨以下企业	万吨	160
柠檬酸	环保不达标柠檬酸生产企业	万吨	8
造纸	年产 3.4 万吨以下草浆生产装置、年产 1.7 万吨以下化学制浆生产线、排放不达标的年产 1 万吨以下的以废纸为原料的纸厂	万吨	650

资料来源:《经济日报》,新华社发,2007 年 6 月 4 日。

对大唐电讯提出的 TD-SCDMA3G 技术标准的支持。

技术标准这一政策手段之所以得到广泛应用,还因为其具有相对公平、标准划一、容易执行、减少人为干扰等优点;技术标准在 21 世纪已经成为国际竞争的有力工具,甚至成为获取国家利益的有力工具。进入 21 世纪后,我国企业遇到最多的就是以技术标准形式存在的技术性贸易壁垒。2009 年我国 1/3 以上企业受到国外技术性贸易措施的不同影响。

21 世纪,随着国家越来越把产业政策的重点转向促进自主创新能力的形成方面,随着市场经济体制的逐步成熟,技术标准作为产业政策工具,其影响将越来越大。

需要指出的是,随着中国许多产业在国际舞台上占有越来越重要的地位,中国的产业在国际组织中对技术标准的发言权和主导权逐步增加,中国的技术标准有逐步推广至区域、全球的趋势。中国还积极参与国际技术标准的制定,如我国通过参与世界车辆法规协调论坛(WP29),参与了全球统一的车辆技术法规的建立。[①] 考虑到中国产业政策与国际法律法规的融合,中国产业政策已经带有了国际色彩。

"产学研联盟"是进入 21 世纪以后迅速增加的,用于加速新技术、新产品推广、产业化的政策工具。由于其建立在共同利益基础上,在政府、中介组织帮助下,发挥市场机制的作用,因而得到了迅速发展。"十一五"国家科技支撑计划的 95%、重大科技专项的 50%、863 计划的 35%以上项目由企业牵头实施,80%以上项目体现了产学研用结合。[②] 为发展新能源汽车,在中国汽车工业协会牵头下,由前 10 家企业组成了"T10"产学研联盟。汽车工业发达省份也组成了本省开发新能源汽车的产学研联盟。针对我国汽车工业的薄弱环节——汽车电子软件,由一汽牵头成立了中国汽车电子技术软件联盟。今后这一依托市场机制和利益机制,加速创新成果产业化、商业化的产业政策手段,将会发挥更大作用。

随着技术标准、产学研联盟、政府支持创新能力的形成等产业技术政策日益成为产业

[①] 赵英主编:《中国制造业技术标准与国际竞争力研究》,经济管理出版社,2008 年版,第 131 页。
[②] 科技部调研室:《关于科技成果转化问题的研究报告》,2011 年 6 月。

政策的重要组成部分，产业技术政策也受到外国政府、跨国公司的注意。例如，大众公司就支持了在中国发展柴油汽车的政策研究，以帮助其开拓中国柴油轿车的市场。

随着我国加入WTO，国际法律法规成为我国政府制定产业政策时的"硬性约束"。许多加入WTO前常用的产业政策手段已难以再用了。例如，以配额手段对产业进行保护。许多产业政策不得不改变存在形式、管理方式。制定产业政策必须考虑有关国际法律法规。

国际法律法规对我国产业政策的影响有正负两面。正面作用是，抑制了政府机构对产业、企业的过度干预，有利于市场机制发挥作用；负面作用是，外国政府、跨国公司有时出于经济、政治甚至安全利益的需要，利用国际规则，对我国政府施加压力，以达到自己的目的。

国际法律法规还通过影响我国国内的法律法规，来影响我国产业政策制定与实施。例如，WTO由权力导向走向规则导向，使得WTO体制下每一协定的具体实施，都更加与缔约方国内法律密切关联，从而影响着缔约方国内相关法律法规的制定与实施。

随着我国经济利益的日益国际化，我国产业链条日益向全球延伸，我国货币体系日益国际化，国际法律法规对我国产业政策的影响也日益深化。例如，我国在进行产业损害调查、反垄断调查时，已经基本上与国际法律法规接轨。国内市场的游戏规则日益国际化。对国际法律法规的理解与掌握，是我国政府、产业界必须高度重视的。

信息手段在产业政策体系中的影响与作用与20世纪90年代相比变化不大。但是信息手段的应用方式、应用范围，随着现代传播手段的发展、政府工作方式改变，发生了很大变化。随着政府产业政策制定透明度逐步提高，信息手段也得到了更加广泛的应用。

政府机构和官员在制定某些产业政策时，会通过与媒体交流、参与论坛、组织新闻发布会等形式先行透露某些信息，一方面引导产业、企业的行为，另一方面也试探舆论反映、公众的看法。政府通过发布各种信息，引导产业、企业的发展方向，引导他们的投资行为。例如，政府通过发表《外商投资产业指导目录》宣示我国将不再继续实施单纯鼓励出口的产业导向政策；通过发布《节能产品政府采购实施意见》，鼓励企业从事节能产品生产。

信息手段在外国政府、跨国公司与中国政府、产业、企业博弈时，发挥了更加重要的作用。一方面中国政府以信息手段来引导、影响外国政府、跨国公司的在华投资、经营；另一方面外国政府、跨国公司通过信息手段表达自己的看法，力图影响中国政府。

信息手段在市场经济环境中，有着广阔的运用空间。产业政策制定过程越透明，越开放，信息手段起作用的空间就越大。信息手段实际上与政府机构行政手段是相辅相成的。政府机构通过发布信息，可以宣示自己的政策意愿，在一定程度上实现对产业、企业的"窗口指导"。同时，由于信息手段较行政手段具有较大的弹性，在指出方向的同时，为企业自主选择，发挥市场机制的作用，检验产业政策可能产生的效果，留出足够的时间、空间，因此政府机构应当多利用信息手段，以诱导的方式推进产业政策。

信息手段运用要产生理想效果，还需要深入研究信息手段自身的特点及大众传播规律，而我国的政府机构对此研究是远远不够的。我国政府经济管理部门的新闻发言人在新闻发布会上，多数情况下是被动地为本部门遭到公众质询的问题进行解释，主动地进行政策宣示、解读则不多。官员利用信息手段的素养与能力，也有待提高。

税收手段在21世纪初得到广泛应用。政府通过调整税率，为产业稳定发展创造有利条件，并且引导产业按照节能减排方向发展。例如，2008年1月1日起，调整了部分成品油消费税政策，对石脑油、溶剂油、润滑油按每升0.2元征收消费税，燃料油按每升0.1元征收消费税；自2008年1月1日起至2010年12月31日止，对进口石脑油和国产的用作乙烯、芳烃类产品原料的石脑油免征消费税。自2008年9月1日起，调整了乘用车消费税政策，气缸容量（排气量）在1.0升以下（含1.0升）的乘用车，税率由3%下调至1%；气缸容量在3.0升以上至4.0升（含4.0升）的乘用车，税率由15%上调至25%；气缸容量在4.0升以上的乘用车，税率由20%上调至40%。2005年，为控制高耗能、高污染和资源性产品的出口，分批调低或取消了钢铁、电解铝、铁合金、成品油、煤焦油、部分皮革、农药、有色金属及其制品、硫酸二钠、石蜡等产品的出口退税，取消加工出口专用钢材增值税退税政策。从2006年9月15日起，取消了煤炭、天然气和"高耗能、高污染"产品的出口退税；降低钢材等容易产生贸易摩擦的大宗出口商品和个别不宜取消出口退税的"高耗能、高污染"产品的出口退税率；调高部分高科技产品和以农产品为原料的加工品的出口退税率；将所有取消出口退税的商品列入加工贸易禁止类目录。2007年7月1日起，调整了2831项商品的出口退税政策，其中取消了553项"高耗能、高污染、资源性"产品的出口退税，降低了2268项容易引起贸易摩擦的商品的出口退税率。

政府还通过税收促进区域的产业发展。例如，中央政府改革增值税制度，对东北地区装备制造业等八大行业实行增值税转型改革试点，并积极在中部地区推行增值税转型改革试点。

进入21世纪以来，在形成自主创新能力，发展高技术产业、现代服务业方面，政府也充分发挥了税收手段的作用。

税收政策（尤其是结构性减税）对扩大内需的作用日益受到重视，并有较大政策空间。

本书的研究人员认为，税收手段在21世纪产业政策中的作用应当排在第四位，从发展看应当居于第三位。但是，从问卷调查看，接受调查者认为，税收手段的地位与20世纪90年代相比，有所下降。这一认知差距可能是由于21世纪初税收制度逐步刚化；税收减免已经不像20世纪90年代那么容易；中资企业、外资企业、合资企业已统一税率所致。另外，20世纪90年代的研究，税收手段是与财政手段捆在一起进行调查的。这也可能是导致认知差距的原因。我们把这一认知差异忠实记录下来，以待今后研究。

根据我们的研究，发现在市场化程度较低的产业中，行政手段、财政手段运用得较多，如军工产业。在这些部门的产业政策制定中，政府的意志也更强烈地表现出来，企业在产业政策制定过程中，处于比较低的层次。越是市场化程度高的产业中，金融手段、信息手段运用得越有效，如轻工行业，中央政府的信息指导就比较受地方政府和企业的重视。

信息手段虽然尚未发挥太大的作用，但随着市场化的加深，信息手段将对引导产业的发展，起到越来越重要的作用。信息手段还有其独特的作用，那就是引导外资的投入。例如，国家计委《外商投资产业指导目录》发布后，立即引起了外国投资者的广泛重视。

六、产业政策绩效评价

20世纪80年代、90年代,我国产业政策的重点是产业结构政策和产业组织政策。因此,20世纪90年代进行产业政策绩效评价时,我们重点研究了产业结构政策和产业组织政策。进入21世纪以后,政府在强调产业升级、节能减排的同时,把形成自主创新能力作为产业政策的重点。因此,本书对产业政策绩效的评价,主要从产业结构政策、产业组织结构政策、产业技术政策等方面展开。

进入21世纪以来,我国产业结构政策取得了一定成效。主要表现在如下几方面:

首先,通过产业政策支持了基础设施建设以较高速度全面发展。基础设施建设在市场经济体制中,也是应当由政府重点投入、扶植的领域。20世纪80年代、90年代,中国政府为缓解国民经济的"瓶颈"(能源、原材料短缺,交通运输紧张,通信业滞后),采取各种产业政策手段促进基础设施的建设,[①]使我国基础设施有了较大改观。

进入21世纪之后,中央政府产业政策中,基础设施建设仍然占有重要地位。21世纪前十年,我国基础设施建设重点是:铁路、机场、城市轨道交通体系、环境保护基础设施、农村生产、生活基础设施、医疗基础设施、通信设施等。西气东输、南水北调、跨国油气管道、跨国铁路、公路等大工程也成为21世纪我国基础设施建设的重点。如果说20世纪90年代基础设施建设是为了解决"瓶颈",21世纪初的基础设施建设则是为了使中国经济更加全面、均衡地发展,为了使人民生活质量更快提高;为了适应中国经济体系的日益国际化。

其次,高技术产业得到产业政策重点支持。政府综合使用各种产业政策手段促进了高技术产业加速发展。高技术产业中真正能够体现系统创新能力的军工行业,通过走军民融合之路得到了很好的发展。我国自主研制神州载人飞船系列;研制成功的歼10战斗机、支线民航飞机新舟60、ARJ21-700已经进入国际市场,目前正在研制大飞机;我国核工业已具备了30万千瓦、60万千瓦、100万千瓦核电站自主设计、建造、运行、管理的能力,开发出了核电自主创新品牌,已系统地掌握了30万千瓦、60万千瓦、70万千瓦、90万千瓦、100万千瓦等各系列装机容量的核反应堆的建造关键技术,形成了核电站建造专有技术体系和知识产权,实现了包括以AP1000和EPR为代表的第三代核电机组在内的百万千瓦核电机组自主化建造;我国船舶工业已能够出口集装箱船、成品油船、新型化学品船、液化天然气船(LNG)、全冷式液化石油气船(LPG)、大型超大型油轮(VLCC)等高技术、高附加值船舶;我国研制的大型高速计算机已经居于世界最前列。这些成果既显示了我国

[①] 1982年12月中共中央和国务院发出《关于征集能源交通重点建设基金的通知》,决定"六五"后三年增加200亿元能源交通等重点建设投资,这笔投资除财政、银行解决80亿元外,其余120亿元从各地区、各部门预算外资金中,用征集"国家能源交通建设基金"的方式解决。1983~1985年共征集了361亿元。国家还批准开征铁路建设基金、民航建设基金、车辆购置附加费、港口建设费、电力建设基金等。国家还通过改革促进基础产业发展,如允许地方、企业、个人出资办电,多渠道集资办电,利用外资办电。国家对通信产业发展也给予了优惠政策。

强大的国防力量，也表明我国高技术产业的自主创新能力得到了很大提高。

在政府支持战略性新兴产业相关政策支持下，战略性新兴产业发展迅速。目前，我国风力发电、太阳能发电已经居于世界前列；新能源汽车研制与产业化也取得了较大进展。

在产业政策支持下，传统产业内部结构调整与升级，也取得了一定进展，自主创新能力提高较快。

我国钢铁工业的钢材国内市场占有率从2000年的92.8%上升到2008年的97.1%；板管带比重从41.7%提高到50.6%。目前，我国大多数钢材品种的自给率超过了100%，净进口的钢材只剩下冷轧薄板带、电工钢等少量高附加值品种，而这些品种国内产量增长很快。目前，我国机械、汽车、造船、家电、石油、电力、铁路等行业使用的钢材绝大多数是国产的，其质量能够满足这些行业的基本需要，其中部分品种达到了国际先进水平。我国开发的船用高强度宽厚板、高强度海洋结构用钢板、高档汽车用板和汽车零部件用钢、工程机械和高层建筑用高强度厚钢板、X80以上高等级管线钢板、百米在线热处理钢轨和时速350公里高速铁路钢轨、高速动车组用钢、高档不锈钢新品种、高强度角型钢等均实现了重大的突破，有力地支撑了国家经济建设、工业化、城镇化进程和机电产品出口对钢铁材料的需求。

我国机械工业在汽车制造设备、船舶制造设备、轨道交通设备、发电设备、输变电设备、石化设备、高档数控机床、冶金设备、集成电路专用制造设备、矿山采掘设备、重型机械设备、精密加工仪器仪表设备等过去依赖进口的重大技术装备的生产制造领域，已经有不同程度的突破。其中有些成套设备和产品已经达到了国际先进水平。

我国轻工业的产品品种结构加速向多样化、系列化发展，满足了不同消费群体的需求。一些主要产品产量居世界前列，如自行车、时钟、日用陶瓷、皮鞋、电风扇、电饭锅、电冰箱、洗衣机、塑料农地膜的产量已居世界第一位；盐、合成洗涤剂、啤酒的产量居世界第二位；手表、机制纸及纸板、糖、房间空调器的产量居世界第三位。通过技术更新改造，一些轻工企业的生产技术达到了国际先进水平。新兴行业产值的比重增加，如家用电器、塑料制品、饮料、化妆品和包装装潢五个行业的工业产值已占到轻工行业总产值的29.3%。

促进节能减排，淘汰落后生产能力，促进产业升级，是21世纪政府制定产业政策时，关注的重点。"十一五"规划中明确提出了节能减排的约束性指标，即到2010年，单位GDP能耗比2005年降低20%、主要污染物排放总量降低10%。为了实现节能减排及调整产业组织结构目标，必须淘汰落后生产能力。进入21世纪以来，中央政府在促进节能减排，淘汰落后生产能力方面陆续出台了许多产业政策。2003年11月9日，国务院办公厅转发了发改委等部门《关于制止钢铁、电解铝、水泥等行业盲目投资若干规定的通知》。2004年6月16日，发改委发出通知，全国销售电价水平每千瓦时平均提高2.2分钱，对钢铁等6个高耗能行业区分淘汰类、限制类、允许和鼓励类企业试行差别电价。2009年9月29日，国务院批转了发改委等部门《关于抑制部分行业产能过剩和重复建设引导产业健康发展的若干意见》，将钢铁、水泥、平板玻璃、煤化工、多晶硅、风电设备6个行业作为调控重点。2010年国务院发布了《国务院关于进一步加强淘汰落后产能工作的通知》，明确由工信部牵头，18个部委联合严厉淘汰电力、煤炭、钢铁、水泥、有色金属、焦炭、造纸、制革、印染等行业落后产能。2009年、2010年工业和信息化部均公布了炼铁、炼钢、焦碳、铁合金、电石、铅冶炼、铜冶炼、锌冶炼、电解铝、水泥、玻璃、制革、造纸、酒精、印染、柠檬、化纤等十几个行业的落后产能企业名单,限期予以淘汰。①

节能减排、淘汰落后生产能力取得了一定进展。"据2009年《政府工作报告》,近三年累计,单位国内生产总值能耗下降10.08%,化学需氧量、二氧化碳排放量分别减少6.61%和8.95%。2000~2009年,在工业规模迅速扩大的情况下,工业粉尘、工业烟尘、工业固体废物排放量均呈现下降态势。节能减排之所以能够比较好的完成,主要在于开工建设必须符合'六项条件'(必须符合产业政策和市场准入标准等),加速淘汰落后生产能力。"②

根据产业政策,2000~2009年淘汰了大量高能耗、高污染的小造纸、小化工、小制革、小印染、小酿造等企业。2006~2009年,我国已淘汰落后炼铁产能8172万吨,落后炼钢产能6038万吨。2006~2008年分别关闭小火电机组314万千瓦、1438万千瓦和1669万千瓦。

现代服务业得到了较快发展。进入21世纪后,虽然从整体看第三产业发展增速低于第二产业。但是,增速在逐步接近(见表0-3)。其中,现代服务业增长幅度大大高于传统服务业的增长,现代服务业的某些领域甚至大大高于第二产业的增长。在政府产业政策支持下,现代服务业不仅规模拓展很快,新的服务方式与业态也层出不穷。

表0-3 2003~2009年工业增加值增速与第三产业增加值增速比较

单位:%

类别\年份	2003	2004	2005	2006	2007	2008	2009
工业	12.8	11.5	11.6	12.9	13.5	9.5	8.3
第三产业	9.5	10.1	10.5	12.1	12.6	9.5	8.9

资料来源:中国社会科学院工业经济研究所:《中国工业发展报告》(2010),经济管理出版社,2011年版,第78页。

2010年我国动漫产业总产值达470.84亿元人民币,比2009年增长了27.8%。③据国家版权局统计,我国软件登记数量2000年只有500多件,到2010年已经突破了80000件。2010年,中国电影票房年收入突破100亿元人民币,增幅达64%,进入世界电影市场前10位。票房、海外收入、电影频道广告收入等各项综合收入接近160亿元人民币,增幅48%。我国电子阅读服务近年来以50%以上速度增长,2011年电子阅读服务综合收入将超过70亿元。

我国生产性服务业有了长足发展。据预测,到"十二五"末,生产性服务业增加值将达到15.8万亿元,生产性服务业将占到全部服务业的55%,年均复合增长率达到21%。在一些地区,生产性服务业甚至呈现出高于工业和服务业增长速度的发展态势。以上海地区为例,"十一五"时期,生产性服务业年均增速超过15%,2010年重点生产性服务企业完成营业收入4105.9亿元,同比增长23.8%。

---

① 工业和信息化部网站,2010年8月5日。
② 中国社会科学院工业经济研究所:《中国工业发展报告》(2010),经济管理出版社,2011年版,第79页。
③ 新华网,2011年7月7日。

生产性服务业结构进一步优化。软件和信息技术服务业规模不断扩大，结构不断调整，在生产性服务业中所占比重获得较大提升。2010年，我国软件业务收入13364亿元，产业规模比2000年扩大22倍，年均增长率约为36%，在全球所占份额由不足5%上升到15%。

工业设计行业发展较快。据统计，目前，我国初具规模的专业工业设计公司有1200余家，上千所高等院校设立了工业设计专业或相关专业，每年培养设计人才30多万人。

物流行业的信息化发展水平持续提升，物流信息平台建设步伐加快，全国近600个已建和在建的物流园区都部署了物流信息平台。物联网等现代信息技术在物流领域的创新和应用水平不断提升，采用条形码和射频识别技术的物流企业比例达到10%以上。[①]

通信业服务的应用领域不断增加，涉及视频监控、农产品溯源、远程医疗、远程教育等多个领域，开发了全球眼、警务通、农情调度等多种服务产品。目前，已为超过百万家企业提供了相关信息服务产品。

从以上分析看，进入21世纪后中国政府的产业结构政策，是在下面几个重点领域展开的。首先是持续支持基础设施的建设；其次是支持产业的自主创新；再次是支持战略性新兴产业的发展；又次是淘汰落后产能；最后是促进现代服务业的发展。政府产业政策基本上是在一般经济理论认为政府可以介入的领域展开的，基本遵循了市场经济规律，同时，仍带有后进国家通过政府政策支持相关产业，扶植幼稚产业获得后发优势的色彩。

需要指出的是，进入21世纪后，工业发展中再次出现了重化工业加速发展，重化工业在工业中比重进一步提高的态势（见表0-4）。有些学者反对发展重化工业。实际上进入21世纪以后，我国已进入了一个由住房、汽车等最终需求拉动，以市场机制为基础的又一个重化工业迅速增长阶段。这一阶段可以通过节能减排，加速推动产业升级等政策减少其负面影响，但却不可逾越。[②] 耐人寻味的是，20世纪80~90年代政府对轻重工业比例曾予以特别关注，21世纪初政府对此却并未过多关注。政府产业结构政策主要关注的是促进产业升级、节能减排、推进战略性新兴产业发展。这表明政府对经济发展规律，有了较深认识，并给予尊重。

表0-4 2003~2009年轻重工业增加值的增速比较

单位：%

类别\年份	2003	2004	2005	2006	2007	2008	2009
重工业	18.6	18.2	17.0	17.9	19.6	13.2	11.5
轻工业	14.6	14.7	15.2	13.8	16.3	12.3	9.7

资料来源：中国社会科学院工业经济研究所：《中国工业发展报告》(2010)，经济管理出版社，2011年版，第78页。

从问卷调查看，产业政策对产业结构变动所产生的作用是"中等"程度。产业政策对基础工业、加工工业、原材料工业、高技术产业、现代服务业的影响均为"中等"。这表明产业政策对产业结构影响有限，也表明政府产业政策仍较广泛地影响到各个产业。政府通

---

① 《工业和信息化部总工程师朱宏任谈生产性服务业发展》，《经济日报》，2011年8月22日。
② 赵英：《工业可持续发展问题综述》，《学科理论前沿》，《工业经济研究所研究报告》，2007年第4期。

过每年发布《产业结构调整指导目录》引导产业、企业的投资方向，乃至技术、工艺的选择。

20世纪80年代、90年代，我国产业政策中产业组织政策占有重要地位，产业组织政策的主要目标是，提高产业内部的专业化程度，提高产业集中度，形成合理的企业经济规模。20世纪80年代以来在我国专业经济管理部门的有关文件中，普遍强调要改变"大而全"，"小而全"，分散重复建设、行政条块分割的状况。国家综合经济管理部门也多次在有关文件中，对分散重复建设予以限制。但是，20世纪80年代、90年代的产业组织政策收效不大。[①]

进入21世纪后，政府对产业组织结构调整依旧关注。政府出台了一系列旨在调整产业组织结构，抑制过剩产能的政策。例如，2003年底，国务院转发国家发改委等部门《关于制止钢铁行业盲目投资的若干意见》；2003年11月9日，国务院办公厅转发了发改委等部门《关于制止钢铁、电解铝、水泥等行业盲目投资若干规定的通知》；国务院于2009年9月29日批转了发改委等部门《关于抑制部分行业产能过剩和重复建设引导产业健康发展的若干意见》，将钢铁、水泥、平板玻璃、煤化工、多晶硅、风电设备6个行业作为调控重点。这些调整产业组织结构、抑制过剩生产能力的政策在某些领域收到了一定效果，但是从总体看，效果不突出。

20世纪90年代，我国汽车工业就是产业组织政策的调整重点。90年代末，我国有整车生产厂122家，到2010年仍有120余家整车生产企业，数量之多为全球之冠。产业集中度10年来一直在87%左右徘徊。

中国从北到南的海岸线，遍布船舶生产企业。2008年中国已建成和在建的5万吨级以上造船项目产能约6600万吨，是2003年的8倍。同时，各地仍在规划和新建的造船项目产能约2000万吨。2009年中国造船工业能力过剩约1600万载重吨，约占总能力的1/4。

钢铁工业是21世纪政府干预的重点。政府一直以钢铁工业能耗大、污染相对较大、重复建设、产能过剩等为理由，干预钢铁工业的发展，甚至直接以行政命令的严厉方式禁止上新项目（如"铁本"事件）。但是，2000年，国内前10家最大的钢铁企业产量占国内钢产量份额为50%，随后连年下降，2004~2006年一直在35%左右徘徊，2007年上升到38.9%。2008年钢铁企业联合重组取得重大进展，市场集中度进一步提升到40.2%。进入2009年，中小钢铁企业产量增长速度明显快于大中型钢铁企业，前10家企业市场集中度再度下降。

国家提出的目标是"十一五"期间，全国要淘汰1亿吨落后炼铁产能（300立方米及以下小高炉），2007年前淘汰5500万吨落后炼钢产能（20吨及以下小转炉和小电炉）。经过各方面努力，2006~2009年，我国已淘汰落后炼铁产能8172万吨，落后炼钢产能6038万吨，取得了明显成效。但是，我国落后炼钢、炼铁产能规模依然很大。而且以规模为主要目标的淘汰标准，客观上又刺激了钢铁产能规模的扩张。例如，产业政策要求淘汰300立方米以下的高炉，企业就将其改造成400立方米的高炉；如果准入门槛提高到400立方米，企业可以进一步提高到500立方米，实际上变相扩大了产能。而且，继续加大淘汰力度将面临很多困难，一方面淘汰落后钢铁产能触及到地方税收、财政和就业等方面的利益；

[①] 赵英主编：《中国产业政策实证分析》，社会科学文献出版社，2000年版，第33页。

另一方面，目前，国内还缺乏对于落后产能有效的淘汰机制，或者可以说是有政策、没措施。

产业组织政策之所以效果不突出，主要有以下原因：

第一，中国处于经济快速发展，消费迅速升级时期，诸多领域（包括消费品、投资品）市场仍处于高速扩展时期。有些产业从短期市场看似乎供过于求，但与发达国家人均消费量或保有量看仍相差甚远。例如，8个发达国家（美国、加拿大、英国、法国、德国、意大利、比利时、日本）在经济腾飞至鼎盛时期，人均钢消费均超过500公斤，而中国2002年仅为144公斤。我国正处于工业化中期阶段，这一时期钢材消费强度较大。随着我国进入小康社会和居民消费结构升级，国际贸易强劲增长及其中机电产品出口比例不断提升，机械、汽车、家电、船舶、铁路等下游产品加工和装备工业等产业也在不断升级。这些行业的快速增长及对钢铁需求的增加，成为拉动中国钢铁产业持续扩张的巨大动力。又如，我国汽车消费的千人汽车保有量与发达国家相比，也相差甚远。

反之，20世纪90年代，我国彩电生产厂家有98家，在世界上是最多的，其中87家产量在50万台以下。进入21世纪后，逐步形成了几大家竞争的局面。在冰箱、洗衣机、空调等领域也出现了类似情况。究其原因是，市场已出现了饱和，在以旧换新为消费主要模式的市场状况下，垄断竞争出现了。

第二，中央与地方政府利益不一致，政策目标存在巨大差异，仍存在地方政府以行政手段进行的过度干预与保护，是产业组织政策失效的重要原因。例如，工业和信息化部认为，全国钢铁产能中3亿吨左右产能未获中央批准，属于"违规产能"。钢铁工业协会则认为，这些产能大部分得到了地方政府批准。过度依赖行政手段，进行产业组织结构重组，既影响了重组的实际效果，也影响了资源的优化配置。地方政府往往通过行政干预，主导区域内产业整合。例如，河北钢铁集团、山东钢铁集团的成立，是地方国资部门直接撮合，将省管钢铁企业"合二为一"。这种合并效率高，但缺点是以行政命令取代市场规律，导致企业"整而不合"。与此同时，宝钢、武钢、鞍钢等中央企业重组地方中小钢铁企业面临很多阻力。地方政府主导的省内重组，影响到跨区域资源优化，而后者才是我国钢铁产业优化布局、提高国际竞争力的关键。由于中央、地方利益分配格局和政府职能转变上还难有根本性突破，影响到联合重组的实际效果。跨所有制重组也仍然存在着制度障碍。

第三，政府有关部门及官员总是在制定政策时，人为地规定调控的总量、规模，是产业组织政策失效的又一重要原因。政府有关部门及官员总是偏好于自身（或在相关智囊机构支持下）对产业发展规模、产品需求总量进行预测。实际证明，政府有关部门及官员（包括相关智囊机构）的"有限理性"是难以准确预测产业发展规模与市场需求总量的。20世纪80年代、90年代政府机构曾经对我国彩电、冰箱、空调的需求做过预测，结果与实际相差甚远。本世纪政府机构又对钢铁工业的消费总量做出预测，结果一次又一次失败。

政府对产业发展预测的失败，不仅体现在总量上，而且偏离实际市场需求。例如，政府要求钢铁企业大力发展板材生产能力，但是在房地产快速发展的情况下，反而是棒材需求量大，为那些政府准备淘汰的小企业提供了市场。中国市场空间巨大，区域间收入、消费差距很大，资源禀赋差异很大，运输距离长短不一。政府仅仅根据产业技术经济特点、规模经济特征及国际比较做出的总量、规模调控目标不可能准确反映市场需要，也就失去了市场基础。

过度依靠政府自身主观对产业发展的认识与预测，制定产业组织结构调整目标与政策，导致产业政策脱离实际市场基础，与实际经济运行规律相违背，不得不过度依赖于行政手段的简单干预。过度的行政手段简单干预，又导致由于干预错误产生新问题，于是产生政府自身行为过度或不当导致的行政干预循环，严重影响市场运行。

以产能规模、总量作为产业组织结构调整的依据，忽略了企业间技术、管理能力、区位差异等重要问题，假定企业是在同一技术、装备水平上，处于同样区位，以同样的生产方式进行生产。忽略了企业间最重要的区别，尤其忽略了技术进步及管理创新可能导致的差别，使淘汰落后产能的政策不能反映产业与企业的实际情况，必然导致失效。

自我国制定产业政策以来，产业技术政策就受到重视，并且越来越广泛地得到运用。

1986年是我国产业技术政策的转折点——我国制定了单独的产业技术政策，改变了以往产业技术政策一直与科学政策合在一起制定的局面。国务院首次发布《中国技术政策》，包括能源、交通运输、通信、材料、机械、住宅建设、建材、农业、消费品、集成电路、电子计算机、城乡建设、环境保护等14项产业技术政策的要点。

20世纪80年代，供给面最重要的产业技术政策就是提供公共研发，国家科委先后推出了星火计划（1986年）、863计划（1986年）、火炬计划（1988年）等；支持高新区、孵化器等发展，在基础设施提供、公共服务等方面为高新技术产业的发展打下了坚实基础。

20世纪90年代，国家逐步重视以引导方式进行技术和高技术产业发展的宏观管理与调控，发布了一系列发展指南和发展目录，如国家计委、国家科委、国家经贸委联合发布的《90年代我国经济发展的关键技术》，科技部与商务部联合制定发布的《鼓励外商投资高新技术产品目录》。这一阶段大部分产业技术政策不是以独立的形式发布的，而是包含在产业政策中，如我国1994年发布的《90年代国家产业政策纲要》中就提出了产业技术政策的重点。

这一阶段最大的特点是产业技术政策体系不断得到完善。金融、财税等政策手段得到了应用。1996年、1997年，国家出台了《科技三项费用管理办法》、《关于促进企业技术进步有关财务税收问题的通知》、《国家级重点新产品补助经费管理办法》、《重大装备国产化创新研制项目贷款贴息资金管理办法》、《技术改造专项贷款贴息资金管理暂行办法》、《关于促进科技成果转化有关税收政策的通知》、《技术改造国产设备投资抵免企业所得税暂行办法》，等等。

21世纪前10年，产业技术政策颁布实施呈现出加速增长趋势。2000年，国家计委、经贸委颁布了《当前国家重点鼓励发展的产业、产品和技术目录》、《关于深化改革，建立面向行业的技术开发基地的意见》等文件。

2002年，国家经贸委、财政部、科技部和国家税务总局联合发布《国家产业技术政策》。从产业范围看，几乎覆盖了我国所有产业。从产业技术政策内容看，包括促进投资政策、研发政策、技术引进政策、技术标准、区域政策、知识产权政策等，形成了比较系统完整的国家产业技术政策框架。产业技术政策中一些新的政策工具如标准、专利变得越来越重要。

2004年起，国家发改委、科技部、商务部、国家知识产权局联合制定《当前优先发展的高技术产业化重点领域指南》并每两年修订和发布一次。在技术进出口管理方面，2001年，国家科委与外经贸部发布了《中国禁止出口限制出口技术目录》，2002年国务院发布《中华人民共和国生物两用品及相关设备和技术出口管制条例》等。

2006年，我国发布了《国家中长期科学和技术发展规划纲要（2006~2020年）》（以下简称《规划纲要》），《规划纲要》系统地提出了我国新时期产业技术政策方针和要点。截至2009年5月，中央各部门还分别出台了78项实施细则，主要涉及科技计划支持人才培养、技术标准、高新区发展和孵化器认定管理、科研设施和科研基地开放、依托转制院所建立重点实验室等。到2008年底，各省市共出台了570多个政策文件，其中大部分为产业技术政策。根据科技部调研，重点政策，如科技投入政策、企业研发费用加计扣除政策、高新技术企业税收优惠政策、金融支持政策、政府采购政策等都取得了良好效果。

第一，政府的产业技术政策推动、带动了我国研究开发（以下简称R&D）投入，为我国加速形成自主创新能力，创造了基本条件。"十一五"期间，中央财政科技投入年均增长20%以上，2010年达到1890亿元。带动全社会研究与试验发展经费支出接近7000亿元，居世界第3位。研发人员全时当量年均增长13%，2010年接近260万人年，居世界第2位。2010年，我国科技论文被SCI数据库收录近13万篇，位居世界第二，被引用数排名由世界第13位上升到第8位。发明专利授权量达到13.5万件，居世界第3位。技术交易市场健康发展，2010年交易合同达23万项，合计3906亿元。[①] 2009年全国R&D总经费5802.1亿元，是2000年的6.5倍，年平均增长23%。R&D经费与当年国内生产总值（GDP）之比为1.7%，比2000年提高了0.8个百分点。[②]

第二，保证了我国中长期科技发展规划中各项重大科技工程的推进。这些重大科技工程对我国科学基础理论研究；重要前沿领域的攻关；关系国家安全、国计民生的重要尖端产业技术、产品的研发；增强我国自主创新能力；培育战略性新兴产业都具有重要意义。

第三，增强了我国整体科技实力。2011年我国国际专利申请量达到1.2万件，是2005年的近5倍，位居全球第四位。[③] 第二次全国科学研究与试验发展资源清查公报显示：2009年全国参与R&D活动的人员达到318.4万人，按实际工作时间计算的全时当量为229.1万人年，我国已成为世界上投入R&D人力资源最多的国家。我国科技机构的装备与科研条件大大改善，现在我国国家级研究机构的科研设备，已可以与发达国家研究机构的科研设备相媲美。尽管一些发达国家研究机构已经把我国迅速提高的科技实力视为威胁。但根据我国相关研究机构的评价，我国的国家创新能力在世界41个主要国家和地区中，排在第24位，处于中游水平，处于发展中大国前列。

中国科研开发体系在政策支持下得到了完善，科研开发基础条件得到了较大改善。国家研究实验基地得到了重点发展，以国家重点实验室为主，部门和省市重点实验室为辅，覆盖我国大部分基础研究重点学科领域的国家重点实验室体系已经形成，一批国家重点实

---

① 《新浪科技》，2011年4月2日，全国政协副主席、科技部部长万钢出席国务院新闻办新闻发布会的讲话。
② 来自国家统计局、科技部、国家发展改革委、教育部、财政部、国防科工局2009年联合开展科技资源清查的数据。该次清查，对象是国民经济中R&D活动相对密集行业的法人单位。
③ 新浪网，2011年4月2日，科技部部长万钢在国务院新闻办新闻发布会的讲话。

验室已达到国际同类实验室先进水平。①国家孵化器、中试基地、开放的大型仪器服务中心、科学数据库与科技文献信息库等加速建立。国家重大科学装置（工程）的建设和运行，提高了我国在相关基础研究前沿领域的国际地位和战略高技术研发能力。

第四，增强了产业、企业创新能力，推动了产业、企业的技术改造，提高了产业、企业的国际竞争能力。"2005年和2009年大中型工业企业中开展R&D活动的企业数量分别为6874家和12434家，增加了80.9%；大中型企业中有R&D活动的企业比重从2005年的24.6%增加到2009年的30.48%；大中型工业企业开展R&D研发项目从2005年的70580项增加到2009年的133852项，增加近90%；新产品开发项目数从2005年的81033项增加到2009年的152770项，增加88.5%。""2009年中国工业企业申请专利26.6万项，是2000年的10.2倍，其中发明专利9.2万项，是2000年的11.6倍。"②

第五，促进了产学研结合，加快了科研成果转化。在政府产业技术政策引导、鼓励下，中国科技机构在21世纪初具有了较大的向市场进行科技成果转化的内在动力。企业也积极与科研单位结合，寻求能够转化为市场利益的科技成果。企业与科研单位共同建设开发中心、研究中心、实验中心，已比较普遍。在各个产业中都存在着不同形式的产学研联盟。由于前面已经有所论述，因此在此不再赘述。

第六，政府通过公布《当前国家重点鼓励发展的产业、产品和技术目录》、《当前优先发展的高技术产业化重点领域指南》引导了产业升级。同时，通过公布淘汰落后产品、设备、工艺的目录，促进了企业技术进步和节能减排。

第七，促进了战略性新兴产业发展。对于"十二五"规划中，确定予以重点发展节能环保、新一代信息技术、生物、高端装备制造业、新能源、新材料、新能源汽车等战略性新兴产业，政府推出的扶植政策，很大程度上属于产业技术政策。由于这些产业中，许多技术、产品尚处于前产业化阶段或仍处于研发阶段，因此产业技术政策将在"十二五"期间，对战略性新兴产业的发展发挥重要作用。

产业技术政策之所以在21世纪初的中国得到了较广泛的运用，是因为行政手段受到了较大限制；产业技术政策与产业扶植政策、产业保护政策在一定程度上有替代性；产业技术政策比较容易在国际规则框架下存在；产业技术政策与我国市场化进程相契合；与政府产业结构升级，提高自主创新能力，节能减排等政策目标相契合。

但是，产业技术政策在制定与实施中也遇到了如下问题。

首先，从政策制定过程看，存在着科技部与发改委之间的矛盾，两者都制定产业技术政策，如何确定两者间政策制定的界限？如何避免政策的冲突与重复？

其次，与发达国家产业技术政策相比，我国产业技术政策覆盖面过广、过大，介入层次过深。产业技术政策对于产业的介入，一般来说应当止步于产业共性技术开发这一层面。我国产业技术政策却往往深入到产品的选择与引导。由于产业技术政策一般来说面临着技术、市场的双重不确定性，因此如果政府深度介入，一旦出现失误，损失将巨大。新技术、

---

① 科技部办公厅调研室、中国科技促进发展研究中心：《中国科技实力研究报告》（2007），第134、19页。
② 工业和信息化部产业政策司、中国社会科学院工业经济研究所：《中国产业发展和产业政策报告》，中信出版社，2011年版，第22页。

新发明存在着多种成功可能性与路径，也存在着多种失败可能性与路径，技术、发明最终还要与适当的商业模式结合，才意味着成功。对战略性新兴产业来说，这一问题尤其重要。政府深度介入，则意味着，在新产业、新产品进入市场时，以政府选择替代市场选择，显然政府选择是容易出现错误的。

再次，产业技术政策尤其应当实现军民融合，但是目前这方面工作仍存在较大问题。

最后，产业技术政策在产业政策体系中，是最具有内在国际化倾向的政策。产业技术政策与我国产业链条向境外延伸、我国企业向境外发展如何配合值得深入研究。

产业技术政策在本研究的问卷调查中，以"技术标准"、"产学研联盟"的形式体现。其中"技术标准"的作用程度为"中等"，在9类产业政策手段中，其作用和影响力排在第5名。与20世纪90年代相比，有了很大提高。20世纪90年代末进行的研究中，由于产业技术政策影响力还不十分显著，因而课题组未将其列入问卷。

对于21世纪初的产业保护政策，本课题组进行了深入研究，在此扼要地予以评价。在20世纪80年代、90年代，产业保护政策在我国产业政策体系中占有非常重要的地位。随着我国加入WTO，我国政府撤除了以前使用的大部分关税、非关税保护政策及行政保护政策，只保留了少部分符合WTO规则的产业保护政策。我国的产业保护政策在产业政策体系中，成为符合国际规则，规范运行，透明度最高的政策。相应的运行制度与机构也具有同样特点。

我国依靠与国际接轨的产业保护政策，对我国产业按照国际规则，在维护市场正当竞争的基础上，进行了必要的、有效的保护。

2006年，商务部产业损害调查局、贸易谈判办公室组织了"入世六年来中国产业安全状况评估"课题研究，对第一、二、三次产业中有代表性的产业进行了较全面的大规模研究。动员了16个行业协会及有关企业进行本行业的产业安全评估与分析；中国社会科学院（本课题参加者也参与了该课题）、清华大学、北京科技大学等科研单位的专家也参与研究；对16个行业，近400家企业做了加入WTO的问卷调查。应当说得出的历史性结论是有权威性和说服力的。该项研究的结论充分表明了新形势下产业安全政策的效果。"入世以来，我国经济平稳地度过了加入WTO过渡期，我国产业安全总体上处于基本安全态势；产业安全的总体态势不仅未恶化，在某些方面还有所改善和提高；产业国际竞争力总体上有所提高，从战略角度可以对我国产业安全走向抱审慎乐观的态度。对比入世前后的产业安全状况，我国遇到的主要产业安全问题发生了较大变化：从主要关切产业生存层面转向主要关注产业发展层面；从主要关注产业在国内市场竞争转向主要关注产业在国际市场的竞争；从主要关注产业市场份额的争夺转向主要关注产业控制力的争夺；在某些领域从主要关注与新兴工业化国家竞争逐步转向主要关注与主要发达国家竞争；从我国具有比较优势产业（中低技术产业）的竞争转向我国具有相对竞争优势的产业（高技术产业）的竞争；从对产品层次、企业层次竞争的关注转向制度、规则层次、国家层次竞争的关注。"[①]

21世纪初产业安全政策的实践表明，产业的真正安全要在开放的、竞争的市场环境中，通过企业提高自身的竞争力去获得。政府对产业安全的保护政策只能集中在必要的、

---

① 中华人民共和国商务部产业损害调查局、贸易谈判办公室：《入世六年来我国产业安全状况评估》（2006）。

战略性的领域，要尽可能缩小政府政策的保护范围。21世纪初产业保护政策的实践也表明，在遵守国际规则，发挥市场机制的背景下，政府也可以找到保护战略性产业和受到不正当竞争行为冲击产业的政策路径。

问卷调查中，受调查者认为，产业保护政策发挥的作用属于"中等"。本书研究的结论是：加入WTO后政府对国内产业进行了适度保护；政府的产业保护政策是有效的；目前的产业保护政策与我国产业发展状况基本匹配。

七、财政政策、货币政策与产业政策

20世纪90年代末至今，产业政策实际上已经成为与财政政策、货币政策并列的政府推动经济发展，进行经济宏观调控的重要政策。财政政策、货币政策、产业政策三大政策并用，成为中国政府推动经济发展，管理经济的重要特征。

本书之所以特别提出这一点，是基于对20世纪90年代末至今，中国政府推动经济发展，调控宏观经济的政策特点，基于实证研究的经验。

对产业政策逐步取代经济计划，成为政府中长期进行经济结构调整，引导产业发展，调节供给与需求的重要政策工具，本书与20世纪90年代末进行的相同课题的研究已经做出了深刻研究，在此不再赘述。在中长期经济结构调整与布局方面，产业政策可以理解为在一定程度上替代经济计划的政策手段。尽管这种政策替代是一定程度上的。例如，产业结构的中长期合理化、产业结构的升级、新兴产业的政府扶植、产业组织结构的调整，等等。以产业政策替代经济计划，是政府逐步退出对经济的直接干预；发挥市场机制基础作用；给企业自主经营权后，又要保持对经济发展的干预和影响力的合乎逻辑的选择。

本书对2000~2010年间165项重要产业政策文件进行了分析，参与产业政策制定的政府部门有：国家发改委（含国家能源局）、财政部、工业和信息化部、商务部、国土资源部、央行、科技部、环境保护部、海关总署、银监会、证监会、保监会、税务总局、交通运输部、原国防科工委、农业部、安监总局、质检总局、卫生部、电监会、劳动与社会保障部、铁道部、国资委、电监会、水利部、国家知识产权局等。虽然参与程度不同，但是参与部委囊括了国务院所有经济管理部门、科技管理部门和社会管理部门。由此可见，20世纪90年代至今，产业政策逐步成为与财政政策、货币政策并列的重要宏观经济政策。产业政策实际上已经成为中央政府管理经济的主要政策手段之一。

自20世纪90年代末，尤其是亚洲金融危机以来，中国政府对产业政策的运用发生了巨大变化：产业政策逐步由影响经济中长期发展的政策，转变为兼顾经济中长期发展与经济周期调控、经济危机管理的政策。产业政策作为短期宏观经济调控的工具，作用逐步显现。

我们从扼要地对亚洲金融危机、2008年全球金融危机发生前抑制经济增长过热及全球金融危机中政府宏观调控政策的分析中，可以清楚地看到这一变化（见表0-5）。

表 0-5 亚洲金融危机、2008 年抑制经济过热与全球金融危机中政府的宏观政策

	1997 年亚洲金融危机	2007~2008 年抑制经济过热	2008~2009 年全球金融危机
财政政策	1998 年财政发行 1000 亿十年期国债。中央赤字预算由 1998 年初 460 亿元，调整为 960 亿元。借商业银行 1000 亿元贷款。1999 年初，在发行 500 亿元国债基础上，增发 600 亿元国债，用于重点建设和企业技改。中央和地方财政安排资金支持担保机构，为中小企业贷款提供担保。提高企业技术改造投资比重	稳健的财政政策。保持财政收支不人为扩张或压缩，保持财政收支相对平衡。维持预算收支基本平衡。逐步削减赤字余额。财政资金更多地转向公共财政等基础性领域。抑制过热行业的发展	中央承担投资 1.18 万亿元。增发 6000 亿元转贷给地方政府，带动地方政府和社会投资，总规模约 4 万亿元。增加财政补助规模，提高城乡低收入群体收入。国家财政对购买小排量轿车、汽车以旧换新，家电以旧换新家电下乡给予补贴。大力支持科技创新、节能减排
货币政策	下调存款准备金，由 13% 降到 8%。下调贷款基准利率。放宽金融机构对中小企业贷款呆账核销条件	从紧的货币政策。连续提高存款准备金，提高货币基准利率。央行对信贷规模进行行政限制。压缩对高耗能、高耗材、高污染产业的信贷规模	连续降低存款准备金，降低基准利率；促进货币信贷稳定增长，追加政策性银行 2008 年度贷款规模；鼓励金融机构在风险可控前提下，对基本面较好、信用记录较好、有竞争力、有市场、有订单但暂时出现困难的企业给予信贷支持；稳定股票市场运行，增加债券发行规模；发挥保险的保障和融资功能，引导保险公司以债权等方式投资能源、交通和农村基础设施；拓宽企业融资渠道，允许商业银行对企业发放并购贷款；要求各主要商业银行成立服务于中小企业的独立信
产业政策	全社会固定资产增长幅度由 10%，提高到 15%。集中力量加快发展公路、铁路、通信、环保、城市、农村基础设施建设（包括城镇污水、垃圾处理设施、城乡电网、中央直属粮库等）。加速发展高技术产业。加速企业技术改造	对"产能过剩"产业的新建项目进行行政干预。通过提高电价，紧缩土地供应，严格执行技术标准，压缩剩产能，淘汰高能耗、高耗材、高污染的落后企业。降低劳动力密集产品出口退税	推进客运专线、西部干线等铁路建设和城市电网改造，解决高速公路网连通问题。建设保障性安居工程。改善农村文教卫生基础设施。推出钢铁、汽车、船舶、石化、纺织、轻工、有色金属、装备制造、电子信息、物流十大产业调整与振兴规划。制定战略性新兴产业发展规划。加速企业技术改造

资料来源：笔者根据有关文件、资料、报道整理。

从表 0-5 可以看出，自 20 世纪 90 年代末以来，中国政府在应对经济危机冲击及经济周期调节时，都是财政政策、货币政策、产业政策并用的，三大政策并用已成为中国政府宏观经济调节的重要特点；产业政策已成为政府对经济周期进行调整的一个重要工具；产业政策正在由进行中长期经济结构调整、产业组织结构调整、推动产业技术升级的政策工具，转变为短期内应对经济过度波动，调节经济周期的政策工具；尽管产业政策在平时较广泛地用于经济增长的结构、水平的管理，但是在应对危机时，仍然具有与财政、货币政策相同的刺激经济需求总量的特点，这与产业政策平时运用的重点与目标是相悖的；产业政策作为抑制经济危机、刺激经济增长的政策，其重点是对基础设施领域及中国工业中具有战略意义的产业，在刺激总需求的同时，兼顾产业未来发展，提高国际竞争力。

1998 年的亚洲金融危机、2008 年的全球金融危机中，我国政府迅速出台积极的财政政策、宽松的货币政策与应对危机的产业政策表明，我国这样一个发展中大国，积极的财政政策、宽松的货币政策与产业政策相结合，有广阔的、效果比较明显的投资空间。由于我国基础设施尚不完善，产业实力明显薄弱，因此财政资金投入方向的选择，比较容易确定。财政政策与产业政策相结合，则进一步引导了金融企业的投入方向，并为危机后国家长远

的经济发展奠定了基础，增加了后劲。积极的财政政策、宽松的货币政策与危机时期的产业政策相结合，成为1998年以来中国政府应对危机及对经济周期逆向调节时的政策特点。

中国政府在应对经济危机冲击及经济周期调节时，财政政策、货币政策、产业政策并用，可以看成是政府三大政策应用的特例。从整体看，自20世纪90年代末开始，中国政府对经济进行宏观管理，可以说已进入了财政政策、货币政策、产业政策并用的时代，产业政策从某种意义上说，是政府在市场经济体制下，干预、引导实体经济发展方向的政策途径，是政府以一种相对适应市场经济的、较有弹性的政策，取代过去的指令性计划。

产业政策与财政政策、货币政策结合，平时有利于产业结构调整、战略性产业发展、经济增长方式转变；危机及经济周期处于谷底时，有利于引导财政、货币政策的方向，有利于虚拟经济与实体经济结合，并对其进行有效调节，有利于危机后经济的成长。例如，亚洲金融危机时，中国以财政、货币、产业政策引导资源投向公路等基础设施，使中国高速公路网迅速发展。本次金融危机中，财政、货币、产业政策又引导资金投向铁路。2011年上半年，中国建设银行（以下简称建行）铁路贷款余额1100多亿元；中国银行（以下简称中行）对铁道部信贷总额807亿元，其中贷款余额578亿元，债券持有214亿元，另外还有十几亿元的贸易融资；截至7月末，中国农业银行（以下简称农行）的铁路贷款余额700亿元，持有铁路债券余额600亿元左右。中国已建成世界规模最大的高速铁路网。

中国政府采取财政、货币、产业政策并用的经济宏观管理方式，固然有其优点，但也要看到，由于中国的经济体制与机制，也有其必须予以重视的弱点，需要总结经验，不断改进。

要看到中国的财政、货币体制，均受到政府（包括地方政府）行政权力的强大干预。存在着"软财政"与"软金融"问题。在现行体制下，尤其要警惕目前中央政府有关部门与地方政府在不同程度上对财政、金融资源使用有较大影响力。在外部力量对行政权力缺乏有效监控的体制下，可能出现财政资源的误用、滥用，可能出现行政权力对金融企业的强制、误导乃至诱发系统性金融问题。

所谓"软财政"指的是政府缺乏宪政体制下的严格法律约束，财政收支、预算平衡受到行政部门乃至官僚个人决策的巨大影响。在地方政府财政支出、确定地方经济发展规模与计划时，可以清晰地看到这一点。在应对本次全球经济危机时，许多地方的政府不顾本地财政能力，过度利用政府信用，过度使用国有土地等政府资源，使庞大的基础设施建设及其他经济建设项目所欠债务，需要后面几届政府才能偿还。这种情况在地方政府换届前后尤其突出。

"软财政"的一个特点是，财政挤压金融，地方政府可以通过实际存在的很大影响力，迫使银行为风险较大项目或政绩工程贷款；以财政担保、政府信用进行融资，最后导致风险向金融企业转嫁。

"软财政"的另一个特点是，中央政府在目前财政税收体制下，难以有效控制地方政府的投资行为，难以了解其投资总规模。以本次应对全球经济危机为例，地方政府固然从中央政府刺激经济的4万亿元总规模中受益，更主要的是获得了"大干快上"的合法性，实际地方开工项目的规模，要大大高于4万亿元总规模。每一级政府都面对着下级政府实际动工规模超过原来预想的情况。全球金融危机中，为防止地方政府挪用中央专项财政资金，中央不得不派出副部级干部率领督察组，监督财政资金使用。

所谓"软金融"指的是金融体系缺乏足够的相对独立性，缺乏足够的法律法规保护，使其难以抗拒行政权力的干预，难以基本上遵照金融企业运行规律从事运营。

正是由于存在着"软财政"与"软金融"的问题，在目前体制下，容易出现行政权力过度运用财政政策。财政政策绑架金融政策的情况。这也是中央政府为什么要组织高级别监察小组到地方检查危机时中央财政投入使用状况的根本原因。2009年全国各级政府融资平台有8000多家，银行贷款余额近6万亿元。地方融资平台，主要承担为政府政策性融资的任务，同时又通过一般性金融路径进行融资，目标与操作手段之间存在着内在的严重冲突，实际上是地方政府财力不足，挤压金融工具。全国融资平台贷款中，项目贷款余额近5万亿元，占全部融资平台贷款比例已超过80%。[①] 到2011年6月末，"五大银行"地方政府融资平台贷款余额为：中行5315亿元；建行5800亿元；工行9310亿元；农行5301亿元；交行3083亿元。其中，平台贷款余额最大的为工行。五大银行占全部地方融资平台贷款的27%左右。[②] 五大银行融资平台贷款80%投放于地级市，依靠地方财政还款的可能性较大。

危机时的产业政策也存在着应当注意的问题：一是产业政策主要目标转变为应对经济不景气，启动市场，保持经济增长速度的短期目标，与调整产业结构、转变经济增长方式，促进产业升级换代等中长期目标相矛盾，如何处理好既刺激经济，又尽量不影响产业结构调整，不导致过剩生产能力，影响将来经济增长，是危机时运用产业政策时面临的主要问题，也许这是危机时使用产业政策难以解决的矛盾，只能权衡利害予以抉择。二是危机时产业政策的推出，容易导致各个利益相关方积极博弈，获得政府财政资源及通过政府获得金融资源，同时，由于决策仓促，导致资源浪费。三是产业政策的失误，可能误导财政资源、金融资源的投入。因为产业政策的推出，实际上宣示了政府政策倾向，会引导财政资源、金融资源（包括社会资金）流向相关产业、企业，一旦失误，连带影响很大。四是由于我国主要产业已全球化，如果不加分析地对有关产业予以支持，可能受益者并非本土企业。五是过度地运用产业政策，尤其是政府以行政手段或通过下属机构插手产业政策具体执行，可能导致行政权力不当使用产生腐败、低效率等问题。产业政策作为经济宏观调节的三大政策之一，真正发挥作用，需要不断完善，尤其是产业政策作为政府政策同样具有可能被政府部门及官员个人偏好所左右，而政府机构和官员同样也是受"有限理性"制约。从制定公共政策角度，不断完善、优化产业政策制定的程序，使之成为更能反映市场趋向，更能集合政府机构（包括为其服务的研究机构）、生产企业、消费者个人理性的政策，就是非常必要的了。

鉴于上述分析，可以认为我国的财政政策、货币政策、产业政策并用的经济宏观管理方式，还有待进一步改进、提高。我国政府在财政、金融政策的运用方面，与发达国家政府相比，经验还不足。我国的财政、金融体制、机制还有些内在的弱点需要克服。我国产业政策如何使用及与财政、货币政策相配合，也有待深入研究。

[①] 网易新闻，2009年第24期。
[②] 新浪财经，2011年8月25日。

从实践看,在危机时通过三大政策调节经济,有三条经验值得吸取:首先,中央政府应对危机的财政政策,要考虑目前财政税收体制、地方政府利益及能力,财政资源投入可低于实际预想规模。因为地方政府实际投入一般要远远大于中央预想。其次,货币政策也可以做同样考虑,在降低利率、准备金,进行政策性金融投入时,要比预想适当降低。最后,制定产业政策时,要在保增长与调结构之间进行权衡,刺激市场需求的同时,要与淘汰落后生产能力相结合,这样可以尽量减少盲目过度扩大生产能力,同时,又有利于刺激需求。

从中国经济发展现实看,依托于目前经济管理体制、机制的产业政策,会不会随着经济体制、机制的演变,而逐步丧失其经济宏观调节重要工具的地位与作用,则有待观察与研究。

八、中国与日本产业政策比较

20世纪90年代末,在"中国产业政策实证研究"课题研究中,我们把中国产业政策与日本产业政策进行了对比,以便从国际的、历史的角度对中国产业政策有全面、深刻的认识。我们对比的主要依据是日本产业政策的阶段性变化(见表0-6)。

表0-6 日本战后产业政策变化过程(1945~1970年)①

年份 项目	1945~1950	1950~1960	1960~1970	1970
产业政策	产业倾斜	产业的优化	政府和民间的协调	构想行政
经济体制	直接控制	间接控制	自由化	自由竞争
主要产业	煤炭、钢铁	煤炭、电力、海运	钢铁、炼油、石油化学、合成橡胶、机械、电子	高新技术
政策手段	1. 物质的统制 2. 控制价格 3. 开发银行的融资 4. 差价补贴	1. 金融 2. 税收	1. 合并 2. 投资的调整 3. 生产的调整 4. 价格的调整 5. 培养中小企业	产业结构审议会,编制构想

当时的研究结论是:中国20世纪90年代末的产业政策,基本处于日本20世纪60年代初的状况,兼有日本1950~1960年、1960~1970年两个阶段产业政策的一些特征。中国20世纪90年代产业政策关注的主要产业是机械、电子、汽车、石油化工等,产业政策手段中金融、财政、税收也正起到越来越重要的作用,产业政策制定也正在向政府和民间协调的方向发展。

---

① 此表由日本亚洲经济研究所前所长山田胜久先生提供。在20世纪90年代笔者从事同样研究时也使用此表进行对照研究。

当时我们认为：中国 21 世纪初的产业政策，将越来越与日本 1960~1970 年的产业政策相似。但由于中国是二元经济的发展中大国，中国的"赶超"还远未完成，因此中国的产业政策仍会与日本存在较大差异。现在看来，这些判断与认识，基本上是正确的。

21 世纪前 10 年中国的产业政策与日本产业政策相关阶段进行对比，可以看出 21 世纪前 10 年中国产业政策兼有日本 1960~1970 年及 70 年代产业政策的特点。从产业政策看，中国进入了政府与各种利益主体协调的阶段，与日本的"政府与民间协调"的产业政策相似；从关注重点看，中国产业政策中既有传统产业（包括钢铁、石油化工、炼油、机械等），也有电子、航空、航天、新能源等高技术产业；从政策手段看，中国产业政策也兼有日本 60 年代及 70 年代产业政策的特点。进入 21 世纪后，中国政府已把"合并、投资调整、生产调整、培育中小企业"作为产业政策重点，同时大力使用财政、金融手段。日本 20 世纪 70 年代重化工业迅速发展，但是带来了很多环境问题，政府开始把产业政策转向劳动环境、扩充社会资本、创造良好生活环境、充实教育等提高国民生活的质量方面，以及增加开发投资、重视国际协调和解决石油危机等方面。[1] 中国的经济政策、产业政策也转向和谐发展转变经济增设方式、提高自主创新能力、保护环境、解决能源、资源依赖等问题上。在日本通产省产业政策局中，设立有流通产业课、消费经济课和物价课。随着中国产业政策逐步由"供给侧"的管理转变为"需求侧"的管理，产业政策逐步扩展到服务业，与日本产业政策的相似度也在提高。在编制经济发展规划、产业发展规划方面，又与日本 20 世纪 70 年代趋近。

需要指出的是：从某些产业政策看，中国产业政策还具有了日本 20 世纪 90 年代产业政策的特点，尤其是产业技术政策。日本在 20 世纪 90 年代主要通过产业技术政策对高技术产业及传统产业中关键技术、新技术予以援助，采取的政策手段是：政府财政对科研开发予以补助，对基础研究予以税收减免，允许科研开支摊入成本，支持产官学联合体等。[2] 这些政策我国已在 21 世纪较普遍地应用。在高技术产业领域，政府产业政策也脱离了一般支持生产能力形成的阶段，而是重点支持关键技术、基础领域、共用技术的研发能力。

从上面的比较中，我们既能看到中国与同样作为东亚后发制造业大国日本的产业政策演进的相近之处，也可以看到中国作为一个幅员辽阔、地区差异巨大、市场巨大、产业体系庞大、产业间技术水平、发展水平差异巨大的后发国家在产业政策演变时的独特之处。一方面某些在工业化中期阶段，针对传统产业的产业政策一定将在较长的时期内存在；另一方面在关注传统产业的同时，又推出了发达国家在工业化高级阶段，针对高技术产业的产业政策。这也是中国政府不得不在相当广泛的范围内制定产业政策的重要原因。

产业政策既是经济政策，也是公共政策。从历史角度对中日产业政策比较后，本书还从公共政策角度，对中日产业政策进行了比较。从公共政策角度研究产业政策，为研究中国产业政策提供了新视角，并为研究中国经济政策乃至研究中国经济体制提供了新视角。从公共政策角度研究，需要不同的指标。我们为此设立了"政策制定主体多元化"、"政策制

---

[1] 中国社会科学院工业经济研究所、日本总合研究所编：《日本经济事典》，中国社会科学出版社、日本总合出版股份公司，1982 年版，第 198 页。

[2] 日本经济产业省工业技术院：《产业技术振兴施策便览》，通产政策广报社，1994 年版。

定过程公众参与度"、"政策制定透明度"、"政策制定法制化"、"政策的民主监督"等几个程度指标。每个指标，分为高、较高、中等、低4个等级，用来进行相对定性评价（见表0-7）。

表0-7 中日产业政策比较

国别 项目	政策制定主体多元化	政策制定过程公众参与度	政策制定透明度	政策制定法制化	政策的民主监督
中国	较高	低	中等	较高	中等
日本	高	中等	较高	高	较高

对中国产业政策做出的评价，源于本次研究的专题调研与问卷调查；对日本产业政策的评价，源于对日本众多相关文献的分析及本课题学者对日本产业政策进行的深入调研。

政策制定主体多元化，这一指标主要反映政策议题提出、议程确定阶段，参与政策制定各利益主体参与程度与影响力。这一指标不仅反映参与政策制定是否吸纳了相关利益方参与，而且包括参与各方是否对政策制定有适当话语权和影响力。日本政府产业政策制定过程中，政府、产业协会、企业界、学者、新闻舆论界、消费者均参与其中，并且话语权相对均衡。财界的意见，任何政府部门都不得不考虑。"财界是指战后经过重新组合的中央经济团体，即商工会议所、经济团体联合会、日本经营者协会、经济同友会等大企业经营者的集团；财界这4个团体，在1953年、1954年曾经以保守联盟来谋求政治稳定，并采取过积极行动，成为实现保守联合的原动力之一。实现保守联合后，财界以经济团体联合会为核心提出了政策要求。"[①]日本经济团体经常是经济发展战略和经济政策的提出者。

学者、新闻舆论界、消费者的意见有时也起着重要作用。日本普通民众在产业政策制定阶段即参与其中。

日本产业政策中，有些是提出大致政策目标的"构想"。这些构想是根据政府与民间内部日常议论，再由各方面有识之士谈论后形成的。日本产业政策立案前，通常由通产省所属研究机构进行研究，拿出初稿，再征求日本主要工商团体意见，然后交审议会。

中国产业政策制定过程中，虽然有关各界已不同程度参与其中，但是政府部门影响力过大，官员的行政指导举足轻重。民众参与只是在政策制定过程的末端。

日本产业政策制定主体多元化参与，有制度保证。政府各省厅均设有政策审议会。这些审议会主要职能是：吸收专门知识，通过各行政领域有关专家共同讨论，力求在广泛的情报及分析的基础上制定各种领域的行政措施，由学识渊博者组成的审议会约占半数；调整当事者之间的利害关系；调整行政机关相互间的政策；确保行政的公正和发扬民主。国民各阶层（包括普通消费者）担任审议会的委员参加行政过程。[②]

日本通商产业省（后为经济产业省）下设20余个政策审议会，涉及工商业发展的各个方面，包括生产、消费、进出口、产业结构、工业区域布局与环境、产业技术、矿山安全、贸易保险等审议会。汽车工业、化学工业、航空工业、纤维工业等产业均设有产业政策审

---

① [日]安场保吉：《高速经济增长》（日本经济史第8卷）（中译本），三联书店，1997年版，第81页。
② [日]产业调查会：《通产省》，1998年版。

议会。①

我国政府有关部委曾于20世纪90年代中后期，设立了类似机构（见图0-1）。进入21世纪后，随着机构改革，相关机构撤销，相关的审议制度也不复存在。

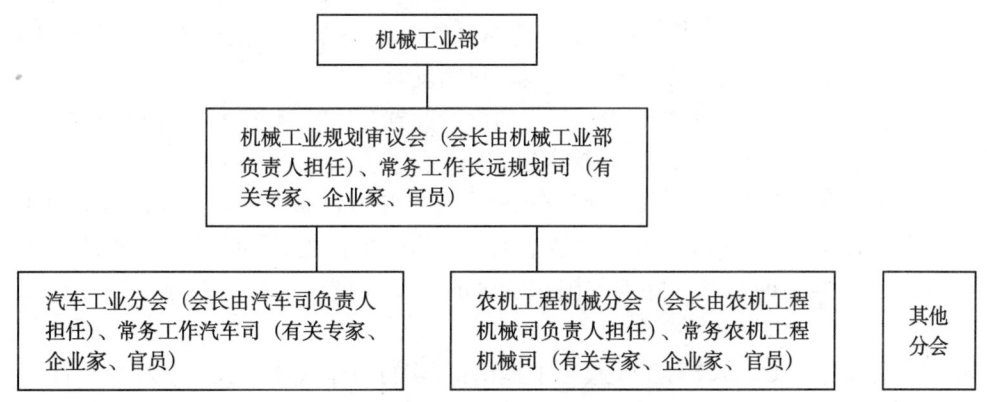

图0-1 机械工业规划审议会组织体系

日本政府产业政策制定时，各个利益主体的参与有法律上的保证。我国虽然在21世纪初逐步形成相对固定的产业政策制定，征求意见的程序，例如，工业和信息化部在有关文件中规定：建立协会参与政策制定的征询机制。政府在出台行业发展战略、规划、政策、标准、技术法规前，要采取召开征询会等方式，认真听取和征求有关协会的意见和建议，确保决策的科学性和有效性。②但是离形成由法律予以保证的稳定制度尚有距离。因此，日本这方面的指标为"高"，中国为"较高"。

政策制定过程公众参与度，这一指标主要体现了政策形成、政策实施、政策监督阶段，民众参与程度。由于产业政策只是间接与公众利益相关，并且涉及较多专业问题、技术问题，公众在参与与其利益为间接相关的产业政策制定时参与政策制定积极性不高，即便在发达国家公众参与度也不太高。但是，从制度上看，发达国家为公众参与提供了条件和制度保证。日本学者、新闻界人士如果对产业政策有所不满，认为自己的意见没有得到政府重视，可通过新闻舆论渠道诉诸公众，此时如果相关议题与民众切身利益有关，民众可能积极参与。笔者在日本做访问学者时，想要了解日本政府的政策绩效评价方法，给日本经济产业省广报课打一个电话后，立刻就可以去取相关资料。

在这方面，我国与日本还存在差距。我国政府有关部门虽然在产业政策制定过程中也召开若干征求意见的会议，但参与会议的主要是产业协会、企业界、专家学者等，普通民众参与其中，比较少见。一般民众虽然也可以通过政府网络、《中华人民共和国国务院公报》等渠道了解相关情况，但也是在政策成形之后了。因此，虽然日本产业政策的公众参与度也不高，但还是高于我国。

---

① ［日］产业调查会：《通产省》，1998年版。
② 中华人民共和国工业和信息化部：《工业和信息化部关于充分发挥行业协会作用的指导意见》，中华人民共和国工业和信息化部官网，2009年4月。

政策制定透明度，这一指标显示了政策制定全过程是否处于相关利益集团及公众关注、监督之下，产业政策制定与实施过程是否公开、公正。这方面日本产业政策的制定与实施过程透明度较高，从政策议题的提出到政策制定与实施，政府机构、官员必须得到议会、财界团体、政党的同意与配合，政策的具体内容与政策手段的运用也必须得到议会、财界团体、政党及专家学者的认可。通产省曾谋求改组日本汽车工业生产体制，组成以丰田、日产为首的两大集团，由于遭到三菱、住友等财团反对，成为废案。[①]

从保证政策制定透明度的制度看，日本通商产业省有比较健全的"情报公开制度"。通商产业省内设有通商产业洽谈所，接待国民来访；通商产业省根据国家有关法律，有义务回答国民提出的相关问题，其下属的研究机构也有义务为企业提供有关政策信息和政策解释。通商产业省还设有专门接谈中小企业的窗口，为中小企业提供政策及其他服务。[②]听取中小企业对政策实施的意见。除涉及国家安全的产业政策外，日本产业政策一般都予以公布。

温家宝总理在2009年政府工作报告中提出："实行科学民主决策。各项决策都要做到程序依法决策、过程民主公开、结果科学公正。政府重大决策的形成和执行都要加强调查研究，做到察民情、听民意、聚民智，尊重客观规律，提高决策的预见性、科学性和有效性。要推进政务公开，增加透明度，保障人民群众的知情权、参与权、表达权、监督权。"2008年我国政府公布了《中华人民共和国政府信息公开条例》，自此政府机构信息公布成为必须依法履行的义务。对于习惯于闭门决策，依靠行政手段决策的政府机构来说，这是一个巨大的制度变化，也是巨大的文化变革。这一文件显示了行政民主化、决策公开化的趋势，对产业政策更是产生了巨大影响。透明化、公平化、参与化成为产业政策制定过程中的演进指标。

中国政府在逐步提高产业政策透明度。例如，产业政策一般都会在政府官方网站或《中华人民共和国国务院公报》中予以公示。某些时候，政府有关官员会在有关论坛、会议上做适度透露。但是，总体而言，具体落实中央这些意见时，还缺乏必要的、具体的、系统的制度支持。因此，中国产业政府制定过程中，人民群众一般来说只是在政策基本定形后，才知道大致内容；在政策发布后才得到表达意见的机会。有相当一部分产业政策没有及时让民众知晓，有些产业政策公布后，有关产业、企业对于如何执行、运作也不清楚。

所以，日本在"政策制定透明度"方面是"较高"，中国是"中等"。

法制是市场经济体制下，利益博弈规则化的基本保证。日本是高度法制化的国家，其产业政策主要是以法律形态存在的。产业政策以法律形态出现，必须通过议会，其透明度也相应提高了。日本经济官僚的主要精力都放在立法上。"政府工作人员，往往感到起草法案是最过瘾的，所以他们才会经常地说某某法案是我起草的，而且他们还会因法案中写入'所需费用由大藏省下拨'而倍感心情舒畅。""令我们这些专业人士无奈的是，法制局总是要逐条逐句，甚至是逐词地推敲我们的法案，客气地说是审议，不客气地说是挑毛病，我们起草法案就是没日没夜地干这种工作。""日本的政府机构，特别是经济政策领域，原本

[①]［日］宫崎义一：《日本经济的结构和演变》（中文版），中国对外经济贸易出版社，1990年版，第163页。
[②]［日］产业调查会：《通产省》，1998年版。

应该是就政策有效性和政策本身进行争论,后来却演变为相互争夺法定权限和财政预算权限。"①

2010年11月国务院发布了《关于加强法治政府建设的意见》,明确提出29条具体意见,把公众参与、专家论证、风险评估、合法性审查和体系讨论作为重大决策必经程序。尽管如此,我国产业政策的法制化程度还是低于日本。我国产业政策中只有少部分是以法律形态表现的,大部分产业政策是以政府行政法规形式存在的。尽管产业政策制定已在相当程度上,在法律框架内进行,但在我国产业政策制定与实施中,仍存在着行政权力干预过度的情况,有时行政权力干预还表现为某个政府机构、某些官员的随机决策。与日本不同的是,中国各个政府部门围绕产业政策制定进行的博弈,不是"法定权限",而是行政权限。

所以,日本在"政策制定法制化方面"是"高",中国是"较高"。

由于日本政府产业政策基本处于法律框架内,各个利益相关方的意见能得到较充分的表达,产业政策制定遵循严格的程序,因此,日本政府的产业政策处于利益集团、议会、政党、新闻舆论机构、民众的全过程监督之下,尽管与其他公共政策相比,监督不是那么严密,但是政策一旦触及公众或利益集团实际利益,监督仍然是比较有效的。我国也开始对产业政策实施民主监督,但是监督的必要程序仍未建立或认真落实。例如,按照规定某些政策的出台必须召开有各方面代表参加的听证会,但是在实际操作中,许多听证会流于形式,增加了民众监督的难度。产业政策透明度仍有待提高。

所以,日本在"政策的民主监督"方面是"较高",中国是"中等"。

从上述各程度性指标比较看,中国产业政策的制定与实施,从公共政策合理化角度仍落后于日本,但是基本上朝着与国际接轨的方向发展,与20世纪90年代相比,有了很大改进。

从我国与日本的产业政策整体看,两者都具有"精英决策"特征。实际参与政策发起、制定的主要是政府官员、中介机构工作人员、企业家、专家学者、新闻舆论机构、外国政府、跨国公司等精英层。两国产业政策制定与实施过程中,行政官员都起着重要作用。即便是日本政府中广泛存在的审议会制度,也只是合议制的咨询机关,它们的决议和答询是否被采纳及何种程度上被采纳,各省厅领导者拥有决定权。②日本参与产业政策制定的许多研究机构和协会,实际处于政府控制之下。例如,著名的经济团体联合会,在通产省介绍自己的书中,被列为产业政策局管辖的社团法人。③

在发起阶段,基本上是政府官员、企业家、中介机构的工作人员、专家学者的内部讨论;在政策制定阶段,参与者进一步扩大到所有利益相关方(包括外国政府、跨国公司从外部的参与);在政策制定基本完成及政策实施阶段,民众的参与才逐步增加。准确地说,在前两个阶段,民众从制度上、理论上也有参与的可能,但是实际影响不大。只有在政策

---

① [日]宫崎勇:《日本经济政策亲历者实录》(中译本),中信出版社,2009年版,第66、123页。
② 中国社会科学院工业经济研究所、日本总合研究所编:《日本经济事典》,中国社会科学出版社、日本总合出版股份公司,1982年版,第72页。
③ [日]产业调查会:《通产省》,1998年版,第58页。

已经基本完成，公布于世或已经实施时，民众才可能发挥重要作用。

同样是"精英决策"，日本与中国不同的是，在政策发起和制定阶段，更加开放，各个利益主体的发言权和影响力，能够与政府官员分庭抗礼。审议会的一个重要功能就是：参与政策的审查，标准等制定，许可、批准等个案处理，以确保行政的公正性发挥作用，[①] 中国产业政策制定与实施中，政府官员依然是主导。当然，中国产业政策制定过程中其他参与者的发言权也在逐步增加。

鉴于中国与日本产业政策制定中，主要由精英发挥作用，同时在精英群体中又存在着相当程度的民主与政策博弈，因此，确切地说，中国与日本的产业政策制定模式可以称为"精英民主模式"。在这一模式中，民众拥有一定的法制化、程序化的参与、监督权，但是由于实际运作过程及政策的特点（专业化、技术化、距离民众切身利益比较远），因此越到产业政策制定过程的末端，即征求意见和实施阶段，民众参与程度越高。

从上面的分析看，中国产业政策的制定过程与制度，经过20年演变，在多元化参与、公开、透明、法制化、公众参与和监督等方面已取得了相当程度的进步。本书问卷调查中，受访者对有关问题的回答也支持了这一看法。但是从提高公共政策制定的透明度、法制化、公众参与及科学决策等方面看，与发达国家相比仍存在着较大差距。

从公共政策制定角度看，中国产业政策制定程序、制度在21世纪初的演变趋势是：进一步扩大产业政策制定程序、制度内的"精英民主"；健全保证多元化参与、民众参与的制度；减少与制衡行政权力的作用；逐步扩大民众的参与、监督，使民众参与产业政策制定的阶段逐步前移，即参与提出产业政策，参与产业政策初步方案的讨论。

从制定公共政策角度看，我国产业政策可以从政策制定理念、程序、技术等方面，对产业政策的制定做出改进；抑制政府行政权力的过度使用和干预；与国际规则进一步接轨；提高产业政策存在与制定的合法性、合理性，从而提高产业政策的实际绩效。

从制定公共政策角度审视我国产业政策，可以看到我国产业政策的制定过程与制度演变，基本上与我国政治、经济体制的渐进改革过程相匹配，在渐进演变中逐步趋于理性、科学性、法制化，逐步与市场经济相呼应。

九、21世纪初中国产业政策发展趋向

第一，在现有经济体制按照20世纪90年代末以来渐进变革的背景下，到2020年，中国产业政策在中国经济政策体系中，仍将维持目前的地位与作用，某些方面还可能进一步得到强化。这一结论是根据本书对产业政策的研究及问卷调查得出的客观判断。

中国目前的工业化进程也支持上述结论。经过改革开放以来的高速发展，中国工业规模扩张的历史任务已基本完成，就整体而言，中国已进入工业化中期的后半段。但是，中国工业由大变强依然有很长的路要走。随着国内市场日益开放，中国企业逐步进入国际市

[①] ［日］产业调查会：《通产省》，1998年版，第58页。

场，中国企业面临着提高自主创新能力和国际竞争力的严峻挑战。作为后发国家，中国工业、中国企业在全球产业链条中仍处于中低端。中国工业发展还面临着在全球范围内保证能源、资源供应的挑战。在服务业，尤其是现代服务业发展方面，中国的国际竞争力更弱。中国仍然需要产业政策。只有在政府支持下，中国的产业和企业才能与发达国家的产业和企业在较高层次上（如汽车工业、航空工业、电子工业、金融业、文化创意产业）竞争。

第二，21世纪中国经济与国际经济体系接轨将进一步加速。中国产业政策将进一步国际化，从表现形式到内容，都将进一步与国际接轨。产业政策加速国际化，不仅因为中国经济日益开放，日益融入国际经济体系，而且更重要的是中国经济实力的增加，中国经济利益向全球扩散。随着中国经济实力增强，中国企业竞争力提高，中国在国际舞台话语权也在增强。因此，尽量使产业政策与国际接轨，是中国国家利益的需要、是中国走向世界的需要。

由于中国经济已成为世界经济的重要组成部分、中国经济在世界经济体系中所占比重日益提高，中国经济体量日益庞大，即便是针对中国国内产业发展的产业政策，也往往会在国际经济、政治舞台上掀起波澜，自然地成为具有国际意义的政策，成为国家间利益综合博弈的工具。例如，发达国家对我国为了减少环境破坏而减少稀土出口的政策进行责难，其实是为了维护其军工行业以低价获得战略性资源，维护其安全利益。在向国际规则靠拢时，我国政府有关机构要从政治、经济乃至安全等方面做多方面考虑，要清醒地认识国际规则是政治、经济、安全等利益进行综合交易的制度，现在进行利益交换时一定要慎重选择，综合权衡，不可仅考虑经济利益。对不符合中国利益的规则要有说"不"的勇气。

第三，产业政策的法制化进程将逐步加速。随着中国政治体制、行政体制改革进程逐步深化，产业政策必然会更多地以法律法规的形式予以表现，产业政策制定也必将受到法律框架的约束，同时，行政手段的运用将逐步减少。

第四，产业政策制定过程将进一步增加透明度，制定程序将逐步民主化。多种利益主体参与政策制定，将逐步获得稳定的渠道与制度性保证。产业政策制定过程的发起、研究阶段，将逐步吸收民间企业、普通民众参与。中介机构、企业界、舆论界、学术界的发言权将逐步提高，但是行政精英仍起着主导作用。外国政府、企业及中介组织对中国产业政策制定的影响将逐步增加。

第五，在产业政策体系中，财政、金融政策仍将居于主导地位。产业技术政策在产业政策体系中的地位与作用将持续上升。随着中国产业政策进一步法制化、行政干预空间的减少、中国产业升级换代的加速、节能减排日益成为政府政策中的刚性指标，产业技术政策不仅可以为政府有关部门进行干预提供合法、合理的政策工具，也提供了一定的政策创新空间。

由于提高自主开放能力在相当长一段时间内仍将是产业政策的重点、WTO规则框架对政府补贴科研及前市场阶段的技术开发留出了政策空间，因此产业技术政策也必然成为产业政策体系中的重要政策工具。

第六，产业政策关注重点将由主要关注第二产业，逐步转向第二产业、第三产业并重。

第七，产业政策制定将更多地考虑、了解市场经济运行规律，建立在充分发挥市场配置资源基础上。在政策手段运用方面，将更多地考虑如何适应市场机制。中国产业政策与市场经济体系、机制的匹配将更加契合。信息引导、价格引导、税收引导等比较适合市场经济机制的间接调控经济的政策手段将得到更加广泛的运用。

第八，进一步节能减排，促进可持续发展、促进产业结构升级换代、促进自主创新能力的形成；仍将是产业政策的重点。

第九，如何从外部保证中国经济发展的能源、资源供应，如何通过产业技术政策提高中国经济结构、经济运行的安全性是中国产业政策必定要考虑的重大战略问题。

第十，产业政策将带有更为明显的"需求侧"管理特征。政府将更着力于通过对总需求、各个领域需求的调节政策影响、引导产业发展。通过市场准入、技术标准等政策措施促进产业、企业、产品技术水平的提高，淘汰落后生产装备、工艺及产品。

十、改进产业政策制定的建议

第一，从更加科学地制定公共政策的角度，修正、优化产业政策制定的程序、规则，使之能够反映相关利益主体的诉求，形成多元化的政策制定过程，吸纳多方面的意见，更加法制化、民主化、公开化，增加透明度。

第二，加强产业政策制定与执行过程中的统筹协调，防止产业政策"碎片化"。在政府经济管理机构进行"大部制"改革之后，产业政策制定与执行仍处于多头管理、条块分割的状态。例如，汽车工业产业政策的制定与执行，至少涉及中央9个部委（包括国家发改委、工业和信息化部、科技部、财政部、环境保护部、交通部、公安部、国家质量监督总局、商务部）。多头管理不仅提高了政策制定的时间成本，也使政策难以真正得到落实。例如，在落实产业调整和振兴规划时，淘汰落后企业要有所补偿，但财政部不同意，地方政府出于保护财源，没有积极性，因而很难落实。有必要在综合经济管理部门内，建立强有力的部际协调小组，通过统筹协商，对政策制定和执行进行协调。同时，应通过政府机构改革使决策职能合理化。

第三，逐步转变以官员为主导的产业政策制定方式。这一建议在20世纪90年代末进行"中国产业政策实证研究"课题研究时已提出过，由于这方面仍有很大改进余地，因此，再次重申。随着经济体制改革不断深入，政治、行政体制改革渐进展开，应逐步改变以政府官员为主导的政策制定方式为产、官、学一体化的政策制定方式。在政策制定中，应使中介机构、企业、舆论界、学术界发挥越来越大的作用。应建立和健全政策审议会一类的机构，使政策的制定更为中立，更为科学。

在政策提出、预研阶段，应当尽可能开放讨论，改变目前政府官员"主题先行"，学术机构、其他中介组织奉命做论证文章的做法，使政策预研更加客观、中立，鼓励不同观点的政策方案相互竞争。

第四，制定产业政策时，要多考虑支持中小企业。20世纪80年代、90年代的中国产业政策实际上是面向大企业（主要是国有企业）的产业政策。遗憾的是进入21世纪后这一状况未有大的改变。随着就业压力增加，中小企业的社会影响力逐步增加，支持中小企业的产业政策日益重要。20世纪90年代末我们从事"中国产业政策实证研究"课题时，就指出"中小企业调整灵活，吸纳就业人员多，对维护社会稳定有很大作用。中小企业还往往是新技术的创新者。因此，21世纪产业政策中，应包括系统的、对中小企业的扶植和服务政策。"[1] 今天看来，这一看法仍值得重视。

第五，要尽量减少产业政策的干预领域，尤其要减少产业政策对微观经济的干预。遗憾的是，我们看到，进入21世纪以来，政府产业政策对于微观经济层面的干预不仅没有减少，反而呈现增加的趋势，值得引起警惕。

第六，产业政策制定时，要注意与地方政府协商，充分了解地方政府的想法、能力与利益诉求，充分考虑中央利益、地方利益及各方面利益间的冲突，予以事前协调。

由于中国幅员广大，城乡间、地域间差异甚大，因此产业政策制定与执行时要充分考虑这些差异，在政策实施、政策手段选择方面，具有一定的弹性、灵活性。给予地方政府一定因地制宜的政策调整空间。产业政策要与区域经济发展、经济结构调整有机结合，与地方区域经济规划有机结合。在我国产业转移逐步加速的21世纪初，注意这一点尤其重要。

我国21世纪初的经济发展，从地域上看，主要面临两方面的问题：东部发达地区的产业升级问题、中西部地区承接东部产业转移问题。东部发达地区产业升级问题的解决，要有新技术的来源；中西部地区承接产业转移，要防止污染环境、浪费能源、资源的生产能力的简单复制。这就需要把中央的产业政策与地方政府的发展规划紧密结合起来。

目前，我国经济中还出现了一个值得注意的现象，就是发达地区经济增长的政府推动力下移。由于经济增长，财政能力的提高，许多地区在乡镇、街道行政权力层面已经有足够的力量与积极性制定自己的发展规划。这一层级政府的经济规划，在现有行政体制中原来是不具备效能或自主权的，但随着这一层级政府能力提高，也开始具有实际效能。这也需要更进一步地把产业政策与地区发展规划深入结合。要解决上述问题，日本的经验可资借鉴。日本政府自进入21世纪以来，加紧推进中央与地方政府共同建立特色产业集群，既促进了产业升级、高技术产业的发展，又在一定程度上扶植了地方经济，避免了重复建设。[2] 中央与地方合作发展产业集群是中央产业政策与地方经济规划结合的可行路径。

第七，在21世纪20年代中后期，根据经济总体发展状况、产业竞争力状况，酌情降低某些产业的保护程度，以利于国际竞争力的提升。

第八，产业政策制定应当重视进口政策。例如，能源、矿产资源及某些奢侈品的进口。要把进口政策、出口政策与国内产业发展政策紧密结合起来考虑。

第九，产业政策制定要与社会政策相结合，尤其要与关系民众切身利益的社会福利政策相结合，否则就会失去实施的基础。产业政策也只有与社会政策相结合才能更好地发挥其通过产业政策引导财政、货币政策的作用。例如，淘汰落后产能的同时，要考虑通过财政手段对企业予以补偿，对失业者予以安置。产业政策与社会政策紧密结合才能使目前的经济宏观调节政策成为具有整体性的、有效的、具有一定弹性的政策体系。

---

[1] 赵英主编：《中国产业政策实证分析》，社会科学文献出版社，2000年版，第40页。
[2] [日] 经济产业省经济产业局产业地域产业组：《产业集群发展第2期中期计划书》（2006）。

第十，政府要更多地关注第三产业领域相关产业政策的制定。

第十一，产业政策要增加国际化色彩。在产业政策表达形式，产业政策实施方式，产业政策制定透明度，产业技术标准的区域化、全球化等方面，都要增加国际色彩，以利于我国企业走向世界，我国产业链条在国际范围内的延伸，我国在区域、全球范围内获取经济利益。

十一、20年来产业政策演进趋势回顾

本书的研究与20世纪末对90年代产业政策进行的研究相结合，使我们可以从20年的中期演变角度，以更具有历史感的眼光，回顾中国产业政策的演进，从而更清晰地看到中国产业政策演进的大趋势。

首先，中国产业政策经过20余年的演进，变得更加与世界潮流相适应，更加与市场经济体制相适应，从存在形式、政策手段运用、存在依据等方面看均是如此。国内各个利益主体对产业政策的积极参与是产业政策变革的内在动力；国际利益相关者的参与及国际规则制约是产业政策变革的外在动力。在利益与规则的诱导与制约下，中国产业政策既逐步融入世界潮流，又基于中国经济管理体制特征、经济发展需要，形成了特色。

中国的产业政策20余年来基本沿着渐进路线逐步演进，朝着与市场经济相适应的方向变化，没有发生剧烈的、跳跃式的演进路线变化。中国产业政策演进过程中，技术层面的变化快于政治层面的变化。

其次，产业政策体系逐步完善，政府对产业政策的运用，从技术上更加熟练。随着市场经济体制逐步建立，市场经济机制逐步发挥作用与产业政策体系逐步完善似乎是一个悖论。但是，看似矛盾的背后，有着历史合理性。产业政策体系逐步完善与政府全面干预经济、以行政手段为主的无所不在的计划干预方式逐步退出相匹配，反映了政府在全面发挥市场经济体制、机制调节作用的同时，逐步探索在我们这样一个处于追赶地位的发展中大国，继续支持、干预经济发展的路径。产业政策由最初的中长期结构调整政策逐步进入经济周期宏观调节领域，成为与财政、货币政策并列的重要经济宏观调节政策，实际上与我国政府目前对经济干预的范围、程度的定位密切相关。通过产业政策，政府既没有像计划经济体制下全面地干预经济，又没有像发达国家那样完全脱离对经济的产业层面、企业层面的干预。

中国产业政策演进与我国经济发展阶段相匹配、与经济体制变革相匹配。

再次，产业政策的制定与执行已在逐步开放、吸纳多主体参与的道路上前行，尽管行进速度不快，但不可逆。从中国产业政策制定与执行过程20余年的实践看，产业政策制定与执行过程逐步向民主化、公开化演进，利益集团之间的博弈得到了更加明确的反映，博弈规则逐步法制化，决策依据逐步建立在市场机制基础上。从这一演进角度看，产业政策只要建立在市场机制基础上，能够反映、协调政府与企业、相关利益集团的看法与利益，其与市场的兼容性就可能逐步提高。

最后，产业政策制定日益受到法律法规的约束，这意味着政府行政权力随意发挥的空间逐步缩小。随着中国逐步成为法制国家，产业政策必将整体在法律框架中运行。产业政策制定中的法制化、民主化因素逐步增加是政府经济管理方式、演变的缩影，也是我国经济体制、行政管理体制演变的缩影。

第一章　21世纪初促进中国产业发展的财政政策

一、21世纪初中国财政政策对产业发展的影响

财政政策是政府促进经济发展的主要调控手段。财政政策主要着眼于解决两方面问题：第一个问题是经济发展面临的周期性调节问题；第二个问题是通过财政政策的作用，为经济可持续发展奠定基础。财政政策具有配置资源、收入分配和稳定经济的三个基本职能。自2000年以来，我国财政政策由"建设性财政"向"公共财政"加速转变，财政政策发挥作用的领域与方式逐步与发达国家靠拢。但是，中国是发展中大国，中国现阶段经济发展特点决定了中国财政政策必然要具有自己的特色。中国财政政策在很长一段时间内，必然以支持产业发展为重点。一是财政政策要激励产业发展，增强国家经济实力，通过产业政策引导财政收支的分配和流向；二是财政政策要提供公共服务，为产业发展创造良好的环境。

财政支出结构是指财政各支出项目之间的比例关系，正确的财政支出结构政策是国家调节经济与社会发展和优化经济结构的强大杠杆。因此，研究财政政策对产业发展的影响时，应当主要研究财政支出结构政策对产业发展、产业政策的效应。

1. 财政资本性支出对产业政策的影响

（1）财政资本性支出与产业结构调整的关系。资金供给是影响产业结构最直接的因素。我国在计划经济体制下，由于实行统收统支的财政管理政策，财政投资基本上就是社会投资的代名词，出于经济发展战略的需要，财政将资本性支出主要用于工业尤其是重工业，这使得改革开放前，我国重工业发展迅速。

改革开放后，随着社会主义市场经济体制的逐步建立和财政职能与支出范围的重新界定，财政资本性支出占社会总投资的比例逐渐下降，但财政资本性支出在我国的经济增长和结构转型中仍占有重要位置。

首先，投资是经济增长的重要推动力，在国民收入分配格局发生变化之后，财政资本性支出固然已不是全社会投资中份额最大的一块，但是，财政资本性支出的乘数作用及它对社会投资的导向作用仍是实现经济持续增长的重要因素之一，在中国经济处于经济周期下行阶段时，财政资本性支出的乘数和导向作用显得尤为重要。

其次，我国仍是发展中国家，经济处于转型之中，这不仅包括经济的市场化，也包括经济结构的调整和升级，由此决定政府在协调经济运行、引导全社会投资方向方面具有比发达国家更多的责任。

再次，中国的基础设施仍有待完善，政府投资于基础设施，从而间接地促进经济增长和产业发展仍有较大空间。

最后，中国的战略性产业与发达国家相比，国际竞争力仍较弱，政府不得不予以支持。

（2）财政资本性支出结构发生变化，对产业结构的调整产生影响。改革开放以来，尤其是2001年中国加入WTO以后，财政的资本性支出急剧萎缩，国内基本建设投资占财政支出的比例由1978年的40.3%下降到2008年的12.18%。[1]

财政资本性支出适当减少是以社会主义市场经济为取向的改革和财政体制改革的客观要求，表明了社会投资主体逐渐由国家财政转向企业和个人的发展趋势。但是短短的20年时间里，下降如此之快、比例如此之低是世界经济发展中少有的。据世界银行对12个发展中国家的抽样调查与13个工业国抽样调查表明，1980~1985年财政投资占社会投资的比重，发展中国家平均水平为43%，工业化发达国家平均水平为33%，[2]而我国自20世纪80年代以来财政投资占财政总支出的比重、财政投资占全社会固定资产投资的比重都不断降低。1981年分别为20.5%和28.5%，1990年分别为10.1%和8.7%，1997年分别为7.6%和2.8%，只有在1998年由于中央采取积极的财政政策，才扭转继续下滑态势。但自从我国2001年正式成为WTO成员以后，国内基本建设投资占财政支出比重再次下降，直到2008年11月，为应对全球金融危机出台4万亿元刺激政策，这个比例才又再次上升。

2. 财政科教支出对产业结构的影响

（1）财政文教支出对产业结构调整的影响。改革开放30多年来，我国政府对科教文卫事业的绝对投入额增长是较快的，由1978年的112.66亿元，上升到2006年的2736.88亿元，增长了23倍。其中，教育支出由1978年的75.05亿元，上升到2005年的1726.30亿元，所占财政支出（不含债务）的比例也由6.69%上升到15.99%。2010年，科学技术支出[3]为4114.4亿元，比上年增加889.5亿元，增长27.6%；科学技术支出占当年国家财政支出的比重为4.58%。[4]

教育资金投入的多少会直接影响到教育水平的高低和劳动力素质的高低，而劳动力素质又是产业结构优化升级中至关重要的影响因素，因而，财政对教育的投入增加必将间接推动产业结构的调整，使产业结构不断趋于合理化、高级化。我国目前教育水平和劳动力素质的提高，以及众多劳动密集型企业向技术密集型企业的转变，可以说都与财政对教育的支持密切相关。但若以教育支出占国内生产总值的比重衡量，财政对教育的投入仍不容

---

[1] 笔者根据《中国财政年鉴》(2009)整理计算。
[2] 苏明：《我国中长期财政支出政策研究》，《管理世界》，2007年第3期。
[3] 2006年及以前年度财政科技支出包括科技三项费、科学事业费、科研基建费和其他科研事业费；2007年政府收支分类体系改革后，财政科技支出包括"科学技术"科目下支出和其他功能支出中用于科学技术的支出。前后年度财政科技支出涵盖范围基本一致。
[4]《2010年全国科技经费投入统计公报出炉》，《科技日报》，2011年9月29日。

乐观，截至 2008 年我国教育支出占 GDP 的比重为 3.05%，低于 5.1%的世界平均水平，也低于发展中国家 4%的平均水平。[①] 财政对教育支出不足使我国的劳动力素质总体上还比较低。

（2）财政的科技投入对产业结构的影响。与教育支出比较，财政的科技投入更显不足。长期以来，我国财政在科学研究方面的支出水平一直偏低，改革开放后，虽然"科学、教育、文化、卫生事业费"这一大项目支出占财政支出比重有较高增长，但科学研究支出却趋于下降。2001~2009 年，科研支出无论是占 GDP 的比重，还是占财政支出的比重都有较大程度下降，特别是占 GDP 的比重不足原来的一半。科研经费不足，制约着我国科研的物质条件、科研手段和科研人员的待遇的提升，严重影响了科技进步特别是基础科学研究，削弱了经济发展后劲，妨碍了产业结构升级换代。

另外，国家财政对挖潜改造资金及科技三项费用的支出力度非常小，1978 年是 5.6%，2007 年是 5.4%，30 多年几乎没有增长，说明国家财政对企业技术进步投入严重不足，而企业技术进步是产业结构调整和升级的重要因素。在现代市场经济条件下，市场是推动企业技术进步的主体，但是，国家财政资金作为企业技术进步"启动资金"的作用是尤为重要的，对于购买技术装备和引进技术也是非常重要的。例如，科技部与财政部对引进技术 500 万元以上的项目予以财政资金支持，对于技术引进起到了很好的作用。

需要指出的是，进入 21 世纪以来，政府以财政投入支持科技发展的手段日益丰富，包括提供偿还性财政资助、建立产业发展基金、低息贷款等支持科技发展的政府权益性资助手段的运用越来越多。

（3）财政行政事业费支出对产业发展的影响。从 30 多年财政支出结构演变趋势来看，财政支出中增长较快的是行政事业费。从 1978 年的 4.6%上升到了 2007 年的 11.2%，上升了 6.6 个百分点。就其绝对数来说，行政事业费也是增长得最快的。30 多年来，行政事业费增长了 35 倍，而同期科研经费支出增长 3.6 倍，教育经费支出增长 12 倍。[②]

目前，我国的财政规模相对较大，行政事业开支居高不下。政府规模庞大而预算内财力又十分有限。内涵式扩大再生产也好，技术进步也好，归根到底是需要企业来落实，落实的基础就是企业要有盈利，有再投资的能力。在国家财力有限背景下，企业在技术改造、技术开发和引进、成果转化、新产品开发等方面必然会因缺乏内部资金而受到抑制，从而阻碍了与集约型增长方式相适应的企业内涵积累和企业主导型技术进步机制的形成。

二、加入 WTO 后财政政策对产业政策的作用与影响

2001 年我国加入 WTO。受 WTO 规则影响，原有产业政策作用空间缩小。为增强产业政策有效性，必须适时调整产业政策。与此相适应，我国财政体制也加速由"建设财政"向"公共财政"转型。这一时期，我国按照公共财政内涵特征的基本要求，着力构建公共

---

① 苏明：《财政支出政策研究》，中国财政经济出版社，2008 年版，116 页。
② 笔者根据《中国统计年鉴》（2009）整理计算。

财政框架体系。2000~2001年我国为加入WTO做准备,基本完成了对进口税收政策的清理、整理和规范,进口税收优惠政策从以地区优惠为主全面转向以产业优惠为主,仅保留了法律、行政法规规定的15项进口税收优惠政策,并日益走向法制化和规范化。我国不断降低关税,取消或减少非关税保护措施,同时,也出台了不少鼓励出口的政策和措施,包括出口补贴、外汇留成、减免公司所得税、出口退税(增值税)、优惠贷款等,极大促进了对外贸易的增长。

1. 加入WTO后,财政政策和产业政策面临的外部约束

目前,我国产业政策面临着一系列严厉的限制和约束条款。例如,WTO规定:除了最不发达国家以外,任何国家对出口进行补贴都是非法的;一国如果对那些参与国际贸易企业的产品国产化程度和其他的一些表现提出明确要求,或者对进口商品的数量进行限制,以及其专利法律达不到国际标准,在世界贸易组织之下同样都被认为是非法的。美国在与发展中国家进行自由贸易区协议谈判时,常常对发展中国家在投资规则、知识产权保护、资本账户等领域施加较为严格的限制。

WTO主要从最惠国待遇、国民待遇、互惠条款、保障措施、反倾销协议、补贴和反补贴协议、与贸易有关的投资协议、与贸易有关的知识产权协议等方面,对一国产业政策制定和实施提出具体限制性条款,并详细说明了各种限制条款的具体适用情况(见表1-1)。

表1-1 WTO影响国家实施产业政策能力的限制性条款

限制条款	限制条款如何定义	限制条款在何种情况下适用
最惠国待遇	在一个成员国生产的产品所享受的待遇应与另一个国家生产的同样产品的待遇相同	此条款无条件适用于任何成员国。例外包括自由贸易区或关税同盟的形成以及发展中国家的一些特惠协定
国民待遇	国外产品一旦满足各种进口条件,应与国内的同类产品或与其直接竞争的国内产品享有同等待遇,尤其是在国内税收方面	无论是否存在特定的税收协定,各成员都有义务执行此条款,它对税收和其他一些政策产生约束,要求它们必须以一种无差别的方式对待国内产品和国外产品
互惠条款	在两国的商业往来中一种相互或对等的优惠待遇与特权的交换	发达国家往往不愿在贸易谈判承诺互惠条约,从而避免降低或者消除不发达国家进入其市场的关税障碍(尽管这些条款还并款形成合法约束)
保障措施	世界贸易组织成员国可以采取保障措施(即暂时限制某种商品的进口)以保护国内的特定产业避免受到某类商品进口的大量增加所已经导致(或将要导致)的严重伤害	①用以达到非经济的目的(公共健康或国家安全);②保证公平竞争(反倾销条款等);③经济原因(造成严重的国际收支赤字或者政府试图保护其幼稚产业等)
反倾销协议	运用反倾销条款是发展中国家实施保障行动的主要手段之一	包括一些针对性条款以在一定程度上减少发达国家运用反倾销条例来限制发展中国家出口的扩张
补贴和反补贴协议	禁止人均收入1000美元以上的国家使用出口补贴;当国外的产品补贴造成国内产业损害时,可以采取相应的反补贴措施对此进行弥补	针对发展中国家的相关条款:如果补贴小于出口产品单位价值的2%,发展中国家可以免于反补贴措施的惩罚(尽管在补贴占出口产品单位价值的1%时就会实施相关的调查)
与贸易有关的投资协议	禁止使用基于绩效的投资鼓励手段,如果这些投资将会对贸易产生作用,如对国产化率的要求或者贸易平衡的要求	此协议强制要求所有款能达到与贸易有关的投资协议的发达国家在两年内废除其相关措施,发展中国家在五年内、最不发达国家在七年内达到要求

续表

限制条款	限制条款如何定义	限制条款在何种情况下适用
与贸易有关的知识产权协议	知识产权领域包括专利及其保护、版权和相关权利、未批露信息、商标、地理指标、工业设计以及集成电路设计。一般情况下,知识产权协议允许发明者在一定期限内具有排他性使用的权利。然而在一些情况下知识产权保护并不绝对有效	对知识产权加强保护的要求将对产业政策的实施产生影响,以国内个为例,它意味着企业需要对创新进行更大的投入以有效应对竞争,同时,意味着实施逆向工程和模仿来获得技术的可行性就越来越小。而对于国外企业来说,当知识产权保护的环境改善时,通过商业存在的方式来进入国内市场就会更具有吸引力。与贸易有关的知识产权协议第66.2条款也要求发达国家支持对最不发达国家

资料来源：罗德里克：《相同的经济学,不同的政策处方》、《全球化、制度建设和经济增长》,张军扩、侯永志等译,中信出版社,2009年版,第128页。

由表1-1可见,在WTO规则环境下,世界各国产业政策的制定和实施越来越受到多边、地区或双边协议的影响,政策实施空间有逐步缩小的趋势。

WTO规则与各种多边和双边国际协议并不反对通过产业政策对幼稚产业给予某些保护,相反预留了一定的政策空间。WTO规则允许各国政府根据不同的国情和经济发展的战略目标,选择和确定一定时期的主导产业,通过资金和技术等方面扶持,加快这些产业的发展和提升其国际竞争力。关键是这种"倾斜型产业政策"在政策手段和政策工具的运用等方面要符合国际规则的原则和精神,尽量采用法律的、诱导的、间接的手段,而不是传统产业政策所采取的行政性方法和措施。

从WTO规则和协议的要求看,对幼稚产业采取"前期支持"措施大多是切实可行的,而一般"后期保护"的多数措施则都是被限制的。也就是说,WTO对幼稚产业的倾斜性扶持一般不主张采取简单的"后期保护"措施,主要包括出口退税、出口奖励、价格补贴、亏损补贴等,"后期保护"措施虽然在一定程度上减轻了企业的资金负担,增强了企业的出口创汇热情,但是也在很大程度上助长了企业的惰性,抑制了企业的能力提升。WTO规则和协议主张尽可能多地采用"前期支持"的方式,主要包括企业研发资助、技术改造补贴、知识学习交流、员工培训、基础设施建设、环境保护等,因为"前期支持"可以从根本上提高企业的经营环境和技术能力,提高企业的国际竞争水平。比如,《乌拉圭回合农业协议》把发展中国家可以实行的国内农业政策分为三类,第一类是"红箱政策",第二类是"黄箱政策",第三类是"绿箱政策"。由于不同的政策类型对市场机制的影响不同,因此WTO也相应采取了不同的态度(见表1-2)。

由表1-2可见,WTO规则下容易引起市场价格失真和市场资源配置扭曲的"红箱政策"已禁止使用；"黄箱政策"还可以在入世后过渡期内使用；"绿箱政策"是允许世界各成员国在"入世"后继续使用的。在这样的背景下,产业政策要求政府采取一定的财政政策支持产业发展,产业度过幼稚期后,则实行竞争性的产业政策,让企业在竞争中构建自身能力,从而增强其竞争力,最终实现产业结构的优化和提升。

2. 加入WTO以后配合产业发展的财政政策

(1) 充分发挥政府采购对国内产业发展的促进作用。公共采购是各国政府推动创新、引导产业结构调整的有效手段。各国政府可综合运用公共采购手段,消除创新主体所面临

表 1-2 "红箱政策"、"黄箱政策"和"绿箱政策"的区别

	对市场机制的影响	WTO规则的态度	具体内容
"红箱政策"	容易引起市场扭曲和价格失真,造成不公平竞争	要求成员国立即停止使用	包括价格补贴、出口奖励等
"黄箱政策"	可以产生贸易扭曲的政策,叫"黄箱政策",要求予以消减,用"支持总量"(AMS)来进行数量表示	只能在入世后的过渡期内使用	包括价格支持,营销贷款,面积补贴,种子、肥料、灌溉等投入补贴,某些有补贴的贷款计划等
"绿箱政策"	不引起贸易扭曲的政策。它是指政府执行某项农业计划时,其费用由纳税人负担而不是从消费者转移而来,且对生产者没有影响的农业支持措施。这种补贴并不直接刺激生产,对价格和市场影响不大,成员国可以自由施行,其他国家也不能以此为由而采取反补贴措施	允许成员国在"入世"后继续使用	包括产品研究、人员培训、技术推广、检验、农业基础设施建设、为保障食品供给的储存费用、自然灾害补贴、农业生产结构调整补贴、农业生产条件恶劣地区发展补贴等

的不确定性,分担其创新成本,或利用公共采购创造一个自由市场无法在短期形成的需求规模,从而保障企业的创新行为能获得足够的经济利润,以刺激企业创造行为的发展,推动社会创新能力的提升,进而保持整个社会的可持续增长。

《建立世界贸易组织协定》的附件之一《政府采购协议》是一个多边贸易协议。所谓多边贸易协议,是只对签字的成员方有效的协议,它们并不包括在一揽子协议中、并不自动地对全体成员方生效。它只对明确表示接受协议的成员方有约束力。中国目前没有参加这个协议,中国可以利用政府采购来提供较稳定的国内需求以扶持本国产业的发展。

中国的政府采购工作从1995年开始试点进行,2000年起,政府采购在全国普遍实行。中国政府采购市场增长非常迅速,1998年政府采购规模为31亿元,2004年达到了2136亿元。2009年政府采购规模达5990.9亿元,比2008年同比增长23.7%,对拉动经济增长起到了积极作用。采购范围主要是货物采购,工程采购项目尚限于尝试。货物类主要包括公务用车、计算机、办公用品、环卫设备、医疗设备、电梯、家电、锅炉等;工程类主要有房屋修缮、市政工程等;服务类主要是会议接待、汽车加油和维修、车辆保险、工程设计等。

(2) 制定与产业规划相配合的财税政策。在WTO有关原则和协议允许范围内,政府将以区域性为主的财税优惠政策改为以产业导向为主,实行支持重点产业的税收政策;对农业、基础产业、高新技术产业及其他具有重大国家利益而需要扶持的行业,实行重点支持;在环境治理、技术进步方面对企业进行补贴等。按照积极稳妥的原则,逐步实现增值税由生产型向消费型的转变,以鼓励企业进行技术设备投资,促进产业升级,推动高新技术产业发展;进一步落实并完善国有大型企业集团改组、改制的有关优惠政策,支持科技创新,激励企业加大技术开发费和新产品试销费提取比例。

进入21世纪后,我国产业政策的制定和实施更加频繁,国家发改委制定了《产业结构调整指导目录》、《汽车产业发展政策》、《钢铁产业发展政策》,等等。相应的,我国政府调整财政支出结构和国债资金投向结构,资金安排"有保有压"、"有促有控"。对直接投资于一般竞争性领域、诱发经济过热的支出,予以退出或压缩;对属于公共财政范畴的如农业、就业和社会保障、环境和生态建设、公共卫生、教育、科技等经济社会发展的薄弱环节,

重点保证且加大投入和支持力度。推进税制改革，完善税收体系。改革出口退税制度，调整部分产品的出口退税率，扩大"高能耗、高污染、资源性"产品取消出口退税和降低退税率的范围，对部分"两高一资"产品加征出口关税，降低进口关税，以促进外贸增长方式转变；改革增值税制度，对东北地区的装备制造业等八大行业实行增值税转型改革试点，并积极在中部地区推行增值税转型改革试点；改革农业税制度，逐步取消农业税，取消除烟叶以外的农业特产税；改革所得税制度，提高个人所得税起征点，统一内外企业所得税；改革资源税制度，调整资源税政策，推动有效利用自然资源，增加地方财政收入。

2008年9月以后，在金融危机的影响下，我国GDP同比增长9.0%，为2003年以来最低水平。具体而言：①金融危机产生的综合效应使得外部市场需求不足，导致我国商品出口增速下降。从出口金额看，2008年1~6月出口增长21.87%，比2007年同期27.55%的增长速度有所降低；从出口数量看，2008年1~6月出口增长8.44%，也明显低于2007年同期10.11%的增长速度。②受国际金融危机的影响，企业对经济增长信心普遍不足，导致国内固定资产投资增速持续下滑。2008年前三季度，全社会固定资产投资实际累计增长15.1%，同比回落5.7个百分点。③由于国内外经济环境不景气、股市低迷、企业效益下滑、失业增加等因素，降低了居民收入预期，使得我国消费增速明显放缓。2008年9~12月，全国社会消费品零售总额分别增长23.2%、22%、20.8%和19%，呈逐月下滑态势。我国经济在经过7年加速上涨后，增长势头在2008年发生逆转。在国际金融危机形势下，国家制定和实施了一系列产业政策，尤其加大扶持新兴战略性产业发展的力度。可以说，产业政策与财政政策相配合已成为现代市场经济条件下，我国政府调节经济活动的重要方式。国际金融危机刚刚爆发后，我国迅速出台了"4万亿元"投资计划。2009年初，汽车、钢铁、纺织、装备制造、船舶、电子信息、石化、轻工业、有色金属和物流业十大产业振兴规划又依次出炉。至2009年末，在"4万亿元"投资和十大产业振兴规划的共同拉动下，我国经济的复苏势头已经显现。被视作"保增长"发力点的十大产业中，除物流业外，都是工业行业，而这9个产业的增加值，占全部工业增加值的近80%，占GDP的比重达1/3。

2008年我国重启了积极财政政策，出台了扩大内需十项措施，旨在通过挖掘国内需求潜力为经济增长提供动力。这次实施的积极财政政策有以下五个着力点：①加大投资力度，优化投资结构。实施总额4万亿元的两年投资计划，其中中央政府公共投资新增1.18万亿元，主要用于民生工程、节能环保和生态建设、技术改造与科技创新、重点基础设施和地震灾后恢复重建等方面。②推进税制改革，实行结构性减税。实施"两法合并"后的企业所得税新税法、提高个人所得税工薪所得减除费用标准、调高部分产品出口退税率、取消和降低部分产品出口关税、调整汽车消费税、全面实施消费型增值税、实施成品油税费改革、取消和停征多项行政事业性收费等税费减免举措陆续出台，减轻企业和居民的负担，增强微观经济活力。③充分发挥财税政策在调整国民收入分配格局中的重要作用，增加财政补助规模，加大对种粮农民和城乡低收入群体的补贴力度，实施家电、汽车下乡等补贴政策，提高城乡居民收入，增强居民消费能力，扩大消费对经济增长的拉动效应。④优化财政支出结构，保障和改善民生。紧紧围绕实现全体人民"学有所教、劳有所得、病有所医、老有所养、住有所居"的目标，充分发挥财政职能作用，重点增加教育、医疗卫生、社会保障和就业、保障性安居工程、文化等方面的投入，并根据社会事业发展需要和公共服务的不同特点，积极探索有效的财政保障方式，抓紧建立健全相关机制。⑤支持科技创新和节能减排，促进产业结构升级。针对当前我国面临的部分行业产能过剩、产业结构亟待升级、低水平重复建设等问题，积极财政政策侧重经济结构优化和产业结构升级，大力支持科技创新和节能减排。加大财政对科技的投入力度，保障重大科技专项实施；实施促进企业自主创新的财税优惠政策，促进企业加快技术改造和技术进步；同时，增加节能减排经费投入，稳步推进资源有偿使用制度和生态环境补偿机制改革；改革完善资源税制度，促进资源合理利用。

（3）充分运用WTO允许的出口退税措施。出口退税是指将出口产品在国内生产和交易中已缴纳的流转税退还给出口企业，其目的是使出口产品以不含国内间接税、以反映真实成本的价格进入国际市场，避免重复征税和进口国最终消费者双重缴税以及价格扭曲。出口退税现已成为国际贸易中各国普遍采用的一种鼓励本国企业出口的方式，并为WTO规则所允许。"1947年GATT"第6条第4款规定，"对于从任何缔约方境内出口到另一缔约方境内的产品，不得以该产品免纳旨在供原产地国或出口国消费的相同产品所缴税费为理由，或者以已退还该税费为理由，而征收反倾销或反补贴税"。WTO《1994年关税与贸易总协定》附件9 "注释和补充规定"关于第16条解释，"免征一项出口产品与相同产品用做国内消费应负担的税费，或者退还该税费凡其数额不超过应缴者，不得视为一种补贴"。由此可见，出口退税是WTO所认可且大多数国家普遍采用的一种国际原则。出口退税对于鼓励外贸出口以及提高产业竞争力的作用，如图1-1所示：

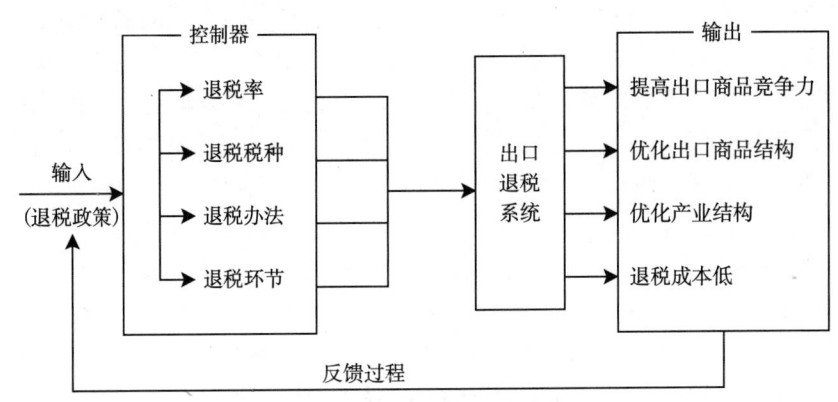

图1-1 出口退税作用机制

资料来源：屠庆忠：《对我国出口退税实践的理论分析与经验研究》，中国农业大学出版社，2004年版。

中国从1985年开始实行出口退税，先后在1994年、1999年、2004年、2005年、2007年、2008年六次调整出口退税政策。2004年开始在外贸依存度过高、人民币升值压力巨大的情况下，再度调低出口退税率，且针对不同行业实行差别调整以优化出口产业结构，见表1-3。一方面要求其缩小贸易顺差以释放外汇储备过大的压力、缓解国内流动性过剩；另一方面要求其优化出口产品结构以协调国际国内资源价格、推动国内产业结构升级。2005年起，我国开始分期分批调低和取消部分"高能耗、高污染、资源性"之所谓"两高一资"产品的出口退税率，适当降低易引起贸易摩擦的劳动密集型产品出口退税率，提高重大技术装备、IT产品、生物医药产品的出口退税率。

表1-3　2001年以来行业出口退税率变化情况

单位：%

行业类型	时期	2001.1~2003.12	2004.1~2006.8	2006.9~2007.6	2007.7~2008.8
初级产品行业	焦炭及半焦炭	15	5	0	0
	煤	13	11	0	0
	塑料制品	15	13	11	5
传统劳动密集行业	服装及衣服	17	13	13	11
	纺织纱线及织物	15	13	11	11
	鞋类	15	13	15	11
高新技术行业	计算机与通信技术	13	13	17	17
	生产技术	13	13	13	5
	机械及设备	17	13	13	13

资料来源：海关总署、国家税务总局。

在2008年下半年出口退税上调周期，为应对全球性金融危机带来的产品出口下滑局面，2008年8月1日至2009年6月共7次上调出口退税率，这次调整的范围不仅涉及高新技术产品及高附加值产品，且纺织等劳动密集型产品的出口退税率也大幅上调，具体见表1-4。

表1-4　2008年以后为应对金融危机我国出口退税政策调整

时间	政策调整
2008年8月1日	部分纺织品、服装的出口退税率由11%提高到13%，部分竹制品的出口退税率提高到11%，同时取消部分高耗能、高污染、资源性产品的出口退税
2008年11月1日	适当调高部分劳动密集型和高技术含量、高附加值商品的出口退税率。具体为：将部分纺织品、服装、玩具出口退税率提高到14%；将日用及艺术陶瓷出口退税率提高到11%；将部分塑料制品出口退税率提高到9%；将部分家具出口退税率分别提高到11%、13%；将艾滋病药物、基因重组人胰岛素冻干粉、黄胶原、钢化安全玻璃、电容器用钽丝、船用锚链、缝纫机、风扇、数控机床、硬质合金刀等商品的出口退税率分别提高到9%、11%、13%。此次出口退税调整一共涉及3486项商品，约占海关税则中全部商品总数的25.8%
2008年12月1日	提高箱包、鞋、帽等劳动密集型产品、部分机电产品和受出口影响较大的部分化工和农产品等的出口退税率
2009年1月1日	进一步提高部分劳动密集型产品、机电产品和其他受影响较大产品的出口退税率。主要内容如下：①将轮胎等部分橡胶制品、主体或全部以人工速生材为原料的部分林产品的退税由5%提高到9%；②将金属挤压用模等部分模具、玻璃器皿的退税由5%的提高到11%；③将冻对虾仁、冻蟹等部分水产品的退税由5%提高到13%；④将箱包、鞋、帽、伞、家具、寝具、灯具、钟表等商品的退税率由11%提高到13%；⑤将牙膏等部分化工产品、石材、铝板带等有色金属加工材等商品的退税率分别由5%、9%提高到11%、13%；⑥将农用泵、摩托车、自行车、家用电器等部分机电产品的退税率分别由9%提高到11%，1%提高到13%，13%提高到14%
2009年2月1日	从2009年2月1日起，将纺织品、服装的出口退税率提高到15%。此次退税率调整涉及的商品出口额约占同期应退税出口总额的3.31%
2009年4月1日	提高部分纺织服装、轻工、钢铁、有色金属、石化和电子信息产品的出口退税率。其中，纺织品、服装的出口退税率提高到16%。塑料制品和钢铁制品退税率也大幅调高，分别由原来的5%提高到11%和13%
2009年6月1日	进一步提高部分商品的出口退税率，涉及农业深加工、机电、鞋帽、玻璃制品、钢铁制品等不同类型加工制造业产品，调整后的出口退税率为5%到17%不等

资料来源：《中国税务年鉴》、《中国财政年鉴》（1994~2009），商务部网站。

2001年、2002年、2003年由于历史欠税原因,出口增长趋缓。2004年国家"新账不欠,老账要还"的大规模的清理欠税以后,无论出口退税额还是出口额均年年大跨步增长。2004年,出口退税额为2196.3亿元,出口额由2003年的36287.9亿元跃至48655.52亿元;2005年,出口退税额为3374.66亿元,出口额达到61493.4亿元;2006年,出口退税额为4284.89亿元,出口额75588.24亿元;2007年,出口退税额5273.29亿元,出口额升至82825.36亿元;2008年,受金融危机影响,全国共办理出口退税5866.1亿元,出口额升至99214.23亿元。出口额随着出口退税额的增加而增长。

2001~2008年我国GDP年均增长保持在10%左右。2001~2008年我国出口依存度基本维持在30%左右。出口增加不仅直接有利于国民经济的增长和产业水平的提高,而且还会通过刺激消费、投资及进口需求对国民收入及社会就业产生间接影响,有助于实现产业集聚效应和规模经济。据隆国强[①]测算,近年来我国出口退税率每提高1个百分点,使财政增支69.1亿元,增收84.38亿元,净增收15.28亿元。

三、促进产业结构调整的税收政策

财政政策在产业结构调整中具有重要作用,而税收和财政投融资作为财政政策的主要手段,其制度安排和政策选择将直接影响到产业结构调整的方向和力度。2003年以来的税制改革中,增值税转型和统一企业所得税是改革的核心,同时,其他税种也进行了相应改革和调整。经过这些年的改革,我国的税种由23种减少到20种(见表1-5),具体如下:

表1-5 2003年至今的税收体系简况

税种类别	税种内容	变化情况
流转税(5种税)	增值税、消费税、营业税、烟叶税、关税	2006年3月21日进行了调整
所得税(2种税)	企业所得税、个人所得税	2008年1月1日起,内外资企业所得税合并
财产税类(5种税)	房产税、城市房地产税、车船税、船舶吨税、城镇土地使用税	2006年12月29日将原车船使用牌照税和车船作用税合并为车船税,2007年1月1日实施
行为目的税类(7种税)	印花税、土地增值税、城市维护建设税、固定资产投资方向调节税(停征)、耕地占用税、契税、车辆购置税	2006年2月17日,屠宰税被废止。2008年筵席税被废止
资源税类(1种税)	资源税	2006年12月31日对土地使用税进行了调整,2007年1月1日实施

资料来源:《财政改革三十年》,中国财政经济出版社,2009年版。

1. 税收效率、税收中性与我国税收调控政策

(1)税收效率概述。效率的一般含义为所得与所费的对比关系(其中,所得泛指需要的满足;所费泛指资源的耗费)。现代经济学又将效率称为帕累托效率,即资源配置达到这

---

① 隆国强:《调整出口退税政策的效应分析》,《国际贸易》,1998年第7期,第22~24页。

样一种状态：没有任何一种资源的重新配置可以在不使其他人境况变坏的情况下，使某人境况变好，就意味着资源配置已使得集合体效用或社会经济福利达到了最大化。由于现实经济中大多数经济活动都可能是以其他人的境况变坏为条件，使某些人的境况变好。因此，经济效率实际上可以理解为，任何经济活动如果能使"得者的所得多于失者的所费"，这种经济活动就是有效率的。

税收效率的实质也在于此。政府征税对经济活动的影响，同样也存在着得者的所得与失者的所费之间的比较问题。税收对经济的影响可以分为两个层次：第一个层次是政府通过征税，将一部分资源由私人部门转向公共部门，它势必改变资源配置的状况，影响私人的消费和投资，但这种改变或影响的程度要以税收规模为限，通常被称为税收的收入效应。第二个层次是政府课税可以对经济活动产生额外效应，即纳税人在支付政府的税款之外，还要被迫调整自己的经济活动。这种"额外效应"通常被称为替代效应，可分为正效应和负效应两类。如果征税产生正效应，表明政府的税收政策增进了社会效益，产生了额外收益。反之，如果征税产生负效应，表明税收政策带来经济扭曲，产生了额外负担。

税收效率原则要求，对上述两个层次的税收效应进行得费权衡，如果两个层次的总所得或总收益（包括财政筹资效应和额外收益）大于总所费（包括降低私人消费与投资引起的损失加上额外负担），那么，政府的征税决策就是有效率的，反之，则是低效率或无效率的。

（2）税收的额外负担与税收中性。税收的额外负担，即纳税人所承受的税收负担之外的经济福利损失。我们以图1-2来说明。图中横轴代表某种商品的产量（用Q表示），纵轴代表价格（用P表示），D为该商品的需求曲线，S为供给曲线。在征税前，由供求决定的均衡点位于点E，均衡价格为P_0，均衡产量为Q_1。此时，P_0EP_3部分为消费者剩余，P_0EP_1部分为生产者剩余。由图1-2可见，征税后，供给曲线上移至S_1，均衡价格由P_0上升至P_2，这时消费者剩余损失$P_0EE_1P_2$，生产者剩余损失$P_0EE_2P_4$，但政府得到的税收收入只有$P_2E_1E_2P_4$，从而造成了相当于三角形E_1EE_2的社会福利经济损失，这就是税收的额外负担。

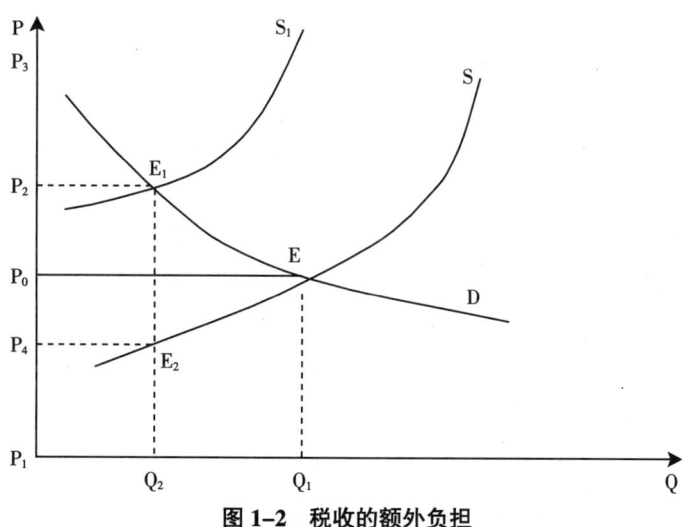

图1-2 税收的额外负担

为了减少税收额外负担带来的税收效率损失，西方税收理论提出了一种所谓"税收中性"假说。该理论认为市场经济中的价格、竞争机制具有理想的资源配置效率，能将资本、劳动力、土地等生产要素自动地分配到社会最需要地方的用途。在这种市场均衡中，政府税收应当尽可能保持所谓"中性"，即税收对市场机制和纳税人有效率的经济选择，应当不偏不倚，不加干预，以避免税收对价格机制的扭曲，避免纳税人在支付政府的税款之外，还要因征税原因不得不改变自身有效率的经济活动，进而使社会蒙受额外损失。

然而，现实中的任何税收对资源配置都会产生程度不一的影响，都会造成数额不等的额外负担，绝对的中性税收是不存在的。因此，许多学者建议通过税收政策和税收制度的设计，尽可能地把征税对市场配置资源的不利影响或税收额外负担降至最低。譬如，在税率选择上，应当多选择税率档次较少、差幅较小的税率制度，因为这种税率制度对相对价格的干扰要比多档次的税率制度小一些。实际上，倡导税收中性的意义就在于：尽可能减轻税收对经济干扰的"度"，尽量压低因征税而使纳税人或社会承受的额外负担的"量"。

（3）税收的额外收益与税收调控。税收带给经济生活的并非都是额外负担。当市场经济运行正常时，或许会产生扭曲效应，但是，当市场经济运行失调或存在某种缺陷时，政府课税若能矫正失调或弥补缺陷，这种税收不仅不会导致额外负担，还将有利于改善资源配置状况，获得税收额外收益。以下分析征税带来额外收益的四种情形。

第一种情形：税收对外部成本的调节。

某些产品或服务在生产过程中发生的一部分成本没有被纳入生产者的成本中，而由生产者以外的其他人承担。这种成本称为外部成本。最典型的例子就是污染环境，制造污染这种外部成本的行为者，在其经济活动中，追求的是自己经济活动的边际收益等于边际成本，而不考虑污染给他人造成的成本。由于自然环境缺乏明晰的产权关系，使得环境污染造成的损害不能靠市场机制来补偿。因此，政府应当介入市场机制，通过立法来禁止污染物排放，或是通过征收污染税的方式，使损害者将其经济活动的全部社会边际成本，都考虑进来。换言之，要使损害环境者自行负担损害成本，使损害者的外部成本（即社会成本）内在化，使其边际私人成本等于边际社会成本。

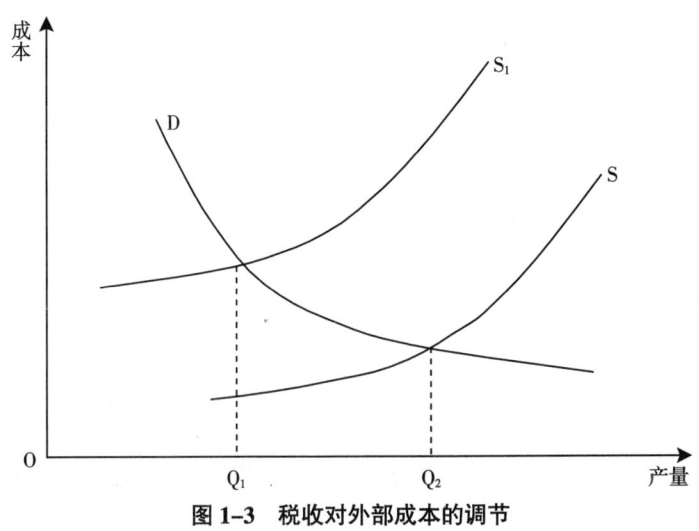

图1-3　税收对外部成本的调节

图 1-3 描述了政府征收污染税对产生外部性成本（即污染）的竞争性企业或行业的影响。在上图中，D 是需求曲线，S 为私人边际成本曲线，S_1 为社会边际成本曲线，S 和 S_1 之间的垂直距离表现为每一追加产品所产生的外部成本。如果让污染企业根据自身利益来决定生产，产出量为 Q_2，但从整个社会的利益来看符合效率的产出量为 Q_1。假若要使污染企业既承担私人成本，又承担外部性成本，政府可根据企业生产量（假设与污染量成正比）对其课征污染税，使其污染的外部性成本内在化。从图中来看，就是通过征税使得私人边际成本曲线从 S 移到社会边际成本曲线 S_1 的位置。这样，生产者从自身利益考虑就会削减该产品的产量（由 Q_2 到 Q_1），从而减少污染。

加入 WTO 以后，我国工业规模迅速扩大，但与此相对应的，一些高污染高耗能的产业也增长迅猛。我国要走可持续发展的新型工业化道路，就必须发挥税收政策的作用，尤其在促进节能减排、可持续发展方面税收政策能够起到积极作用。为此我国自 2008 年 1 月 1 日起，调整了部分成品油消费税政策，对石脑油、溶剂油、润滑油按每升 0.2 元征收消费税，燃料油按每升 0.1 元征收消费税；自 2008 年 1 月 1 日起至 2010 年 12 月 31 日止，进口石脑油和国产的用作乙烯、芳烃类产品原料的石脑油免征消费税。自 2008 年 9 月 1 日起，调整了乘用车消费税政策，气缸容量（排气量）在 1.0 升以下（含 1.0 升）的乘用车，税率由 3%下调至 1%；气缸容量在 3.0 升以上至 4.0 升（含 4.0 升）的乘用车，税率由 15%上调至 25%；气缸容量在 4.0 升以上的乘用车，税率由 20%上调至 40%。2005 年，为控制高耗能、高污染、资源性产品的出口，分批调低或取消了钢铁、电解铝、铁合金、成品油、煤焦油、部分皮革、农药、有色金属及其制品、硫酸二钠、石蜡等产品的出口退税，取消加工出口专用钢材增值税退税政策。从 2006 年 9 月 15 日起，取消了煤炭、天然气和"高耗能、高污染、资源性"产品的出口退税；降低钢材等容易产生贸易摩擦的大宗出口商品和个别不宜取消出口退税的"高耗能、高污染、资源性"产品的出口退税率；调高部分高科技产品和以农产品为原料的加工品的出口退税率；将所有取消出口退税的商品列入加工贸易禁止类目录。从 2007 年 7 月 1 日起，调整了 2831 项商品的出口退税政策，其中取消了 553 项"高耗能、高污染、资源性"产品的出口退税，降低了 2268 项容易引起贸易摩擦的商品的出口退税率，将 10 项商品的出口退税改为出口免税政策，经过这次调整以后，出口退税率变为 5%、9%、11%、13%和 17%五档，目的就是从生产和消费两个角度减少外部性。

第二种情形：税收对劣值品的调节。

所谓劣值品是指这样的产品和服务，消费者个人对它们的价值判断超过了这些产品或服务给他们带来的实际利益。例如，烟、酒、迷信用品、不良书刊和毒品等。市场以消费者个人价值判断为资源配置的依据，对劣值品来说，其产品边际效用被过高估计了，因此产出将大于以适当的价值判断为基础的产出水平。在图 1-4 中，S 为某种劣值品边际成本曲线，D 为该产品实际上给消费者带来的边际效用，D_1 为消费者自以为这一产品所具有的边际效用。如果不加以干预，该产品的产出水平将达到 Q_2，但根据这一产品带来的实际利益，该产品只应提供到 Q_1 水平。在这种情况下，可通过向该产品征收特别税来达到合理配置资源的目的。在图 1-4 中，单位产品的税额为 D 至 D_1 的垂直距离，这样就使得税后的需求曲线移到了 D 位置，个人不适当偏好被纠正，在此基础上形成的资源配置被认为是有效率的。

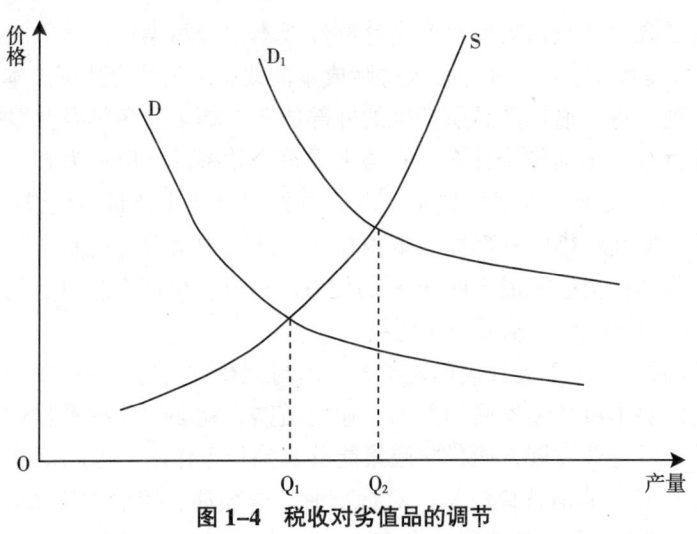

图 1-4 税收对劣值品的调节

我国现在人均 GDP 刚超过 5000 美元，还有 8000 万人没有脱离贫困。为了社会和谐发展，从国情出发，必须通过各项政策，尤其是税收政策的调整，鼓励人民创造财富，引导理性消费。在这样的背景下，我国从 2006 年 4 月 1 日起，对消费税政策进行了重大调整。主要包括两个方面内容：一是对消费税的应税品目进行调整。新增加了高尔夫球及球具、高档手表、游艇、木制一次性筷子、实木地板、成品油税目，并将原来的汽油、柴油两个税目和新增加的石脑油、溶剂油、润滑油、燃料油、航空煤油等油品作为成品油的子目；同时，取消了"护肤护发品"税目，并将原属于护肤护发品征税范围的高档护肤类化妆品列入化妆品税目。经过调整后，消费税的税目由原来的 11 个增至 14 个。二是对原有税目的税率进行调整，涉及税率调整的有白酒、小汽车、摩托车、汽车轮胎等税目。此外，为加强对消费税的征管，进一步完善了葡萄酒、啤酒以及新牌号、新规格卷烟等消费税征收管理措施。

第三种情形：对"幼稚产业"的税收优惠。

"幼稚产业"在建立初期，一般生产率较低而成本较高，其实际成本与市场价格存在较大背离。如果根据传统国贸理论中的比较成本学说，一国建立这类产业成本高昂，短期内似乎得不偿失。如果听任市场机制自然调节，这类产业便无法生存。但是，发展中国家必须通过扶持"幼稚产业"，才能实现工业化的目标。从取得国民经济动态发展的效果来看，保护、扶持这类产业发展，可以实现一国资源配置状况整体优化，因而有着巨大的民族利益和社会利益。正因为如此，许多发展中国家对本国新兴产业都制定了一整套税收保护政策，如对进口制成品征收高额关税，对进口原材料、半制成品征低税，甚至免税进口等。通过对外开放，促进我国产业可持续发展是我国产业政策的核心任务。针对入世后的新形势，2002 年我国对部分进口税收优惠政策进行了调整。目前，我国主要对装备制造业、农林业、民航业等国家鼓励发展的行业给予进口税收优惠。

第四种情形：对成本递减型企业的税收照顾。

在现实经济中，有一类企业生产经营特点是，创办初期因技术上的原因，投入较大，在达到相当大的生产规模之前，一直处于成本递减状态，如基础设施。在成本递减状态下，平均成本随产量的增加而递减,而边际成本下降的速度则要快于平均成本下降的速度。此时,这类企业的成本、价格和产量的决定,往往会背离最佳原则,出现如下矛盾:如果按平均成本定价,总收入虽然可以抵付总成本,但价格要高于边际成本,这就意味着产量未达到最优规模;如果按边际成本定价,价格低于平均成本,消费者从中受益,生产规模得以优化,但总收入不足抵付总成本,企业受损。解决上述矛盾的较好办法是,政府参与企业成本、价格和产量的决定。根据社会利益极大化原则,可以规定企业按边际成本确定价格和决定产量。至于由产品总收益低于总成本所形成的差额,由政府通过税收优惠予以补偿,或由政府财政补贴因此产生的亏损。这样,就可以使成本递减企业的外部正效应充分释放出来,最大限度地增进社会福利。可见,由于税收额外收益的存在,在市场机制不能有效配置资源的领域,政府要通过税收调控来改善资源配置,实现经济效率。

2001年以来,我国对国家需要重点扶持的高新技术企业实行15%的优惠税率,扩大对创业投资企业以及投资于环境保护、节能节水、安全生产等方面企业的税收优惠。保留对农林牧渔业、基础设施投资的税收优惠政策。对劳服企业、福利企业、资源综合利用企业的直接减免税政策采取替代性优惠政策。自2004年7月1日起,我国对东北地区的装备制造业等八大行业进行了增值税转型改革试点,允许企业新购进机器设备所含的增值税进项税额予以抵扣。自2007年7月1日起,又将增值税转型改革试点扩大到中部六省26个老工业基地城市的电力业、采掘业等八大行业。

(4)税收中性原则和税收宏观调控的关系。税收中性与税收调控是对立统一的关系。首先,两者表现出某种对立性。这是由于两者的侧重点不同。税收中性强调市场机制的有效性,主张减少税收干预;而税收调控则强调市场机制的现实局限性,主张政府积极的税收干预。其次,还应看到在这种对立背后,也存在着统一性。一是两者统一于效率原则。税收中性强调减少税收干预,是因为税收干预扭曲相对价格,因而改变人们的经济行为,从而造成效率损失,保持税收中性是减少效率损失的必要条件;而税收调控强调积极的税收干预,是因为市场自发调节的盲目性、滞后性以及现实市场的不完善性,酿成了经济波动、分配悬殊和产业产品结构的失衡,降低了社会资源配置效率。可见,两者的目的都是追求经济效率。二是两者统一于市场经济运行状况的"度"。税收中性以市场机制可以有效配置资源为理论前提,在这一前提下应奉行税收中性原则,而税收调控则以现实的具有某些缺陷的市场为理论前提,认为税收调控是必然的。在此,两者统一于市场运行状况。在市场机制可以充分发挥积极作用的方面,税收应保持相对中性;而在市场机制表现出局限的方面,税收则应发挥其调控作用,两者相互配合,相得益彰。

税收中性也体现了WTO对成员国公平竞争的要求。为此,2001年以来我国的税制改革统一了内外资企业的所得税制度、城镇土地使用税制度、车船税制度、耕地占用税制度,从而使各类企业的税收待遇基本一致,形成了各类企业公平竞争的税收环境,为我国经济社会走向科学发展奠定了统一、规范、公平和透明的税收制度基础。同时,基本建立了一个适应社会主义市场经济需要的税政统一、结构优化、税负合理、政策透明、调控有力的税收体系框架,进一步增强了税收收入能力和税收调控能力,有力地促进了国民经济持续健康协调发展和社会主义和谐社会的建设。

四、产业政策与税收政策

1. 配合产业政策调节的主导税种选择

(1) 商品劳务税和所得税的比较。目前,世界上普遍征收的税种主要有商品劳务税和所得税。20世纪30~50年代,一些著名经济学家如希克斯、约瑟夫和莫格就曾利用序数福利经济学的方法进行了分析,并得出"所得税对市场—价格机制的扭曲程度较之商品、劳务税要小得多"的论证。他们提出的模型假定前提有:①市场是完全竞争的;②政府税收收入是既定的。在此基础上,他们分析了所得税和商品劳务税的额外负担问题。希克斯—约瑟夫—莫格的理论可用图1-5说明。

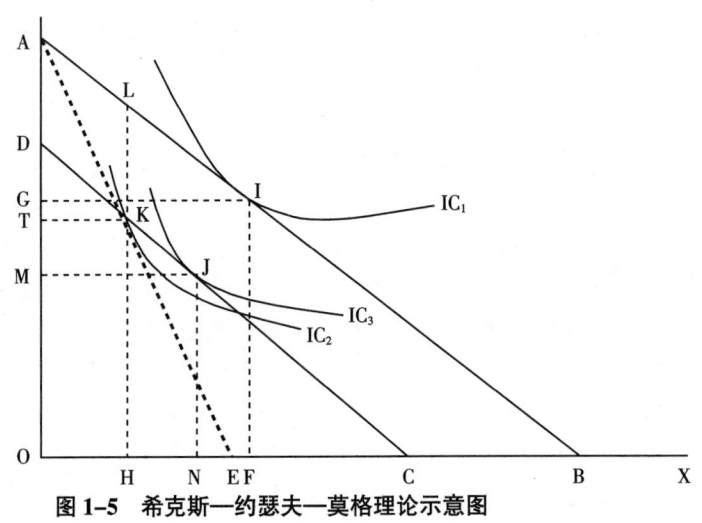

图1-5 希克斯—约瑟夫—莫格理论示意图

假定政府须对商品X征收商品税或所得税,从某消费者处筹集一定的税收收入。在供给一定的情形下,所得税等同于以适当税率课征的一般商品税。在图1-5中,以横轴代表商品X,以纵轴代表其他商品或货币所得。在没有税收的情形下,消费者的预算限制为AB线,无差异曲线IC_1与之相切于I点。在I点上,消费者购买OF数量的X商品和OG数量的其他商品,反映了消费者的最大福利。

假定对商品X课征商品税,则该商品的相对价格由OA/OB上升至OA/OE,消费者的税后预算线变为AE,无差异曲线IC_2与之相切于K点。在K点上,该消费者购买OH数量的X商品和OT数量的其他商品。他向政府缴纳的商品税金为KL。

如果政府向该消费者不是征收商品税,而是征收所得税取得数量(KL)的税收收入,由于所得税只影响消费者的支付能力,而不会改变消费者对购买商品的选择,因此,预算线由AB向下平移至CD,并经过K点,表明征收所得税获得的收入也是KL。同时,预算线 CD 和无差异曲线 IC_3 相切于 J 点。在 J 点上，消费者购买 ON 数量的 X 商品和 OM 数量的其他商品。虽然，消费者缴纳所得税后的消费利益要低于不征税时的消费利益，但要高于缴纳商品税后的消费利益，因为无差异曲线 IC_3 高于 IC_2，它代表了较高的福利水平。

以上借助希克斯—约瑟夫—莫格的分析说明了在正常的市场环境下，所得税较之于商品劳务税，在促进市场合理配置资源方面有着较高的效率。而且，它在体现政府政策方面的总体功能丝毫不亚于商品劳务税，它所特有的某些政策功能，如调节收入分配、鼓励风险投资、矫正市场缺陷、合理配置资源等，是商品劳务税不可比拟的。

(2) 商品劳务税作为我国主导税种存在的问题。商品劳务税在我国一直是"当家税"，2005 年占税收总额的比重高达 70%。在计划经济体制下，商品劳务税"一身而二任"，既是财政收入的支柱，又是政府用于产业政策的主要手段，它在当时主要是通过税收配合价格调节实现的。然而，这种计划价格体制下的价税配套调节方式，已经不能适应社会主义市场经济需要。因为：①在市场经济下，商品价格主要由供需决定，高税不一定能够形成高价，低税也不一定能够形成低价。②随着价格放开，商品劳务税的税负转嫁功能日益增强，决定了商品劳务税调节产业结构的效果具有不确定性。③商品劳务税调节和价格变动直接相关，过多地采用选择征税、差别税率和税收优惠等措施来调节产业结构容易导致税收对价格的扭曲，增大税收额外负担和效率损失。而且，从我国近些年来运用商品课税配合产业政策的实践看，效果也不尽理想。有的学者采用行业税赋轻重和产业发展政策的对比方法分析得出，1994 年在工业、商业部门普遍推行增值税后，由于实行凭增值税专用发票注明税款进行扣税，并规定外购固定资产进项税额不予抵扣，其结果是普遍加重了基础原材料产业、能源产业、农用物资经销企业的税收负担。这也说明，在我国目前商品劳务税比重过高、财政收入压力大的税制结构下，运用商品劳务税调节产业结构，不仅有着较大局限性，而且往往产生事与愿违的效果。

(3) 逐步提高所得税比重是经济发展的必然要求。基于上述分析，在我国未来的 10 年或更长一段时期里，应当逐步降低商品劳务税的比重，相应地提高所得税比重。所得税不仅有着较好的收入再分配功能，而且在促进社会资源的有效配置方面也有着较高效率。从中性意义上讲，由于所得税的征税点位于所得的获取环节，距离市场较远，而且在多数条件下，所得税税负一般不易转嫁，税收增减变动对物价的直接影响不大，因此所得税对资源配置的影响是间接的，效率比较高。另外，行业差别比例税率所得税和累进税率所得税的课征，会引起不同行业和不同获利规模企业间的资本流动，影响资源在这些企业间的配置；所得税优惠政策的实施更为直接地体现了政府的产业政策，有利于产业结构的优化与升级。所以，在我国现阶段应更多地发挥企业所得税调节生产和投资，体现政府产业政策的作用，使我国税制由以商品劳务税主导型逐步转换为商品劳务税和所得税并重的税制结构。实现这一转换可以降低过重的商品劳务税对经济活动产生的扭曲效应，增强对市场经济的适应性，以利于充分发挥市场—价格机制在配置资源方面的主导作用，完善税收调控功能。

2. 以市场为导向，与产业政策相结合，改进和完善税制

(1) 完善增值税。增值税作为符合税收中性思想的现代优良间接税，被越来越多的国

家接受，其特点是聚财功能强，同时对资源配置的影响较小。经过1994年税制改革后，我国增值税制有了一定发展，但与法、意、荷、德等全面实行增值税调节的国家相比尚有较大差距。

第一，我国增值税影响产业结构调整的主要缺陷。在2008年增值税由生产型向消费型转变以后，增值税主要缺陷集中体现为征收范围规定上的缺陷。目前，我国增值税的征收范围仅局限在销售货物（不动产除外）、进口货物和提供加工、修理修配劳务项目，尚未推广到农业和服务业。增值税推广的行业限制，破坏了增值税征收链条的连续性。由于我国增值税制仅在工业和商业（后来推行）实行，而农业和服务业依然实行农税、营业税，销售给农业、服务业的工业产品所负担的增值税经流转后转嫁到农业部门和服务业部门，这就加剧了三次产业之间税负的不公平，导致农业哺育工业的结果，影响了第一、三产业的扩大再生产投入，从而影响了三次产业的平衡增长。在第三产业内也存在同样的工业增值税转移现象，使交通运输、邮电通信等行业承担了工业部门转移的增值税。

第二，改革和完善现有增值税的主要措施。现阶段，改革完善现有增值税的措施用一句话概括就是：扩大征税范围，完善税收链条机制，使产业均衡发展。

在第一产业中，有选择地推广增值税，这样，一方面可避免增值税链条在第一产业的完全中断，另一方面可适度减轻农业单位的税负。同时，由于农产品需求弹性小，税负易转嫁，可以有效地调节农业和其他产业的收入分配。

首先，从组织看，可以在规模生产的建设兵团、农场、林场、草场、养殖场推行增值税。这些单位产值大，管理相对集中，耗用的工业生产资料数量较大，承担的转移税负较高，受市场影响也大。实行增值税后，可促进这些部门加速资本投入与技术更新，提高农业贡献率。

其次，从行业看，可在"三高"农业、创汇农业、珍稀养殖业先行推广增值税。

最后，从产品看，可先对农业特产品实行增值税。这是因为农业特产税属流转税，随着流转环节的增加其税负不断累积，不利于农业特产品的生产发展。

在第二、三产业内，对建筑、交通、运输、邮电、通信、金融保险、饮食娱乐、无形资产转让、不动产销售等都征收营业税。由于这些行业与工业生产联系紧密，使得一些工业部门的增值税抵扣链条发生中断。因为按税法规定，实行营业税的企业不能开具增值税发票，而从这些企业购买商品和劳务的工业企业无增值税发票其进项税就不能抵扣；反过来，这些企业从工业部门购买商品时由于实行营业税不需抵扣税款，也可不要求对方开具增值税发票，导致销售商品的一般纳税人销售反映的信息失真。因而，将与增值税征收链条关系密切的建筑安装业、交通运输业和不动产销售业纳入增值税的征收范围，将会使三次产业之间的资源转换更加均衡合理。

（2）完善消费税。改革和完善增值税主要是去除那些影响增值税发挥中性税收功能的因素，从而为资源配置创造较为公平的市场环境。而消费税作为对某些特殊消费品课征的税收，征收对象具有选择性，且实行跨度较大的差别税率，因而在具有一定聚财功能的同时，具有较强的调节功能。完善消费税，就是要充分发挥消费税的调控功能，引导居民消费，从而影响相关产业的发展。

第一，我国消费税的弊端。目前，我国的消费税由于税目选择不当，造成税收数量过少，调节力度过小，调节范围失当。一方面，消费税仅对11类商品、消费品课征，一些高消费范围的劳务项目，如"高尔夫球"等服务项目却不征消费税，仅征营业税，即使实行高营业税率，相对于烟酒等课征消费税的商品来说，税负仍偏低，调节功能较弱；一些高档商品、消费品，如几万元一套的高档服装、宠物、高级补品等也未纳入消费税课征范围，使得消费税调节面过窄。另一方面，政府出于财政方面的考虑，又将汽车轮胎、酒精、护肤护发品等非特殊消费品列入了课税范围，必将限制生产资料和人民生活必需品的消费，影响相关产业的发展，从而对经济起逆向调节作用。如此一来，造成消费税的主导思想不清，对特殊消费品的缺乏调节和对个别非特殊消费品的过度调节并存，导致税收数量过少，调节效果欠佳，有违设置消费税的初衷。

第二，消费税的改革措施。消费税的改革方向应为调整征税范围，可将汽车轮胎、酒精、护肤护发品等生产资料和生活必需品的消费税去除，而将未纳入课税范围的奢侈品、高档娱乐性劳务纳入课税范围。一些高档营养品、高档服装、保龄球、高尔夫球、音乐茶座、卡拉OK歌舞厅、高级桑拿浴等，均为奢侈性消费项目，对其课税，既符合负担能力原则，有利于公平，还可以增加消费税税收。

（3）改革其他税种。

第一，改革城市维护建设税。建议将其计税依据从增值税、消费税、营业税实际征收额改为销售额和营业额，以改变城市维护建设税实际上的附加性质，使其成为名副其实的独立税种；同时将其课税范围扩大到外资企业。

第二，开征环境保护税和教育税。将现行的环境污染收费规范为环境保护税。可就大气污染和水污染课征，以废气、废水排放量为计税依据，实行负担较重的税率，以抑制相关产业的发展。将教育费附加、农村教育费附加和各地自开征的义务教育费或教育集资合并为教育税，以使教育有足够的资金来源，遏制乱收费。

3. 建立以技术创新导向为主的多样化税收优惠政策体系

（1）采用多种税收优惠形式。目前，我国采用的税收优惠形式主要是直接税收减免、优惠税率等税额式减免，而国际通行的投资抵免、加速折旧和提取投资风险准备金等税基式减免则较少采用。税额式减免和税基式减免的激励效果是不同的，前者偏重于利益的直接让渡，它强调的是事后优惠，只有取得利益，才能享受此种优惠，而后者更偏重于引导，强调事先优惠。国外许多国家的实践都表明这种税基式减免具有针对性强，效果好，确保税收优惠政策有的放矢的优点。我们应借鉴国外先进经验，更多地采用税基式减免的间接优惠形式。在间接优惠方式的选择上，一是应先建立起加速折旧制度，对不同的固定资产规定不同的折旧方法和折旧年限，如美国在1987年实施的新税法中对加速折旧制度做了如下规定：折旧期限划分为5个档次，大部分设备折旧期限不超过7年，大部分耐用资产（包括居住、办公用房地产、建筑用房地产等）折旧期限为20~31.5年；折旧期限为3年、5年、7年和10年的固定资产采用200%余额递减法；折旧期限为15年和20年的固定资产采用1.5倍余额递减法；折旧期限为27.5年及31.5年的则采用直线法。[①]二是应实行投资税

[①] 赵丽芬、孙国辉主编：《微观财政政策的国际比较》，中国计划出版社，1999年版。

收抵免。在对固定资产进行加速折旧的情况下，还应对国家重点发展的主导产业、需要扶持的新兴产业实行投资税收抵免优惠，即允许企业把资本投资额的一定比例从当年应纳税额中扣除，从而使企业少缴所得税。当然这种抵免的比例可根据机器设备的先进程度、所投资类型、所投资地区规定相应的抵免比例。三是建立投资准备金制度，即允许高科技企业按销售收入或营业收入的一定比例提取专项费用，作为科技发展准备金。这些资金应专款专用，用于研究开发、技术革新和技术培训方面。

（2）明确企业所得税优惠的重点。我国现行的企业所得税优惠主要是针对单位（如高新技术企业、科研院所）、科研成果的优惠，而不是针对具体的科技研究开发活动及其项目，尤其对技术落后、急需进行技术更新的企业以及正在进行科技开发的活动缺少鼓励措施。现行的企业所得税优惠，一方面使我国税收优惠缺乏针对性，企业只关心科技成果的应用，不注重科技开发投入；另一方面容易造成优惠滥用，使一些单位中的非技术性收入也享受科技优惠政策。而国外许多国家尤其是发达国家，多在技术开发时、企业成长时给予优惠与扶持，从而大大提高了高新技术企业的竞争能力。

我国应将优惠重点转向对高科技企业的成长时期或重大技术攻关、重大市场开拓等关键阶段的税收优惠，加强企事业单位科技投入方面的税收鼓励措施。一是可以考虑按照普通研究支出、基础技术研究支出、特别鼓励研究支出等项目确定不同的费用扣除比例。二是应当取消以盈利水平作为享受优惠条件的限制，只要符合条件的研究开发费用超过上一年10%的企业，都可享受150%的税前扣除优惠；与此相关，受惠企业因当年亏损或盈利部分不足以抵免规定扣除额的，可以往后结转5年。这样能解决对非盈利企业税收歧视问题，而这种税收歧视可能会人为地造成或加剧"亏损—不能享受优惠—缺乏科技投入—亏损加剧"的恶性循环。优惠的唯一目的是鼓励企业增加对科技的投入，而盈利水平限制与优惠目标本身是相悖的。三是可以考虑将"经认定的新办高科技企业从投产年度起，免征两年所得税"改为"经认定的高科技企业从获利年度起，免征两年所得税"，从而使企业更为关注科技投入的水平，而不单单是科技成果的转化问题。

（3）完善高新技术产业税收优惠政策。当今，世界各国都在竞相发展高新技术产业，无论发达国家还是发展中国家，都在税收上给予了许多优惠，如加速折旧、投资抵免、投资准备金等政策，多是针对高新技术产业提出的。而我国的高新技术产业发展却受到了经费不足、缺乏风险基金支持等资金约束，综合运用多种优惠形式，对高科技产业发展给予更大支持是目前急需解决的问题。①要实行加速折旧制度。对于使用的先进设备，或专供研究开发用的设备、建筑物（不含土地），实行加速折旧或特别折旧，允许某些特殊开发项目的固定资产选择自由折旧，并允许不扣除残值计提折旧。②推行再投资退税政策，高科技企业留利进行生产规模的扩大或国家鼓励的科研开发项目的投资时，全部或部分退还其缴纳的所得税，鼓励和促进高科技产业的扩大再投资。③放宽企业所得税的税前扣除标准，对科研人员的工资性支出，取消计税工资限制，据实列支；企业与科研部门（含院校）联合开发新产品所发生的费用，可据实列支；为鼓励社会各界向教学、科研机构捐赠，可比照向公益救济事业的捐赠，允许在税前扣除。④积极研究和实施技术开发准备金制度。可以考虑在国家高新技术产业开发区企业先行试点，允许高科技企业建立科研奖励基金，即在税前按照一定标准提取部分资金，用于奖励科研成果。

五、推进产业结构优化与升级的财政投融资政策

财政投融资大致分为三类：第一类是投资公共物品，如文体教育、医疗卫生、国防、公共基础设施等，由于这类物品具有正的外部性，因此市场供给往往不足；第二类是投资自然垄断行业，如电信、电力等行业，由于这类行业具有规模经济，因此单纯依靠市场投资可能缺乏效率；第三类是直接投资各类竞争性产业，如汽车、建筑、机械等行业。目前，我国财政投资大多集中在前两类，第三类投资在财政投资中所占比重持续下降，即使投资一般也不再投向生产能力的形成，而是投向技术改造、产业共用技术的研究等。

1. 社会基础设施投融资政策

现行投融资体制下，我国政府把社会基础设施的发展划分为一类，在资金融通渠道上不加区别，统统纳入政策性融资渠道之中，使得社会基础设施的资金融通渠道很不顺畅。

应当把社会基础设施的融资渠道划分成两类，实施不同的投融资政策和产业政策。总的原则应当是，凡是竞争性的、具有投资回报能力的社会基础设施项目应当纳入经营性融资渠道，通过市场融资的办法筹集建设资金；凡是非竞争性的、不具有或只具有一部分投资回报能力的社会基础设施项目应纳入政策性融资渠道，通过政府财政拨款、政策性银行贷款等方式筹集建设资金。

（1）社会效益和经济效益均好的基础设施融资。由于这类基础设施项目具有较强的投资回报能力，所以可以充分发挥市场在其中的作用。在现实生活中，这类社会基础设施项目的融资渠道很多，诸如可采取 BOT（建设—经营—移交）项目融资方式、证券融资方式等，财政投融资可完全退出该领域。

（2）社会效益好但经济效益一般或较差的基础设施融资。主要是指一些全国性的基础设施和为大型基础产业建设配套的项目。对于此类基础设施项目应当纳入各级政府的财政投融资范围，通过增加财政预算内拨款、国家政策性开发银行贷款或政府的基础设施专项基金来解决。具体来讲，其资金来源主要包括：一部分罚款收入、行政性收费收入、新投产工业企业的增值税部分、国有土地有偿使用出让收入、城镇土地使用税和土地增值税收入等。基础设施建设的资金缺口可通过政府发行国债加以平衡。应当说，多年来，由于政府财力有限和财政投资范围界定的模糊，使得此类建设项目往往推向社会，随着投融资体制与财税体制改革的不断深化，各级政府会逐渐退出竞争性的、具有投资回报能力的基础项目投资领域，从而将有限的财力集中于经济效益差的基础设施领域。

2. 重化工业投融资政策

重化工业主要是指煤炭、石油、电力等能源工业和钢铁、有色金属、石油化工等原材料工业，等等。目前，我国重化工业一方面需要进行结构调整，另一方面仍有较大发展空间。重化工业结构调整与发展离不开拓宽融资渠道。

但需要指出的是，一方面，重化工业属于投资回报率较低，但投资回收较为稳定的战略性产业，其融资方式既不同于社会基础设施又不同于轻工业；另一方面，重化工业内部的投融资效益差别又很大，不能对重化工业实行单一化的融资政策，而应当对重化工业进行产业细分之后，根据不同类型产业项目确定不同的融资渠道。

目前，我国钢铁、石化、化工等原材料产业的生产能力扩张得很快，近年来处于供过于求的状况，已不属于国民经济的"瓶颈"部门。在这种情况下，钢铁、石化、化工产业的融资活动就应当完全进入市场来实现。企业既可以通过银行信贷渠道进行间接融资，也可以通过证券市场进行直接融资。但由于我国石油、煤炭、电力等基础产业部门仍然属于国民经济的"瓶颈"部门，其产销活动关系着国民经济的宏观平衡。因此，为了保证这些产业部门生产能力的扩张，应当采取特殊的融资政策。

(1) 应当使国家定价的"瓶颈"部门的融资活动更加市场化、国际化。对于国家定价的基础产业来说，在难以通过国内资本市场筹措巨额建设资金的情况下，可以通过在境外上市发行股票及项目融资等方式吸引外资流入。

(2) 应当把国家定价的"瓶颈"部门的融资纳入重点产业投资基金范围。近年来，国家与地方建立了两级产业发展基金。一级是国家专项产业发展基金。国家逐步建立了化肥、煤炭、电力、铁路、石化等产业专项发展基金。另一级是地方专项产业发展基金。主要用于地方基础设施、经济区开发与新兴产业的扶植。例如，山东省就设立了规模高达300亿元的"蓝基金"，用于海洋经济的开发，引导社会资本、境外资本参与山东半岛蓝色经济区的建设。[①] 北京市已有6支新兴产业创投基金获批，基金总规模将达到15亿元。[②] 现在的问题是，应当创造条件把两级专项产业建设基金捆起来使用，为需要重点支持的瓶颈产业的发展提供定向投入。然而，随着产业融资规模的扩大，依靠行政手段筹集产业国家基金的做法越来越困难。应当根据国家重点及优先发展的需要，设立封闭式的中国石油、电力、交通、农业等产业投资基金。产业投资基金除吸引企业法人资金及个人资金外，也可吸收社团法人资金，如养老基金、待业基金、保险基金等等。

3. 传统制造业投融资政策

从总体上看，机械、汽车、服装、家电等属于投资回报率与风险较高的竞争性产业，资金筹措应由各类企业通过市场实现。然而，如果以产业成长与竞争力为标准进行产业细分，制造业可以分为幼稚产业、传统产业、支柱产业等，因此，在调整制造业的产业结构的过程中，不应采取"一刀切"的办法，而应当实施有重点、有区别的投融资政策与产业政策。

需要限制和调整传统制造业的融资。对一些老工业地区的传统产业来说，未来产业结构调整与优化方向不是进行规模扩张，而是调整与优化资产存量，促进产业水平的提高。因此，传统制造业融资结构调整应当与传统产业结构的调整方向保持一致。

(1) 严重过剩的传统产业的改造融资。目前，我国普通机床、轻纺工业的生产能力已

---

① 《中国经营报》，2011年12月12日。
② 《政府采购信息报》，2011年11月2日。

经远远超过了市场需求，大量资产存量处于闲置状态。对于已经严重过剩的传统制造业来说，不是再继续依赖指令性贷款等"输血"办法延长产业寿命，而是要严格限制其投资需求规模的无效扩张，引进资金对过剩的传统制造业进行产业重组与改造。然而，面对新兴产业良好的投资机会，要吸引外部资金来改造过剩的传统制造业是比较困难的。因此，可以效仿发达国家改造夕阳产业与老工业地区的做法，由各级政府出台一些鼓励产业重组与改造的优惠政策，利用传统产业的优良资源（地皮、厂房等等），采取兼并、收购、承包、租赁、合资合作等方式吸引国内国际的外部资金流入，进行产业重组与产业改造。因此，可以说，已经严重过剩的传统产业融资不应当完全由市场来自发调节，而是需要政府对市场输入一定的政策变量，以利于传统产业融资渠道的畅通。

（2）有发展前途的传统产业的改造融资。目前，我国出口创汇的大户不是汽车、机械等支柱产业，而是纺织业等传统产业。因此，花大气力提高纺织业等传统产业的产品结构，增加高附加价值的产销份额，从而推动传统产业的结构升级是今后的产业主攻方向。从资金筹措来看，不仅对于现有的技术档次高、预期销售效益好、出口创汇能力强的传统产业产品应当给予发行债券、股票、银行贷款、减税让利等方面的支持，而且对于未来国家产业政策鼓励发展的、有市场效益的、具有竞争潜力的传统产业的项目融资，尤其是有可能创造国家与世界品牌的、附加价值较高的传统产业项目融资要给予大力扶植。我们认为，目前国家规定的建设项目资本金比例是按行业划分的，具体到有前途的传统产业往往难以落实，银行等贷款机构又往往只顾眼前利益而严重"惜贷"，使得传统产业中有发展前途的项目融资十分困难。因此，国家应当出台一些贴息等优惠政策，适当降低这些产业的融资风险，从而扫除传统产业迈向资本市场的重重障碍。

（3）需要扶植与保护幼稚制造业的融资。我国某些产业，如文化创意产业、生物工程等属于正在成长的幼稚产业，面临着强大的国际竞争压力，产业发展的巨额资金短期内难以自行解决。因此，幼稚产业的资金筹措除了通过市场进行直接融资和间接融资之外，也可以采取一些保护性的融资措施，诸如为有投资前途的项目银行贷款提供政府财政担保、增加国家财政贴息、加大国家专项贷款力度，等等，通过这些措施的实施帮助需要保护的幼稚产业缓解资本金不足的应急困难。在面临着国际竞争的形势下，提高幼稚产业资金筹措的能力，增强幼稚产业的资本积累能力与资金配套能力。

（4）重点支持支柱制造业的融资。我国机械设备制造业对整个产业结构升级具有极大的推动作用。因此，应当把支柱制造业的融资作为整个产业融资的核心任务来抓。一方面，要积极扩大支柱制造业的直接融资渠道，采取多种证券融资形式，增强支柱产业的资本积累与资金配套能力。另一方面，要稳步扩大支柱制造业的间接融资渠道。由于我国的国情所限，直接融资在产业来源中的比重不可能提高得很快，间接融资仍然是支柱产业资金的主要来源。因此，努力开拓多条间接融资的渠道是缓解支柱产业资金紧张的重要途径，其中财政投融资发挥着重要的作用。从进入国内资本市场来看，国家应当鼓励商业银行加大对支柱产业的投资贷款规模，尤其要加大国家开发银行的长期低息投资贷款比重，还可组织一些银团贷款加强对支柱产业资源加工、技术改造的贷款力度，以缓解支柱产业资金配套能力的不足。

4. 高新技术产业投融资政策

目前，我国高新技术产业的投入与产出在整个国民经济中所占比重还有待提高，主要是由于高新技术产业资金来源渠道十分狭窄，融资方式单一，融资政策环境不宽松，使得高新技术产业发展受制于资金"瓶颈"而难以登上新台阶。因此，应当根据我国高新技术产业发展的现实要求开拓资金来源多渠道。

（1）国家级高新技术产业项目的融资。从国际上来看，发达国家为了发展航天、军工、信息高速公路等高新技术产业，尤其是在加强少数高新技术产业的国际竞争力方面，政府往往采取直接投资或订货投资等方式对高新技术产业注入资金，使高新技术产业获得来自财政方面的稳定的资金支持。现阶段，我国把航天、信息等高新技术产业列为国家战略性产业，面临着21世纪的国际竞争的挑战，这些产业都需要财政资金的大力支持。目前已经成功实行的"863计划"、"火炬计划"充分表明了这一点。

（2）大型企业高新技术产业项目的融资。高新技术产业属于"高投入—高风险—高产出"的产业，应当实行与一般产业有区别的融资政策。其一是实行风险保护性融资政策。发达国家为了吸引高新技术产业扩大投资，往往采用财政贴息或设立风险担保基金等措施，降低投资贷款风险，为高新技术产业创造良好的融资环境。目前，我国高新技术产业的发展正处于幼稚产业阶段，面临着与国际大公司的激烈竞争，承担投资风险的能力还不强。即使在资本市场充裕的条件下，也往往采取过于求稳的战略而不敢大胆借贷融资，使得用于科研攻关的资金相对国际大公司相差悬殊。因此，高新技术产业的融资规模的扩大还需要政府通过贴息等措施降低融资成本。其二是创造条件实行直接融资政策。目前，我国高新技术企业正经历着扩大开发规模的成长时期，许多开发项目是经国家审定的商品化、产业化的高新技术项目。国家对于这些高新技术企业的资金筹措除了给予税收、贷款等方面的重点支持以外，还应创造条件使高新技术企业进入资本市场进行直接融资。

六、全球金融危机后财政政策转型

在全球金融危机大背景下，我国经济发展模式必须转型，作为宏观经济调控和促进产业发展的主要手段——财政政策也必须做相应调整。"公共财政"已成为我国政府财政制度改革的基本方向。就中长期看，财政政策如果想配合我国经济发展方式转型，逐步实现从"建设财政"向"公共财政"转变，必须化解这两个重要制约因素：对外的人民币汇率问题和对内的土地财政问题。只有化解这内外两个难题，积极稳妥通过税制改革，调节收入分配，创造社会需求，对资本征税，对劳动减税，刺激和鼓励实体产业增长壮大，进一步推动实体经济由大变强，唯有如此我国财政政策的转型才能与产业政策紧密契合，实现我国经济发展模式转变，最终完成工业化和现代化。

1. 人民币汇率问题需要通过财政政策进行化解

由于我国对外贸易依存度很高,[①] 我国工业产能过分依赖国外市场的格局短期无法改变，换句话说，外贸和汇率很大程度上影响着我国工业品的需求。因此，不难推论出我国产业政策的有效性严重依赖人民币汇率。

（1）汇率问题实质是财政问题。纸币，作为国家信用，实质是国家财政实力和国家财政能力的综合表达。

汇率，作为纸币的空间价值的表达方式（利率是纸币的时间价值的表达方式），一定会滞后于国家财政状况的变化。这种时间的滞后性，为金融投机提供了机会。

汇率扭曲，必然使借助纸币表达价值的资产价格扭曲。资产价格一旦强烈扭曲，吸引投机者蜂拥而至，大规模财富转移将不可避免。因此，必须通过财政政策改变这种扭曲。

汇率的剧烈波动，必然形成剧烈的通货膨胀和通货紧缩。剧烈的通货膨胀和通货紧缩，必然严重破坏实体经济的正常运行，使产业政策的作用无法发挥。因此可以说，汇率问题一般都是源于财政问题，也必须通过财政政策调整解决。

金融危机之后，发达国家的社会动荡表面上是金融管理失控。就本质而言，仍然是财政问题。欧元区最近发生的事情再次证明了这一点。欧元问题，准确地说，是经典的财政问题。当政府财政能力不断弱化，本能地就会依赖货币政策解决问题。越是依赖货币政策解决问题，财政能力就会变得越加脆弱，于是，恶性循环，直到出现金融危机。

当我国汇率问题日益严重的时刻，最紧迫的工作是巩固财政实力和强化财政能力。我国长期的汇率政策已导致严重的资产泡沫。严重的资产泡沫必然导致社会生产成本的迅速攀升和社会生产效率的迅速下降。在这样环境中，财政政策对产业政策积极作用就会被化解殆尽。

（2）汇率政策对财政政策作用的机理。2001 年我国加入 WTO 以后，经济高速增长的原因之一是由于我国财政不能自主和自觉地解决社会资源配置的效率问题，必须借助国际金融资本开发中国的自然资源和人力资源，以达到高速发展和充分就业的目的。在借助国际金融资本的过程中，就必须让渡一部分财政主权。被让渡的财政主权中，最核心的内容就是货币主权。因此，中国计划经济时代大财政体制逐步解体。所谓的联系汇率制度，实际上是一种被动的货币发行制度。其本质是部分丧失了货币发行主权。与此同时，也就基本失去了资产定价权和商品定价权。

联系汇率制度的本质是，通过将本币低估，并锁定在特定汇率水平，形成本币计价资产的溢价，从而吸引国际资本向中国流动。简单一点说，就是通过让渡一部分国家利益和国民福利，以吸引国际资本流入，从而增加投资、生产和就业。

应该说，这是中国在特定发展时期采取的权宜性策略。事实上，这种策略，为中国赢得了宝贵的发展时间和发展空间。

然而，凡事都有极限，过犹不及。联系汇率制度带来以下三大问题：一是国有资产和国民福利大规模流失；二是货币发行主权基本丧失；三是国际贸易失衡。

[①] 数据来源：http://www.cacs.gov.cn/cacs/news/paihangshow.aspx?articleId=66621。

由此出现了一种扭曲关系：经济高速发展与资产泡沫是正相关关系；经济发展与国民福利并非正相关关系；资产泡沫与国民福利是负相关关系。国际金融资本流入和国际贸易顺差构成中国货币发行依据。这种状况如不及时调整，就会扭曲中国的经济结构。畸形的经济结构塑造了更加畸形的中国财政结构。目前，中国财政已经形成了对于汇率扭曲的严重依赖。而且使资本退出实体经济，造成"逆工业化"和"产业空心化"的问题。从某种程度上说，中国财政已经出现依赖高速外贸增长、汇率失衡、制造资产泡沫而存活的苗头。如果这样的情形发生，那么对于我国的工业化发展来说，无疑是灾难性打击。

由以上分析可以看出解决汇率问题的真正出路在于财政政策调整。着力解决财政问题，解决经济发展和产业振兴中的结构问题，而不是频繁使用货币政策，是解决我国目前汇率问题的关键。美国自汉密尔顿开始，大多数的财政部长都是优秀的金融家；而美国成功的金融人士，都是一流的财政专家。甚至可以说，这也是美国成为世界超级强权的重要原因。一流的金融专家管理财政才知道如何最有效地配置社会资源；一流的财政专家从事金融管理，才能够精确定位问题所在，做到"一击即中"，实现国家间财富转移。

2. 土地财政的风险有待于通过财政政策改革化解

与2001年以前比，除了汇率问题，另一个影响我国工业化以及财政政策实现转变的因素是土地财政问题。任何制造业都要使用土地，土地使用费构成了企业成本，决定了工业品的供给弹性，高昂的地价不仅仅会极大提高企业成本，而且使资本退出实体经济，造成"逆工业化"和"产业空心化"问题。

近年来，我国经济发达地区土地价格飙升。据调查，2009年，全国土地出让金高达1.6万亿元，占当年地方财政收入的48.8%。最近，有学者研究发现，如果计入土地出让金收入，2009年中国全口径政府收入实际已突破10万亿元，约占GDP的32%。10年来，各地土地出让金收入增长迅速。2001年，全国土地出让收入占地方财政收入的比重只有16.6%。到2009年，该比例已上升为48.8%。期间有几年，该比例甚至一度超过50%。地方政府严重依赖土地出让金等相关收入，是为"土地财政"。

（1）土地财政实质。土地财政，从收入来源看，主要包含两大类：一是与土地有关的税收，如耕地占用税、房地产和建筑业的营业税、土地增值税，等等。目前，地方政府重点征收的是房地产税和建筑税，有些地方这两项税收甚至占地方总税收收入的30%~40%。二是与土地有关的政府非税收入，如土地租金、土地出让金、新增建设用地有偿使用费、耕地开垦费、新菜地建设基金，等等。目前，地方政府主要看重的是土地出让金，土地出让金占地方预算内收入的比重已达40%~50%，少数地方甚至超过预算内收入。

以上两部分收入有内在联系：政府出让土地，获得非税收入——出让金。企业得到土地搞开发，又可增加政府税收——房地产税和建筑税。对地方政府来说，这是个良性循环。

在这个循环中，源头是出让国有土地使用权。显然，要维持这个循环，就必须不断出让土地。而要不断出让土地，就要不断征收农民的集体土地。可见，土地财政是一种土地扩张与征收的机制。

与此相关，现实中还有"土地金融"问题：政府用征收和储存的土地，向银行抵押融资，这种做法在各地很普遍。目前，政府土地抵押的融资额，已远远高于土地财政的收入，这也是一种促使城市土地扩张、征占农民集体土地的机制。

从理论上看，土地出让金是若干年期的土地使用权价格，实际上是政府向企业一次性收取若干年的地租。而地租是对企业当年利润的扣除，属于社会一次分配范畴。对企业而言，一次集中交纳若干年地租，意味着预支未来利润，属于负债经营。

现实生活中，很多企业是靠银行贷款支付土地出让金，负债的性质一目了然。即使是用自有资金来支付，本质上仍然是负债。企业如果经营得好，有稳定的盈利，可以逐步清偿这笔负债；如果经营不好或者破产了，就不能清偿。如企业再生产因此中断，最终则会转化为银行的坏账，成为整个社会的问题。

按有关制度规定，企业可以把剩余年期的土地使用权转让出去，使负债得以清偿，甚至可以从中获利。但是，这不过是负债在企业之间的转移。土地使用权转移的结果是，负债的规模还可能被放大。

由此可见，从整个社会的角度看，政府出让土地所获得的每一笔收入，都有一笔企业或个人的负债与之相对应。就是说，政府以土地出让金搞建设，是以透支用地企业或个人的未来收益为前提的。

由此不难做出如下判断：所谓土地财政，实质上是依靠透支社会的未来收益，谋取眼前的发展方式。对发展产业而言，这种土地财政模式极为不利。

(2) 土地财政问题的成因。土地财政就内因而言，主要是现行土地管理制度。反思中国土地管理的制度安排，一个突出问题是政府有关部门既负责土地管理，又负责土地经营。经营是市场主体的活动，具体到国有土地的经营，就是要保值增值，追求土地收益最大化。把这个作为政府的职责，客观上使各级地方政府成了市场竞争主体，这是土地财政形成的主要制度基础。近年发生的许多土地问题，也是由此派生出来的。经济的宏观调控，中国与西方国家有很大不同。西方国家表现为政府调控企业和个人，而中国则更多是中央政府调控地方政府。原因之一，即在于此。

就形成土地财政的外因而言，主要是财税体制不合理，地方政府的财力与事权不匹配。20世纪90年代，分税制改革的遗留问题是地方财政分配比例过小。随着城镇化的发展，各级城市的政府首先承受巨大压力，普遍面临的问题是发展资金不足。恰在这时，土地使用制度改革取得实质性进展，有偿使用土地制度历经10年，终于基本确立下来。财政观点占了主导地位，最终形成了土地财政。这是土地财政的外部制度条件。

(3) 土地财政的问题。虽然总体而言，土地财政的合理性在于快速推进了我国城市化的进程，并且配合了我国这十年以来经济发展模式的需要。但随着外部环境的变化，我国经济发展模式的转变，相应的财政政策也要由"建设财政"向"公共财政"转变。这一转变有两个特点，一是财政政策要激励产业发展，增强国家实力；二是财政政策要提供公共服务，增加国民福利。

在这样的转型中，如果放任地方政府卖地自肥，高地价财政，将历史性地断送中国制造业的竞争优势。也会恶化公共服务的供应，造成社会动荡，得不偿失。

第一，土地财政恶化了国民收入分配，抑制了民间投资。21世纪初，就有财政专家研究提出，当时中国政府的各种收入加起来，已占GDP的30%以上，达到甚至超过发达国家的水平。政府收入占GDP比重过高，一方面导致居民特别是农民收入增长缓慢，另一方面抑制了社会投资。虽然中央采取了许多措施，大力调整国民收入分配格局，但迄今为止并未根本改变。尤其值得关注的是，土地收入大多集中用于城市，城乡差距和地区差距，不仅没有缩小，反而更加扩大了。

第二，政府投资影响了产业结构调整，加剧了产能过剩。政府掌握的大量资金投向哪里，对产业结构的变化有重要的引导作用。多年来，地方政府的土地出让收入主要投向城市建设，刺激了建筑业、房地产业的大繁荣，带动了建材、民用电器、民用五金、民用化工等产业的发展，生产能力严重过剩。这条产业链基本处于低端，过度地发展占用了大量社会资源，与中央加快转变发展方式的方针背道而驰。

第三，更不能忽视的是资源、资金的严重浪费。土地出让收入由本级政府"自收自支"，长期缺乏收支规范与监督机制。当由土地、资源、国有股权形成的一部分收入纳入财政的时候，它们被巧妙地列入预算外收支。这笔逃脱税法和预算法约束的资金成为各级政府的大金库。

总的来看，在中国工业化、城市化的进程中，土地财政曾经发挥过重要的、积极的作用。但是，随着改革的深入，其制度弊端也越来越明显，地方的土地财政模式已经影响到我国产业政策的有效性，并成为今后中国产业可持续发展的障碍。

3. 财政政策改革的路径与产业政策

由上述分析可以看出，近10年来，就财政政策而言，在财政收入问题上，我国过度依赖创造价值的课税，而忽视资产增值的课税。中国在市场化过程中，正在经历迅速的资本化，国有财富的资本化本应提供巨大的财政收入，如土地使用权的资本化、自然资源的资本化、国有企业股权的资本化。这些资产的资本化创造了巨额财富。然而，中国政府却没有在资本化过程实现财政收入的巨额增长。更为严重的是，国家没有得到应得的财富，亦没有有效地转化为国民福利，而是被动支持了大规模财富转移。其中，一部分补贴了全世界；另一部分则转化为特殊利益集团的原始资本积累，而投入实体产业发展的资金在减少。

从经济学角度看，国有资源属于全民资产，转移国有资源等同于向国民收税。如果将国有资源资本化过程中，全民资产被剥夺视为特殊税收，政府相当于向国民课取了巨额特种资源税。如果这一判断成立，中国近年的实际税率可能远不止所得税率35%。最为严重的不是税收之重，而是巨额税收未进入国库，没有转移支付给国民。它们的主要部分在资本化过程中巧妙地流失了。这才是中国经济结构失衡的原因。

中国的财政收入问题当然不仅存在于土地、资源、国有股权资本化方面。负利率政策也可以视同为一种特殊税收；要素价格扭曲也可以视同为特殊税收；环境破坏也可以视同为一种特殊税收，它们直接在政策层面就被转移支付给特定人群了。

财政政策没有及时调整和转型，带来的严重问题会最终导致经济结构严重失衡。在形式上，最终表达为金融问题。中外政府在公共财政政策失误之后，无一例外最终滥用金融政策。就本质而言，由于正规财政收入不足，政府必然透支政府信用。在没有法币的古代只能加征税赋；在有法币的的现代就是通货膨胀。可以将之概括为：伤于财政，毁于金融。要化解危机，财政政策必须实现以下转型：

（1）财政政策必须统一管理。必须将支离破碎的多个部委的公共财政政策进行统一管理；必须将公共财政政策置于法律约束之中；必须将公共财政政策的制定、执行、监督分离；必须将公共财政政策形成、执行、结果透明化；必须将涉及公共财政政策的金融政策（利率和汇率）、价格政策、环境政策纳入统一管理。统一的财政政策才能与产业政策相匹配。

（2）改革财政收入结构。我国目前的税制是以1994年分税制为基础制定的，经过16年的发展，已经不能适应新的经济环境，对产业发展的作用也越来越有限，因此，必须进行改革。可行的途径之一是通过降低资本收益率，提高劳动收益率，来平衡资产的溢价，鼓励创造企业价值，促进实体经济发展，引导产业结构调整升级。

（3）改革财政支出结构。逐步增大国民公共服务支出，提供国民无差别生活、医疗、教育的基本保障，降低产业发展的成本。

建立"公共财政"的模式并不仅是财政部门的事情，而且要求以公共性明确界定政府职能，加快政府职能转换。在市场经济体制下，政府活动的范围是市场缺位和市场失灵的领域，在运用财政政策手段调整产业结构时，应坚持公共财政的基本原则：凡是市场能处理好的，都交给市场去做；在市场机制有效领域，对产业结构调整应坚持政策的诱导性，而非主体性。

要减少产业政策调节范围，将有限的人力精力投入到关键产业的培育上；财政政策和资金重点支持西部大开发、东北老工业基地，以及基础产业、基础设施、教育、高科技、高新技术等具有"外部正效应"的产业；逐步退出对一般性竞争领域的资金投入和政策干涉。

要以税收优惠、财政贴息、快速折旧、投资抵扣等间接调控手段为主，减少直接投资和干预；对企业自主经济决策行为政府相关部门以备案制为主，减少审批；产业政策要研究产业的长期发展趋势，提供长期政策导向，而不宜采用相机抉择的做法；产业规划要以提供信息咨询，引导产业结构调整为主，不宜通过行政手段强制执行。

第二章 21世纪初促进中国产业发展的金融政策

21世纪初中国工业规模迅速扩大,被称为"世界工厂",经济总量跃居世界第二位,人均GDP超过4000美元,从低收入国家跃升至世界中等偏下收入国家行列。经济快速发展,尤其是工业大规模发展的同时,中国面临日益严重的能源、资源、环境约束,庞大的工业生产能力迫切需要拓展海内外市场,产业发展结构不平衡状况尤为突出,自主创新能力的形成任重道远。在新的历史条件下,支持产业发展的金融政策,既要起到促进经济增长的作用,又要担负促进产业结构调整,推动工业由大变强,协调区域产业统筹发展,支持中国经济利用"两个市场两种资源",走可持续发展之路的重任。

一、新世纪金融政策在支持经济增长及各产业总量扩张方面发挥着重要作用

1. 金融深化程度进一步提高,金融促进产业增长的功能得以体现

进入21世纪的前10年,中国经济持续快速增长,其间以金融深化为代表的金融因素发挥了重要作用。2000~2008年的9年间,中国GDP从不足10万亿元迅速攀升至30余万亿元,年均增长达到10%左右的水平,成为世界第三大经济体。同期,广义货币供应量(M2)余额从2000年末的13.46万亿元增长到2008年末的47.52万亿元。以(M2/GDP)为代表的金融深度从1.35进一步上升到1.58(见图2-1)。

分析中国的金融深化过程(以M2/GDP为例)与各个产业增长的关联关系,我们选取近10年来(1998年第一季度至2008年第四季度的季度数据)的GDP增长,第一、第二、第三产业增长与金融深化指标来研究问题。以Y代表GDP增长(国内生产总值增速),Y_1为第一产业增长水平(第一产业增加值增速),Y_2为第二产业增长水平(第二产业增加值增速),Y_3为第三产业增长水平(第三产业增加值增速),Depth:为金融深度指标(为货币供应量M2/GDP)。有关变量的平稳性检验显示各变量均为一阶平稳。使用EG两步法进行分析,各回归方程总体显著(第一产业显著性水平稍差),且残差方程平稳,显示金融深化过程能够有效解释GDP及各产业量的扩张,回归系数为正,显示金融深化过程与产业发展呈现正相关关系。具体检验结果见表2-1、表2-2、表2-3。

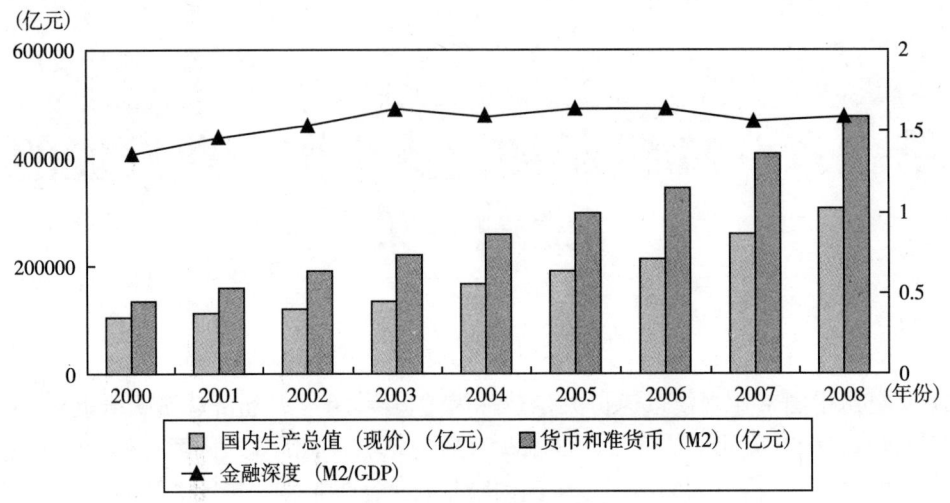

图 2-1 金融发展深度

表 2-1 平稳性检验

变量	检验形式（C，T，K）	ADF 统计量	临界值	结论
Y	0, 0, 1	0.110900	−1.6199*	Y 为一阶平稳序列
ΔY	0, 0, 1	−4.021016	−2.6196***	
Y_1	0, 0, 1	0.182520	−1.6199*	Y_1 为一阶平稳序列
ΔY_1	0, 0, 1	−4.656918	−2.6196***	
Y_2	0, 0, 1	−0.073435	−1.6199*	Y_2 为一阶平稳序列
ΔY_2	0, 0, 1	−3.690217	−2.6196***	
Y_3	0, 0, 1	−0.117001	−1.6199*	Y_3 为一阶平稳序列
ΔY_3	0, 0, 1	−4.467456	−2.6196***	
Depth	0, 0, 1	−0.183433	−1.6199*	Depth 为一阶平稳序列
ΔDepth	0, 0, 1	−6.992478	−2.6196***	

注：其中检验形式（C，T，K）表示单位根检验方程包括常数项、时间趋势和滞后项的阶数。Δ 表示差分算子。***、**、* 分别表示在 1%、5% 和 10% 的显著性水平下的临界值。后续表同。

表 2-2 方程系数检验结果

方程	因变量	自变量的系数及系数 T 检验的概率 P 值（P 值 < 0.05 则检验结果显著）			
		常数项		Depth	
		系数	P 值	系数	P 值
1	Y	3.090202	0.0482	4.640864	0.0001
2	Y_1	1.229575	0.3359	1.685102	0.0582
3	Y_2	3.039632	0.1223	5.351776	0.0002
4	Y_3	6.662374	0.0000	2.558424	0.0137

表 2-3 方程检验结论

方程	Adjusted R-squared	Prob (F-statistic)	方程残差的平稳性检验结果			结论
			检验形式	ADF 统计量	临界值	
1	0.305277	0.000060	0, 0, 1	−2.176342	−1.9488**	各个方程的残差检验平稳，显示在 EG 两步法下存在协整关系，回归有效
2	0.060947	0.058242	0, 0, 1	−2.386727	−1.9488**	
3	0.263907	0.000215	0, 0, 1	−2.267675	−1.9488**	
4	0.115585	0.013709	0, 0, 1	−2.513137	−1.9488**	

2. 银行信贷继续扩张，支持经济增长力度加大

以银行信贷为主的间接融资规模持续扩大，在促进经济增长及各个产业总量扩张上作用十分明显。对中国货币政策传导渠道的诸多研究中，信贷渠道被赋予极其重要的意义，并往往被认为是中国货币政策传导的主要渠道。2000 年，中国金融机构各项贷款（人民币）为 9.937 万亿元，2008 年则达到 30.34 万亿元。银行信贷规模持续扩张，支持经济增长的力度不断加大。以 LDK（代表银行贷款增长指标，为贷款季末余额的对数，可以近似为贷款的增长率，经济增长指标亦使用的是增长率指标）来研究中国 1998~2008 年银行信贷与 GDP 及三次产业增长的关系。GDP 及三次产业的平稳性结果见表 2-1，LDK 的平稳性检验亦显示其为一阶平稳序列。仍然采取 DG 两步法，有关检验结论显示贷款增长与 GDP 及各产业量的扩张呈现显著的正相关关系，见表 2-4、表 2-5、表 2-6。

表 2-4 LDK 的平稳性检验

LDK	C, 0, 1	0.564229	−2.6039*	LDK 为一阶平稳序列
ΔLDK	C, 0, 1	−3.731212	−3.5973***	

表 2-5 方程系数检验结果

方程	因变量	自变量的系数及系数 T 检验的概率 P 值（P 值 < 0.05 则检验结果显著）			
		常数项		LDK	
		系数	P 值	系数	P 值
5	Y	−28.25531	0.0000	3.196827	0.0000
6	Y_1	−16.17489	0.0003	1.666722	0.0000
7	Y_2	−34.00160	0.0000	3.761638	0.0000
8	Y_3	−17.02943	0.0003	2.300957	0.0000

表 2-6 方程检验结论

方程	Adjusted R-squared	Prob (F-statistic)	方程残差的平稳性检验结果			结论
			检验形式	ADF 统计量	临界值	
5	0.661865	0.000000	0, 0, 1	−1.668077	−1.6199*	各个方程的残差检验平稳，显示在 EG 两步法下存在协整关系，回归有效
6	0.340286	0.000019	0, 0, 1	−2.431419	−1.9488**	
7	0.600344	0.000000	0, 0, 1	−1.826846	−1.9488**	
8	0.471283	0.000000	0, 0, 1	−2.863935	−2.6182***	

3. 直接融资市场规模显著提高，在支持产业增长上的作用日益提升

经过近 10 年的发展，中国资本市场（主要是股票市场）得到长足进步。20 世纪 90 年代初建立股票交易所时，年股票筹资额合计不足 10 亿元（如 1991 年仅为 5 亿元），此后股票市场虽历经波澜曲折，但筹资额不断扩大，21 世纪以来，我国股票市场筹资额除 2002 年低迷时期外，其余年份筹资额均在千亿元以上，其中行情较好的 2007 年，股票筹资额合计达到 8680.17 亿元，其中 A 股发行筹资额（IPO）为 7722.99 亿元，A 股配股筹资额 227.68 亿元，H 股（N 股）发行筹资额 957.18 亿元。以股票为代表的直接融资市场的发展不仅给企业带来了大量的发展资金，同时，公司治理结构也得以进一步优化，为进一步做大做强国家政策扶持的主导产业、战略性新兴产业、支持技术创新、扶植中小企业，发挥了重要作用。

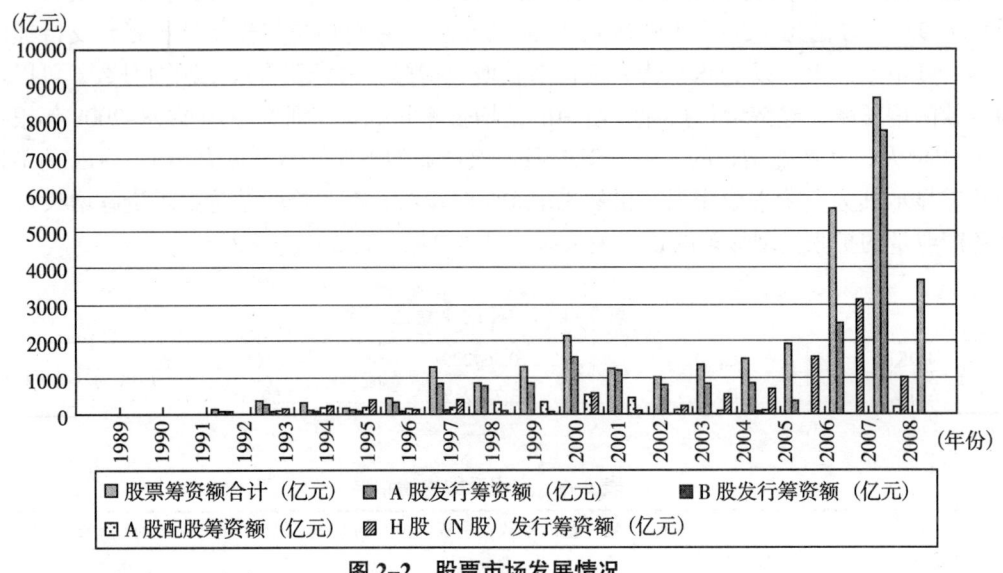

图 2-2 股票市场发展情况

二、新世纪金融因素在促进产业结构调整上作用明显

进入 21 世纪以来，中国经济总量急剧扩张，中国的产业发展目标更多地转向结构调整与升级，这里不仅包括三次产业间农业占比的下降，第二、第三产业占比的提升，同时也包括各个产业内"由大向强"的转变。

1. 金融深化过程整体上有利于三次产业结构的比例优化

产业结构调整是非常复杂的问题，但一般认为在一个大国，三次产业间比例结构的优化首先体现于第一产业在国民经济中的比重下降，第二、第三产业的比重上升。在 2000

年，我国三次产业的比重为15.1%、45.9%、39%；到2008年三次产业间的比重优化为11.3%、48.6%、40.1%（见图2-3）。

21世纪三次产业结构变化过程中，金融因素起到相当重要的作用。我们使用第二及第三产业占GDP的比重为因变量指标，并通过1992~2008年（2000年前后各8年）的年度数据进行分析。其中G23代表第二及第三产业在GDP中的占比，Depth代表金融深度指标（为货币供应量M2/GDP）。计量结论显示金融深化过程与第二、第三产业在GDP中的合计占比呈现显著的正相关关系，残差为平稳序列显示两者存在协整关系，回归有效。计量结果见表2-7、表2-8、表2-9、图2-3。

表2-7　平稳性检验

变量	检验形式（C, T, K）	ADF统计量	临界值	结论及备注
G23	C, 0, 1	−0.420347	−2.6829*	G23为一阶平稳序列
ΔG23	C, 0, 1	−2.889304	−2.6927*	
Depth	0, 0, 2	2.062254	−1.6269*	在PP检验下Depth为一阶平稳序列
ΔDepth	0, 0, 2	−1.911126	−1.6277*	

表2-8　方程系数检验结果

方程	因变量	自变量的系数及系数T检验的概率P值（P值＜0.05则检验结果显著）			
		常数项		Depth	
		系数	P值	系数	P值
9	G23	66.61207	0.0000	13.18273	0.0000

表2-9　方程检验结论

方程	Adjusted R-squared	Prob (F-statistic)	方程残差的平稳性检验结果			结论
			检验形式	ADF统计量	临界值	
9	0.952617	0.000000	0, 0, 1	−2.330552	−1.9658**	各个方程的残差检验平稳，显示在EG两步法下存在协整关系，回归有效

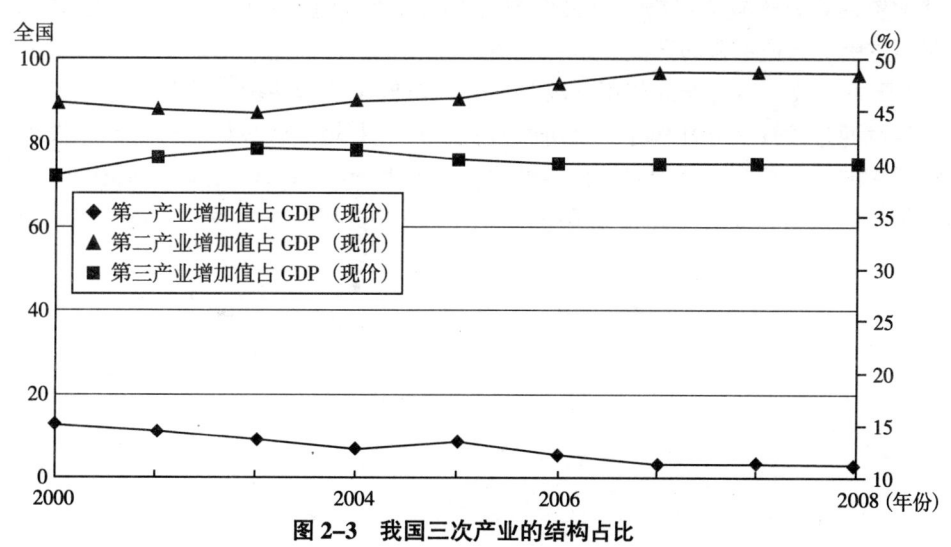

图2-3　我国三次产业的结构占比

2. 金融因素在促进各次产业的升级上要发挥重要作用

进入 21 世纪以来，我国三次产业总体平衡基本实现。在保持第二产业持续快速发展的同时，第三产业，尤其是现代服务业需要进一步增强。同时，我们也需要认识到，在相当长时期内，我国尚不能进入发达国家第三产业占主导的局面。实际上，发达国家在第三产业过度发展，第二产业向他国转移的过程中往往也出现产业空心化（De-industrialization）的问题。因此，当前产业发展、产业结构调整的主要任务主要体现在一方面要大力促进第三产业的发展；另一方面需要突破各次产业内部结构升级的瓶颈，实现集约化发展、高效率发展。在此种背景下，金融因素尤其需要发挥重要作用。

（1）信贷政策要在支持产业结构调整上发挥重要作用。林毅夫（2007）认为对一个处于快速发展阶段的发展中国家而言，在产业升级时，企业所要投资的是技术成熟、产品市场已经存在、处于世界产业链内部的产业，这个发展中国家的企业很容易对哪一个产业是新的、有前景的产业产生共识，投资上容易出现"潮涌现象"，许多企业的投资像波浪一样，一波接着一波涌向相同的某个产业。在每一波开始出现时，每个企业对其投资都有很高的回报预期，金融机构在"羊群行为"的影响下也乐意给予这些投资项目金融支持。然而，等到每个企业的投资完成后，不可避免地将会出现产能严重过剩、企业大量亏损破产、银行呆坏账急剧上升的严重后果。而且，即使在现有的产业已经产能大量过剩、出现通货紧缩的情况下，对下一个新产业投资的"潮涌现象"也可能继续发生。因此，针对部分领域金融资源过剩与其他领域金融资源匮乏同时存在的情况，发展中国家尤其需要通过适当的信贷政策对金融资源的配置进行引导（发展中国家的企业主要的融资手段是以银行信贷为主的间接融资，而在具有发达金融市场的国家，企业则以直接融资为主，因此信贷政策的导向尤为重要）。只有信贷资金严格遵循按效率和风险控制的原则来决定配置，产业结构才有可能进行合理的调整。

（2）直接融资政策需要进一步体现产业结构升级的政策意图。以短期融资券、中期票据、企业债券、公司债券、股票为主的直接融资方式受到有关政策部门的严格审核，对融资主体的资质审核也较为严格。有关审核工作的开展要进一步配合国家产业政策的落实，进一步促进引导产业结构的升级。

（3）要发挥政策性金融的作用。政策性金融机构是执行国家产业政策的重要主体。政策性金融可通过发挥引导性作用，促进我国优化产业升级。政策性金融对国家发展目标和有战略意义的产业部门进行倡导、诱导性投资，有利于增强商业性金融的信心，会提高民间投资的收益预期，降低投资风险预期，改善经济增长和产业发展的质量，增强发展的持续性。

三、21世纪金融政策要在促进区域产业统筹协调发展上发挥重要作用

我国国土区域广阔，区域间发展不平衡，呈现出典型的区域二元经济结构的现象。东部地区经济相对发达，产业结构较为先进，但发展中面临的自然资源以及人力成本约束日益明显，中西部地区经济发展程度相对落后，但自然资源丰富，人力成本较低。当前，为应对国际金融危机的冲击，加快我国产业结构调整的步伐，实现发达地区的产业结构升级和欠发达地区承接产业转移已成为统筹我国经济协调发展的重要途径之一。

在产业转移（包括发达地区的某些资源及劳动密集型产业向欠发达地区的转移，也包括在发达地区或一般地区某类产业的聚集，如在大型企业集团研发、决策等机构在发达地区的聚集等）过程中，各种资源及生产要素的跨区域流转更加频繁，由此带动区域资金的流动规模加大，这对更加高效便捷的金融服务提出了要求。同时，应该注意到在产业转移过程中，金融机构跨区域配置资金的规模将会不断扩大，对现行的主要以地方行政区划分割的金融管理及金融经营体制提出挑战，因此，跨区域的金融合作、进一步整合金融服务手段，提高金融服务效率显得尤其重要。与此同时，在区域间产业转移过程中，作为产业重要载体的企业各生产决策单位在空间上的跨区域布局行为模式的变化，以及产业转移和聚集带来的生产性服务业规模的扩大，也对多层次、全方面的金融服务及金融产品提出了新的需求。

在促进区域间产业协调发展的金融政策方面，具体而言，一是要构建一个跨区域、多层次的支付清算网络，尝试积极推进区域商业票据市场的发展，探索在区域推广使用商业汇票转贴现交易的统一合同文本，促进区域票据市场的一体化，为金融机构、企业、地方政府和个人提供高效、安全、便利的资金支付结算和管理平台，以加快资金周转速度，提高资金使用效率。二是积极鼓励和支持异地贷款、银团贷款，促进区域信贷市场的发展。积极推动股票、债券、产业投资基金、创业投资基金等资本市场发展，完善产权交易市场功能，促进区域内金融资本和产业资本的结合。三是要积极建立统一的企业信用信息披露制度，推动区域内企业信用评级报告共认制度。为产业转移中企业及金融机构提供更加有效的信息服务。四是加强区域金融机构的合作。可考虑以股权为纽带，整合银行、证券、保险、信托、租赁、担保等各类金融资源，进行创建综合性经营模式的金融控股公司试点，提高金融机构的服务水平和竞争能力。积极推动区域内城市商业银行、其他中小金融机构跨行政区设立分支机构，扩大业务范围，增强实力。五是积极发展统一完善的区域产权交易机制，通过共享区域产权交易所，进一步便利区域中小企业、高新技术企业开展产权交易及投融资活动。六是要加强区域间城市基础设施建设的金融合作，发挥金融杠杆的带动作用，多渠道吸引社会资金、国外资金进入基础设施投资领域，积极探索发行市政建设债券可行方式，为基础设施建设筹集资金，提高对外贸易和投资便利化程度，为"走出去"企业提供本地化、多元化的全方位金融服务。

四、21世纪金融政策新变化及在利用国际国内两个市场两种资源的产业发展战略中金融政策的作用

大规模的工业化进程,使得中国大量的工业品(包括各个层次)日益依赖广阔的海外市场,同时在经济快速发展,尤其是工业大规模发展的同时,中国面临日益严重的资源约束,迫切需要海外资源的支持,金融政策要充分根据国际政治经济形势的新变化、新特点,要在利用国际国内两个市场两种资源的战略中发挥更大的作用。

1. 21世纪金融政策的新变化

21世纪初对中国金融政策制定影响最为深远的事件莫过于加入世贸组织的影响。中国加入世贸组织的有关承诺,在金融领域,主要体现在:中国加入世贸组织后,外国金融机构将被允许在中国提供外币服务,而不受顾客方面的限制。入世5年后,外国金融机构将被允许向所有的中国顾客提供人民币服务。外国保险公司可以来华建立其非寿险子公司或者合资公司。入世5年后,允许外商建立全资的外资子公司。在证券方面也承诺将逐步放开有关市场准入的限制。中国政府坚守有关承诺,在5年的过渡期满后,2006年11月15日,《中华人民共和国外资银行管理条例》发布,决定中国在2006年12月11日前向外资银行开放对中国境内公民的人民币业务,并取消开展业务的地域限制以及其他非审慎性限制,在承诺基础上对外资银行实行国民待遇。

加入世贸组织8年来,中国金融管理当局的心态更加开放,政策更加灵活,参与并遵循国际游戏规则更加具有积极性。中国积极引入外资,同时鼓励企业参与国际竞争,一些重要的企业、行业的国际化水平越来越高,在利用两个市场、两种资源,充分发挥产业内贸易的规模效应的道路上越走越远。

2. 金融政策在支持利用海外市场方面发挥了重要作用,为大规模工业化生产的工业品拓宽了海外市场

改革开放以来,我国制造业国际竞争力不断增强,产业结构调整总体符合资源禀赋状况,反映了利用"两个市场两种资源"的战略发展意图,即在人均资源占有量偏低的情况下,充分利用世界资源,从而导致了初级产品进口大量增加,初级产品国际竞争力逐步下降;同时,由于人口众多、劳动力资源丰富,随着工业基础建设的加强,生产能力不断扩张,我国已逐渐成为一个世界制造业大国。根据联合国资料,按照2000年不变价计算,我国制造业增加值占世界的份额由1995年的5.1%上升到2007年的11.4%。在22个工业大类中,我国制造业占世界比重在7个大类中名列第一,有15个大类名列前三。而在发展中国家中,除了一个大类名列第11位外,其他21个大类所占份额都名列第一位。制造业能力提升的重要表现为有关工业制成品出口日益增多,从整体而言,制造业的竞争力不断增强。

根据对最近 20 年我国初级产品及工业制成品竞争力的计算，发现初级产品竞争力从 1989 年的 0.12 逐年下降至 2008 年末的 -0.64，工业制成品的竞争力则由 -0.12 逐年上升到 0.27（见图 2-4）。

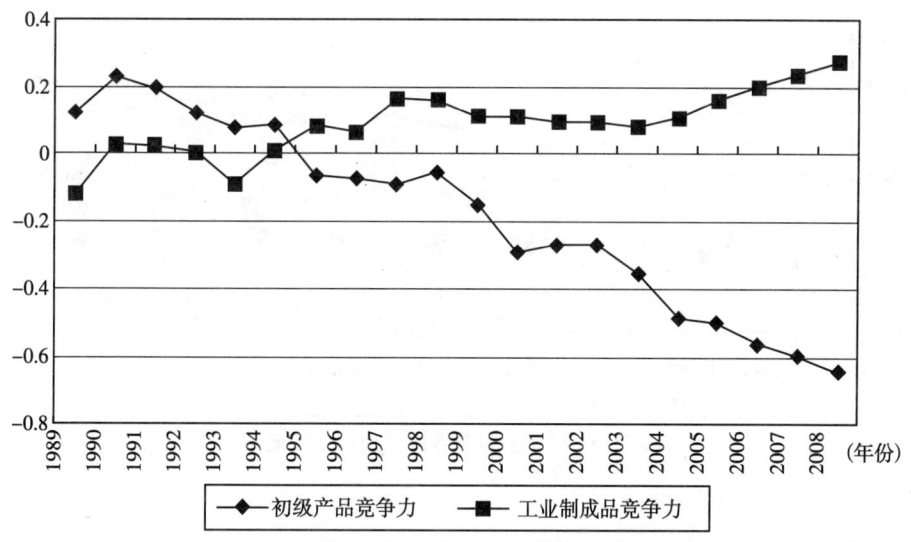

图 2-4　我国工业制成品与初级产品的竞争力对比

中国工业大规模加速发展，使得产品对海外市场的依赖逐渐增大（规模效应及产业内贸易的效应）。

21 世纪以来，中国的金融政策在促进对外贸易方面发挥了重要作用。一些重要的金融机构，如中国进出口银行提供买方信贷、卖方信贷等业务，中国出口信用担保公司提供有关保险业务，各家商业银行打破原有的行业地域分割、开拓国际业务，为中国企业的出口提供各种服务。尤其是加入世界贸易组织以来，中国的对外贸易依存度（传统上为进出口总额在 GDP 的占比）以及出口依存度（传统上为出口额在 GDP 的占比）均有大幅度提高（2008 年国际金融危机影响下有所下降），见图 2-5。

3. 金融政策在扶持企业走出去，充分利用海外资源方面要有更大作为

在经济快速发展，尤其是工业大规模快速发展的同时，中国面临日益严重的资源约束。原油、铁矿石、农产品（如大豆）等大宗商品进口与日俱增（见图 2-6）。2008 年，中国石油净进口量（包括原油、成品油、液化石油气和其他石油产品）首次突破 2 亿吨，由 2007 年的 18348 万吨增加到 20067 万吨，增长 9.5%。其中原油净进口量增长 9.9%，达到 17516 万吨；成品油（包括汽油、煤油、柴油和燃料油等在内的液体石油产品）净进口量大幅上升 19.4%，增至 2184 万吨。与此同时，从石油进口依存度来看，在加入世界贸易组织前的 2001 年，我国石油进口依存度（石油净进口量占国内石油消费量的比例）只有 30%，而 2007 年则首次突破 50%，2008 年进一步上升到约 52%。而我国最主要的石化产品生产企业之一的中国石油化工集团的原油自给率不足 30%。

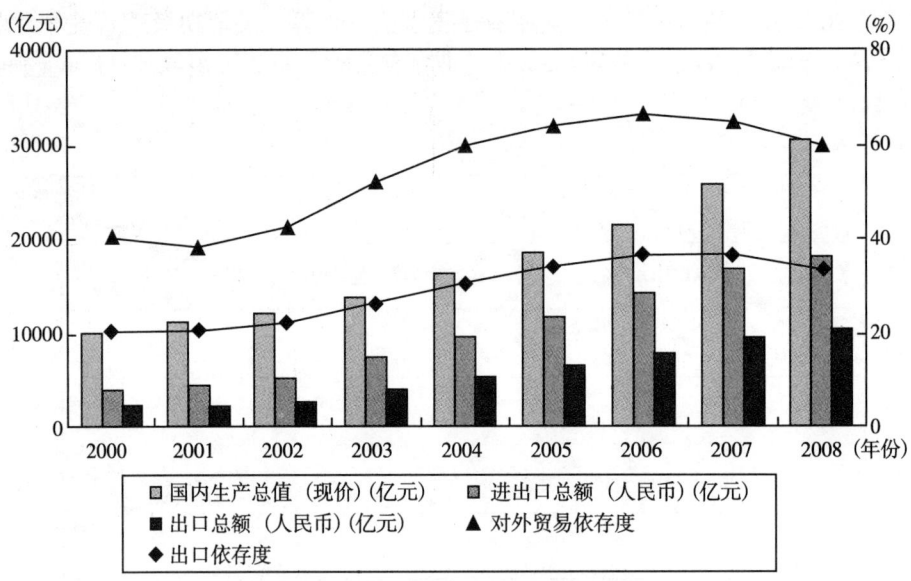

图 2-5　对外贸易依存度及出口依存度

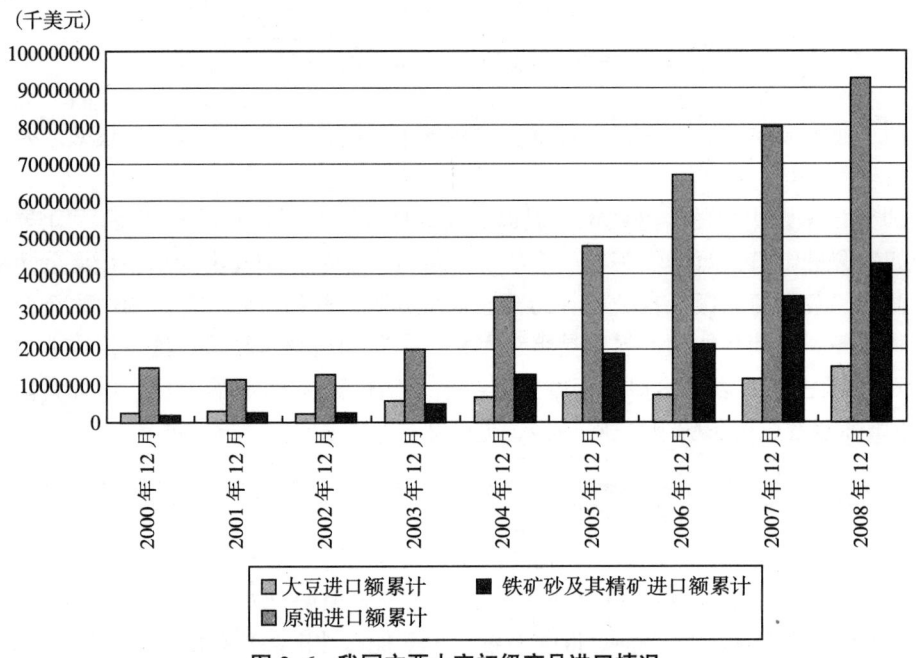

图 2-6　我国主要大宗初级产品进口情况

国际金融危机为我国利用海外资源提供了难得的历史机遇，而一系列金融政策为我国企业实施"走出去"战略提供了便利。我国人口总数众多、市场容量巨大，人均资源占有量水平较低。因此，在海外大量收购资源性产品成为发展的必然选择。在以往环境下，企业收购战略性资源往往会遭受东道国强大的政治阻力，即便成功也需要付出高昂的成本。在国际金融危机影响下，部分国家，尤其是一些主要依赖大宗商品出口的国家经济受到重创，急需外部资金的支持，而这些东道国的企业往往也在危机影响下生产经营困难，财务状况恶化。因此，此时无论东道国政府的政治意愿抑或是企业的经济需求都对外部资金持开放或者欢迎的态度，这对我国企业实施"走出去"战略提供了有利环境。近期针对石化产业发展，中央制定的相关产业振兴规划中提出的"加强引导，简化审批手续，完善信贷、外汇、税收等措施，支持符合条件的企业开展境外资源勘探和开发"将有效地激发企业利用当前的有利时机在海外开疆拓土。从实践来看，近期中国石油企业成功实施海外战略的案例明显增加，比如中国石油化工集团公司 2009 年 6 月 24 日宣布，其下属全资子公司中国石化集团国际石油勘探开发有限公司已与总部位于瑞士的 Addax 石油公司达成现金收购协议，以每股 52.8 加元的价格收购该公司全部股份，总投资 72 亿美元；中国石油天然气集团收购伊朗油田项目，与 BP 联合中标伊拉克油田项目等。

五、21 世纪金融政策支持产业发展的重点及措施

1. 金融政策要在支持"三农"发展上发挥更大的作用，进一步巩固农业在国民经济中的基础地位

长期以来，农业一方面通过工农产品价格剪刀差的形式为工业发展提供了大量廉价的资本供给；另一方面，在金融发展上，农村也受到相当程度抑制，主要表现在：在资金供给上，通过各种形式从农村向城市输出资本，银行信贷资金长期供给不足，储蓄外流现象严重。多年来农业贷款的发放主体仍主要是农村信用社，国有商业银行用于农业贷款的资金量很小。由于国有商业银行县支行的贷款权上收，其吸收的存款大多流向城市，农村资金"非农化"的现象十分突出。邮政储蓄机构在农村只存不贷，每年外流资金量也很大。在金融机构设置上，县级金融机构大量撤并导致县域金融体系萎缩，甚至出现了"空洞化"现象，很多地方只有农村信用社一家金融机构。在金融产品上，农村的金融功能弱化，金融产品少，金融服务种类单调，基本上只有传统的存贷业务，中间业务和外汇业务种类非常少。

面对上述情况，自 2003 年新一届政府成立以来就一直致力于三农问题的解决，并在金融政策上给予了较为有力的支持。

（1）在信贷政策上对涉农贷款给予政策倾斜，扩大农业发展资金的来源基础，降低涉农贷款业务办理在抵押质押方面的门槛要求，同时在呆坏账核销等方面给予涉农贷款一定政策支持，引导鼓励符合条件的商业银行将信贷资金投向农业领域。

（2）进一步巩固和发展农村信用社改革成果，充分发挥农村信用社支农主力军作用，进一步完善其治理结构和运行机制，在发达地区将农村信用社改革为符合现代金融企业治理结构的商业银行模式。

（3）通过放宽金融机构的门槛设置及创新活动，丰富农村地区金融机构的经营范围，并通过一定的政策措施将资金使用地域限制在资金来源地区，避免农村资金外流。例如，

2007年允许设立的村镇银行、小额贷款公司的发展就是有益的探索。

（4）加快邮政储蓄银行的改革进程，引导邮政储蓄资金返还农村，促使农村邮政储蓄由"抽血机制"向"输血机制"转变。

（5）加大金融对社会主义新农村建设的支持力度，以统筹城乡经济社会发展为目标，重点推进农业产业化及农村城镇化，着力解决城市发展新区及生态涵养区的加速发展问题。积极探索差异性的区域金融支持模式，加强财政金融支持措施的协调配合。构建多层次、相互补充的新型农村金融支持体系，完善涉农金融风险补偿机制，发展新型农村合作保险制度。

2. 在关系国计民生及社会长远发展的重点行业，继续实行支持性的金融政策

（1）充分发挥金融支持实体经济发展的作用，改善融资结构，扩大直接融资比重，鼓励企业通过债券、股票、中期票据等多种融资形势获取发展资金。支持电子信息产业等领域高新技术企业依托产业基地、企业孵化器等产业集聚区，扩大电子信息中小企业集合发债试点。对列入国家和地方规划的物流基础设施建设项目，鼓励其通过银行贷款、股票上市、发行债券、增资扩股、企业兼并、中外合资等途径筹集建设资金。对经营呈现较强周期性，受到外部冲击较大的行业，如船舶制造、装备制造等行业及对一些基本面较好、带动就业明显、信用记录较好、无环境违法行为、有竞争力、有市场但暂时出现经营和财务困难的纺织、轻工等行业的企业采取灵活性的金融政策，缓解企业短期资金周转需求，适当给予相关企业贷款展期支持。

（2）通过并购贷款及多种形式的直接融资政策鼓励一些行业的重点龙头企业进一步做大做强，夯实参与国际竞争的实力。《并购贷款管理办法》的成功实施打破了实行多年的《贷款通则》对贷款用于股权性投资的禁锢，为一些行业的重点龙头企业在当前有利环境下实施兼并重组提供了重要的资金支持。例如，有关政策明确规定，要在电子信息产业、石化产业、有色金属产业、装备制造产业、船舶工业、钢铁工业等领域，鼓励金融机构对企业重组给予支持，并通过采取资本金注入、银行贷款，发行股票、企业债券、公司债券、中长期票据，吸收私募股权投资等多种融资方式支持中央企业实施兼并重组。

（3）要进一步提高对外贸易和投资的便利化程度，为"走出去"企业提供多元化、全方位金融服务。通过出口信贷、出口信用保险等措施，稳定外需，支持船舶、钢铁、装备制造、轻工、纺织等行业企业承接海外订单，承揽海外重大工程，适时建立海外营销网络，稳定海外市场份额。进一步简化包括外汇管理等在内的项目审批程序，支持符合准入条件的石化、有色、矿产行业的重点骨干企业到境外开展资源勘探、开发、技术合作和对外并购，支持大型钢铁企业利用境外矿产资源权益投资专项资金、对外经济技术合作专项资金和国外矿产资源风险勘探专项资金，支持企业实施"走出去"战略，增强资源保障能力。

（4）发挥财政的杠杆作用，放大金融支持经济发展的力度，促进就业，促进产业技术升级。进一步发挥政策性信用担保机构的作用，扩大政策性信用担保基金金额，增加担保机构家数，降低担保条件，提高代偿率和放大倍数，改善企业，尤其是就业带动面大的纺织、轻工、中小电子信息行业企业的融资。放宽中小纺织、轻工等企业贷款呆账核销条件，简化税务部门审核金融机构呆账核销手续和程序，对中小纺织企业贷款实行税前全额拨备损失，并提供风险补偿。发挥财政贴息的杠杆作用，扩大信贷支持产业发展、技术改造和产业升级上的作用，对涉及全国性、区域性重大物流基础设施项目、开展技术改造的钢铁企业、拟并购境外制造企业和研发机构的装备制造企业、有色金属产业开发、拟引进先进技术和产品更新换代的电子信息企业等给予贷款贴息，引导促进相关企业进行技术升级。

（5）发展和创新金融产品、金融组织，拉动消费，促进产融结合。要进一步发展消费信贷业务，促进汽车、家电、轻工等产品的国内消费需求，支持符合条件的国内骨干汽车生产企业建立汽车金融公司，促进汽车消费信贷模式的多元化，推动信贷资产证券化规范发展，支持汽车金融公司发行金融债券等。

（6）坚决实施有保有压的融资政策，加快淘汰落后产能的进程。在有色、石化、钢铁等主要行业，对符合产业政策与环保、土地法律法规以及投资管理规定的项目，以及实施并购、重组、"走出去"和技术改造的企业，在发行股票、企业债券、公司债、中期票据、短期融资券、银行贷款、吸收私募股权等方面给予支持。对违法违规建设、越权审批的项目、产能落后企业，要坚决实施限制融资等措施。

第三章 21世纪初的中国贸易救济政策

一、引言

贸易救济（Trade Remedy）是指经济自由化背景下，一国为避免国内产业受进口产品实质性损害而采取的救济措施。在WTO框架下，从国际法与行政法结合的角度，可将"国际贸易救济"分为狭义、广义、最广义三个层次。

狭义贸易救济特指WTO为维护国际贸易公平和正常竞争秩序，允许成员国在进口产品存在倾销（Dumping）、补贴（Subsidy）和过激增长等情况，对国内产业造成损害时，可使用反倾销、反补贴与保障措施等贸易救济办法，保护国内产业不受损害。简言之，贸易救济制度即反倾销制度、反补贴制度和保障措施制度。前两项针对价格歧视的不公平贸易行为，体现于WTO框架下的《反倾销协议》和《补贴和反补贴措施协议》；后一项是针对公平贸易条件下进口产品激增的情况，主要体现于《保障措施协议》。

广义贸易救济是指国际贸易领域内的所有政府行政行为，一切针对本国进口产品实施的救济或保障行为都属于贸易救济措施，包括"两反一保"，支付平衡措施，技术性贸易措施，环境保护限制措施，国际货物贸易行政行为，国际服务贸易行政行为，与国际贸易有关的知识产权行政行为，其他国际贸易行政行为，等等。

最广义贸易救济是指国际贸易领域内的所有政府行为，即政府保障贸易秩序、维护贸易相关方权益的所有行为，包括立法行为、行政行为和司法行为。

由于狭义贸易救济是WTO允许和规范的，因此得到广泛使用。本书探讨的贸易救济是狭义上的贸易救济。随着国际贸易自由化推进，具有合法意义的贸易救济手段的应用就更加重要。中国入世后的当务之急是要遵循和利用WTO规则，建立和逐步完善贸易救济体系，以应对国外产品对我国企业和产品的竞争与冲击。

二、WTO框架下的贸易救济体系

1. 贸易救济的法律体系

反倾销、反补贴和保障措施在WTO框架内的基本概念，主要源于1947年关税及贸易总协定的基本原则，后来经过东京回合、乌拉圭回合修改，最后形成了WTO的法律文件。

WTO的反倾销规则，主要是明确规定了反倾销必须具备的条件以及反倾销的程序。认定反倾销必须同时具备三个必要条件：一是存在倾销，一般是以成本价、第三国价格和本国批发价为判断标准；二是存在损害的事实，即对国内产业造成了实质损害或者实质损害的威胁；三是倾销与损害之间存在因果关系，即进口国国内相同或者相似产业的损害是由进口产品的倾销造成的。就目前情况来看，世贸成员方采用反倾销这种贸易秩序手段的频率要远高于反补贴和保障措施。

WTO反补贴规则为各国提供了在不公平贸易条件下获取公平的一种合法性的补救手段。1947年关税贸易总协定第6条第3款规定："为抵消政府或者公共机构对制造生产或出口所直接或间接给予的任何津贴或补贴可以对进口产品增收反补贴税"。它作了实体上和程序上两方面的规定。实体方面可概括为以下三个基本因素：一是政府或公共机构而不是私营机构给予的；二是以任何形式的收入或价格支持的形式；三是受补贴企业因此受益。《反补贴协议》对补贴也做了分类，即禁止性补贴、可诉性补贴和不可诉补贴。补贴的程序性规则和反倾销是基本一样的。

WTO的保障措施给进口国和出口国双方建立了一种更为有效的贸易保障机制。WTO规定："如果进口之一缔约方的产品数量激增，以至于对该缔约方同类产品或直接竞争产品的生存造成严重损害或严重损害威胁，则该缔约方有权在防止或补救这种损害所必需的限度和时间内对该产品的全部或部分终止关税减让的义务和撤消修改。"保障措施的实施能较好地维护贸易自由化的成果并防止贸易限制措施的蔓延。

2. 贸易救济的组织体系

贸易救济的组织体系的职能是：决定是否要采取贸易救济措施，或对某国的贸易救济措施是否采取行动来应对；如果决定采取救济措施或应对行动要怎样来进行。WTO通过了以反倾销、反补贴和保障措施协议为主体的应对办法，并建立了相对有效的争端解决机制（DSU）及一系列预警防范机制，构建了一整套贸易救济组织体系。其目的不是为了限制国际贸易的自由开展，而仅仅是为了给成员国在其国内产业遭受不公平竞争或面对进口过量增长时，提供一种保护方法和解决方式。它要求权力机关的监督要具有超脱性和代表的广泛性，以及拥有法律的权力，能够在审查机制中起到最大且最有效的作用。

3. 贸易救济的信息咨询服务体系

贸易救济的信息咨询服务体系是指各类政府和非政府性质的专门提供有关WTO事务的各种调查、研究、培训、信息咨询和法律服务的机构。WTO要求各成员国政府要为市场主体参与国际贸易公平竞争创造良好条件和提供有效服务，因此要求行政管理应寓于服务之中，而在服务中也应体现出行政管理。就政府公共服务而言，包括政府掌握的及所能提供的各类信息资源、提供生产经营活动所依赖的基础设施、组织社会保障体系以及环境保护、城市规划、消防等。其中一种最重要的公共服务就是信息服务。政府要利用其所处的特殊地位及时有效地搜集、分析、整理各方面的信息，通过各种形式的信息服务，为政府部门和社会各阶层及时传递诸如法律法规、政策信息、重要新闻、机构简介、信息公告和最新市场动态等方面的信息，使社会各阶层不同信息的需要得到最大满足，降低因信息不完全而造成的无效率。

三、中国贸易救济体系的建立和完善

1. 中国贸易救济法律体系的建立和完善

伴随加入WTO的步伐，中国贸易救济制度经历了从无到有，从借鉴他人经验到自成体系的发展过程，具有起步晚、起点高、发展快的特点。短短十几年，我国依据《中华人民共和国宪法》（以下简称《宪法》），逐步建立和完善了在《中华人民共和国对外贸易法》（以下简称《外贸法》）统领之下的以《中华人民共和国反倾销条例》、《中华人民共和国反补贴条例》、《中华人民共和国保障措施条例》为核心，包括商务部26部部门规章和2部最高院司法解释的中国贸易救济法律体系。

（1）《宪法》是中国贸易救济立法的依据。《宪法》第15条确立了我国建立社会主义市场经济的目标。市场经济最核心的特征是平等竞争与自由竞争，任何破坏平等竞争的行为都是违反宪法所确认的市场经济原则的。市场本身虽有自我调节功能，但也有失灵的时候，需要政府进行宏观调控，因此经济立法是维护市场秩序的重要手段和方式之一，贸易救济立法正是中国宪法原则的体现。

（2）《外贸法》是中国贸易救济立法的基础。《外贸法》是我国政府扩大对外开放，管理和发展对外贸易，维护对外贸易经营者合法权益的一部基本法律，于1994年7月1日正式实施。2001年入世后，为了履行加入WTO的相关承诺，充分运用WTO规则，促进对外贸易持续健康协调发展，我国于2004年4月修改了《外贸法》。新外贸法增加了《与对外贸易有关的知识产权保护》、《对外贸易调查》和《对外贸易救济》三章，以应对针对中国入世承诺而滥用救济措施的各种行为，最大限度地保护国内产业利益和国家利益。其中，第八章"对外贸易救济"中的第41条和第42条是中国反倾销立法的基础，规定了采取反倾销措施的条件以及代表第三国发起反倾销措施的制度。第37条第3款和第43条是反补贴立法的基础，第 37 条第 3 款是关于反倾销、反补贴、保障措施调查的规定；第 43 条专门对对外贸易救济措施中的反补贴制度做出了原则规定。第 44 条、第 45 条和第 46 条是中国保障措施立法的基础。规定：因进口产品数量大量增加，对国内产业造成严重损害的，国家可以采取必要的保障措施。《外贸法》是我国贸易救济立法的基础。

（3）《中华人民共和国反倾销和反补贴条例》是中国贸易救济立法史上的一座里程碑。

1997 年 3 月 25 日，国务院颁布了《中华人民共和国反倾销和反补贴条例》，该条例的制定以 1994 年《外贸法》第 30 条为基础，参照 WTO《反倾销协议》和西方国家的一些做法，同时考虑到我国对外开放和经济发展的需要。该条例体现的一系列原则，如适度保护原则、不歧视、无差别待遇原则、征税有度原则等，都与 WTO《反倾销协议》的规定基本一致。该条例的实施使我国政府的反倾销工作有法可依，有利于维护正常的贸易秩序，促进公平竞争，保护国内相关产业，被称为中国贸易救济立法史上的一座里程碑。然而，该条例存在着明显缺陷：一是条文规定较简单、粗糙，专门涉及反倾销的条文仅有 35 个，不易操作。二是实体法过于抽象，基本上是一种定义式规定，缺乏相关概念界定。三是程序法上的问题较多，如调查机关权限不明，一些调查程序缺乏相应的期限限制，透明度不高。四是没有规定司法复审，而《反倾销协议》明确要求各成员方必须建立反倾销司法复审机制。

（4）"三条例"进一步完善了贸易救济法律体系。针对《反倾销和反补贴条例》的缺陷，同时，为适应中国入世和保护国内产业的需要，2001 年国务院开始修改该条例，将原来参照适用反倾销规定的反补贴措施分离出去，成为单独的《反倾销条例》。同时，国务院常务会议还通过了《中华人民共和国反补贴条例》及《中华人民共和国保障措施条例》，均自 2002 年 1 月 1 日起施行。2004 年 3 月 31 日，因国务院机构变化等原因，决定再修改上述三个条例并自 2004 年 6 月 1 日起施行。这次修改进一步完善了贸易救济的法律体系。例如，增加了"征收反倾销税应当符合公共利益"、"征收反补贴税应当符合公共利益"及"实施保障措施应当符合公共利益"的规定，从而更有利于充分保护国内产业。此外，政府还对这三个条例其他方面作了一些修改。例如，修改后的《反倾销条例》中增加了有利于追溯征税的措施。修改后的《反倾销条例》和《反补贴条例》中将"现金保证金"修改为"保证金"，以符合有价证券、期权等非现金方式也可作为保证金的国际惯例。修改后的《保障措施条例》中把"一项保障措施的实施期限及其延长期限，最长不超过 8 年"修改为"一项保障措施的实施期限及其延长期限，最长不超过 10 年"突出我国作为发展中国家应享有的特殊和差别待遇，从而进一步加大了保护国内产业的力度。

（5）系列配套规章制度的公布和实施增加了条例的可操作性。为配合《反倾销条例》、《反补贴条例》、《保障措施条例》的实施，商务部发布了一些配套规章，增强了透明度和可操作性。例如，《反倾销调查听证会暂行规则》、《出口产品反倾销应诉规定》、《反倾销调查立案暂行规则》、《反补贴调查听证会暂行规则》、《反补贴调查立案暂行规则》、《保障措施调查立案暂行规则》、《保障措施调查听证会暂行规则》、《反倾销产业损害调查规定》、《反补贴产业损害调查规定》和《保障措施产业损害调查规定》等。这些配套规章制度使相关条例具有了较高的可操作性，同时提高了透明度。

（6）两个"司法解释"为司法审查提供了法律依据。2002 年 11 月 21 日，最高人民法院发布公告，就反倾销和反补贴案件的司法审查公布了两个司法解释：《最高人民法院关于审理反倾销行政案件应用法律若干问题的规定》和《最高人民法院关于审理反补贴行政案件应用法律若干问题的规定》，自 2003 年 1 月 1 日起施行。这两个规定为中国法院开展反倾销、反补贴案件的司法审查提供了法律依据。这些制度上的创新与完善，填补了我国国际贸易法的立法空白。

2. 中国贸易救济组织体系的建立和完善

贸易救济的组织体系包括行政组织体系和产业组织体系。行政组织体系是指以政府外经贸主管部门和海关为主的国家有关政府机构及地方政府有关机构。产业组织体系则包括各产业协会和企业。这一体系的职能是决定对进口产品是否要采取贸易救济措施，或对国外针对我国的贸易救济措施是否采取行动作以应对；如果决定采取救济措施或应对行动，那么要怎样来进行。这一组织体系需要政府、中介组织、企业高度配合，政府部门间还要建立相应的快速反应机制，即建立相应的机构，对相关事务做出快速反应，避免由于程序繁琐，耽误时机。

要实现贸易救济体系健康稳定运行，充分发挥其贸易救济作用，高效、协调统一的组织体系是重要保障。然而，在国务院机构精简之前，我国的贸易救济是由原"对外贸易经济合作部"和"国家经济贸易委员会"分头负责的。负责倾销调查与裁决的部门在 2000 年以前是原对外经济贸易合作部条法司，产业损害调查最初由原国家经贸委负责。1998 年 3 月，原国家经贸委在对外经济协调司成立了国家经贸委反倾销反补贴办公室，并于当年 9 月成立了反倾销反补贴产业损害调查与裁决委员会；在此基础上 2000 年 11 月原国家经贸委成立产业损害调查局。多头管理的组织体系不仅不利于政府部门做好对企业的服务，也不利于在贸易争端发生之前提出各种可能的预处理方案。因此，2004 年 3 月 31 日再次修改"三条例"时，将反倾销、反补贴和保障措施调查机关统一规定由商务部负责。这一规定不仅体现了国家行政职能的变化，而且容易在战略和战术上形成中国运用贸易救济措施的合力，有利于经贸有序发展，进一步完善了我国的贸易救济组织体系。

（1）"四体联动"的贸易救济组织体系。进入 21 世纪后，我国建立了商务部（包括驻外使馆商务机构）、地方商务部门、中介组织、有关企业"四体联动"的贸易救济组织体系，形成了共同参与，应对贸易争端的格局。

商务部下设进出口公平贸易局和产业损害调查局，作为贸易救济主管部门，处理相关事务。进出口公平贸易局负责反倾销、反补贴、保障措施等相关进口案件的受理、立案、对外公告发布、产品范围调整、信息披露、对有关利害关系方的通知；倾销、补贴和保障措施；进口数量增长的调查和裁决；指导、协调境外对我出口商品的反倾销、反补贴和保障措施的应诉及相关工作，建立并完善我国出口应诉机制。产业损害调查局负责反倾销、反补贴、保障措施案件的产业损害调查与裁决；建立产业损害预警机制；指导保护国内产业安全的宣传、咨询、培训工作等。进出口公平贸易局和产业损害调查局共同就倾销、补贴和保障措施进口数量增长与损害之间的因果关系进行调查，由商务部统一做出决定或裁决并对外发出公告。

地方政府主管部门设立了专门负责贸易救济的机构（一般是在经委或商务厅设立专门的处），建立了监测本地区产业损害预警、产业竞争力状况评估的支持体系，同时建立了本地区的产业安全数据库,对中央政府工作给予支持,提高了中央政府贸易救济工作的效率。我国的行业协会多是伴随政府机构改革自上而下产生的,目前已基本成为能够代表行业利益的中介组织,在我国进出口贸易救济活动中,发挥着不可替代的作用。近年来,一批规模较大、生产技术较为先进,有国际市场份额和国际竞争力,在有关产业中起主导作用的企业积极参与了"四体联动"工作机制,并在很多案件中发挥了重要作用。

总之,上述各部门之间按照"职责明确、分工协作、信息共享、快速应对"原则形成了不同主体之间良性互动与有效配合的工作机制。明确了在反倾销应诉中企业是应诉主体,协会负责组织协调,政府重在指导和对外交涉的组织模式。

(2)"一体两翼"的维护产业安全工作体系。加入WTO前,我国政府为适应入世后面临的新形势和新任务,在国务院机构大精简的背景下,组建了贸易救济调查机构,即现在的商务部产业损害调查局和进出口公平贸易局。我国贸易救济法律制度和调查机关的建立标志着我国运用国际通行规则维护产业安全工作有了法律和体制基础。

经过10余年的不懈努力和积极探索,我国逐步在工作中建立起了以贸易救济调查机关为主体,各地方商务主管部门和重点行业组织为两翼的维护产业安全工作体系。商务部产业损害调查局一方面负责反倾销、反补贴、保障措施案件的产业损害调查与裁决;另一方面依托协会及其他中介机构,建立了产业安全数据库、产业安全监测预警系统,为实施贸易救济,提供了基础设施和公共服务平台。各地方商务主管部门和行业协会组织结合本地区、本行业的实际,在参与贸易救济立案和调查,建立产业损害预警监测机制、开展贸易救济案件效果跟踪和涉案产业规范以及宣传、培训和公告信息服务等方面,做了大量基础性、创新性的工作,发挥了不可或缺的业务支撑和桥梁纽带作用。

我国已经建成了覆盖30个省(自治区、直辖市),4个计划单列市和新疆生产建设兵团以及汽车、钢铁、石化等15个重点行业的产业损害预警监测系统,初步形成了以商务部、地方商务主管部门、行业组织和重点企业为组成部分的预警监测体系,[①] 及时发布预警信息,服务于贸易救济立案和促进产业发展,实现了产业安全保障工作的前置化。为避免贸易救济涉案产业恶性竞争,促进上下游产业链的协调发展。"一体两翼"工作体系还积极跟踪和评价贸易救济措施的实施效果,探索性地开展了贸易救济涉案产业规范工作,在实现贸易救济措施与国家产业政策、贸易政策协调配合、保证贸易救济措施的实施效果方面进行了有益的尝试。

(3)我国贸易救济组织体系存在的问题。我国虽然已经初步建立了"四体联动"的贸易救济组织体系和"一体两翼"的维护产业安全工作体系,但是在运行中还存在以下不足:

第一,缺乏贸易救济人才。当前,我国贸易救济人才队伍建设面临的问题仍非常突出。从规模和数量上看,与发达国家相比,我国贸易救济谈判官员和律师队伍在规模和数量上都存在不足,如欧盟目前的反倾销调查官员有200多人,而我国的调查官员人数不到欧盟的1/5;我国能有效服务于企业的反倾销人才加起来只有不到300人。从人才素质看,我国系统化、专业性、复合型的人才严重不足,缺少一支既懂得WIO规则和专业法律知识,又懂得产品技术和进口国市场经营情况的专业贸易救济团队。从区域分布上看,我国的贸易

---

① 《中国贸易救济》,2012年第2期,第1页。

救济人才分布严重失衡。我国具有较强处理国际事务能力的优秀律师、规模大的律师事务所，主要集中在北京、上海、深圳等东部大城市。

第二，缺乏利益协调机制。由于一些企业缺乏长远利益和整体利益的观念，导致企业在出口时出现无序竞争和短期行为。在应对贸易争端时，由于应对费用高昂，单个企业难以负担。而我国现有的组织体系又缺乏相应的利益协调机制，导致有的企业为应对贸易争端付出高额的诉讼费用，而其他企业则消极观望，准备"搭便车"。长此以往，不仅会增加国外对中国产品实施贸易救济措施的机会，而且会大大增加中国政府与企业应对国外贸易壁垒的难度。

第三，未能整合海外力量。贸易救济针对的是国外的不正当贸易行为，需要及时收集国内和国外两个来源的信息。如果能有效整合海外力量，就能将贸易救济体系的触角延伸到海外，不仅可以大大提前预警的时间，延长国内做出反应的时间，而且可以有效地增强信息的准确性与全面性。海外力量可以是官方的驻外机构，行业协会（商会）的驻外机构、在海外投资的中国企业甚至是国外的一些专业咨询机构。

（4）进一步完善我国贸易救济组织体系。组织体系不仅是贸易救济体系的基本构成要素，而且是贸易救济体系有效运行的必要条件。综观发达国家的贸易救济组织体系，强势的政府决策机构、高效的民间协调组织和高素质的贸易救济人才是其主要特征。因此，必须进一步完善商务部、地方商务主管部门、中介组织及企业"四体联动"的应对工作机制。充分发挥企业的积极性，中介组织的组织协调作用，地方商务主管部门的推动作用，商务部的总体指导、统一规划和对外交涉作用。

第一，加快中介组织法制建设。我国的行业协会在保护国内产业、支持国内企业方面做了大量工作，取得了诸多成绩。但是，由于缺少专门立法，使得行业组织开展工作困难，协调和管理职能难以充分发挥。为了更好地协调对外关系，充分发挥中介组织在保护国内产业方面的积极作用，有必要修改和完善社团法令，尽早制定出一部专门针对行业协会或经济类社团的法律，对它们的性质、地位、功能、组织机制、政府授权范围及对它们违法行为的处理等以立法形式予以明确。

第二，加强中介组织建设。目前，我国的中介组织主要是行业协会和商会。它们在反倾销和产业保护等方面做了大量工作，但还远远不够。今后要努力提高中介组织的服务能力，使其具有对国际市场进行调研的能力，积累相关资料，建立快速反应机制，及时向政府反映企业要求，提出政策性建议。同时，还要提高中介组织的人员素质，增强应对有关问题的水平与能力。一方面指导会员正确处理企业与企业、企业与政府、国内企业与国外企业、本行业与其他行业间的关系，协调、整合行业内部企业的利益。另一方面要代表行业向商务部提出贸易救济调查要求；在遇到国外反倾销、反补贴、保障措施等调查案件和贸易壁垒时，组织有关企业应诉和申诉。

第三，建立高素质的贸易救济人才队伍。要对贸易救济人才资源的宏观布局、层次结构、培养模式和素质要求进行系统规划。由政府部门根据实际情况，负责提出规划意见、发布使用信息、给予政策支持和宏观掌控；归口管理的商业行业协会组织规划并监督实施；其他中介组织和企业承担具体贸易救济人才队伍建设落实工作。鼓励企业和中介组织不拘一格培养实战型人才，在更大范围内引进人才智力，包括境外外籍人员和海外归国留学人员。应建立一套有效的绩效考核激励机制,对参与办案人员的品德、工作绩效、能力和态度进行综合的检查和评定,以确定其工作成绩和潜力,形成其业内职业声誉的权威评价。

3. 我国贸易救济信息咨询服务体系的建立和完善

贸易救济信息咨询服务体系是指各类政府和非政府的专门提供有关WTO事务的各种调查、研究、培训、信息和法律服务的机构。长期以来,我国法律对行政机关公开其文件、权力内容的义务和责任很少作规定,使公民、企业和社会组织经常无法通过正规的渠道获取政府机构所了解和已经把握的统计数据。同时,国内机构很少有竞争对手的第一手资料,最多只是知道其申请调查对象产品的工艺路线、产能等粗略数据。因此,建立和完善我国贸易救济信息咨询服务体系,已成为当务之急。

要充分发挥信息咨询服务机构在贸易救济中的作用,必须构建一个多层次的信息咨询服务体系,包括宏观、中观和微观三个层面。宏观层面的公共信息咨询服务机构是指官方或半官方的公共信息咨询服务机构。作为公共的信息咨询服务机构,应注重以下两方面的工作。一是建立贸易预警机制;二是向企业提供培训、咨询及法律服务。中观层面信息咨询服务机构是指行业协会。行业协会的主要工作应包括:建立进出口贸易预警机制,及时监控国外反倾销、反补贴、保障措施动态以及国外产品的进口对国内产业的冲击程度;组织行业培训,规范进出口贸易救济工作程序;协调与其他行业之间以及行业内企业之间的利益等。微观层面的信息咨询服务机构是指各种关于贸易救济研究、培训和咨询服务的机构,包括一些对WTO的规则和贸易救济制度进行研究的研究院所和大专院校,政府主管部门和行业协会的各类培训以及高等院校和各种社会培训机构,律师事务所、会计师事务所及其他社会咨询机构等。

经过十余年的努力,我国政府在构建多层次贸易救济咨询服务体系方面取得了不小的成就,主要表现在以下三方面:

(1)建立并完善了产业损害预警机制。贸易救济预警机制一般由进口预警和出口预警构成,产业损害预警是进口预警的重要方面。建立产业损害预警机制是运用国际通行规则,维护国家经济利益和产业安全的基础性、预防性工作;是防范进口商品冲击国内市场,运用贸易救济手段化解贸易摩擦、维护产业安全的有效措施;是联系产业和企业、服务公众的畅通渠道。该机制主要是通过对国际经济发展变化、货物进出口、技术进出口和国际服务贸易异常情况进行连续性检测,分析其对国内产业已造成或可能造成的影响,及时发布相关预警信息,制定应对预案,为政府主管部门、产业和企业决策提供决策服务。

2001年,产业损害调查局首先在汽车行业建立了第一个行业预警机制,随后推广到钢铁、化肥、电子、纺织、化工等行业。2003年,产业损害调查局整建制进入商务部后,产业损害预警机制建设工作得到进一步加强,又在浙江、上海、山东、新疆等地建立了地方级重点产业损害预警机制。2005年4月,商务部印发了《关于进一步加强产业损害预警工作的指导意见》,完善了产业损害预警机制建设的规章制度,指明了预警工作方法和步骤,明确了工作分工。商务部产业损害调查局组织协调建立的产业损害预警机制包括五个系统,即预警监测系统、分析评估系统、信息发布系统、预警应急系统以及效果跟踪评价系统。至今,产业损害预警机制初步形成了商务部、地方商务主管部门、行业中介组织和重点企业的"四位一体"工作体系；建设了覆盖31个省、4个计划单列市和15个重点行业的产业安全数据库，对400多种重点敏感商品进行产业损害预警监测，进一步拓展了数据源，巩固了基础；丰富了分析方法，扩大了产业损害预警机制的作用范围，提升了产业损害预警机制的影响。

目前，产业损害预警工作面临的形势发生了很大变化，为了更好地解决预警机制中出现的新问题和新困难，产业损害调查局通过调研、座谈充分了解各方面的情况，起草了《商务部关于加强产业损害预警工作的指导意见》，并于2011年9月发布，以进一步加强对产业损害预警工作的指导。在《指导意见》的指导下，我国的产业损害预警机制将得到进一步完善。

（2）做好贸易救济知识的宣传、普及和培训工作。贸易救济措施是保护国内产业利益、维护国内产业安全的重要手段。政府主管部门和行业组织的主要工作就是要大力普及贸易救济措施法律及与贸易有关的法律、法规知识，提高企业依法维护自身合法权益的意识，使广大企业都能了解并把握我国以及国际关于反倾销、反补贴、保障措施法律的基本知识和相关规则；指导和帮助企业在遇到进口产品数量激增和不正当竞争行为造成产业损害时，正确并熟练运用贸易救济措施手段，维护自身的合法权益。同时，尽量避免与减少我国出口产品遭受反倾销的情况，抵制和规避国外有关歧视性反倾销法律条款，反对其滥用反倾销措施。

我国入世十余年来，产业损害调查机关通过研讨、新闻媒体传播等方式推动贸易救济与维护产业安全的宣传工作不断深入。到目前为止，共举办了六届"中国贸易救济和产业安全研究奖"有奖征文及主题研讨活动，在全国范围内产生了较大影响，使得贸易救济和产业安全工作的社会认知度和关注度大大提高。此外，《国际商报》开辟了"重点产业安全报告"专栏，提高了企业运用贸易经济措施维护自身合法权益的意识和能力。

2007年以来，产业损害调查机关先后在北京、上海、重庆等30个省和直辖市举办了44期贸易救济和维护产业安全业务培训班，还组织调查机关和地方商务部门等有关人员赴美国、欧盟等国家（地区）参加了4期国外培训班，培训人员达6000人次以上。[①] 通过有序推进贸易救济培训工作，不仅普及了贸易救济知识，增加了企业、协会和地方商务主管部门有关人员的规则意识和运用国际通行规则维护自身合法权益的能力，而且在全国范围内促进了维护产业安全工作体系的建立，取得了显著成效。

近几年，产业损害调查机关积极推进贸易救济和产业安全重大问题的研究，取得了丰硕的成果，为领导决策提供了重要参考。例如，2007年开展了"入世6年来中国产业安全状况评估"的研究。此后，每年都对一些重点行业的产业竞争力进行年度评估，取得了有参考价值的研究成果。全球金融危机爆发后，贸易保护主义兴起，产业受损害程度更加严重。2009年调查机关组织编写了《全球贸易摩擦研究报告》，为政府、行业和企业维护产业合法利益及应对贸易摩擦工作提供了很好的决策参考。同时，商务部每年发布《国别贸易投资环境报告》，表达我国对外贸环境的关注，敦促相关贸易伙伴取消壁垒。

此外，政府机构还与高校、科研机构、行业协会与企业多方联合。相关出口企业要在面

---

① 《中国贸易救济》，2012年第2期，第5页。

临进口国贸易救济调查的时候，积极应诉，主动地向高校及科研机构咨询，寻求对策。高校及科研机构不但研究WTO规则下的贸易救济措施的规则，为企业提供理论与技术的支持，而且还为企业培养并输送熟悉WTO关于反倾销、反补贴、保障措施法律的专业人才。

(3) 强化公共信息服务，开通了贸易救济信息网。入世十余年来，产业损害调查机关通过加强宣传，进一步完善了公共信息服务机制。通过中国贸易救济信息网、中国产业安全指南网、产业损害调查局子站及时发布于贸易救济和产业安全相关的信息，定期发布产业安全动态、产业安全评估和产业竞争力评价报告等信息，为社会和企业提供了分专业、分层次的公共信息服务。

中国贸易救济信息网是我国贸易救济调查机关的权威信息发布平台，也是政府为企业、行业组织、研究机构、中介组织等提供信息服务的重要窗口。该网由商务部产业损害调查局、进出口公平贸易局共同主办，是该部政府网站的重要组成部分。该信息网站的内容包括新闻纵览、理论园地、产业竞争力资讯、案件总汇、服务专区等八大板块，开设了29个子栏目。该网站作为我国贸易救济主管部门电子政务的信息平台，及时客观地反映了我国调查机关立案、调查、裁决等工作情况；以网站为载体，广泛宣传贸易救济法律知识，交流贸易救济措施研究成果，实现与社会各界的信息交互；及时跟踪和提供全球贸易救济领域的最新动态和信息，提供历史数据和背景资料。

2006年9月，中国产业安全指南网站与产业安全数据库扩容工程同步诞生。网站充分发挥了扩容工作平台和信息发布平台的作用，通过设立产业损害投诉中心、在线咨询和我有话说等互动栏目，搭载了工作通报、企业和专家培训、互动答疑等功能，逐渐成为维护产业安全工作、释疑解惑、交流经验的平台；同时，网站通过发布大量产业安全动态、产业损害预警报告、产业竞争力分析报告等，有力地推动了产业损害预警机制建设，充分实现了为国务院领导、部领导及有关部门和社会公众、企业服务的目的。商务部产业损害调查局会同有关部门积极推动中国产业安全指南子站群的建设工作，在全国范围内形成多层次、多角度、全方位的信息发布平台，实现更广泛的信息服务，使网站使用者在全面掌握我国产业安全信息及国际前沿动态的基础上，通过子站更加快捷、全面地获取具有地方特色和行业特点的信息和深度报告。2008年7月，中国产业安全指南网首个行业子站——中国产业安全指南物流子站、首个地方子站——中国产业安全指南天津子站相继启动。此后很多省、市和行业都创建了自己的产业安全指南子站，为维护产业安全做出了贡献。目前，中国产业安全指南网站子站群覆盖了全国16个省级行政区，包括医药、物流、电子信息、有色金属等重要行业领域，为维护产业安全提供专业了预警信息和重点行业信息。

四、贸易救济制度对产业安全的影响

1. 贸易救济制度与产业安全的关系

在WTO体系内，贸易救济措施是各成员用以防止不公平竞争和维护市场秩序、保护本国产业重要的合法有效手段，也是维护国家经济安全的重要方法之一。中国入世后，加速融入全球经济体系。在中国国内市场和国际市场上，中国企业有了更多机遇的同时，也面临着严峻挑战。如何处理好贸易救济和保护国内产业安全的关系问题，得到了越来越多的关注。因此，正确认识和处理贸易救济与国内产业发展和国家经济安全的关系是十分重要的。

一般来说，一国实施贸易救济措施，既保护了受损害企业的利益，同时，也维护了国家经济安全。但也有例外，如国家调整产业政策，需要淘汰一些竞争力较差又提高无望的产业时，如对这些产业的进口产品实施贸易救济措施的话，则与国家的整体产业政策不符，也不利于维护国家的长远经济利益和经济安全。同样，如果对某一外国进口产品采取救济措施的结果，却导致本国其他产业（尤其是下游产业）遭受到更大损害，影响了本国经济的整体发展，这时就没有对该外国产品实施贸易救济措施的必要了。这也就是为什么有些国家（包括中国）在有关贸易救济法律中规定了"公共利益"条款的原因。因此，一国应慎用贸易救济措施，在适用贸易救济措施时，要从国家的长远利益和经济安全考虑，着眼于提高产业的国际竞争力，只有这样，才能达到采取贸易救济措施所要达到的真正目的。

2. 我国贸易救济的实践及产业安全效果分析

（1）应对国外实施的贸易救济措施的情况及效果。中国是世界上反倾销和保障措施的最大受害国。据中国贸易救济信息网统计，2002~2011年10月，国外对华共启动865起贸易救济调查。其中，反倾销576起，反补贴50起，特别保障措施84起。入世以来，国外对华贸易救济调查呈现出年均立案增幅较大、涉案金额超亿美元的案件屡屡出现，"双反"成为国外对华贸易救济调查的"热点"等特点。在中国入世后的第一年，即2002年全年，共有18个国家和地区对我国发起了57起反倾销和保障措施调查，合计涉案金额近8亿美元。其中反倾销调查39起，保障措施18起（包括3起特别保障措施）。对我国出口产品立案最多的国家是美国和印度。美国对我国立案调查14起，其中反倾销12起，特别保障措施2起，是对我国立案最多的国家；印度位居第二，对我国立案调查为13起，其中11起反倾销，2起保障措施（包括1起特别保障措施）。

截至2011年，我国已经连续16年成为全球反倾销调查的最大受害国，连续5年成为全球反补贴调查的重点目标。特别是全球金融危机以来尤其突出。2009年，各国和地区对中国出口产品启动的贸易救济调查创历史之最，高达127起。截至2009年底，全球对华反倾销调查占比超过75%。在全球4种贸易救济中，反补贴出现最晚。但是2006年以来，中国出口产品已连续4年成为全球反补贴措施的最大受害者。2009年，全球对华启动该项调查的数量达13起，创历年之最。美国对中国启动该项调查的数量，占同期全球总数的62.2%，居各国之首。中国具有比较优势的产业成为贸易摩擦多发区。53%以上的反倾销调查涉及化工、轻工和纺织产品；50%以上的反补贴调查涉及冶金、化工和机械产品。

我国出口产品屡遭国外贸易救济调查的原因主要有以下几个方面：

第一，我国经济贸易的快速发展和出口产品竞争力大幅提升。改革开放以来，中国经济持续高速发展，外贸出口额成倍增长。2009年，中国超越日本成为世界第二大经济体，超越德国成为世界第一大出口国。由于中国产品具有巨大的劳动力和原材料的比较优势，在竞争中往往处于明显的优势地位。我国产品出口数量的显著上升以及价格的优势成为其他国家的国内企业对我国出口产品提起贸易救济调查申请的根本原因。

第二，国际贸易自由化的趋势使贸易救济案件增多。国际贸易自由化是世界经济发展的总体趋势。WTO成立后，传统的贸易保护做法，如配额、许可证等非关税壁垒的作用日益弱化。在这种情形下，反倾销、反补贴和保障措施作为WTO允许的保护国内产业的方法，其使用频率大大提高。中国入世后，其他成员对中国原有的单边设限取消，为保护自身利益，必然通过贸易救济案件打击中国产品。

第三，中国出口企业间的无序和恶意竞争导致贸易救济案件的发生。中国某些产业内部时常存在恶性价格竞争，且缺乏长远战略。一旦某产品有利可图，往往蜂拥而上、重复投资。产业集中度低，行业协调机制缺乏，经常出现相互压价出口的现象，最终导致案件的发生。

第四，我国的"非市场经济"地位导致国外反倾销案件的增加。截至2011年10月，已有78个国家承认了中国的市场经济地位，而美国、欧盟、日本等主要发达国家仍未承认中国的市场经济地位，因此在对我国产品进行反倾销调查时仍采用"替代国"方法计算倾销幅度。这种对中国产品的歧视性做法使得国外企业胜诉率相对较高，也客观刺激了国外企业更多地希望采用反倾销手段将我国出口产品最大限度地挤出市场。

面对国外形形色色的贸易保护主义措施，作为WTO成员，一方面，中国要运用WTO的争端解决机制，挑战西方发达国家针对中国产品采取的不公正的贸易救济措施，维护本国产业的正当权益；另一方面，要深入研究WTO规则，主动运用贸易救济措施维护自身权益。经过多年的积极努力和探索，我国在积极应对国外贸易救济措施方面取得了突出的成就。

首先，积极应对反倾销案件。近几年来，商务部、地方商务主管部门、行业协会、商会等中介组织和企业在应对国外反倾销案，尤其在应对大案、要案方面发挥了重要作用。如应对欧盟皮鞋案时，在该案原审和复审过程中，商务部作为政府指导部门积极向欧盟委员会进行交涉；广东、福建、浙江等地方商务主管部门积极协助，有效指导和推动辖区内企业应诉；轻工商会、皮革协会作为案件应诉的组织协调单位，在组织培训、动员应诉、聘请律师、交涉游说等方面做了大量工作；企业应诉主体作用在该案中也得到充分体现，共有163家企业积极应诉，创欧盟个案应诉企业数量之最，部分企业还成立"欧盟对华鞋产品反倾销应对联盟"，积极聘请欧盟著名经济专家和律师加强无损害抗辩。目前我国对美欧反倾销案全部应诉，对发展中国家反倾销案件应诉率也大幅提高，不少典型的大要案都取得较好的应对结果。以2009年为例，欧盟对华冷轧不锈钢薄板和镀锌板反倾销案以无措施结案，两案涉案金额近20亿美元，保住了宝钢集团公司（以下简称宝钢）、鞍山钢铁集团公司（以下简称鞍钢）等大型国有企业对欧出口市场，提高了中国企业应对贸易摩擦的信心。

其次，成功化解多起特保案。截至2010年9月底，我国遭遇来自美国、土耳其、哥伦比亚等国家发起的33起特保调查，涉案金额超过28亿美元。经过与这些国家政府和产业界的多层面交流沟通及缜密细致的法律抗辩，成功化解31起。巴西、南非近两年数次拟发起对我众多劳动密集型产品采取特保，经磋商谈判，目前均妥善化解了矛盾和分歧，有效遏制了特保可能对我出口带来的冲击。

最后，集中力量应对反补贴调查。截至目前，我国已遭遇反补贴调查42起，频繁的反补贴调查直接挑战我国宏观经济政策及相关制度，影响了我国经济发展的外部环境。对此，我国多层面进行政治交涉，全方位开展法律抗辩，已取得一些成效。目前，美国在首例对华铜版纸反补贴案中以无措施结案；美对华紧固件双反案被美国际贸易委员会裁定无损害结案，成为美对我第一例以初裁无损害结案的双反案。此外，我们还通过法律抗辩使被指控的补贴项目大幅减少，支持部分应诉企业在美国内司法诉讼中取得对我方非常有利结果，为今后反补贴个案应对打下坚实基础。

（2）我国实施贸易救济措施的情况及其特点。近年来，我国企业和产业运用贸易救济措施的意识逐步增强，调查机关运用贸易救济措施的水平也不断提高。反倾销、反补贴等贸易救济措施作为抑制不公平贸易的手段逐渐被越来越多的国内产业、企业知悉，并成为维护其合法权益的重要手段。通过依法、公正地实施贸易救济措施，有效遏制了外国企业以不公平贸易手段对国内产业造成冲击，维护了公平竞争的贸易秩序。按WTO的统计方法，自1977年我国开展反倾销工作以来到2010年，中国共发起190起反倾销案件。其中，反倾销185起，反补贴4起，保障措施1起。185起反倾销调查共涉及26个国家（地区），其中韩国32起，欧盟成员国和日本均为31起，美国30起。[①] 覆盖全国26个省区市的约300家申请企业，其中包括中国石油天燃气集团公司（以下简称中石油）、中同石油化工集团公司（以下简称中石化）、宝钢、武汉钢铁集团公司等大型生产企业和一批中、小型企业。经过调查，最终采取反倾销措施的案件有52起，因申请人撤诉、国内产业无损害等原因终止调查8起，还有4起案件正在调查。

1997年12月10日中国对原产于加拿大、韩国、美国的进口新闻纸产品发起的反倾销调查是我国第一次运用贸易救济措施。其后，我国不断依据国内企业的投诉，加强贸易救济措施的运用，尤其是在我国加入世贸组织后，表现更为突出。按商务部的最新统计，截至2011年9月，企业作为申请人提起的反倾销案件共计67起，目前已经结案63起，4起案件仍在审理中。自2009年对美国进口取向电工钢发起的第一起反补贴调查开始，截至2010年8月30日，合计反补贴立案4起，目前已经全部结案。2002年5月对进口的部分钢铁产品进行保障措施调查，这是中国唯一一起保障措施调查案件。[②]

对美国进口白羽肉鸡进行的"双反"调查，是我国首例农产品"双反"案。作为我国首例涉农并直接面对广大消费者的农产品案件，我国各相关部门给予了高度重视。立案后，调查机关严格遵守WTO规则和我国的相关法律规定，妥善解决了调查中出现的新问题，克服了调查中的各种困难，在6个月内完成了反倾销和反补贴产业损害调查方面的法定调查程序，包括参加产业损害调查活动登记、成立产业损害调查组、问卷调查和分析、召开申请人意见陈述会、赴申请企业进行实地核查、采集证据、公开信息及信息披露等。证据表明，原产于美国的进口白羽肉鸡产品存在倾销和补贴，中国白羽肉鸡产业受到了实质损害，而且倾销、补贴与损害之间存在因果关系。因此，于2010年8月29日决定对其

---

① 《中国贸易救济》，2011年第1期，第5页。
② 《中国贸易救济》，2011年第12期，第3页。

实施反补贴措施，征收4.0%~30.3%的反补贴税；9月26日决定实施反倾销税，征收50.3%~105.4%的反倾销税。双反措施的实施，取得了明显效果。国内白羽肉鸡生产企业的产量、产能利用率、销售价格、销售收入及税前利润等生产指标均比以前有所好转。本案的终结，对我国肉鸡产业的正常生产、经营及恢复公平的贸易秩序具有重要意义，能有效地发挥我国的劳动力成本优势和国内肉鸡产业的加工精细等竞争优势，为国内市场提供更多安全、优质的肉鸡产品。

从整体上看，我国实施的贸易救济措施（主要为反倾销措施），具有以下几个特点：

第一，参与企业地域较为集中。从案件参与企业的地域来看，遍布全国26个省区市，反倾销申诉企业300余家，其中，江苏、山东、上海3个省市企业参与案件最多。

第二，采取措施针对的产品行业较为集中。从行业分布来看，案件涉及化工、纺织、冶金、医药、仪器仪表、机械、电子、农产品、轻工等行业，其中化工、钢铁这两个行业的案件最多。大部分涉案产品为原材料型产品，包括同一产业链中的上下游产品。

第三，涉及的对象国家（地区）较为集中。我国对外反倾销案件中共涉及26个国家和地区，但主要的指控国家和地区有日本、韩国、美国、中国台湾地区和欧盟，占总案件数的约七成。涉及韩国、日本和美国等国案件较多的主要原因是，这些国家与我国贸易额比较大，日本和美国是我国目前的两大贸易伙伴，韩国对中国贸易顺差比较大。

（3）贸易救济制度在促进受损产业恢复发展中发挥的作用。中国贸易救济制度的建立和实施以来最大的特点，是中国从一个单纯受国际贸易救济打击尤其是反倾销打击的最大受害国，发展成为对外反倾销的大国。目前，中国在对外反倾销立案数量上已经成为全球第三大国。我国贸易救济制度的建立及实施，在维护公平贸易环境、促进受损害产业恢复发展、提升产业国际竞争力及遏制国外贸易保护主义方面发挥了重要作用，并取得了一定效果。

第一，维护了公平贸易秩序，受损产业得以恢复和发展。贸易救济措施的实施，有效地缓解了国外产品低价进口对国内产业的冲击，多数涉案产品进口数量明显下降，进口价格明显上升，为产业发展营造了公平竞争的市场环境。受损害的产业得到初步恢复，效益提高，利润增长。例如，我国第一起新闻纸案、丙烯酸酯案，实施征收反倾销税后，企业生产很快恢复，亏损消失，并有利润出现。再如，光纤反倾销立案当年进口量即同比下降44.1%，进口均价同比提升29.5%；甲乙酮反倾销措施实施后，进口量同比下降66%，进口均价提升17.7%；聚酰胺-6,6切片采取反倾销措施后，国内产业开工率同比增长1倍以上，利润同比增长8倍。[①]

第二，部分涉案产业发展成就举世瞩目。新闻纸实施反倾销措施的10年间，国内产业加大新设备、新工艺的引进和技术改造力度，全球产量排名从2001年的第六位跃升至2009年的第一位，国内龙头企业劳动生产率大幅提高，技术装备水平达到世界一流。聚氯乙烯和苯酐行业在采取反倾销措施后，其产业规模也已跃居全球首位。

第三，为幼稚产业成长壮大赢得了发展的时间和空间，提升了产业国际竞争力。贸易救济措施为一些尚在成长中的幼稚产业提供了必要保护，避免了外国同行业不公平竞争甚

[①]《中国贸易救济》，2012年第1期，第3页。

至恶意挤压，使幼稚产业得以成长壮大，如邻苯二酚是我国打破国外技术封锁、拥有自主知识产权的产业，在研发创立初期曾险为进口产品倾销所扼杀。经过前后两次反倾销和一次期中复审，该产业获得蓬勃发展，产量和市场占有率大幅提升；有机硅产业多年来受制于发达国家的技术封锁和低价倾销的冲击，反倾销措施实施后，国内产业实现自主研发和规模生产。

第四，促进了我国产业结构调整升级和技术进步。国内企业普遍抓住有利时机，加快技术改造、扩大产能、提高产量，开始向产品升级换代、核心竞争力逐步提高的方向发展。例如，对钢铁保障措施案实施保障措施后，2002年钢铁企业各项经济指标继续提高，降低了企业制造成本。2003年，一批高附加值产品生产线相继建成投产，为2005年基本改变我国高质量板带材生产能力不足奠定了基础。光纤反倾销措施的实施，促进了我国光纤光缆行业的发展，为推动我国3G、三网融合的发展提供了有力支撑。丁二醇采取反倾销措施后，国内产业升级换代，采用了新的生产工艺和装置，促进了节能减排和环保。

第五，对增加就业机会，维护社会稳定、和谐发挥了积极作用。马铃薯淀粉反倾销案和反补贴案惠及10个省区、近6000万薯民的利益，稳定了农民的收入，有利于农业和农村的稳定；磺胺甲噁唑在临床医疗上居于重要地位，反倾销措施的实施，保证了国内产品的社会需求。

第六，在一定程度上遏制了一些国外企业不公平的竞争行为。随着我国运用贸易救济措施能力的不断增强，一些跨国公司慑于贸易救济措施的威力，自觉规范其竞争行为，主动采取产业对话与合作等形式避免摩擦。

综上所述，中国产业贸易救济制度的建立和贸易救济措施的实施为我国工业化进程营造了公平竞争的环境。国内相关产业和企业，在政府积极支持下，充分运用贸易救济措施有效地保护了自己。这些措施为保护国家经济利益，维护国家经济安全、产业安全，促进产业的稳定、健康发展和产业结构升级起到了积极促进作用。

五、进一步完善我国贸易救济制度的对策与建议

1. 我国实施贸易救济措施存在的主要问题

中国的贸易救济制度从起步到比较完整的贸易救济体系的建成，仅用了十余年时间，走过了发达国家近百年的发展道路。我国贸易救济制度与能力已接近发达国家水平。但应该看到，目前我国在实施贸易救济措施中仍存在诸多问题：

（1）我国贸易救济的法律体系依然不够完善，存在着规则过于笼统等问题。规则过于笼统是指对一些规则、概念的认定不明确或标准不统一。例如，对"被调查产品"、"同一类产品"等概念的认定，我国法律基本上没有规定，而欧美等国相关规则要完善得多。

（2）国内企业对贸易救济措施的作用认识不够，参与申诉的积极性不高。虽然有一些企业开始利用贸易救济措施来保护自己的权益，但从总体上看，这种意识依然很淡薄。以

反倾销为例，根据我国《反倾销条例》的要求，提起申请企业的产品产量应占全国该产品总产量的50%以上。但在实践中往往存在这样的情况：欲提起反倾销诉讼的企业，其产量占总产量之比不足50%，需要联合其他企业一起提交申请。但他们即使亲自上门拜望，苦口婆心相劝，其他企业就是不参与诉讼，结果因不符合提起申请的基本要求而无法提出申请。

（3）国内企业往往不能很好地掌握使用贸易救济措施的时机，造成提起贸易救济申请过迟或错过最佳的申诉时机。例如，聚酯薄膜案，国内生产企业在濒临破产的时候才认识到遭受了国外倾销的损害，想到利用贸易救济措施来保护自己。但从开始与律师接触，到立案、初裁、终裁，一般需要两年左右时间，而这时候有些企业已病入膏肓了。又如聚苯乙烯反倾销案，该产品在1999~2001年，企业的销量和价格直线下降，但2001年之后由于市场发生变化，下降幅度变缓。相关企业到2003年才提起申诉。按照反倾销调查规定，我国商务部对产业损害的调查是从企业提起申诉时往前推3年。这时，该产品相关数据的说服力就大打折扣，即使进口产品仍在倾销，但产业受到的损失变小了，因而胜诉把握就不大。聚苯乙烯案成为我国第一个被裁定无损害的案子，企业错失申诉时机就是原因之一。

（4）贸易救济的信息咨询体系依然不够完善，国内产业在信息收集方面存在较大问题。从实际情况来看，国内企业很少掌握世界竞争对手及相关产业的第一手资料。在律师事务所正式接受国内产业的委托代理后，还要花费大量的人力、财力、物力去收集这部分基础资料，结果常常造成了申请时间过迟或丧失最佳申诉时机，增加了胜诉难度。此外，还存在缺乏快速反应机制和内部协调机制；从事贸易救济工作的专业人士不多、人才缺失等方面的问题。

（5）由于复杂的利益关系，政府有关部门进行反倾销调查时，难以得到有关产业、企业的配合。在涉及合资企业或拥有合资企业的有关企业时，尤其如此。出于利益的考虑，有关行业、企业往往对相关调查持消极态度，从而增加了工作难度。

2. 进一步完善我国贸易救济制度的对策与建议

（1）进一步完善贸易救济预警机制。在现有贸易救济预警机制基础上，加强对重点、敏感产业的监测分析，完善已建立的重点行业、产品的预警机制；推进区域产业损害预警机制和大型企业产业损害预警机制的建设；对已运行并有一定效果的预警机制，继续给予必要的支持和投入。

（2）进一步完善案件效果跟踪机制。政府主管部门和行业协会组织要对涉及贸易救济措施的产业建立跟踪机制和统计制度，建立定向联系渠道，使之逐步规范化、制度化。对产业的跟踪要关注整个产业链，重视上下游关系的协调，构建上下游的合作关系，将协调好上下游关系作为发展经济和建立、促进和谐社会的有效途径。

（3）进一步完善各类商会、协会的职能，尝试建立公平贸易方面的协会，扩大信息网络与渠道，使企业能够及时获得有关信息，统一协调做好贸易救济各阶段的工作。

（4）企业间加强自律，在行业协会、商会协调下，制定合理的出口价格。在我国的出口产品中，价格战依然是普遍现象，也是遭致国外实施贸易救济措施的主要原因。因此，国内企业之间应加强相互间的联系，在出口定价的策略上应有较为一致的行动和默契。同时，企业间要加强自律，这样才能减少在国外被采取贸易救济行动的可能性。

（5）申请企业可以结成临时性的联盟。例如，反倾销起诉方为了成功起诉，往往结成临时性的联盟，保证起诉资格的合法性。这种做法并不违反 WTO 反倾销协议或者各相关国家的反倾销法律。所以，国内产业在提起贸易救济措施的诉讼时也可以结成临时性联盟。

（6）建议设立用于支持中小企业或行业集体海外应诉的基金。为了有效整合行业力量、意愿，支持中小企业海外应诉，减少内部协调成本，提高行动效率，有必要在政府予以适度政策下，筹建用于支持中小企业或行业集体海外应诉的基金。基金来源可以由政府支持一部分，行业内企业自筹一部分，同时吸收一部分社会其他资金。

（7）进一步做好信息的保密工作，严防商业间谍。在有的应诉案件中，中国的某些商业情报机构采用暗访以及收买企业内部人员的方法获取企业的保密资料，提供给国外的起诉方。有些保密资料连企业自己的中层干部都没有见过。有的国外应诉方甚至重金收买国内人员，让其直接到国内申请人企业套取商业情报。还有外国机构及国外厂家，以资助课题研究为名，搜集中国有关产业、企业的情报。随着中国经济日益全球化，国外势力搜集情报的方法和手段会越来越多，国内有关机构和企业要提高警惕，以防落入彀中，授人以柄。

（8）建立全球及相关国家产业的数据库，为在海外应诉，打好基础。做好这方面的工作，需要商务部门、政府学术研究机构、行业中介组织及企业共同努力。

（9）注重对装备制造业的保护。我国要建立创新型国家，要完成工业由大变强的转变，重要标志之一就是建立具有较强自主创新能力和自主知识产权的装备制造业，其中的重要手段之一就是要用好贸易救济措施，为国内装备制造业的创新、发展营造良好的发展环境。2010~2020 年，我国贸易救济措施应用重点领域必然逐步由现在的石化、冶金等中间产品逐步转向以装备制造业为代表的最终产品。我们应当合理、有效地利用贸易救济措施，支持我国装备制造业健康发展。

第四章 21世纪初的中国产业技术政策

技术进步从来都是人类社会经济发展的重要推动力。第二次世界大战以后，技术创新在经济发展中的角色越来越重要，同时国家参与技术创新的阶段、广度、深度都发生了深刻变化。一国的国际竞争力归根到底就是各国同类产业或同类企业之间相互比较的生产力与创新力，所以产业技术政策成为国家战略的重要组成部分，并对世界经济格局和国家间力量对比产生了重大影响。

一、什么是产业技术政策

由于学者们对"创新"、"发明"、"技术"等基本概念理解的不同，作为衍生概念，科学政策、技术政策、创新政策也产生了很多不同定义。但是，基本共识是：①科学政策、技术政策和创新政策三者间是紧密联系的。②区分科学政策、技术政策和创新政策，不能从政策工具上着手。③这些政策的产生和发展并不是在时间上前后相继的。

有学者认为，科技政策成为独立的政策领域起源于贝尔纳。贝尔纳认为研发投入可以刺激和加速经济增长，并增加社会福利。布什（1945）对科学和技术政策提出了明确的定义，他认为，科技政策的任务是为国家安全、卫生和经济增长做出贡献，主要问题是资源的配置，即如何对不同的科学活动合理地分配资源。

从后续的研究看，对于技术政策的定义，学者们从很多方面进行了切入。较多的研究往往从功能出发。Mowery（1995）指出，技术政策是国家通过产业创新绩效政策设计和实施，影响某一领域新技术的发展、吸收和商业化。Gutierrez（2001）则干脆认为技术政策是促进创新、吸收国外技术的政策。科学、技术、创新政策之间的关系，见图4-1。

伦德瓦尔和博拉斯（2004）比较完备地区分了科学政策和技术政策（见图4-1）。他们认为科学政策主要是产生科学知识，主要手段包括公共资金的研发投入、高等教育、知识产权等；技术政策的重点在于产业技术知识的进步和商业化，手段包括政府采购、对战略性产业的联系、标准、技术预测等。所以从这个角度看，技术政策在一定意义上是包含科学政策的，而创新政策则包含科学政策和技术政策。技术政策有很多不同于科学政策的工具。

也有很多研究从创新阶段着眼来理解，这往往避免或者回避了在概念上的纠缠。盛世豪、赵奇军（1991）认为，技术政策是通过适当的、有计划的研究和开发活动来提高现有

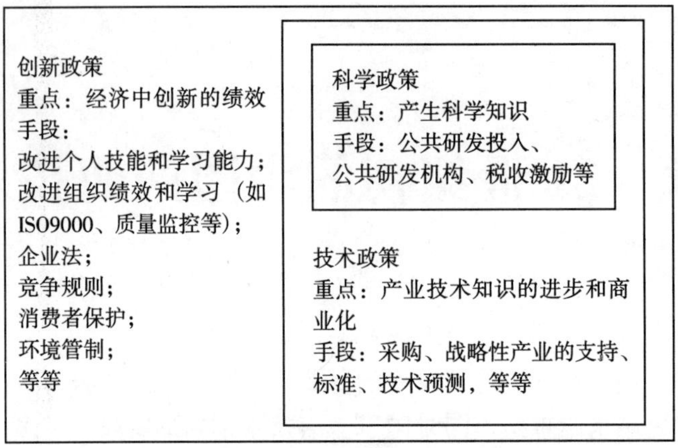

```
┌─────────────────────────────────────────────────┐
│ 创新政策              ┌──────────────────────┐  │
│ 重点：经济中创新的绩效 │ 科学政策              │  │
│ 手段：                │ 重点：产生科学知识    │  │
│ 改进个人技能和学习能力；│ 手段：公共研发投入、 │  │
│ 改进组织绩效和学习（如 │ 公共研发机构、税收激励等│ │
│ ISO9000、质量监控等）；└──────────────────────┘  │
│ 企业法；              ┌──────────────────────┐  │
│ 竞争规则；            │ 技术政策              │  │
│ 消费者保护；          │ 重点：产业技术知识的进步和商│
│ 环境管制；            │ 业化                  │  │
│ 等等                  │ 手段：采购、战略性产业的支持、│
│                       │ 标准、技术预测，等等  │  │
│                       └──────────────────────┘  │
└─────────────────────────────────────────────────┘
```

图 4-1　科学、技术、创新政策之间的关系

资料来源：詹·法格博格、戴维·莫利理查德、纳尔逊《牛津创新手册》，刘忠、柳御林、郑刚、蔺雷译，知识产权出版社，2009年版，第604页。

技术能力，更新技术体系，最终增强工业竞争能力，其重点在于：①鼓励创新；②推广新技术；③更换技术；④注意所代替技术的过程和副作用；⑤考虑是否要引进新技术，还是由国内生产。Szanto（1996）认为科学政策和技术政策的差别在于前者强调基础研究，后者强调应用研究。

我们认为，产业技术政策是政府为促进产业创新并快速实现商品化的政策体系，包括财政、金融、贸易、技术标准等政策工具。

当然，这里需要把握以下几个基本原则和关系：一是，技术政策与产业技术政策具有一定的差异性，产业技术政策更侧重于产业发展技术的开发政策、转移和使用政策，以及保护政策。而技术政策的范围较产业技术政策更广一点。二是，产业技术政策和科学政策是有关系的，并不能截然区分。技术政策虽然从导向上强调应用研究，但是仍需基础研究（这往往需要所谓科学政策）来支持。三是，产业技术政策并不一定与特定产业呈现一一对应的关系。不管是否呈现对应的关系，产业技术政策都在某种程度上与产业有所关联，这也是一部学者认为产业技术政策是若干政策交集或者干脆认为是产业政策一部分的原因。四是，对发展中国家和发达国家而言，对大国和小国而言，产业技术政策的意义是不同的：较小的国家在特定的发展阶段会侧重于吸收新技术并使用新技术；发展中国家需要在追赶发达国家的时候努力利用新技术，进入前景广阔的产业领域；发达国家的产业技术政策重点是培育最新科学技术，并应用于产业实践，保持它们在技术和产业发展的前沿和高端地位。

二、产业技术政策的分类和政策工具

由于概念理解存在不同，所以对产业技术政策分类也有不同。

不同的国家和地区，由于经济社会发展阶段和创新能力的差异，在产业技术政策制定时的指导思想也各不相同。比如，从技术能力现状分，可分为自力更生技术政策和引进吸收技术政策；从技术资助上分，可分为企业资助、民间自助和国家拨款技术政策。按政策制定主体可分为国家产业技术政策、行业技术政策和地方产业技术政策。

从功能分类也是最常见的，如高志前（2008）认为，产业技术政策包括：产业技术开发政策、产业技术商业化政策（也称技术成果转化政策）、产业技术引进与消化吸收政策、产业技术标准政策、产业知识产权政策、产业技术转移政策、中小企业技术政策、产业技术改造政策、产业技术出口政策、产业技术安全政策等（见表4-1）。

表4-1 产业技术政策按功能分类

类别	政策内容
产业技术政策	技术发展规划、技术标准、开发区政策、高新技术产业政策等
技术贸易政策	技术引进、技术改造、技术转移、技术扩散、技术市场、成果转化等
技术进步和成果评价	技术进步、技术奖励、技术预测、技术评估、知识产权法、技术成果法等
技术信息和中介	技术中介服务、技术教育与培训、技术信息传播、技术交流与合作、技术环境政策等

资料来源：笔者根据伍蓓有关文章（2007）整理。

根据作用对象，产业技术政策可分为普适性产业技术政策、专项性产业技术政策。普适性产业技术政策指适用于所有产业或多数产业的技术政策，这类产业技术政策大多以构建产业技术发展环境为目标。专项性产业技术政策指重点支持特定产业或产品的政策，这类产业或是具有战略意义的前瞻性产业或是经济地位重要、外部效益突出，但相对落后的产业；或虽然先进但担心其他国家赶超的产业。也有中国台湾学者认为这种作用对象的分类其实是一种明示和暗示的区别，明示也就是产业导向非常明显，这和一般产业政策的基本精神是相符的。

根据其实施方式，产业技术政策可分为强制性产业技术政策和指导性产业技术政策。强制性产业技术政策是企业必须遵照执行的政策，大多以法规或管理办法的形式发布，包括许可制、配额制、准入制等；指导性产业技术政策是企业自愿参照采用的政策，往往以政府报告或咨询报告的形式发布，包括公共投资政策、贸易政策、金融税收政策。

根据其政策形式，产业技术政策可分为主体性政策和工具性政策。主体性政策直接阐述政策要求，如法规、政策和管理文件。工具性政策则通过目录、规划、计划、基金等落实政策目标与内容，其作用是政策实施的载体和工具。严格地说，目录、规划等政策工具与政策管理文件在形式上有较大区别，但是政策实施的重要工具，是政策体系不可缺少的组成部分。

Ergas（1987）从工业创新和军事R&D（不包括科学政策经费）角度考虑技术政策，他提出技术政策的三种模式：一是任务导向型（英国、美国和法国）。这些国家运用大科学政策解决国家重大问题，重点放在国际战略制导、高新技术、军事国防（军事研究占主要R&D费用）等领域。二是扩散导向型（德国、瑞士和瑞典）。这些国家技术政策的特点是通过调整产业结构中创新相关公共产品（特别是教育、产品标准和合作研究领域），来增强适应技术转变的能力。三是协作和扩散综合型（日本），这些国家一方面加强国际间合作关系达到更高的国际技术目标，另一方面通过提供创新相关的公共产品加强技术扩散能力。

我们认为，从可操作角度看，产业技术政策按照作用层面或阶段进行分类，并结合相关政策工具的方法更为可行。产业技术政策可分为供给类政策、需求类政策和环境类政策，同时供给类政策还可以按照创新链条继续细分。这种分类为政策制定者提供了较清晰的框架。

1. 供给类产业技术政策

从供给面看，主要是解决技术研发的资源及配置问题，由国家投入资源，包括资金、人力及技术支持等，主要包括：创造和扩散科技知识；人力资源，从事产业技术发展的人力资源，包括科学家、研究人员、辅助人员、各级技术人员等，政府主要通过教育体系、培训等提供；信息资源，政府提供市场咨询与管理技能的服务；从资金层面看，主要有公共研发和补贴，给予直接的资金支持，因为研发风险较高，在很多领域存在一定的市场失灵，可以通过政府担保贷款解决一定的资金融通问题，或由政府成立风险投资公司，致力于投资高风险研发计划。技术创新基地、平台和支持层面，包括设立国有企业，率先应用新技术。设立各种研发组织，成立各种研发机构，以提高自主开发能力。技术转移层面，包括技术转移中心、交易中心及孵化中心等。

2. 需求类产业技术政策

主要有：合同研发，政府按照公私合作的方式，从需求面解决技术的需求问题。还可以通过补贴、采购、税收减免等方式拉动创新产品的应用；设立技术标准，减少产业界对于基础技术的争议，而专注于快速创新和改善产品品质。

3. 环境类产业技术政策

主要有：高新园区的设立，通过产业集聚效应解决技术创新的环境问题；非常重要的基础设施建设；提供良好的创新和生活环境；通过税收、奖励、知识产权等工具，建设保护研发成果的政治法律环境，解决创新激励问题；当然还有各类规制政策，它们构成完整的政策体系，包括金融体系建设，产业组织政策，技术管制（技术引进、输出等）、贸易管制，外资管制等诸多政策。

根据以上分类，结合主要产业技术政策工具，构成了如表4-2的矩阵。当然，一些政策可能既影响供给面，也影响需求面；既可能有明显的产业导向，如特定产业技术规划，也可能更加侧重从宏观层面的指导。

表4-2 产业技术政策分类和工具矩阵

政策	属性 主要作用方式	产业导向性		作用层面		
		隐性	显性	供给面	需求面	环境面
设立国有机构	参与新兴产业投资，引进新技术，参与民营企业等		√	√		
公共研究机构等组织	国家实验室、研究单位支持、学术团体、专业协会、特许研究等		√	√		
科技资源投入	直接或间接资助技术研发，研发平台整合等	√	√	√		

续表

属性 政策	主要作用方式	产业导向性		作用层面		
		隐性	显性	供给面	需求面	环境面
人才培训	一般教育、大学、技能训练、在职培训等	√		√		
技术辅导			√	√		
信息提供	信息中心、顾问和咨询、文献和资料库	√	√			
基础条件提供	土地、设备、建筑等提供,道路、电力等网络产业的接入等	√				√
税收	企业、个人等税收优惠	√	√	√		√
补贴			√	√	√	
融资	贷款及担保、出口信用贷款等		√	√		
风险投资			√	√		
规制政策	产业组织、环境及健康等					√
知识产权		√				√
技术标准			√		√	
宏观指导	规划、区域政策、奖励、公共咨询及辅导	√		√		√
采购	各级政府、国企采购、合同研发、首台套采购等	√			√	
公共服务	公共建筑物、健康服务等	√				√
技术贸易政策	技术引进		√	√		
贸易管制政策	进出口管制措施		√		√	

资料来源：笔者根据有关资料整理。

三、日本、美国的产业技术政策

1. 日本

日本的产业技术政策大致可分为五个时期：

（1）"二战"恢复时期（1945~1955年）。这一时期日本产业技术基础脆弱，其产业技术政策以引进、消化欧美技术为中心。主要措施有：推行技术非军事化政策，引进国外技术推动经济重建、复兴和促进产业合理化，建立促进科技进步和产业技术进步的有关政策机构，明确和突出技术在实现经济自立中的战略地位，为企业研究开发提供政府资助。

（2）经济高速增长时期（1955~1970年）。这一时期日本产业技术政策重点从支持企业消化、吸收外国技术转向鼓励自主开发。需要指出的是，日本在20世纪60年代，仍继续大量引进外国技术，平均每年引进新技术达到1350项，到60年代末期70年代初期，每年引进量更是猛增至2000项之多。随着新技术大规模引进，1960年日本开始制定和实施诸如核能和空间技术计划等国家技术计划。特别是，科学技术会议（1959年2月成立）于1960年10月对内阁总理于1959年6月提出的1号咨询做了答询报告，这个答询报告对日本60年代的科技发展起了重大作用。内容主要是未来10年在振兴科学技术方面的综合基本方针（即 I 号咨询）。该答询报告成为日本第一个具有综合性和系统性的振兴科学技术的基本方针，从极其广泛的角度对科学技术体系框架进行了积极探讨。答询报告确立了10年后应达到的科学技术目标，同时也提出了培养人才、扩大和调整科研活动、加强信息流通和国际交流及促进普及活动、改善各种制度等建议。

（3）能源危机时期（20世纪70年代）。这一时期日本政府的技术政策重点进一步发生转移，推出了以研究开发新能源为目标的"阳光计划"和节约能源为目标的"月光计划"。同时，进一步建立健全技术前沿领域政府的研究开发组织机构体系，并以鼓励尖端技术的研发为重点，完善产业技术政策。

（4）新技术革命时期（20世纪80年代）。1980年3月，日本通商产业大臣的咨询机构——产业结构审议会发表了《80年代的通商产业政策》，其中强调了"技术立国"的必要性，这是日本第一次在官方文件上提出"技术立国"。"技术立国"的实质就是要建立具有创新能力的国家来保持日本经济大国的地位。

这一时期，日本产业技术政策是追求创造性的技术政策，同时强调重视基础研究，核心是创造性的自主技术开发，重点是能源技术、电子技术、生物技术、材料技术、交通技术、空间技术、海洋技术和防灾技术八大领域。

（5）冷战后时期（20世纪90年代以来）。世界科技发展的大趋势，不是把科技成果当成全世界的公有财产，而是以发展科学技术来提高国家经济竞争力，把科学技术当成直接强化经济竞争力的有效手段。随着日本科技、经济的迅速发展，国力越来越强大，对其他国家（特别是美国等西方国家）构成很大威胁，引进技术变得越来越困难。到了1990年代，日本经济出现衰退。在这种背景下，基础研究被认为是推动经济发展的一个关键因素。为解决面临的严峻形势，并发展一个能够应对社会变化的新科技体系，日本的技术政策在20世纪90年代经历了重大的变化。

1990年代中期，日本政府提出了"科学技术创新立国"战略。1994年6月，日本通产省技术审议会提出了题为《为走向"新技术立国"推进综合性、战略性的国际产业研究协作》的报告，这个报告被称为是日本的"新技术立国"方针。并将1992年通过的《科学技术政策大纲》中提出的"与地球协调的全体的人类的共存"、"知识存量的扩大"、"可以安居乐业的富裕社会的构筑"作为今后科技发展的三大目标。

进入21世纪，日本确定了"关于科学技术的综合战略"，2001年第二个"科学技术基本计划"强调了对科学研究进行"综合性"和"战略性"投资的"必要性"，并将生命科学、信息通信、环境、纳米材料列为加大投资力度的"特别重点"，并根据产业技术战略进行资源分配，同时运用标准、评价等一系列产业技术政策工具促进技术创新和成果转化。

从日本的情况看，其产业技术政策往往产业导向非常明显，同时，它对消费类电子产品、信息通信等选择出来的战略性产业的发展往往采取了多种政策组合，主要手段体现在以下几个方面：①对研究开发给予支持。日本私人产业研发支出占全日本的73.8%，主要用于开发，而在基础科学研究上投入少。政府部门研发费用虽只占26.4%，但在基础研究上的花费却较高。②建立国家研究开发机构体系。从总体上讲，日本的研究开发活动由不同类型的组织进行，一是大型企业的地区和中央研究实验室，二是各类非营利研究组织，三是国营研究公司，四是地方政府和中央政府的国立（公立）研究所，五是国立、地方公立和私立大学。其中，国营研究公司、国立（公立）研究所、国立（公立）大学组成日本的国家研究开发机构体系。③制定税收优惠政策。税制优惠措施的对象主要是企业，目的是提高它们进行技术创新的积极性。④法律法规的保障。专利权、著作权等与知识产权相关的各种法律与制度，是从法律上保障从事研究开发等技术知识活动主体对其生产成果的所有、使用权利的制度。有了法律法规的保障，就会提高各经济主体研究开发的积极性。⑤技术预测。通产省的一个重要工作是通过技术预测来了解技术和市场发展趋势。

2. 美国

20 世纪 60 年代以前，美国基本上是一个信奉市场万能的国家，这种政策观念到肯尼迪政府时期有所变化。肯尼迪政府认为政府应在创新中起直接的作用，并于 1962 年提议实施民用工业技术计划（CTIP），但这一时期美国对创新还未形成社会共识，国会参众两院及白宫拨款委员会对创新政策或计划仍持有怀疑甚至否定的态度，因而该计划未获国会通过。

20 世纪 70 年代尼克松政府时期，由于石油危机、生产率下降、贸易赤字、失业等一系列经济问题迫使政府重新考虑经济的新动力问题，开始支持研究开发。1971 年尼克松政府提出"新技术机会计划"（NTO），1972 年成立联邦试验室技术转让联盟，并修订反托拉斯法以鼓励企业之间的合作研究。

卡特政府上台后，加大了对 R&D 的资助。1979 年，国会通过了"国家技术创新法"，使联邦政府资助产业技术发展的行为合法化，为美国产业技术政策系统化奠定了法律基础。

20 世纪 80 年代初，美国开始系统制定直接促进民用产业发展的技术政策。20 世纪的最后 20 年，美国制定了"拜–杜法"等 20 多项促进联邦实验室和大学公共技术向企业转移的法案，组织实施了一系列产业技术发展计划，逐步形成了比较系统的产业技术政策体系。1990 年，布什政府向国会呈送了"美国技术政策"文件，正式提出美国国家技术政策制定的基础、目标以及实施的战略和方案。

克林顿政府在 1993 年发表的政策声明《技术为经济增长服务：建设经济实力的新方针》中，提出推动技术开发、应用和扩散，加强政府与企业间的技术合作。克林顿政府优先发展信息、生物及清洁能源和环境技术，并提出信息技术计划、美国全球变化研究计划、气候变化研究计划、传染性疾病、航空安全、效率和环境卫生、植物基因组、食品安全、应付生态系统挑战的综合技术、教育研究计划，纳米技术 11 个国家研发重点领域。

1996 年克林顿政府发布《技术与国家利益》报告，提出"只有私人部门具有管理新技术的开发并使之市场化这一复杂过程的技能和能力，同时承认政府在提高私人部门的能力方面发挥着极其重要的作用"，确立了其技术政策目标。一是联邦政府在技术政策中的首要作用是为民间创造一个商业环境，使其创新和竞争的努力开花结果；二是联邦政府必须鼓励民用技术的发展、商业化和应用；三是联邦政府必须为建立 21 世纪的具有世界先进水平的技术与美国工业进步、促进商业的繁荣和发展的基础设施投资；四是美国的政策必须要寻求融合军事和商业工业基础的方式，使其既能满足国防安全需求又能满足民用技术的需求，既有效率又有效果；五是必须发展一支具有世界水平的、可进行快速变化、以知识为基础的劳动力大军。

小布什政府时期启动实施的主要计划有国家纳米计划、网络与信息技术研发计划、新的太空计划,气候变化研究计划、新能源计划等。这些计划旨在保护美国在相关科技领域的领先地位,同时也担负着振兴美国经济的重要使命,体现了科技重大优先领域与国家重大优先领域相互吻合的特点。

进入21世纪,美国政府加强了对未来产业技术发展的战略部署。2006年1月,小布什在《国情咨文》中宣布总经费达1360亿美元的"美国竞争力计划"(ACI),提出了可能对美国未来竞争力产生重大影响的一揽子应对方案。美国国家科技委员会(NSTC)生物技术分会联合美国联邦政府13个部门制定科学和工程领域的研究规划,于2007年6月推出了《推动组织科学和工程:多机构参与的战略计划》,瞄准未来技术发展机遇,确定八大战略优先项目。

2008年金融危机以后,美国政府运用财政、金融等政策应对危机的同时,更加注重运用产业技术政策支持新兴产业发展。2009年2月17日,奥巴马签署《2009年美国复兴与再投资法》,推出了总额为7870亿美元的经济刺激方案,其中,基建和科研、教育、可再生能源及节能项目、医疗信息化、环境保护等成为投资的重点,分别投入1200亿美元、1059亿美元、199亿美元、190亿美元和145亿美元;在1200亿美元的科研(含基建)计划中,新能源和提升能源使用效率占468亿美元,生物医学领域的基础性投入占100亿美元;20亿美元追加科研投资则主要分布在航天、海洋和大气领域。

目前,产业技术政策体系主要构成见表4-3。

表4-3 美国目前的产业技术政策体系主要构成

公共研发	对商业化和生产直接和间接的支持	对知识和技术的学习、扩散的支持
与私人企业的研发合同(完全公共资金或成本分担);与大学的研发合同和授权;国家实验室之间的研发;与企业联盟之间的研发合同;与产、学、研之间的研发合作	专利保护;研发税收;税收优惠;对新技术企业生产补助;新技术购买的税收优惠;政府采购;认证等	教育培训(包括科学家、工程技术专家、企业家、消费者等);技术知识扩散;技术标准;技术和(或)产业延伸服务;消费者信息

资料来源:J. Alic, D. Mowery and E. Rubin(2003).

四、20世纪80~90年代中国的产业技术政策

改革开放前,中国存在着系统、全面的产业技术政策。不过这些产业技术政策是以指令性计划形式存在的。产业、企业的技术发展、产品开发、技术改造,完全要以政府的指令性计划为准绳。政府不仅制定了直接管理到产品工艺的产业技术政策,并且承担了新产品开发研制的很大一部分工作(如各个工业部都有从事产品开发的研究所)。在这种体制下,产业、企业自主获得技术进步的利益冲动和能力受到了极大压制。

改革开放后,随着经济管理体制、科技管理体制的改革,政府对企业微观经营逐步放开,推动科技力量进入国民经济建设,产业技术政策作为产业政策的重要组成部分,逐步受到重视。改革开放以来,中国产业技术政策经历了一个逐步演化的过程。与日本的发展

有些类似的地方是，20世纪80年代到90年代前半期，技术引进和技术改造是中国产业技术政策的重点。这一时期，政府急于通过技术引进、技术改造及对引进技术消化吸收，缩短与国际水平的差距，同时使我国的国营企业在技术水平、产品水平上迅速提高。因此，这一时期的产业技术政策集中于对成套技术、装备引进的论证，企业技术改造方向的研究，产业技术水平的提高。需要指出的是，这一时期的产业技术政策具有明显的计划经济的特点，政府对技术引进不仅规定了技术路线与方向，而且具体干预技术项目和装备的选择。20世纪90年代后半期，技术商业化政策和技术转移政策成为产业技术政策关注的重点。这一时期，如何发挥我国计划经济时代已经具有的科技力量的潜力，使之为国民经济服务，成为政府关心的重点。同时高技术产业发展也成为产业技术政策的着力点。

总的来看，这20年基本可以划分为三个阶段：1985年前，改革开放启动阶段；1985~1992年，改革深化阶段；1992~1999年，全面实施"科教兴国"战略阶段。

第一阶段是"科学春天"重新到来的新时期。1982年，国家明确把科学技术列为经济发展的战略重点。这一时期，产业技术政策还处于萌芽阶段，还没有独立的产业技术政策。但是，国家从1979年起陆续展开了能源、交通、机械等领域技术政策的研究。1983年开始，国家科委、国家计委、国家经委会同有关部门，开始组织全国性的产业技术政策制定工作。

第二阶段中，1986年是我国产业技术政策的一个转折点——我国形成了单独的产业技术政策制定方式，改变了以前一直与科学政策合在一起制定的局面。国务院首次发布《中国技术政策》，包括能源、交通运输、通信、材料、机械、住宅建设、建材、农业、消费品、集成电路、电子计算机、城乡建设、环境保护等14项产业技术政策的要点。1986年产业技术政策的制定不仅形成了一批国家级的技术政策，并且推动了各部门、各地区技术政策的研究和制定。此后，一些部门和地方也陆续制定了本部门和地方的技术政策，如广东省科委参照《中国技术政策》，在1989年发布了《广东省十三个重要领域技术政策要点》；颁布了如《铁路技术政策》、《林业技术政策》等行业技术政策。

当然，除了这些冠以"技术政策"的规定以外，这一段时期的产业技术政策还包括很多：供给面最重要的政策就是提供公共研发，国家科委先后推出了"星火计划"（1986年）、863计划（1986年）、"火炬计划"（1988年）等；在高新技术方面建立了高新区、孵化器等，从宏观指导、基础设施提供、公共服务等方面为高新技术产业的发展打下了坚实基础。

第三阶段的开始是以党的"十四大"为标志。国家逐步重视以引导方式进行技术和高技术产业发展的宏观管理与调控，发布了一系列发展指南和发展目录，如国家计委、国家科委、国家经贸委联合发布的《90年代我国经济发展的关键技术》，科技部与商务部联合制定发布的《鼓励外商投资高新技术产品目录》，包括电子信息、航空航天、光机电一体化、生物医药与医疗器械、新材料、新能源与高效节能、环境保护、地球空间与海洋、核应用技术、现代农业等十一大类的917项产品。这一阶段大部分产业技术政策不是以独立的形式发布的，而是包含在产业发展规划、专项计划及产业政策中，如我国1994年发布的《90年代国家产业政策纲要》中就提出了产业技术政策的重点。

由于这一阶段，政府仍然通过计划、规划对产业、企业的资源分配起着主导作用，经济计划仍具有行政干预、并且直接分配资源的特点。因此，在这一阶段，产业技术政策通过政府科技管理部门和经济管理部门结合，推出的诸多产业发展计划、行动计划予以体现。例如，国家重大项目科技成果产业化计划、国家工程技术研究中心计划、技术创新工程、国家科技成果重点推广计划、社会发展科技计划、国家基础研究重大项目（攀登）计划，等等。这些计划带有明显的转型时代的特点，一方面政府直接组织、干预项目的实施；一方面又在某种程度上考虑到市场需要，一定程度上发挥了市场机制的作用。

产业技术政策在这一阶段，主要面向三个方面：服务经济建设、发展高技术产业、推动基础研究。在此基础上，原来结合比较松散的科技政策、产业政策，在这一阶段趋向于紧密结合，融入了产业技术政策。

这一阶段最大的特点是产业技术政策体系不断得到完善，支持产业技术创新最关键的金融、财税等政策层出不穷。财政、金融等方面支持产业技术政策的手段逐步完善，并且与发达国家相关政策日益接近。1996年和1997年，国家出台了《科技三项费用管理办法》、《关于促进企业技术进步有关财务税收问题的通知》、《科技周转金管理办法》、《国家级重点新产品补助经费管理办法》、《重大装备国产化创新研制项目贷款贴息资金管理办法》、《电子信息应用贷款项目贴息资金管理办法》、《技术改造专项贷款贴息资金管理暂行办法》、《关于促进科技成果转化有关税收政策的通知》、《技术改造国产设备投资抵免企业所得税暂行办法》，等等。

在推出一系列产业技术政策的同时，开展科技体制、产业技术研究开发体系、产业技术成果转化机制等方面的深刻改革。例如，中关村高技术产业园的崛起、各地高技术产业园的设立与发展就是这些改革与产业政策变化的集中体现。

20世纪后20年，从总体上看，我国经过不断探索，初步形成了产业技术政策体系，产业技术政策在国家产业政策体系中的地位与作用逐步提高。产业技术政策促进了我国整体产业竞争力的提高，产业基础研究取得了很多重大成果，产业技术前沿不断取得突破，科技成果的转化率有所上升，高新技术产业发展迅猛。

五、21世纪初中国的产业技术政策

2000年前后，中国产业技术政策颁布实施呈现出加速增长趋势，形成了一股推动产业技术创新、发展高新技术产业的高潮。

2000年，国家计委、经贸委颁布了《当前国家重点鼓励发展的产业、产品和技术目录》、《关于深化改革，建立面向行业的技术开发基地的意见》；国务院颁布了《国务院关于印发鼓励软件和集成电路产业发展若干政策的通知》；国家经贸委颁布了《关于加速实施创新工程，形成以企业为中心的技术创新体系的意见》。

2002年，国家经贸委、财政部、科技部和国家税务总局联合发布《国家产业技术政策》。从产业范围看，包括高技术产业、农业、能源（煤炭、电力、石油天然气）、环保、交通运输业（铁路、公路、水运、民航）、原材料（钢铁、有色金属、石化、化工、建材）、加工制造业（机械、重大装备、汽车、仪器仪表、轻工、纺织、医药、烟草）、建筑业、国防工业和其他产业（内贸流通、标准、计量、安全、锅炉和压力容器等），几乎覆盖了我国所有产业。从产业技术政策内容看，包括促进投资政策、研发政策、技术引进政策、技术标准、区域政策、知识产权政策、产业安全政策和人才政策等，形成了比较系统完整的国家产业技术政策框架。其后，相关的政策还包括《用高新技术和先进适用技术改造提升传统产业的实施意见》《关于加强对外贸易中的专利管理意见》等，产业技术政策体系中一些新的政策工具如标准、专利变得越来越重要。

2004年起，国家发改委、科技部、商务部、国家知识产权局联合制定《当前优先发展的高技术产业化重点领域指南》并每两年修订和发布一次。在技术进出口管理方面，2001年，科技部与外经贸部发布了《中国禁止出口限制出口技术目录》，2002年国务院发布《中华人民共和国生物用品及相关设备和技术出口管制条例》等。

2006年，我国发布了《国家中长期科学和技术发展规划纲要（2006~2020年）》（以下简称《规划纲要》），《规划纲要》系统地提出了我国新时期的产业技术政策方针和要点，包括激励企业技术创新的财税政策、促进自主创新的政府采购、实施知识产权战略和技术标准战略纲领等。同时，各部门还分工负责制定出台了一批实施细则。截至2009年5月，已经出台了78项实施细则，主要涉及科技计划支持人才培养、技术标准、高新区发展和孵化器认定管理、科研设施和科研基地开放、依托转制院所建立重点实验室等。各地方也制定了相关配套文件，到2008年底，各省市共出台了570多个政策文件，其中大部分为产业技术政策。根据科技部调研，重点政策如科技投入政策、企业研发费用加计扣除政策、高新技术企业税收优惠政策、金融支持政策、政府采购政策等都取得了良好的效果。

需要特别指出的是，在《规划纲要》中确定了一批国家重点攻关的重大工程，这些工程的实施，实际上对于相关行业的技术能力形成、技术路线起到了引领作用。从这个意义上说，这些重大工程的确立与实施，也是国家产业技术政策的制定与实施。

2008年，全球金融危机爆发后，为应对危机，中国政府陆续出台了汽车、钢铁、船舶、电子信息、有色金属、石化、装备制造、轻纺、物流等产业的调整和振兴规划。在这些规划中，除了针对市场的政策外，相当一部分政策措施是针对各个产业技术改造、提高技术标准、淘汰落后产能、加速技术研发的产业技术政策。这些产业技术政策的出台，使中国政府在应对危机与机构调整间，保持了政策的兼顾。

2010年，国务院颁布了《国务院关于加快培育和发展战略性新兴产业的决定》。这是一个具有深远意义的文件，它确定了中国"十二五"期间的产业选择，也确定了这些产业发展的大致技术路线。战略性新兴产业是引导未来全球竞争的重要因素，发达国家在应对经济危机的同时，以国家力量大力支持战略性新兴产业的崛起。为了在新一轮竞争中获得主动地位，中央政府及时地推出了支持战略性新兴产业的政策，对于未来我国经济发展，调整产业结构，技术进步，都具有重要意义。

但是，由于新兴产业面临着极大的技术与市场的双重不确定性，因此在战略性新兴产业领域制定产业技术政策，也面临着极大的挑战。今后这一领域产业技术政策的制定，应当尽量减少政府的过度干预，保持政府在技术判断上的中立态度，尊重市场，及时地进行政策调整。

21世纪的前10年，随着国际产业竞争格局的变化，中国综合国力的提高，中国的产业技术政策体系也发生了很大变化，技术政策理论阐述的各种政策工具在中国基本都已出现：供给面的科技资源投入、科技中介、税收、金融、标准、专利、产业规制等政策，需求面的补贴、政府采购等，环境面的各项法律、法规、高新园区和产业基地的建设和配套政策等。

21世纪的前10年，随着技术创新成为国家战略，产业技术政策与区域开发进一步紧密结合，成为推动区域产业升级、自主创新能力提高的政策工具，产业技术政策与鼓励创新的财政税收政策结合，从整体上对地方经济发展、自主创新产生了较大影响。科技部与相关部委共同组织了国家技术创新工程；在全国范围内推进国家技术创新体系的实施企业技术研发中心的建设；在全国建设为技术创新服务的实验、中试平台。2010年2月，青岛被批准为国家首个技术创新工程示范城市。

21世纪的前10年，中国的产业技术政策还把关注点拓展到第一、第三产业。例如，科技部通过推广"科技特派员"制度，促进技术下乡，取得了较好效果。通过促进高技术与文化创意产业结合，加速文化创意产业的发展。

21世纪的前10年，产业技术政策作为产业政策的重要组成部分，同样在政府经济宏观调节中发挥越来越大的作用。例如，在政府为应对全球金融危机出台的"十大产业振兴政策"中，都包括了产业技术政策，政府通过产业技术政策，在维持经济增长的同时，淘汰落后产能，促进新兴产业、新技术、新产品的发展，以期在维持经济增长与结构调整间保持相对的政策均衡。

进入21世纪，节能减排成为产业技术政策的核心内容。例如，国家发展与改革委员会于2011年12月30日公布的《国家重点节能技术推广目录（第四批）》中，涉及煤炭、电力、钢铁、有色金属、石油石化、化工、建材、机械、纺织、轻工、建筑、交通、通信13个行业，共22项重点技术。[①]

六、21世纪初中国产业技术政策制定的过程

产业技术政策可以大致分成以下三个层面：

国家战略层面的产业技术政策。例如，863计划、国家中长期科技发展规划、登月计划等。这一层面的政策关系国家发展全局。

产业发展战略层面的产业技术政策。例如，新能源汽车计划、可再生能源中长期发展规划、第三代数字移动通信技术标准的制定与选择等。这一领域的产业技术政策既关系到整个产业的兴衰，也在某种程度上关系到国家利益，与宏观经济发展密切相关。

产业微观层面的技术政策。例如，政府对汽车燃油进行规划制定的各类汽车燃油消耗标准、对家电产品能耗进行规制的能耗标准等。

---

① 《政府采购报》，2012年1月11日。

国家战略层面的产业技术政策制定,一般由政府最高层统筹协调,由相关部门具体负责组织实施。例如,《国家中长期科学和技术发展规划纲要》(2006~2010)就是在国务院有关领导直接领导下,集中了各个领域的专家、官员2000多人参与了规划的写作与讨论。在制定过程中,体现了理论与实际的结合,自然科学与社会科学的结合。由于高层重视,直接领导在规划制定过程中避免了部门、行业色彩,制衡了部门、行业对于利益的过度追求。其中许多报告有关专家十几易其稿。最后规划的定稿,还征求了中国科学院、中国工程院、中国社会科学院有关专家的意见。

由于产业技术政策受到科学技术发展客观规律的强约束,因而在全球主要国家(包括发达国家和新兴国家)产业技术政策呈现了较高的相似度。中国政府在制定产业技术政策时,往往借鉴、参考美国、欧盟、日本、韩国等国家和地区的相关政策。在确定战略性新兴产业、战略性技术、国家级大型科学工程、重点攻关项目时,尤其如此。在具体产业政策手段的运用上,也经常参考相关国家的做法。

产业发展战略层面的产业技术政策,一般由有关政府部门具体负责制定。科技部、国家发展与改革委员会在产业技术政策制定过程中,往往处于主导地位。在产业政策制定时,有关政府机构首先会委托有关协会、学会或其他研究机构进行技术性预研。然后,相关部门会召集有政府部门、企业、中介机构、研究机构参与的政策起草。在初步形成政策构想草案后,再分别召开政府相关部门、行业、企业、研究机构参与的征求意见会议。会议形成共识,并且吸纳有关意见,进行修改后,上报国务院。

在这一层面,部门之间、行业之间的利益,有时会发生比较激烈的冲突。

产业微观层面的技术政策,一般局限于某一行业内,或者以一个行业为主,在政府相关主管部门领导或指导下,进行制定。在政策制定过程中,有时主导企业发挥着重大作用,或者在主导企业、主导利益集团支持、影响下,由行业相关中介组织进行具体操作。例如,中石油、中石化对于石化产业技术政策就有着极大的影响力。大企业主导或影响产业技术政策,不仅因为其与政府的关系,更主要的是其具有影响、制定产业技术政策的实力。因为大企业或大企业集团一般拥有自己的技术开发研究机构、拥有行业内有影响力的专家,政府也不得不依靠其研究机构的力量。更重要的是,只有大企业才有为了自身利益提供公共产品的动机。但是,也正因为如此,在这一层面,利益冲突更加激烈。因为所涉及的产业技术政策,往往直接影响到企业在市场上的具体利益和竞争态势。例如,关于电动摩托车技术标准的制定,由于牵涉企业的具体利益,结果不了了之。

需要指出的是,产业技术政策制定过程中,专家学者(尤其是中国科学院、中国工程院院士)有着较大话语权。某一领域的权威、战略科学家,对某些问题的看法,往往对政策制定产生较大影响。学会、协会等组织在产业技术政策制定时发挥的作用,也比制定其他产业政策时发挥的作用要大。

由于中国在经济、科学技术方面仍然处于后发国家地位,因此在产业技术政策制定时,往往借鉴发达国家的某些政策,乃至直接引用相关政策、技术标准。例如,在制定《国家中长期科学和技术发展规划》时,就充分借鉴了发达国家科技发展规划的成果与经验。又如,汽车工业就引入了欧洲排放标准,从欧1到欧4,逐步提高中国汽车工业的排放标准。

七、中国产业技术政策制定与实施面临的挑战

未来的10~20年是我国经济、科学技术发展的关键阶段。如何促进自主创新、促进自主创新能力的形成、提升我国产业技术水平、发展新兴产业、带动产业转型和升级是未来10年制定与实施产业技术政策需要关注的战略重点。

从中国经济发展水平、工业发展水平看，中国的多数产业已经完成了规模扩张的历史任务，许多产业已具有了相当的国际竞争力，在这种情况下如何重新确定政府产业技术政策介入层面、介入领域，介入重点，需要认真地予以研究。

产业技术政策如何在支持中国产业发展的同时，既有利于我国对外开放和我国企业走出去，又有利于我国商品在国际市场上的竞争，这的确是面临着复杂的战略考量。

目前，政府各个经济管理部门制定和运用产业技术政策，干预相关产业发展趋势日益突出。这种趋势会不会导致政府对微观领域的经济发展过度干预，以致影响了市场机制发挥作用，也是值得深思的问题。

从近年的趋势看，我国产业技术政策内容进一步扩展，知识产权和技术标准、技术转移等产业技术政策受到重视，产业技术政策也日趋成为一个庞杂的政策系统。但是，还存在着很多问题：一是仍然还有一些关键的产业技术政策存在缺失，一些政策还流于一般，缺乏更加细致的、可操作性的规定。例如，《规划纲要》配套政策中技术开发费用加计扣除的政策，在现实中就需要科技、税务等部门制定更加详细的规定。二是一些政策目标还尚不一致，需要加强协调。比如一方面鼓励企业和转制院所共享大型科研仪器设备；另一方面海关从监管的规定出发，要求企业免税进口的科研设备不得由其他单位使用。三是由于政策数量的庞大，加大了执行的难度。

所以，从理论和实际操作看，产业技术政策还有许多新课题、老问题需要破解：

第一，产业技术政策制定。产业技术政策的设计应该从更系统的思维去思考、去布局，并按公共政策的制定程序制定产业技术政策，使产业技术政策更全面地反映企业自主创新的要求，解决各类产业技术政策的协调和产业技术政策与其他产业政策的协调问题。某些产业技术政策应该提高层级，实现决策的民主化、科学化、专业化。

第二，政府干预的程度问题。这是一个持久的话题，传统的理论一般认为市场能解决大多数问题而不需要政府干预。但是从日本的经验看，适度的干预会改变整体产业技术创新的面貌。同时，美国这样的国家也越来越注重产业技术政策工具的运用。所以，在基本解决产业技术政策的正当性之后，政府干预的程度就是一个必须面对的问题，中国需要更加有力的、表达清晰的、各方利益表达清楚的产业技术政策。

在促进战略性新兴产业时，尤其要注意防止政府通过产业技术政策过度介入，导致产业化、市场化阶段由于政策引导失误，出现大的方向性偏差。在辨别何为战略性新兴产业、战略性新兴产业发展技术路径等方面，尤其要给市场选择以足够的空间，让市场机制发挥作用。在建立发展战略性新兴产业的战略联盟时，也要注意防止政府过度介入，以主观意

志代替企业和市场的选择。

第三，我们应该选择什么样的技术。从金融危机各国的政策动向看，大都集中在新能源、生物技术、信息技术等领域，应该说大的方向有了基本共识。但是在更加细分的领域，却并非如此，如美国支持新能源的多个技术路线。我国则存在发展新兴产业和传统产业升级并存的现实问题，这需要产业技术政策更加好地去把握。

在产业技术方向选择上，既要注重技术的先进性，又要注重技术与市场的契合性，避免由于过度迁就技术偏好，导致政策失误，资源浪费。产业技术政策同样要着眼于发挥市场机制的基础作用。

第四，产业技术政策应该在什么阶段大力支持。从目前的现实看，国家仅仅在"竞争前"阶段提供支持是远远不够的，企业的逐利性、风险规避性都导致了它们很难承担某些重大技术突破的商业化。而当新产品、新产业出现后，对于需求的拉动会有影响，或多或少地会引起一些贸易纠纷和外界的指责，政府酝酿许久的对创新产品的鼓励政策因此一直未能出台。所以产业技术政策的表现方式、干预力度会必须考虑竞争规则的维护、国际规则的遵守等诸多问题。

第五，产业技术政策制定过程中如何确定各有关政府部门的分工、合作。目前，在产业技术政策制定过程中，存在着相关政府部门重复制定、重复推动的情况。例如，"国家创新型城市"的推动，科技部在试点，国家发展与改革委员会也在搞。部门间协调不够，导致资源浪费，政策制定成本提高，政策效用下降。多部门重复搞内容相同的产业技术政策，在一定程度上反映了部门间权力、资源的博弈。今后，高层次、战略性的产业技术政策，有必要在国家最高层面予以协调，明确职责与分工。

第六，产业技术政策制定过程中，如何实现军民融合是一个值得深入研究的大问题。制定大致统一的产业技术政策是军民融合的基础。这一问题关系到军民产业的融合，军民科技资源与产业资源的优化配置。目前，这方面工作尚未展开，今后应当加速这方面的进展。

第七，如何制定有效的支持中小企业技术进步的产业技术政策，仍有待深入研究。

第八，如何支持产业共用技术的研究。在我国上一轮科技体制改革中，把原部委所属从事产业共性技术、基础技术研究的科技院所基本并入了各个大企业集团或成为独立经营的企业归国资委领导。现在看来，有必要重新审视这一问题。即便在发达国家（如日本）也仍然存在着从事产业基础技术、共性技术研究的政府财政支持的研究机构。缺乏为行业服务的公益性或半公益性研究机构，使行业面临的许多共性技术问题的解决（如产业技术标准、关键性技术的攻关）受到相当影响，也影响着产业技术政策的实施，因此需要予以认真研究。

第九，如何对国家产业技术政策支持下形成的科研成果进行有效管理，是一个值得认真研究的大问题。目前，在国家重大科技工程攻关及"863"、"973"等高技术计划中形成了大量科技成果，但由于缺乏管理，这些成果难以有效产业化、商业化，难以产生外溢效果。使政府财政投入，没有真正发挥全部作用，没有对公共利益产生最大化效应，同时也使国家产业技术政策的绩效难以得到准确评价。因此，今后要建立对产业技术政策绩效进行评价的指标体系，加强对政府财政投入形成科研成果的管理。

第五章 财政政策、货币政策与产业政策
——21世纪初中国经济宏观调控模式探讨

从20世纪80年代开始，中国经济体制改革在逐步深入的同时，经济政策体系也开始了深刻的转变。产业政策在经济宏观调控中的作用持续上升，应用范围逐步扩大，甚至深入到了产业内部、企业经营管理等微观层次。20世纪90年代以来，随着经济体制逐步转变为市场经济体制，经济计划逐步由指令性计划转变为指导性的经济规划，产业政策逐步成为政府进行日常经济调控的重要手段。进入21世纪以来，产业政策实际上已成为与财政政策、货币政策并列的政府推动经济发展，进行经济宏观调控的重要政策。财政政策、货币政策、产业政策三大政策并用，成为中国政府推动经济发展，管理经济的重要特征。

本章之所以特别提出这一点，是基于对20世纪90年代末至今，中国政府推动经济发展，调控宏观经济的政策特点，基于实证研究的经验。至于这种调控方式的内在深刻原因的理论问题，则有待今后进一步深入研究。

一、产业政策在经济宏观调控中的作用的经验分析

1. 21世纪初产业政策的重要性进一步提高

据笔者牵头的中国社会科学院重点课题"21世纪初中国产业政策变动趋势"课题组，对2000~2010年中国产业政策进行的系统研究，与20世纪90年代相比，21世纪初中央政府陆续出台的产业政策数量上呈增加之势，涉及第二产业各主要产业，并且扩展到第一、第三产业（如针对文化产业发展，推出了系统的产业政策）。

与20世纪90年代相比，21世纪初中央政府、地方政府对产业政策的运用更加频繁，对产业政策的作用更加重视。课题组对2000~2010年产业政策进行了问卷调查，其中一项问答题是：产业政策的作用与20世纪90年代相比有何变化？"（共四个选项：作用增强、没有变化、作用减弱、作用明显减弱）。对此做出回答的363人中，认为作用增强的人有168人，占46%；认为没有变化的人有84人，占23%；认为作用减弱的人有93人，占26%；认为作用明显减弱的人有18人，占5%。可见进入21世纪后，产业政策的地位和作用非但没有减弱，反而有所提高。

课题组对2000~2010年颁布的165个重要产业政策文件进行分析，根据各个政府管理

部门主导和参与产业政策文件的数量确定其对产业政策的影响力排名，依次是：国家发展与改革委员会、工业和信息化部、财政部、商务部、银监会、税务总局、央行、国土资源部、环境保护部、科技部、质检总局、交通部等。多数政策实际上是中央政府多个经济管理部门综合协调会商的结果。虽然参与程度不同，但是参与部委囊括了国务院所有经济管理部门、科技管理部门。由此可见，20世纪90年代至今，产业政策逐步成为与财政政策、货币政策并列的重要宏观经济政策。产业政策实际上已成为中央政府管理经济的主要途径之一。

2. 产业政策应用领域发生很大变化

在中长期经济结构调整与布局方面，产业政策可以理解为在一定程度上替代经济计划的政策手段。尽管这种政策替代是一定程度上的，但是在主要方面起到了原来计划经济试图达到的作用。例如，产业结构升级、新兴产业的扶植、产业组织结构调整等。以产业政策替代系统的指令性经济计划是政府逐步退出对经济的直接干预，发挥市场机制基础作用，给企业自主经营权后，又试图保持对经济发展的干预和影响力的合乎逻辑的选择。正因为如此，20世纪80年代产业政策受到政府重视后，主要用于解决产业结构调整，扶植战略性产业发展，促进技术水平提高等中长期问题。

自20世纪90年代末，尤其是亚洲金融危机以来，中央政府对产业政策的运用发生了巨大变化：产业政策逐步由影响经济中长期发展的政策转变为兼顾经济中长期发展与经济周期调控、经济危机管理的政策。产业政策作为短期宏观经济调控工具的作用，逐步显现。

我们从扼要地对亚洲金融危机，2008年全球金融危机发生前对经济增长过热调整及全球金融危机中政府的经济宏观调控政策的分析中，可以清晰地看到这一变化（见表5-1）。

表5-1 亚洲金融危机、2008年抑制经济过热与全球金融危机中政府的宏观政策

	1997年亚洲金融危机	2007~2008年抑制经济过热	2008~2009年全球金融危机
财政政策	1998年财政发行1000亿元十年期国债。中央赤字预算由年初460亿元，调整为960亿元。借商业银行1000亿元贷款。1999年初，在发行500亿元国债基础上，增发600亿元国债，用于重点建设和企业技改。中央和地方财政安排资金支持担保机构，为中小企业贷款提供担保。提高企业技术改造投资比重	稳健的财政政策。保持财政收支不人为扩张或压缩，保持财政收支相对平衡。维持预算收支基本平衡。逐步削减赤字余额。财政资金更多地转向公共财政等基础性领域。抑制过热行业的发展	中央承担投资1.18万亿元。增发6000亿元转贷给地方政府，带动地方政府和社会投资，总规模约4万亿元。增加财政补助规模，提高城乡低收入群体收入。国家财政对购买小排量轿车、汽车以旧换新，家电以旧换新、家电下乡给予补贴。大力支持科技创新、节能减排
货币政策	下调存款准备金，由13%降到8%。下调贷款基准利率。放宽金融机构对中小企业贷款呆账核销条件	从紧的货币政策。连续提高存款准备金，提高货币基准利率。央行对信贷规模进行行政限制。压缩高耗能、高耗材、高污染产业的信贷规模	连续降低存款准备金，降低基准利率。出台金融促进经济发展政策措施：促进货币信贷稳定增长，追加政策性银行2008年度贷款规模；鼓励金融机构在风险可控前提下，对基本面较好、信用记录较好、有竞争力、有市场、有订单但暂时出现困难的企业给予信贷支持；稳定股票市场运行，增加债券发行规模；发挥保险的保障和融资功能，引导保险公司以债权等方式投资能源、交通和农村基础设施；拓宽企业融资渠道，允许商业银行对企业发放并购贷款；要求各主要商业银行成立服务于中小企业的独立信贷机构，商业银行对中小企业贷款增速不低于各项贷款平均增速

续表

	1997年亚洲金融危机	2007~2008年抑制经济过热	2008~2009年全球金融危机
产业政策	全社会固定资产增长幅度由10%提高到15%。集中力量加快发展公路、铁路、通信、环保、城市、农村基础设施建设（包括城镇污水、垃圾处理设施、城乡电网、中央直属粮库等）。加速发展高技术产业。加速企业技术改造	对"产能过剩"产业的新建项目进行行政干预。通过提高电价，紧缩土地供应，严格执行技术标准，压缩过剩产能，淘汰高能耗、高耗材、高污染的落后企业。降低劳动力密集产品出口退税	推进客运专线、西部干线等铁路建设和城市电网改造，解决高速公路网连通问题。建设保障性安居工程。改善农村文教卫生基础设施。推出钢铁、汽车、船舶、石化、纺织、轻工、有色金属、装备制造、电子信息、物流十大产业调整与振兴规划。制定战略性新兴产业发展规划。加速企业技术改造

资料来源：笔者根据有关文件、资料、报道整理。

从表5-1可以看出，自20世纪90年代末以来，中国政府在应对经济危机冲击及经济周期调节时，都是财政政策、货币政策、产业政策并用的，三大政策并用已经成为中国政府宏观经济调节的重要特点；产业政策已经成为政府对经济周期进行调整的重要工具；产业政策正在由进行中长期经济结构调整、产业组织结构调整、推动技术升级的政策工具转变为短期内应对经济过度波动，调节经济周期的政策工具；尽管产业政策在平时较广泛地用于经济增长的结构、水平的管理，但是在应对危机时，仍然具有与财政、货币政策相同的刺激经济需求总量的特点，这与产业政策平时运用的重点与目标是相悖的；产业政策作为抑制经济危机、刺激经济增长的政策，其重点是基础设施领域及具有战略意义的产业，在刺激总需求的同时，兼顾了未来产业发展、国际竞争力的提高。

1998年的亚洲金融危机、2008年的全球金融危机中，我国政府迅速出台的积极的财政政策、宽松的货币政策与应对危机的产业政策表明，我国这样一个发展中的大国，积极的财政政策、宽松的货币政策与产业政策相结合，有广阔的、效果比较明显的投资空间。由于我国基础设施尚不发达，产业实力明显薄弱，因此财政资金投入方向的选择比较容易。财政政策与产业政策相结合，则进一步引导了金融企业的投入方向，并为危机后国家长远的经济发展奠定了基础，增加了后劲。积极的财政政策、宽松的货币政策与危机时期的产业政策相结合成为1998年以来中国政府应对危机及对经济周期逆向调节时的政策特点。

中国政府在应对经济危机冲击及进行经济周期调节时，财政政策、货币政策、产业政策并用，可以看成是政府三大政策应用的特例。从整体上看，自20世纪90年代末开始，中国政府的经济宏观管理，可以说已进入了财政政策、货币政策、产业政策并用的时代。产业政策从某种意义上说，是政府在市场经济体制下，干预、引导实体经济结构与发展方向的政策途径，是政府以一种相对适应市场经济的、较有弹性的政策取代了过去的指令性计划。

产业政策与财政政策、货币政策结合的经济宏观调节模式，有利于在经济周期的波峰与谷底进行选择性调控，用政策语言说即"有保有压"。对不同产业运用不同的产业政策，避免了计划经济体制下我国经济调控中长期存在的以计划行政手段"一刀切"，导致经济大起大落的弊病，也是我国经济自20世纪90年代末以来，能够较稳定增长的重要因素。

产业政策与财政政策、货币政策结合，平时有利于产业结构调整，战略性产业发展，经济增长方式转变；在危机及经济周期处于谷底时，决策效率较高，有利于引导财政、货币政策的方向，有利于虚拟经济与实体经济结合，进行有效调节，有利于危机后经济的成长。例如，亚洲金融危机爆发时，中国以财政、货币、产业政策引导资源投向公路等基础设施，使中国高速公路网迅速发展。2008~2009年金融危机中，财政、货币、产业政策又引导资金投向铁路。2011年上半年，建行铁路贷款余额1100多亿元；中行对铁道部信贷总额807亿元，其中贷款余额578亿元，债券214亿元，另外还有十几亿元的贸易融资；截至7月末，农行的铁路贷款余额700亿元，持有铁路债券余额600亿元左右。中国已建成世界规模最大的高速铁路网。

2011年末，中央经济工作会议提出："要继续实施积极的财政政策和稳健的货币政策。财政政策要继续完善结构性减税政策，加大民生领域投入，积极促进经济结构调整，严格财政收支管理，加强地方政府债务管理。货币政策要根据经济运行情况，适时适度进行预调微调，综合运用多种货币政策工具，保持货币信贷总量合理增长，优化信贷结构，发挥好资本市场的积极作用，有效防范和及时化解潜在金融风险。财政政策和信贷政策都要注重加强与产业政策的协调和配合，充分体现分类指导、有扶有控，继续加大对'三农'、保障性住房、社会事业等领域的投入，继续支持欠发达地区、科技创新、节能环保、战略性新兴产业、国家重大基础设施在建和续建项目、企业技术改造等。"①这是中央文件中首次提出财政政策、信贷政策与产业政策协调和配合，意味着后金融危机时代，中国仍采取了三大政策共同调节的宏观经济调节方式，也意味着中央明确地把三大政策的协调运用作为经济宏观调节的指针与路径。最近，温家宝总理在全国金融工作会议上提出："金融监管能力有待提升，信贷政策与产业政策结合得还不够紧密，对实体经济的支持还不够及时有力。""要坚持金融服务实体经济的本质要求，牢牢把握发展实体经济这一坚实基础，从多方面采取措施，确保资金投向实体经济，有效解决实体经济融资难、融资贵问题，坚决抑制社会资本脱实向虚、以钱炒钱，防止虚拟经济过度自我循环和膨胀，防止出现产业空心化现象。"②温家宝总理的讲话，明确了三大政策在经济发展中的协调，即金融政策、财政政策与产业政策结合，服务于实体经济，明确指出了金融政策如果不与产业政策结合，可能会出现的问题。

从中国产业政策制定与执行过程20余年的实践看，产业政策制定与执行过程逐步向民主化、公开化演进，利益集团之间的博弈得到了更加明确的反映，博弈规则逐步法制化，决策依据逐步建立在市场机制基础上。③从这一演化角度看，产业政策只要建立在市场机制基础上，尽量减少政府行政部门的单方面、主观干预，充分反映、协调政府与企业，相关利益集团的看法与利益，其与市场的兼容性就可能逐步提高，不应把产业政策作为政府盲目、过度干预经济的手段，与市场机制截然对立。近年来发达国家的官员、学者也逐步认识到这一点："现实是政府不能回避产业政策。唯一的问题是这些选择和政策是否将由某种全局的战略和原则所指导，还是只由某种古怪的行为以及政治平衡所主导。美国的思想家、

---

① 《中央经济工作会议12月12日至14日在北京举行》，新华社。
② 《温家宝总理在全国金融工作会议上的讲话》，《新京报》，2012年1月8日。
③ 赵英：《21世纪初中国产业变动趋势实证分析》研究报告，工业经济研究所，2011年10月。

领导人和媒介必须要清楚这些产业政策选择的必要性,这一点是刻不容缓的。"[1]

从上面的经验分析可以看到,20世纪90年代以来,产业政策与财政政策、货币政策结合进行经济宏观调控,是一个持续观察到的客观进程与经验概括,[2]将是今后一个时期中国政府进行经济宏观调控的、相对的稳定模式。如何理解与分析这一政府经济管理模式,本章在后面进行初步分析。

二、三大政策并用的经济宏观调控模式存在的体制弱点

中国政府采取财政、货币、产业政策并用的经济宏观管理方式,固然有其优点,但也要看到,由于中国的经济体制与机制,也有其必须予以重视的弱点,需要总结经验,不断改进。

首先要看到中国的财政、货币体制,均受到政府(包括地方政府)行政权力的强大干预。存在着"软财政"与"软金融"问题。在现行体制下,尤其要警惕目前中央政府有关部门与地方政府在不同程度上对财政、金融资源使用有较大影响力。在外部力量对行政权力缺乏有效制约的体制下,可能出现财政资源的误用、滥用,可能出现行政权力对金融企业的强制、误导乃至诱发系统性金融问题。

所谓"软财政"指的是政府缺乏宪政体制下的严格法律制约,导致财政收支、预算平衡受到行政部门乃至官僚个人决策的巨大影响。实际上,在许多地方的政府财政支出、确定地方经济发展规模与计划时,可以清晰地看到这一点。在应对本次全球经济危机时,许多地方的政府不顾本地财政能力,透支政府信用,过度举债,过度使用国有土地等政府资源,使庞大的基础设施建设及其他经济建设项目所欠债务,需要后面几届政府才能偿还。这种情况在地方政府换届前后尤其突出。

"软财政"的另一表现是,财政挤压金融,地方政府可以通过实际存在的很大影响力,迫使银行为风险较大项目或政绩工程贷款;以财政担保、政府信用进行融资,最后导致风险向金融企业转嫁。

"软财政"的一个特点是,中央政府在目前财政税收体制下,难以有效监控地方政府投资行为,难以了解其投资总规模,也难以控制其投向与产业相符合。以本次应对全球经济危机为例,地方政府固然从中央政府刺激经济的4万亿元总规模中收益,更主要的是获得了"大干快上"的合法性,实际地方开工项目的规模,要大大高于4万亿元总规模。每一级政府都面对着下级政府实际动工规模超过原来预想的情况。全球金融危机中,为防止地方政府挪用中央专项财政资金,中央不得不派出副部级干部率领的督察组,监督财政资金

---

[1] [美]克莱德·普雷斯托维茨:《经济繁荣的代价》,中译本,中信出版社,2011年版,第284页。
[2] 中国社会科学院工业经济研究所"中国产业政策实证研究"课题组,在前后两次对此课题进行研究,持续20年跟踪基础上得出了这一结论。见赵英:《21世纪初中国产业变动趋势实证分析》研究报告,中国社会科学院工业经济研究所,2011年10月25日。

使用。根据国家审计署的统计，2010年度地方政府违规债务高达5308亿元，其中351亿元被用于投向资本市场、房地产和"两高一剩"（高能耗、高污染、产能过剩）项目。①2011年中央政府不得不允许某些地方政府发行地方债券，实际是中央政府被地方政府过度举债、扩大建设规模胁迫，不得不为之收拾局面。

所谓"软金融"指的是金融体系缺乏足够独立性，缺乏足够的法律法规保护，使其难以抗拒行政权力的干预，难以遵照金融企业运行规律从事运营，规避风险。在我国金融体系运行中，存在着地方政府依靠出卖土地，形成所谓"土地金融"的现象。"土地金融"就是地方政府把征收来的土地，到银行抵押或质押贷款，据统计到2010年我国地方政府各类融资平台总负债10.7万亿元，其中大部分是以土地抵押或质押的。②

正是由于存在着"软财政"与"软金融"的问题，在目前体制下，容易出现行政权力过度运用财政政策，财政政策绑架金融政策的情况。地方融资平台，主要承担为政府政策性融资的任务，同时又通过一般性金融路径进行融资，目标与操作手段之间存在着内在的严重冲突，实际上是地方政府财力不足，挤压金融的工具。地方政府既是主导方、受益方、经营方，甚至也是支付方。2010年末，全国融资平台贷款中，项目贷款余额近5万亿元，占全部融资平台贷款比例已超过80%。③地方融资平台的平均资产负债率高达98%。到2011年6月末，五大银行地方政府融资平台贷款余额为：中行5315亿元；建行5800亿元；工行9310亿元；农行5301亿元；交行3083亿元。其中，平台贷款余额最大的为工行。五大银行占全部地方融资平台贷款的27%左右。④五大银行融资平台贷款80%投放于地级市，依靠地方财政还款的可能性较大。由于我国金融资产结构中，银行融资占比过高，因而地方政府对银行（尤其是地方商业银行）的挤压成为影响银行状况的重要因素。

由于产业政策内在的弱点，也存在着应当注意的问题：一是产业政策主要目标转变为应对经济不景气，启动市场，保持经济增长速度的短期目标，与调整产业结构、转变经济增长方式、促进产业升级换代等中长期目标相矛盾，如何处理好既刺激经济，又尽量不影响产业结构调整，不产生重复建设、过剩生产能力，影响将来的经济增长，是危机时运用产业政策时面临的主要问题，也许这是危机时使用产业政策难以解决的矛盾，只能权衡利害予以抉择。二是危机时产业政策的推出，容易导致各个利益相关方积极博弈，获得政府财政资源及通过政府获得金融资源，同时由于决策仓促，导致资源浪费。三是准确判断何为值得支持的产业和产品，对中央政府来说，是一个巨大挑战，对地方政府则是更加艰巨的任务。产业政策的失误，可能误导财政资源、金融资源的投入，因为产业政策的推出，实际上宣示了政府政策倾向，会引导财政资源、金融资源（包括社会资金）流向相关产业、企业，一旦失误，连带影响很大。四是由于我国主要产业已全球化，如果不加分析地对有关产业予以支持，可能受益者并非本土企业。五是过度地运用产业政策，尤其是政府以行政手段或通过下属机构插手产业政策具体执行，可能导致因行政权力使用不当而产生的腐

---

① 《北京青年报》，2012年1月5日。
② 《中国税务》，2012年第4期，第58页。
③ 网易新闻，2009年第24期。
④ 新浪财经，2011年8月25日。

败、低效率。

产业政策作为经济宏观调节的三大政策之一，要真正发挥作用，还需要不断完善。从一般意义上分析，产业政策作为政府政策同样具有可能被政府部门及官员个人偏好所左右的内在问题，而政府机构和官员同样也是受"有限理性"制约。从制定公共政策角度，不断完善、优化产业政策制定的程序，使之成为更能反映市场趋向，更能集合政府机构（包括为其服务的研究机构）生产企业、消费者个人理性的政策，就是非常必要的了。

鉴于上述分析，可以认为我国的财政政策、货币政策、产业政策并用的经济宏观管理方式，还有待进一步提高。我国政府在财政、金融政策的运用方面，与发达国家政府相比，经验还不足。我国的财政、金融体制、机制还有些内在的弱点需要克服。我国产业政策如何使用及与财政、货币政策相契合，也有待深入研究。

从既往实践看，在危机时通过三大政策调节经济，有以下三条经验值得吸取：一是中央政府应对危机的财政政策，要考虑目前财政税收体制、地方政府利益及动员能力，财政资源投入，可低于实际推动国内投资、消费的预想规模。因为地方政府实际投入一般要远远大于中央预想。二是货币政策也可以做同样考虑，在降低利率、准备金，进行政策性金融投入时，要比预想适当降低。货币政策的出台，要充分考虑财政政策的影响与冲击，主要考虑产业的实际情况。三是制定产业政策时，要在保增长与调结构之间进行权衡，刺激市场需求的同时，要与淘汰落后产生能力相结合，这样可以尽量减少盲目过度地扩大生产能力，同时又有利于刺激需求。

凡是现实的都是合理的。中国政府的财政政策、货币政策、产业政策并用的经济宏观调节方式，有其历史的、经济的合理性。

三、对三大政策并用的经济宏观调控模式的思考

1. 从经济发展进程的角度进行思考

从中国近现代经济发展的历程看，作为后发国家，政府在工业化启动和现代经济体系形成中居于发起者、组织者的地位，政府对经济进行宏观干预是非常自然的。在这种背景下，随着经济体制改革，政府逐步解除对经济的一般干预，同时又保留对战略领域的干预，产业政策便"大行其道"。中国作为后发国家，其工业水平、产业竞争力难以和发达国家抗衡，需要政府保护与扶植，这也是产业政策广泛运用的重要原因。即便是在现阶段，中国工业规模已经很庞大，但从自主创新能力、国际竞争力、企业国际化经营水平等方面看仍难以称之为工业强国，中国在全球产业链条中仍处于中下游。中国自身的"二元经济结构"，地域间的巨大差异，工业化进程中的"外部性问题"，从国家利益与国家经济安全角度出发，不得不在政府的层面进行国际博弈，仅仅依靠市场是难以调节的。政府在工业化阶段的历史使命尚未完成。因此产业政策仍是政府介入经济发展具体进程的"抓手"，也是各级政府在失去指令性计划之后，仍然能够借重干预经济的、尚具有一定"合法性"的

"抓手"。

如果说后发国家政府采用产业政策进行经济宏观调节具有强烈的"国家战略需求"牵引，那么发达国家实际上也一直在经济宏观调节（尤其应对危机）时，把产业政策与财政、货币政策结合起来，这就更加发人深思了。

实际上自罗斯福"新政"以来，西方国家在每次经济危机、经济周期低谷时，都是财政、货币政策与产业政策并用的。"世界主要的经济体都以为经济发展打造所期望的总体结构和方向为目标的战略性产业政策为指导。""尽管美国回避一个正式的经济战略，以及任何类型明确的产业政策，但我们是有类似的政策的。实际上我们无法回避这些政策。"① 2008~2009年全球金融危机中，美日欧推出的挽救经济的政策中都有产业政策，不过它们没有将其称为"产业政策"，其政策也不具有中国产业政策所具有的力度罢了。例如，美国奥巴马政权挽救经济政策的核心是，通过发展软件、化学、制药、农业、教育、医疗、新能源及新能源汽车等产品，使美国重新走上产业立国的道路。实际上是推出了一系列产业政策。欧洲、日本等也都推出了政府支持新能源汽车开发的政策。美国政府向福特、日产以及加州电动汽车制造商提供了数十亿美元低息贷款，生产新一代电动车和其他低能耗汽车，国家财政投入三大汽车公司控制大部分股份。实际上也是把财政政策、货币政策与产业政策结合起来应对金融危机。

经过全球金融危机，发达国家政府认识到实体经济是经济繁荣的基础。"多数国家应对全球经济危机的政策举措中，前沿科技创新与产业发展受到高度重视。大多数国家加大了政府对R&D的支持，出台激励企业增加R&D投入的政策措施，同时推出了一些旨在支持重点高技术和产业发展的政策措施。从2009年各国政府对R&D的投入看，基本保持稳定。""2009年美国政府的一揽子经济刺激计划中，直接用于研究开发的投资为1654亿美元，同比增加12.5%，占总投资的2.3%。据OECD对其成员国应对危机举措调查指出，欧盟各国经济刺激计划中，高技术创新与产业处于优先地位。德国计划投入9亿欧元用于中小企业2009~2010年的R&D，5亿欧元用于清洁能源汽车技术发展。英国专门设立了10亿美元的战略投资基金，重点支持新兴技术，如先进制造业、数字技术、生物技术的创新。韩国知识经济部则投资500亿韩元用于生物技术产业。"② 2008年5月，俄罗斯政府批准2011年前创新经济发展方案，拟将未来几年创新经济在俄罗斯工业中的比重从5.8%提高到6.7%。

金融危机前，依赖金融产业（约占GDP的40%）支持经济增长的美国发生了明显的战略转变。美国总统科技委员会的报告《确保美国先进制造业的领导地位》，系统提出了振兴美国制造业的产业政策："美国自1895~2009年一直是世界制成品生产的领导者。一些专家估计，中国会在去年超越美国从而成为世界制造业的领导国。制造业依然是美国经济生产力的支柱产业，2009年制造业的国内生产总值近1.6万亿美元（占美国国内生产总值的11.2%）。美国制造业厂商协会领导着美国的出口：2010年美国制成品出口1.1万亿美元，占美国出口总额的86%；制造业部门雇用1150万工人，占总就业人数的9%，而且支持了

---

① ［美］克莱德·普雷斯托维茨：《经济繁荣的代价》，中译本，中信出版社，2011年版，第255、265页。
② 科技部调研室：《科技发展重大问题研究》（2010）。

非制造业就业的供应链，如金融服务。""尽管美国制造业在历史上具有强大实力，但目前却面临着巨大的挑战，美国在制造业的领导权和竞争力处于危险之中。美制造业GDP占比从1957年的27%下降到2009年的11%，制造业的就业岗位由1998年1760万个下降到2010年的1160万个。几十年来，我国的离岸商品有这样一种趋势，即从家具、服装和纺织品扩展到许多其他商品。与此并行的一个趋势是：美国的平均周工资自1980年以来几乎没有什么变化，这意味着在过去的30年里美国人的生活标准没有提高。"[①] 重视实体经济，通过产业政策振兴实体经济，回归制造业，成为发达国家宏观经济政策的主要趋向。

既然发展中国家、发达国家都如此重视产业政策，那么产业政策存在和被广泛运用的原因一定存在于经济发展内部，与经济发展规律有较大的契合度。

从历史角度看，大经济危机总是促使落后产业、落后产能、落后工艺装备、落后产品加速淘汰，促进产业结构调整，加速推动新产业、新产品、新企业的诞生。从经济发展的中长周期（尤其是康德拉捷夫周期）看，尤其如此。在创新大量涌现阶段，需要政府通过产业政策，做出一系列政策、制度安排，以保证新技术发明投入获得足够回报与激励，承担产业化初期的风险。从这一角度看，产业政策的使用，与产业兴替内在规律是吻合的；产业政策与财政政策、货币政策相比，更加重要；产业政策参与经济宏观调节具有长期的合理性。

2. 从经济理论角度进行思考

从经济理论视角分析，马克思主义经济学认为，经济周期、经济危机出现的主要问题是，资本为追求高额利润盲目生产，广大生产者处于被剥削的地位，消费能力低下，导致生产相对过剩。西方主流经济学派之一凯恩斯学派认为，经济宏观调节、经济危机遇到的主要问题是，由于边际消费倾向递减，资本边际效率递减，存在着所谓"流动性陷阱"，因而导致生产过剩，市场需求不足。为解决经济危机，应对经济周期，西方主流经济学开出的药方是，通过财政、货币政策增加总需求。经过"二战"以来在发达国家进行的广泛政策实践证明，仅仅依靠财政、货币政策是难以进行有效的经济调节的。

值得思考的是无论是马克思主义经济学，还是西方主流经济学派之一凯恩斯学派，都认为解决生产过剩、实现经济总体均衡是解决经济危机、调节经济周期的总体目标。马克思主义经济学认为，通过剥夺资本获得高额利润的权力（改变生产资料所有制），通过两大部类产业均衡发展，使劳动者获得与其付出劳动相匹配的劳动报酬，从而释放消费力，可以使经济发展摆脱经济周期的大起大落。

凯恩斯经济学则认为，通过政府介入投资，增加货币供应量，增加就业，扩大消费，从而实现总供给与总需求的平衡。

两者的共同点是：都承认政府干预经济周期宏观调节是必要的；承认市场自身调节的失灵；寻求经济的均衡发展。

两者的不同点是：马克思主义经济学提出了通过调整所有制、产业结构来获得经济的

[①] Executive Office of the President's Council of Advisors on Science and Technology. Report to The President on Ensuring American Leadership in Advanced Manufacturing, 2011.

均衡发展；凯恩斯主义经济学则主张通过财政、货币政策实现经济均衡。显然，凯恩斯主义经济学的政策着眼点是，在政府干预下实现经济短期均衡，不涉及经济深层矛盾的调节。

马克思主义经济学的宏观经济调节理论与凯恩斯主义经济学的宏观经济调节理论，在社会主义市场经济体制中，从技术上、工具意义上讲是可以兼容的。马克思主义经济学的宏观经济调节理论在经济政策上的表现形式就是产业政策。通过产业政策介入经济增长，影响经济结构，影响经济中长期发展。凯恩斯主义经济学的宏观经济调节理论，已在市场经济运行中被证明是有效的宏观调节的政策工具，尽管有其局限性。两者都强调私人投资与市场需求存在的问题与不足，需要政府公共投资出动予以弥补或干预。实际上都是以政府能够正确地选择公共投资领域，有效地引导产业投资为假定前提。两种宏观经济调节思路的融合就是通过财政、货币、产业三大政策进行经济宏观调控。通过产业政策参与宏观调节，既是对以指令性计划简单平衡两大部类的宏观经济调节方式的改革；也是对西方仅依靠财政、货币政策干预经济方式的改进。

20世纪80年代中后期，以美国经济学家保罗·克鲁格曼为代表的经济学家提出了"战略性贸易政策"理论，认为存在规模经济和不完全竞争情况下，产业政策可以在一定程度上影响国家间的经济竞争。"新的观点则提出了战略部门存在的可能性。由于当今经济规模、经验优势以及创新在解释贸易模式中的作用日益重要，租越来越不可能因为竞争而完全消失，也就是说，在一些产业，资本或劳动有时会获得比其他产业高得多的回报。因为技术越来越重要，某些产业将产生重要外部性经济的观点也已经变得越来越有道理。在这种情况下，生产者对社会创造的价值并没有得到完全的报酬。所有这些都说明，极端支持自由贸易的观点——即市场已经运做得非常好，不可能对它做如何改进了——是站不住脚的。"①"战略性贸易政策"理论，在分析实际市场运行基础上，对里根政府以来的"市场原教旨主义"经济政策进行了修正，对产业政策存在的合理性进行了探讨。这些修正表明，在西方主流经济学框架内，产业政策也正在获得其地位。

从全球经济发展实际进程看，亚洲金融危机、全球金融危机表明，金融资本脱离实体经济相对独立的运行，不仅会搞乱实体经济，还会使政府财政、货币政策变形、扭曲。由于金融系统日益全球化、金融机构运作日益脱离政府有效监管、金融机构裹胁了公众利益、并且可能要挟政府，因此金融体系、货币政策内在的不稳定性日益增加。货币政策如果远离产业政策，金融资本如果远离产业资本，就可能导致金融市场过度依赖金融衍生产品的交易，成为投机之地，甚至成为少数人掠夺多数人的途径，难以对实体经济发展起到作用。财政政策受制于国家的财税状况，而且取决于政治博弈。货币政策则受制于基础货币难以直接转化为生产性投资或消费，而是以超额储备的形式沉淀或进行投机。仅仅依靠财政、货币政策进行经济调节，对实体经济可能产生不了明显影响，反而会使大量流动性出现在虚拟经济中，推高通货膨胀，影响实体经济复苏。我们目前在西方国家看到的正是这样一种场景。

严格地说，财政、货币政策是事后对经济危机、经济周期进行调节的政策。其政策前

---

① [美] 保罗·克鲁格曼：《战略性贸易政策与新国际经济学》，海闻等译，中国人民大学出版社、北京大学出版社，2000年版，第21页。

提是市场经济机制可以使经济资源得到最优配置，按照基本正确的方向运行，政府只需在市场失灵的情况下，进行适当干预。但是，即便是西方主流经济学家也已经证明了"经济人"的"有限理性"，企业家通常是在有限理性状态下决策的。在对利润疯狂追求的诱惑下，生产的盲目性，生产能力的过剩，实际是常态。在市场资源被非对称占有（就如这次金融危机中，强大的金融寡头投机势力那样）的情况下，极少数人根据自身利益最大化做出的决策，既严重影响了市场的资源配置，也使这种资源配置扭曲难以仅仅通过市场来调节。这也是此次危机中，发达国家政府扮演了主要经济危机调节角色的原因。①

仅仅依靠财政、货币政策，对于解决经济发展中的结构调整、衰退产业的有序推出、新兴产业的启动与发展、经济发展的外部性问题的作用有限，效果迟缓。

苏联、中国改革开放前的计划体制，也是一种试图解决经济危机和调节经济周期的方案，这种方案假定政府全知全能，可提供最优生产、需求安排，使资源配置最优化。实践证明，这是乌托邦。这种制度安排的最大问题是：抑制了每个人在追求自身利益最大化基础上，最大程度发挥积极性；假定政府机构与官僚可以脱离自身利益诱惑，全心全意地为公共利益制定决策，同时又具有全知全能地预测经济发展走向和高效地组织生产、需求对接的能力。

实际上目前全球的所有国家的经济体制已在不同程度上演变为计划与市场的混合体，不过计划与市场的影响程度有所不同。财政、货币政策与产业政策结合，进行经济宏观调节，意味除传统的财政、货币政策外，又增加了某些政府对经济的干预。由于产业政策包括对产业结构、产业发展、产业退出等方面的干预，因此使经济宏观调节体系，增加了一定的事前调节成分，增加了某些"计划"成分。使政府宏观经济调节政策更加积极，同时又可发挥市场基础作用。以应对2008年全球金融危机时中国政府推出的产业调整与振兴规划为例，除物流外的九大产业，2007年企业上缴税金1.7万亿元，占全部税金的37.4%；直接就业人员3615.6万人，占30%。②显然，对这些产业予以支持就抓住了从实体经济层面应对危机的关键，全面地对消费、供给、就业、经济结构产生了影响，从而引导了财政、金融的资源配置。如果把目前中国的经济规划也理解为广义的产业政策，③就会使我们对产业政策的事前调节、弹性较大的计划功能有进一步的认识，对中国宏观经济调节方式有更深刻的认识。

财政、货币政策与产业政策结合，进行经济宏观调节，还意味着政府政策可以比较有效地介入实体经济，引导财政、货币政策更有效、更有针对性地发挥作用。

财政、货币政策与产业政策结合进行经济宏观调节，自然包括政府通过产业政策对第三产业（包括金融服务业）也予以适度管理。从广义的产业政策（不仅考虑第二产业，而且包括第一产业、第三产业）角度看，产业政策自然包括了政府对金融产业、金融机构的监管，从而有利于协调虚拟经济与实体经济的关系。金融服务业由于其特殊性（替民众管

---

① 2011年美国出现的"占领华尔街"运动，就是这种现象的反映，多数人反对极少数金融寡头对市场的操纵与财富的掠夺。

②《中国开发区》，2009年第3期，第41页。

③ 根据"十二五"规划制定的产业规划，实际就是产业政策，地方政府及区域规划经济发展规划中，产业发展也是核心内容。

理财富）应当由政府通过政策予以监督、引导，使其服务于实体经济，服务于提高社会、经济运行效率。

四、结语

从以上的初步分析可以看出，产业政策与财政政策、货币政策结合进行宏观经济调控是非常值得深入研究的现象。从中国 20 余年经济宏观调控的经验，以及发达国家政府经济宏观调节的具体操作看，产业政策与财政政策、货币政策结合，进行宏观经济调控，是不容质疑的客观经济进程，有其内在的合理性。产业政策与财政政策、货币政策结合，进行宏观经济调控，不是偶然的、个别国家政府随意的选择。

从中国经济发展现实看，依托于目前经济管理体制、机制的产业政策，会不会随着经济体制、机制的演变，而逐步丧失其经济宏观调节重要工具的地位与作用，有待观察与研究。从中国经济中长期发展看，随着经济发展水平提高，工业化逐步向中后期过渡，政府公共投资的有效空间、边际效率将逐步缩小，准确选择予以支持产业的难度和不确定性将逐步增加，届时仍把产业政策作为经济宏观调节重要工具的有效性也有待观察。

如何从经济理论入手深入认识财政、货币政策与产业政策结合并共同进行经济宏观调节的模式；如何进一步地总结我国政府通过三大政策进行宏观经济调节的经验与不足；如何从一般意义上使之上升为理论；还有很多工作要做，这显然是本章难以完成的。本章只是在此提出和粗浅地进行分析，以期引发广泛的讨论。

第六章　21世纪初宏观调控视角下的产业政策

产业政策作为政府干预经济的一种手段，在中国的发展中始终发挥着重要作用。对于产业政策的内涵及外延、理论依据和政策效果，各方都有激烈的争论。从理论基础上看，主流经济学对产业政策的分析，主要是一个微观层面的问题，着眼点是市场失灵、政府失灵的特征和程度，以及对市场主体的影响。在其分析框架中，宏观经济稳定在大多数情况下是外生的或隐含的前提。发展经济学把产业政策视为实现经济赶超的重要手段，对产业政策的分析集中在中观层面，将产业视为一个整体，提出了扶持主导产业、保护幼稚产业等政策主张。发展经济学虽然认识到发展中国家经济结构的变动可能会影响国民经济的短期平衡，但其政策着眼点仍侧重于中长期发展战略的选择。总之，在主流经济学理论中，产业政策和宏观经济稳定政策分属不同的领域，除了在特殊情况下（如国际金融危机冲击），很少有交集。

然而，回顾近年来中国产业政策实践，抑制部分行业盲目投资、产能过剩不仅是产业政策的主要任务，也成为宏观调控的一项重要内容。2003年以来，国家频繁地运用产业政策工具如严格投资审批与核准、提高市场准入门槛、实施差别电价、调整出口退税、淘汰落后产能、实行差别性的土地和信贷政策等。可以说，21世纪以来产业政策除了在传统意义上发挥作用（如加快结构调整、促进产业升级）外，还具有了宏观政策工具的性质，成为宏观调控政策体系中的重要内容，并逐步成为一个经常性的手段。这些政策手段的运用，在促进总量平衡的同时，又对产业长期发展带来不同程度的影响。这既是近10年来中国宏观调控的一大特色，也是认识和界定中国产业政策内涵的一个基本点。

一、产业政策参与宏观调控的依据

如何看待产业政策在宏观调控中的作用，学术界的意见并不一致，在很多方面甚至有很大分歧。围绕宏观调控与产业政策的争论，实际上涉及两个逻辑上紧密相关的问题：一是导致宏观经济波动的根源主要是总量问题还是结构问题；二是应当采取何种手段或工具来熨平波动。本章认为，宏观调控政策工具的选择要服从与宏观调控所要实现的目标。在中国当前的发展阶段和体制条件下，结构失衡是造成总体经济波动的重要原因，产业政策参与宏观调控，具有一定的必要性。

1. 在工业快速增长过程中,结构变动剧烈往往成为宏观经济不稳定的重要因素

一般来讲,结构变化具有长期、渐进的性质,但在工业化加速时期,经济增长速度和产业结构变化都十分迅速,经济结构的内在矛盾在快速增长和变动的背景下,失去了以往发达国家产业结构渐进升级的充裕的自我调整空间,各种结构性矛盾集中凸显,加大了国民经济的失衡和出现较大波动的风险。总量矛盾和结构问题往往交织在一起,相互作用、相互影响,结构失衡是总量失衡的根源,而总量失衡往往又加剧了结构失衡。而减缓甚至消除这种结构失衡,仅靠主流经济学主张的着眼于总量平衡的财政政策和货币政策工具是远远不够的,必须从结构失衡这一导致不稳定的根源入手,有效运用产业政策工具,才能实现宏观稳定目标,促进长期可持续增长。

对发展中国家来说,"潮涌现象"导致的过度投资是经济波动的重要来源,仅靠总量政策难以解决,这为产业政策参与宏观调控提供了一种解释思路。林毅夫(2007)指出,对处于快速发展阶段的发展中国家而言,在产业升级时,企业所要投资产业往往具有技术成熟、产品市场已经存在、处于世界产业链内部的特征,因而全社会很容易对有前景的产业产生共识,投资上容易出现"潮涌现象"。造成众多产业普遍产能过剩、开工不足、市场竞争激烈、大量企业亏损破产、银行呆坏账急剧上升的局面。如果政府不对市场进行任何干预,完全依靠市场调节投资,将会出现比发达国家更为频仍的周期波动和金融、经济危机。

自2003年以来,中国进入新一轮增长周期,企业和地方政府在进行投资决策时,很容易在以下几个方面形成共识。

(1)中国城市化水平偏低,未来的发展意味着相关产业巨大的市场空间。2000年我国城市人口占总人口比重36.22%,2009年提高到46.6%,平均每年提高1个百分点以上。从国际经验看,一国人均GDP在3000美元发展阶段时,各国平均城市化率为55%左右,我国城市化水平偏低。据测算,城镇化率提高1个百分点,就会有1000万到1200万人口从农村到城市。每增加一个城市居民,城市需要新增基础设施6万元;如果城市化率每年提高1个百分点,带动基础投资需求就是6000多亿元,这对钢铁、水泥、建材、家具、家电等相关行业将产生重要的拉动作用。

(2)中国工业装备国产化水平快速提高,单位产出的投资规模下降很快,大大降低了市场进入门槛。例如,以前中国钢铁工业的连轧机都是从国外进口,一套设备动辄数千万美元,而且维修保养成本还很高,中小企业难以承受。实现国产化之后,设备投资成本和维修成本降低了50%以上,设备安装、调试和达产周期缩短了1/3。按1990年不变价计算,"八五"、"九五"、"十五"时期的吨钢投资分别为3618元、3319元和1513元,"十五"时期吨钢投资成本不到"八五"和"九五"时期的一半。这极大地降低了各种资本进入钢铁工业的投资门槛,也降低了中小钢铁企业规模扩张的难度。①

(3)政府出台的产业政策中,对于各产业内特定技术、产品和工艺的选择给出了十分

---

① 周叔莲、吕铁:《中国高增长行业的转型与发展》,经济管理出版社,2010年版,第255页。

具体的规定。例如，产业结构调整指导目录中列出了539种鼓励发展的产品和项目，这事实上限定了各产业内部产品升级和技术升级的路径，限制了市场主体的选择空间，客观上将加剧社会资本的过度进入。

因此，在多种因素的共同作用下，投资"潮涌现象"十分明显。例如，从产能增量看，钢铁工业2004年在建产能占当时已有产能的60%以上；2005年铜冶炼行业和氧化铝行业新增总产能分别是2004年的3倍和3.21倍。2005年9月钢铁行业全行业利润同比下降，32.4%的企业严重亏损；亏损企业数量增长34.6%，亏损额增长1.54倍。电解铝企业在2005年有近半数（约80家）出现亏损，规模以上企业有39家被迫停产。2005年水泥行业规模以上企业中43.8%出现亏损。从企业数目看，大规模投资下企业数目增加很快，2003年底电解铝企业数目达到147家，是1995年（53家）的2.77倍；2005年煤炭和黑色金属采选业规模以上企业数目分别增长60%和99%，此外，行业内大量存在着未经审批的企业，数量难以统计。由于这些发生投资潮涌的行业，同时也是21世纪以来高增长的行业，其产业波动对宏观经济波动的影响很大，面对部分行业投资潮涌、产能过剩可能造成的宏观后果，政府出于保持宏观经济稳定的考虑，必然要采取对策，各种产业政策工具就成为必然的选择。

2. 市场机制基本建立但尚不完善，经济主体对价格参数还不十分敏感，着眼于总量指标的宏观政策工具往往难以奏效

（1）货币政策传导机制不畅。由于我国金融市场不健全、金融体制改革不到位、融资结构单一、公众预期不稳定、地方政府投融资行为存在诸多问题等导致货币政策传导机制不畅、货币政策效果有限。从2003年以来宏观调控的实践看，以数量型工具为主的金融调控（如控制信贷规模、上调法定存款准备金率、发行央行票据等）在短时间内有一定效果。但通过调整利率引导市场主体行为的政策收效甚微。同时，在开放经济条件下，利率政策和汇率政策相互制约。按照蒙代尔-弗莱明模型，对于开放经济体而言，一个国家不可能同时实现资本自由流动、货币政策的独立性和汇率的稳定性。按照这一原则，由于在2004年以后大多数时间内人民币对美元的汇率较为稳定，相对自由的资本流动使我国货币政策独立性受到很大冲击。我国国际收支出现了持续大量的"双顺差"，造成了人民币的巨大升值压力，而为了维持汇率的稳定，我国央行不得不干预外汇市场，买进美元、大量投放人民币，同时在利率政策的运用上，要考虑中美利差因素，这就对我国货币政策的独立性和有效性造成一定影响。

（2）要素市场化改革滞后，企业成本对价格信号不敏感。土地、能源、劳动力等重要生产资料价格形成机制还没有完全市场化，价格不能真实反映市场供求关系和资源稀缺程度，缺乏对投资者、经营者和消费者的激励和约束作用，是导致供求失衡的重要因素。我国作为资源匮乏国，资源价格总体上却低于国际价格，存在国内与国际价格严重失衡。例如，国际通用的按照热值当量计算的煤炭、石油、天然气比价关系，大致为1∶1.5∶1.35，而我国实际大致为1∶4∶3，与其他能源价格相比，煤价偏低。国际上天然气与原油按热值计算平均比价为1.05∶1，而我国约为0.4∶1，天然气价格明显偏低。资源性产品价格不

合理造成了我国长期以来经济增长依赖于资源的高投入、高消耗。同时，地方政府为了招商引资竞相压价，又人为降低了成本。在这种情况下，即使在正常的市场条件下无利可图的项目，在扭曲的要素价格下也变得有利可图，提高利率水平（资金成本）的努力被扭曲的要素价格抵消了。

（3）中央与地方之间的博弈导致总量政策实施效果受到很大削弱。一方面，中央政府和地方政府的目标函数不同。中央政府宏观调控的目标是实现宏观意义上的均衡，即既要防止出现过热，又要防止严重的衰退。而地方政府的行为目标是地方经济利益最大化，尤其是地方政府的收入（包含财政收入和非财政性的地方政府各类收入）最大化。在地方政府与中央政府的目标函数不一致的情况下，地方政府可以将经济增长中的部分成本外部化，其最优投资总量就会高于中央政府的意愿投资总量，导致过度投资。另一方面，在财政分权、"官员升锦标赛"的激励机制下，地方政府会尽量增加投资项目，通过投资来拉动经济增长。尤其是在有限的任期内，为获得政绩，增加投资是短期内促进经济增长最直接和有效的手段。

综上所述，在我国当前发展阶段，产业政策参与宏观调控具有合理性。

二、产业政策作为宏观调控手段的内在矛盾

产业政策的本身内涵是促进产业持续健康发展，属于中长期政策。但是为了服务于宏观调控目标，又具有了短期宏观政策工具的性质。与此同时，其作为长期政策工具的属性依然发挥作用，由此带来内在的冲突：显然，在很多情况下短期目标与长期目标不一致，而且短期目标的多变性又会影响到长期目标的实现。

案例1：出口退税政策调整。

在WTO框架下，出口退税是国际惯例，对于大多数国家来说，出口退税是一种中性政策，遵循"征多少、退多少、不征不退"的原则，即征税率等于退税率；且对出口退税一般没有范围限制，即各类出口商品都可以先收出口退税。对于我国而言，近年来出口退税已经成为调控对外贸易的政策工具。为了控制高耗能、高污染、资源性产品出口，2005年1月、4月、5月、8月分批次取消或降低了电解铝、铁合金、电视、钢材、稀土金属等产品出口退税。2006年9月15日、10月21日、12月30日和2007年4月9日、5月30日、6月19日，在不到一年的时间里，国家连续六次调整出口退税政策和关税。不但调整频繁，而且基本不给企业过渡期，对企业正常生产经营影响很大。例如，2007年6月19日，财政部、国家税务总局发布公告：2007年7月1日起，553项"两高一资"产品取消出口退税、2268项易引起贸易摩擦商品降低出口退税，涉及化工、有色金属、服装、鞋帽、船舶等多个行业，共2831项商品，约占海关税则中全部商品总数的37%。由于这次调整在春交会之后，企业大部分订单已经签订，加之从政策发布到实施仅有不到半个月的时间，基本上不存在过渡期，上半年企业签订的合同多数需要亏损履约。

2008年以来，为应对国际金融危机影响，稳定和扩大出口，我国分别于2008年8月、

11月、12月和2009年1月、2月、4月、6月,七次出台提高出口退税率的政策,调整范围涉及服装、纺织品、机电产品及受外需减少影响较大的众多劳动密集型产品,占我国全部出口产品的1/3以上。进入2010年,为确保实现"十一五"节能减排目标,7月又再次对部分商品出口退税率进行调整,取消部分钢材、有色金属加工材等406个税号的退税。

国家之所以多次调整出口退税政策,主要目的有两个:一是缓解国际收支失衡矛盾。2007年以前是为了抑制出口过快增长,减少贸易顺差过大;2008年以后是为了稳定外需;二是优化出口产品结构,抑制"两高一资"产品出口,减少附加值低、贸易摩擦较多的产品出口。从政策效果看,在一定程度上抑制了"两高一资"产品出口的过快增长,但对于减少贸易顺差的效果并不明显,对于促进出口产品结构升级则基本没有效果。由于一般劳动密集型出口企业从接单到出口的周期为3~6个月,出口退税政策的效果要过一段时间才能显现,但2007年第二季度之内三次调整出口退税政策,显示决策当局来不及等到政策见效,又出台了新的政策。2008年下半年以后连续上调出口退税,也是等不及政策见效又出台新政策。

出口退税政策的频繁调整不利于为出口企业创造稳定可期的政策环境,也不利于企业对生产经营活动进行中长期规划。而且,由于我国出口产品多为低附加值、主要依靠低价竞争获得市场份额,在国际市场上普遍处于买方地位。企业在出口签约时,在与国外采购商的谈判中处于劣势,外方掌握我国提高出口退税率或取消出口关税的信息,往往在谈判时有针对性地提出降价要求,因此我国通过出口退税让利给企业的部分很多被外国采购商享有,企业实际获利有限。这一现象在纺织、轻工、机电等行业具有普遍性。另外,当我国降低出口退税时,外商不可能与我国企业分担成本。

案例2:十大产业调整振兴规划。

为应对国际金融危机的冲击,2009年初,国务院制定和出台了钢铁、汽车、石化、船舶、纺织、轻工、有色金属、装备制造、电子信息、物流十大产业调整振兴规划,既是针对产业运行中面临的突出问题,缓解国际金融危机对产业的影响,同时也想利用市场"倒逼"机制,推动结构调整和产业升级。规划执行时间为2009~2011年。从规划执行一年的效果看,据有关部门统计,截至2010年第一季度,落实调整振兴规划要制定的165项实施细则中,已经出台约100项实施细则,主要是与保增长相关的措施,如汽车购置税减征、汽车以旧换新、提高产品出口退税、加强财政和信贷支持等。这些实施细则出台及时,效果也较好。但是与调结构有关的60多项实施细则,仍在制定中,如产业结构调整目录的修订、推进企业兼并重组的意见、提高国内建筑用钢标准、完善成品油定价机制等。这些实施细则往往涉及深层次的体制机制问题,涉及利益较多,有些直到2011年初仍未出台。

从2009~2010年重点产业运行情况看,重点产业整体企稳回升,保增长的目标完成得较好。例如,2009年钢产量比上年增长13.5%,汽车产销分别增长48.3%和46.2%,轻工、装备制造业前11个月利润分别增长23.8%和22.8%,纺织行业实现利润由第一季度的负增长转为前11个月增长25.4%,电子信息制造业增加值从年初同比下降9.4%到全年累计增长5.3%,也扭转了大幅下降的局面。企业兼并重组、淘汰落后、技术进步等方面也取得了不同程度的进展。但从调整结构的目标看,一些企业在生产经营状况有所好转的情况下,结构调整内在动力不足,仍希望用原有的粗放模式实现发展。一些地方利用国家扩大投资、实施重点产业调整振兴规划的机会，热衷于铺摊子、上项目，部分行业盲目发展势头禁而未止，重复建设又有所抬头，部分一度被关停的落后生产能力在市场需求回升的情况下又死灰复燃。

通过以上两个产业政策实施的案例，可以清楚地看到当产业政策参与宏观调控时面对的短期目标与长期目标之间的冲突。在出口退税的例子中，产业政策工具在抑制贸易顺差过快增长、缓解国内外收支平衡方面发挥了一定的作用，但对于促进出口产品升级作用不大，且在很多情况下影响到企业长期稳定发展。在十大产业调整振兴规划的例子中，产业政策在促进企业走出危机、尽快实现宏观稳定方面发挥了积极作用，但调整结构方面的效果仍有待观察，而且在"保增长"目标的掩盖下，有些产业结构不仅没有优化，反而可能恶化。

三、完善宏观调控政策体系，合理发挥产业政策作用

正确认识产业政策在宏观调控中的地位和作用。总的来说，产业政策参与宏观经济调控是由中国特定发展阶段的特征所决定的，具有阶段性，尽管这一阶段可能持续较长时期。因此，应当正视产业政策参与宏观调控的现实，避免简单否定，寻找产业政策作用的合理边界。

从本轮经济周期的政策实践看，在总需求不足的情况下，基于凯恩斯理论的扩张性总量政策能够较好地发挥作用。在总需求过热的时候，特别是当过热主要是由于某些结构性问题引起的情况下，紧缩性总量政策的效果并不明显，或者见效较慢，此时产业政策作为替代性工具自然进入宏观调控当局的视野。从中国发展的阶段性和周期性特征看，结构性矛盾、"潮涌现象"导致的投资过热，往往成为诱发经济波动过热的重要因素，因此产业政策在抑制部分行业过快增长、减少结构失衡的宏观影响方面还将发挥作用。

对于宏观调控当局来说，由于产业政策中的行政手段简单、直接、短期效果明显，加之长期形成的计划经济思维惯性仍存在，很容易偏好于产业政策手段的运用，并逐渐形成对直接调控的依赖性。这是产业政策参与宏观调控的最大风险。

对此，一要进一步完善财政政策和货币政策，更好地发挥总量政策的作用，把产业政策作为辅助性政策工具而不是主要政策工具。二要避免过分依赖行政手段的偏向。即使运用产业政策工具服务于宏观调控目标，也应以经济和法律手段、间接调控为主。三要加强产业政策与总量政策的协调配合，根据形势变化，具体地协调长期和短期目标，更多地让价格工具发挥作用，尽可能减少短期政策工具多变对产业正常发展的影响。事实上可以找到产业政策与短期调控政策相协调的方面。例如，对于新上项目必须进行能源消耗审核和环境影响评价，不符合节能环保标准的不准开工建设，现有企业经整改仍不达标的必须依法停产关闭，加大落后生产能力的淘汰等。这些措施既可以促进产业长期可持续发展，也对缓解结构失衡具有积极意义。

我们应把握经济周期扩张与收缩的不同时机，积极推进产业结构的调整优化步伐。在

经济周期波动的扩张中后期，由于各种生产要素已被充分挖掘和利用，此时的基础产业需求压力较大，产业结构调整的目标是限制高速增长行业部门的增长，尤其是要保持工业内部上下游产业之间的合理结构关系，把增量调整和结构性紧缩相结合。而经济周期中的收缩前期是产业结构调整优化的合理时机，要充分利用市场"倒逼"机制，把存量调整和结构性扩张政策作为优化调整产业结构、防止总量经济步入周期谷底，力保其走向持续稳定发展的通道。

此外，还需要从理论上进一步分析产业政策参与宏观调控的依据。在凯恩斯的总需求管理框架下，基本没有产业政策空间，但是在供给管理的视角下，可以有产业政策发挥作用的空间。但是供给管理更多的是一种政策性思考，还缺乏完善的理论框架。

第七章 集体理性与个体理性
——产业政策与市场兼容探讨

自从产业政策进入经济学家视野，西方主流经济学家至今仍不太愿意承认其合理性、合法性。对于日本、中国、韩国等后起工业化国家的发展，西方主流经济学家不乏对这些国家政府推行产业政策的指责，产业政策的推行与否甚至成为衡量一个国家政府是否符合国际行为准则、符合国际贸易规则的标准。即便是承认产业政策作用的西方经济学家（自美国经济学家克鲁格曼提出战略贸易理论以来，这样的经济学家逐步增加），对其合理性的存在，也是大有保留的。

目前，我国经济学家对产业政策存在的合理性的论证，实际上也是基于西方主流经济学的理论。我国经济学家对产业政策合理性的论述，多是从外部性出发进行的。主要论点是：作为后发国家，政府有必要制定产业政策，使本国经济在政府支持下实现赶超；由于市场缺陷导致市场失灵，因此需要政策从外部予以纠正、补充。

在本章，笔者认为，经过改革开放30余年的实践与理论探讨，应当跳出原来论述的藩篱，从更高的理论层面研究产业政策存在的合理性，研究其与市场机制是否存在着内在的兼容性，以得出新的对产业政策存在合理性的认识。

笔者认为，要回到对于人类认识层面，回到集体理性与个体理性的哲学层面，才能从更高的理论层面去认识产业政策的存在。

一、对人类理性有限性的扼要论述

"理性行为者"概念的核心源于一个基本认识：个人和国家都带有目的指向，能自觉地、科学地思考自己的行为，并做出客观、合理判断，做出最有利于自己的选择。什么是理性？从哲学角度去一般地分析人类理性，是从欧洲18世纪的启蒙运动开始的。当时的伟大思想家从各个角度对人类理性进行了深入探讨，尽管论述各有不同，但是其共同点是，使人类从占统治地位的宗教体系、神学体系中解放出来，打破对宗教体系、神学体系的盲从，依靠经验、常识及科学实验，真正用自己的头脑审视一切，认识客观世界。他们鞭挞、嘲讽宗教体系中的种种盲从、荒谬，呼吁人们要用自己的头脑，分析、认知周围的世界。他们从不同角度提出，世界是客观存在的，人类的理性思维是对客观世界的抽象，通过归纳、演绎、分析与综合，人类能够把握客观世界的运动规律。人类通过科学实验，通过对客观世界的改造与体验，通过自己对世界的认真思考，能够认识客观世界。

在这些思想家对人类理性进行探讨的同时，也产生了对理性局限性的认识和对理性的怀疑。例如，德国大哲学家康德认为，"转向理性认识，就是最大限度地远离经验，远离外部事物。在康德看来，理性陷入矛盾这一事实，证明了理性的软弱无力，理性想理解'自在之物'的世界的企图是不合理的。"[1] 康德提出的著名的"二律背反"，也显示了他对于人类认识能力局限的认识和怀疑。

法国哲学家狄德罗写道："理智有它的偏见；感觉有它的不定性；记忆有它的限制；想象有它的朦胧处；工具有它的不完善处。现象是无限的；原因是隐蔽的；形式也是变化无常的。我们只是处在这样许多障碍的前面，并且自然有从外部来和我们对立，一种实验又很迟缓，一种思考又很受限制。哲学想用来推动世界的就是这样一些杠杆。"[2] 从人自身的认识局限和外部世界导致的局限两方面表达了人的理性的有限性。

当代思想家对人类理性的认识，实际上也是既承认人类认识客观世界的可能性，又承认这种认识的局限性。毛泽东同志在其哲学著作《实践论》中，就指出，"马克思主义者承认，在绝对的总的宇宙发展进程中，各个具体过程的发展都是相对的，因而在绝对真理的长河中，人们对于在各个一定发展阶段上的具体过程的认识只具有相对的真理性。无数相对真理之总和，就是绝对真理。""客观世界的变化运动永远没有完结，人们在实践中对于真理的认识也就永远没有完结。"[3]

毛泽东同志的论述，从哲学角度，从认识论上精当地说明了人的认识的局限性，人的理性的局限性。

当代思想家从不同角度论述了人类理性的局限性。尤其值得指出的是，西方经济学家、科学家（尤其是心理学家）针对经济学中"理性人"的假设，对于理性进行了大量更加贴近技术层面的研究，使理性研究更加深入。

美国经济学家肯尼斯·阿罗指出：如果集体中的个人选择是理性的，而集体中每个人的偏好又不一致，那么建立在少数服从多数原则上的集体选择就不可能是理性的，即要求寻求一个使所有人都满足的方案是不可能的。这就是不可能定理。这一定理深刻地说明了个体理性与集体理性之间的矛盾，并且引申出了个体理性实现中遇到的，难以按照个体设想去最大化的结论。

美国经济学家赫伯特·亚·西蒙提出了"有限理性论"，他指出：人们不可能做到100%有理性。由于实际信息处理的困难、多目标方案选择的困难、不确定性的存在、决策能力的生物局限等因素使得人在进行理性选择时不能做出所谓"利益最大化"的选择，而只能做出次优选择或相对满意的选择。

2002年的诺贝尔经济学奖获得者丹尼尔·卡尔曼则从心理学角度揭示了人类决策的不确定性，他认为人的实际决策与经济学的"经济人"假设大相径庭，从心理学角度看，人的决策是兼具理性与非理性的结合体，人思维时同时依靠两个体系：直觉的、情绪的和逻

---

[1]〔苏联〕罗金塔尔、尤金编：《简明哲学手册》，三联出版社，1973年版，第396页。
[2]〔法〕狄德罗：《狄德罗哲学选集》，中译本，商务印书馆，1979年版，第64页。
[3] 毛泽东：《实践论》，《毛泽东选集》（第一卷），人民出版社、中华书局，1965年版，第520~521页。

辑的、理智的，但是这两个体系都可能产生偏差。

当代学者的有关研究使人类理性的研究进一步精细化和技术化了。

总之，对于理性有限性的研究，是沿着人类作为生物的局限性和作为社会人的有限性两方面展开的。

二、集体理性与个体理性

在对人类理性有限性进行扼要论述后，我们进一步深入分析集体理性与个体理性之间的关系与差异。

一般来说，对集体理性的认识，应当建立在人类社会的基础上：一是集体理性反映的是集体（不论这一集体是国家、阶级、集团还是一个小村落）的文化体系或集体行为，任何集体理性都是人类无数个体在发展历史上的累积；二是集体理性反映的是集体的利益，集体中的利益分配及集团间的利益分配；三是集体理性一定是经过集体内讨论或博弈，根据某些规则（公开的规则或潜规则）产生的，集体理性不是个体理性的简单加总；四是集体理性的形成一定是集体中最强有力（掌握资源最多或最便于使用公共资源）的集团或领袖活动（包括暴力和说服力）的结果；五是集体理性建立社会心理基础上，建立在集体共识基础上，建立在掌握集体资源（统计、分析的设备、信息资源、研究机构等）基础上，建立在历史形成的文明体系基础上，因而其思考问题从技术、能力、效率上具有相对优势。

马克思主义认为，社会最基础的划分是按照经济地位形成的阶级，阶级斗争成为社会发展前进的动力，无产阶级的意识形态实际上指的就是在阶级层面的集体理性。马克思主义是强调建立在阶级利益上的集体理性的。

一般来说，所谓"个体理性"（笔者之所以用"所谓"二字，是因为后面还要论述"个体理性"之存在），是指作为一个普通的、具有正常思维能力的人，对于自身利益做出的思考与判断。在西方主流经济学中，能够理性思考的"经济人"成为核心概念：任何个人都能理性思考自己的利益，并且做出自身利益最大化的决策。个体理性在具体限制范围内，始终能够做出价值最大化选择。

在市场经济环境中，个体理性是指每个人按照自己的利益诉求行动；对自己的行为负责；能够获得必要信息，具有充分能力做出判断；个人是理性判断的基础；个人的心理状况、文化背景、道德修养、社会地位对其理性决策产生巨大影响。

个体理性受制于人的本性。①人的自然生理状况，影响着人的思考能力；②外部环境制约着人的个体理性（包括信息的不充分），决定了其即便具有优秀的先天自然生理状况，其认知能力也是有限；③有限理性与追求自身利益结合，进一步导致理性认知的局限，过度的功利性追求与客观、科学的理性思考存在根本矛盾。过度的功利性追求能够导致"羊群效应"，使个体的利益追求，成为集体的疯狂。例如，在股市中追求利润的股民，实际上就是在个体利益诱导下，一次又一次地集体跌入财富蒸发的陷阱。

从人的本性看，任何人也不可能完全依赖理性思维，人是有感情、激情的，不可能成为任何事情都斤斤计较的理性机器。作为社会人，任何人都难以逃脱社会、文化、政治对其的影响，都不可避免地在其个体理性中有所折射。

从前面的论述中我们已经看到，即便是从比较简单的对个体理性的定义出发，也能够发现真正的个体理性、抽象的个体理性的局限。下面我们进一步分析集体理性与个体理性之间的关系。

第一，任何个体理性都难以脱离集体理性而存在，任何个人均为社会人，均具有社会某一阶级、阶层的经济、文化、政治背景，不可能脱离这些背景去思考问题。任何人的理性思考均建立在社会的既定道德伦理、社会规范基础上。

第二，任何个体都要依托于社会某一阶级、阶层乃至小集团才能采取行动，获取利益，所以个体理性不可避免地渗入集体理性，个体理性中不可避免地渗入集体理性的心理因素。

第三，任何个体都是在既定的历史、文化、国家、民族体系中生存的，因此绝对脱离既定的历史、文化、国家、民族体系背景的个体理性思考是不存在的。

第四，任何个体理性思考技术上均依托于集体生产的物质、文化资源，依赖于人类长期形成的作为集体记忆的专业知识体系。当它依托于这些集体资源时，就已经不知不觉地进入了集体理性的某一平台。任何个体理性都要通过参与社会实践形成，而社会实践必然是集体的活动。

第五，个人的理性选择作为集体理性的集合，可能变成集体谬误，集体理性对于个人理性也可能产生误导。实际上任何人类做出的选择都是集体理性与个体理性的混合物，集体理性与个人理性的弱点与局限，可能导致"合成谬误"。

第六，个人理性必然要通过集体理性的形式予以传达和实现。然而当个人理性通过集体理性形态表达时，一定会发生异化，产生差异。最高层次的集体理性主体是政府，在最高层次的集体理性主体与个体理性主体之间，集体理性主体可以分成诸多层次。个体理性主体当然就是个人。个人理性通过集体理性形态表达时，经过的环节、层次越多，通过的路径越远，与原来个体理性的形态差异与异化越大。越接近个人的集体理性层次，越能够原始地反映个人的理性诉求。这一点对我们后面的分析非常重要。

第七，所谓"集体理性"实际在很大程度上也受到个体理性的影响。领袖、领导者对于集体理性的形成起着巨大作用。政客、政党在选举中不得不屈从于选民的偏好。作为政府官僚的个人，出于个人利益诉求和个人偏好，也能够以各种方法影响集体理性的形成。因此所谓"集体理性"，往往是值得警惕的、具有集体理性形式的某些个人的理性诉求。

第八，集体理性的合法性与效力，建立在尊重并发挥个体理性的基础上。"当人们禁止公民以其自己所愿意的、而又与别人的自由可以共存的方式去追求自己的幸福时，人们也就妨碍了一般事业的生命力，从而也就妨碍了整体的力量。"[①]

第九，集体理性与个体理性之间始终存在着利益的融合与冲突，有时这种冲突会很激烈。集体理性与个体理性也始终存在着价值观方面的融合与冲突。

从上面的粗浅分析中我们可以看到，集体理性与个体理性各有其优劣之处。在不同决策层面上，适用程度不同。例如，在消费决策上只能在很大程度上依赖于个体理性、个体

---

① [德] 康德：《历史理性批判》，中译本，商务出版社，1997年版，第17页。

决策，政府对消费潮流的认知与消费政策的制订，应当主要建立在个体决策基础上；关乎国防及其他涉及公共利益的事情，则只能主要依托集体理性、集体决策，主要由政府及相关专业机构做出判断。何时侧重于何种理性决策方式，要视问题存在的领域、具体情况而定。一个完整的决策过程，实际上经常是集体理性与个体理性共同发挥作用。如何保证在侧重于某一种理性时，不忽视另外一种理性的声音，就需要制定涉及政治、经济、安全利益的决策制度和博弈规则。通过制度与规则，使个体理性与集体理性得到相对较好的沟通与融合。

集体理性与个体理性作为人类思维与文明体系的不同组成成分，属于内生的统一体。在很大程度上相互包容、兼容。当然，相互包容、兼容依赖于一系列文化、政治、经济条件。要保证个体理性与集体理性之包容、兼容，从而尽量避免集体理性与个体理性的局限与弱点，就要建立沟通集体理性与个体理性之间的通道，形成相互包容、兼容的途径、规则与制度。

在当代，随着社会、经济、科学技术的进步，一方面个体理性可以得到较好的发挥，对集体理性的形成产生巨大影响；另一方面集体理性的形成，可以相对低成本地吸收、容纳个体理性。集体理性与个体理性的包容、兼容及相互优化，是当今世界各个国家间制度竞争的主要内容。作为一定时期政治、经济、文化反映的集体理性与个体理性，又对政治、经济、文化产生着巨大影响。集体理性与个体理性在国家体系中的不同搭配与地位，体现了不同国家的特质与构成。例如，中国历史上出现了两次集体理性与个体理性在国家体系中搭配与地位的巨大变化时期，一次是春秋战国到西汉，奠定了以儒家为主（集体理性）的体系。这一体系扼制个体理性，从而扼制了多样化选择与创新。一次是近代从1840年起，经五四运动到现在，打破了传统的国家理性配置体系，正在形成新的集体理性与个体理性在国家体系中的搭配与地位。集体理性与个体理性这次的全新选择，将奠定中国长盛之根基。

三、从经济学视角看集体理性与个体理性

从经济学视角看集体理性与个体理性的关系，其经济学背景实际就是政府经济管理与市场机制的关系。政府经济管理属于集体理性之一种形态，市场机制自然是个人理性的发挥。

但是，我们进行深入分析，就可以看到实际并非如此。政府经济管理不能不考虑一般百姓的想法，并且在相当程度上受制于百姓。即便是中国最专制的封建社会，政府决策也要考虑百姓的感受。在市场上活动的个人则要考虑其他人的感受，需要考虑、尊重政府规则、市场规则，才能在此基础上决策。因此，集体理性与个体理性相互渗透，相互影响。"市场体系和政府之间的其他差别，我们看的时间越长，它们也变得越模糊。"[①] 尽管任何经

---

① [美] 保罗·海恩等：《经济学的思考方式》，中译本，世界图书出版公司，2008年版，第275页。

济体系运行都是建立在集体理性与个体理性结合的基础上，但是由于集体理性与个体理性在经济体系中所占地位、比重不同，导致各个经济体系之间出现明显差异。例如，传统的计划经济体系就在很大程度上忽视了个人理性的存在。

改革开放以来，随着市场经济体制的推进，市场机制已成为我国经济发展的基本机制，企业成为市场经济的主体，对于个体理性（经济人）的崇尚，已成为经济学的主流，甚至导致了过度的迷信。为数相当多的经济学家把个体理性看成决定经济、社会发展的最明智、最重要的动力，把经济、社会发展建立在个体理性无所不能的假定之上，把政府管理经济作为一种"必要而负面作用甚大"的行为予以承认。

在当代，随着研究的深入，经济学中关于追求个人利益最大化的"经济人"假设受到越来越大的质疑，尤其是行为经济学、心理学研究的进展对"经济人"理念形成了巨大冲击。行业经济学把人类的非理性行为与理性行为纳入同一个认知与行为体系。行业经济学认为，人类的非理性决策，是人类行为的重要组成部分，非理性行为在人类行为中大量存在，只是一种极端的典型假设。行为经济学认为，人是理智与感情的结合体，人既可能按照理性去决策，但也不能排除在感情、直觉支配下行动。行为经济学通过大量心理学实验，验证了非理性行为的存在。实验表明，心理因素在很大程度上导致了人类决策的非理性大量存在。纽约大学研究员对人脑的相关实验中提出了六个关于平等的问题，通过功能磁共振成相检测受验者神经活动，研究发现人们在从事平等行为时，大脑的活动区域与人们的道德感有很大关系。人们不仅厌恶不公正，而且倾向于采取平等行为。"岛叶皮层处理着个体与周围环境之间的关系"这一结论意味着平等行为并非孤立的存在，而是源于利他主义、社会公益感的思维过程。①

如果把人的理性只理解为对经济利益的盘算，实际上就否定了人的社会本质，把人作为一种只知道简单计算经济利益的机器。"我想，我是相信人类社会比蚂蚁事实有用得多的。要是把人判定并限制在永远执行同一职能的话，我担心，他甚至不是一只好蚂蚁，更不用说是一个好人了。那些想把我们按照恒定不变的个体局限这一方式组织起来的人，就是宣布人类只应该拿出远低于一半的动力前进。他们把人的可能性差不多全抛弃掉了，由于限制了我们可以适应未来偶然事件的种种方式，他们也就毁掉了我们在这个地球上可以相当长时间生存下去的机会。"② 实际上"经济人"的命题本身就存在人的无限欲望追求与合理计算和行动的内在矛盾。

近年来，中国学术界越来越重视经济学创始人亚当·斯密的另一部被忽视了的巨著——《道德情操论》。在这部著作中，亚当·斯密把人的道德、情感作为人类行动、社会存在的重要因素。"人不管被认为是多么自私，在他人性中显然还有一些原理，促使他关心他人的命运，使他人的幸福成为他幸福必备的条件，尽管除了看到他人幸福他自己也觉得快乐之外，他从他人的幸福中得不到任何其他好处。"③ 他认为，道德、情感是社会秩序存在的基础。

集体理性与个体理性都只是人类思维、行为方式的一部分，都不可能脱离感情、直觉、

---

① 《科学发现支持亚当·斯密》，《中国社会科学报》，2012年4月23日。
② [美] 维纳：《人有人的用处——控制论和社会》，中译本，商务印书馆，1978年版，第38页。
③ [英] 亚当·斯密：《道德情操论》，中译本，中央编译出版社，2008年版，第2页。

道德等因素而独立存在。

从上面对于集体理性与个体理性的哲学分析中，我们可以看到，集体理性与个体理性是人类生存与发展中融为一体的文明体系，难以截然区分，各有所长，又各有弱点。个体理性在近代、现代的突出存在，是因为市场经济及科学技术的发展，从技术层面（信息资源的占有等）使个体理性具有了集体理性原来独据的优势，在许多领域更具有挑战集体理性的可能。个体理性发挥作用具有了似乎很广阔的思维、活动空间。但是，任何人的思维仍处于集体理性作用、影响之下。集体理性受到了挑战，但是随着形态的改变，依然存在，并且适应地与个体理性的诉求形成了新组合体。集体理性与个体理性结合具有内在统一性。从这个意义上看，政府对经济的管理就具有内在的合理性和必然性，而不是外部强加给市场经济的。

集体理性在市场经济中是内生的。市场经济使个体理性更加易于通过集体理性得到表达；集体理性能够更加灵活地接受个体理性。

政府管理与市场机制的结合，实际上是集体与个体理性的结合。如何把集体与个体理性结合，是所有经济体制与机制要解决的问题。集体与个体理性结合是否合理，从结果看体现为全社会的公平、效率、社会整体福利是否增加；从过程看体现为个体理性转化为集体理性时，是否得到了足够的制度保证，规则与程序是否公正、透明，是否能够体现多数人与多数利益集团的意见，是否能够协调各个利益集团的利益诉求。

四、产业政策与市场兼容

从上面的论述中，结合本课题对21世纪初中国产业政策形态的研究，可以进一步深入分析产业政策与市场机制的兼容。

第一，从中国产业政策的制定过程看，个体理性在政策制定初期及后期，得到了不同程度的尊重，各个利益主体通过不同层次的集体讨论，使政策过程成为一个逐步协调集体理性与个体理性的过程。

第二，各个利益集团实际上组成了不同的利益"压力集团"，通过各种方式进行利益诉求，个体理性的转达与表现，日益明晰、有力。

第三，产业政策要建立在市场机制的基础上已经成为政府有关机构的共识。承认市场机制的基础作用，意味着承认个体理性的合法性和地位。

第四，产业政策的最终出台，一般来说不同程度上吸收了某些利益集团及民众的意见，个体理性在集体理性表达中的地位持续上升。

第五，从技术上看，产业政策的制定由过去的政府官员居于绝对主导地位，改变为企业家、政府官员、专家学者、中介机构共同参与，使集体理性与个人理性的结合更加有效。

第六，产业政策制定过程与规则逐步公开、明晰，使个体理性的表达，有了一定的改进。

综上所述，由于在决策机制、体制及规则方面的改进，市场机制与作用逐步得到尊重，集体理性与个体理性的融合度逐步提高，21世纪初中国产业政策与市场的兼容性得到了提高。推而广之，可以认为，中国政府的经济政策与市场的兼容度，经过改革开放的30余年的时间得到了提高。把集体理性与个体理性通过中国的制度、政策、规则、文化予以结合，或许是中国经济相对平稳发展的重要原因之一。

第八章　21世纪初的中国钢铁工业产业政策

钢铁产业是国民经济的重要基础产业。改革开放以来，我国钢铁产业取得了长足发展，已成为世界上最大的钢铁生产和消费国，为国民经济持续、稳定、健康发展做出了重要贡献。钢铁产业的发展一直得到国家的高度重视，是国家出台产业政策最多的行业之一。对钢铁产业政策的制定过程和实施效果进行实证分析，对于进一步认识产业政策在促进经济发展中的作用，具有十分重要的意义。

一、20世纪90年代钢铁产业政策的简要回顾

20世纪90年代，是与社会主义市场经济体制相适应的产业政策框架体系逐步建立的时期。1989年3月国务院颁布了我国第一部真正意义上的产业政策文件——《国务院关于当前产业政策要点的决定》，标志着产业政策的实践开始走向规范。1994年3月，国务院又颁布了《90年代国家产业政策纲要》，这是我国第一份系统化的产业政策文件，对制定产业政策的原则、产业结构调整的主要方向和内容、产业政策的组织体系等重大问题进行了规定。这份文件也成为制定和实施钢铁行业产业政策的主要依据。

与此同时，随着市场化改革的深入，钢铁产业政策制定和实施的体制环境也发生了深刻变化。从管理体制看，经过几次机构改革，钢铁工业管理的主要部门——原冶金工业部的职能逐步从部门管理和直接控制转向行业管理和间接引导。从价格形成机制看，到1994年，所有钢材价格都实行市场定价，结束了价格"双轨制"的历史。从企业改革看，大中型钢铁企业自1994年就开始了建立现代企业制度的改革，到1998年现代企业制度框架逐步形成。20世纪90年代中后期，对一些钢铁企业实行了"减员增效"、"精干主体、分离辅助"和"债转股"等一系列改革措施。从所有制结构看，20世纪80年代后期到90年代前期，由于钢材市场缺口较大，各地投资钢铁项目积极性空前高涨。当时的冶金工业部放松了对地方和民间资本投资钢铁产业的一些限制性政策，使钢铁行业的投资主体和投资渠道趋向多元化。到1997年，黑色金属冶炼及压延加工业总产值中非国有比重已经近30%。

1992年以后，中国经济出现了超高速增长，投资需求和消费需求急剧膨胀。各地基本建设的大规模开展，对钢材特别是建筑用材需求迅速升温，国内市场严重供不应求，市场价格直线上升，建筑用材价格从1991年的1000多元/吨上升到1993年的4000多元/吨。针对投资失控、金融混乱的局面，1993年6月，中共中央、国务院下发《关于当前经济情况

和加强宏观调控的意见》，开始实施紧缩性的宏观经济政策。1994 年，国务院在发出《关于继续加强固定资产投资宏观调控的通知》中要求"加强对项目审批工作的管理，搞好项目规划"，并对炼钢等热点行业提出"国家计委要会同有关部门、地区抓紧制定专项规划，防止盲目布点、重复建设。今后项目审批工作必须依据国家中长期规划进行"。从 1996 年开始，国家进一步加强了对钢铁工业固定资产投资的控制，要求严格执行"八五"和"九五"计划，严格控制新开工项目，2 亿元以上的投资项目须经国务院批准。随着一系列政策措施的贯彻执行，从 1994 年开始钢材市场需求逐步回落，部分产品开始滞销。针对钢铁行业与市场需求的差距，当时的冶金工业部指出，提高钢铁工业发展的质量和效益，重点是优化钢铁工业结构，并把提高连铸比作为优化炼钢和轧钢工业结构的突破口。

进入"九五"时期第一年的 1996 年，我国钢产量历史性地突破 1 亿吨，跃居世界第一位，占世界钢产量的 13.5%，成为世界钢铁大国。此时又适逢国民经济从卖方市场转向买方市场，钢铁行业开始出现大量生产能力过剩、效益下滑的情况。此时，钢铁工业发展的主要矛盾已经从总量问题转向结构性问题，发展的主要任务也由成为世界钢铁大国转变成为世界钢铁强国。在这种背景下，1997 年召开的全国冶金工业会议，提出了"九五"期间钢铁工业的主要任务是：优化产品结构，改善钢材品种、质量和竞争力；优化工艺技术装备结构，淘汰落后生产工艺装备；优化企业组织结构，提高产业集中度。

1997 年亚洲金融危机后，国内需求大幅下滑，钢铁行业大量生产能力过剩，面临十分困难的局面。对此，1999 年 1 月，国家经贸委颁布《关于做好钢铁工业总量控制工作的通知》，指出钢铁产业存在日益突出的重复建设和工业结构不合理问题，并要求压缩钢产量 10%（以 1998 年钢产量为标准）；坚决制止重复建设，3 年内不再批准新建炼钢、炼铁、轧钢项目；通过淘汰落后，永久性地消除一批落后生产能力；严格控制钢材进口、限制出口，1999 年钢材进口总量控制在 700 万吨以内，仅限于国内不能生产和生产能力不足的品种。1999 年 8 月，国家经贸委颁布《工商投资领域制止重复建设目录（第一批)》，新建高炉炼铁、转炉炼钢等 15 个钢铁工业被列入其中。2000 年，国家经贸委相继颁布了《关于做好 2000 年总量控制工作的通知》和《关于下达 2000 年钢铁生产总量控制目标的通知》等政策，严格控制新增产能投资；同时出台了《关于清理整顿小钢铁厂的意见》，要求钢铁行业提高冶金行业发展的质量和效益，依法清理整顿小钢铁厂。随着总量控制、限产保价政策的实施以及国家实行积极的财政政策以扩大内需，进一步推动了市场需求。从 2000 年开始，钢材市场逐步好转，钢铁企业经济效益开始回升。

二、21 世纪以来钢铁产业政策制定的宏观背景

1. 中国经济发展进入新的增长阶段

21 世纪以来，中国经济进入了新的快速发展阶段。在成功抵御亚洲金融危机和克服国内有效需求不足后，中国经济增速逐步回升，工业化、城镇化步伐加快。特别是 2003 年以

后，中国经济进入新一轮快速增长周期，2003~2007年国民生产总值年均增长11%，高于之前20年平均水平。人均GDP于2003年突破1000美元，2006年和2008年分别突破2000美元和3000美元大关。根据国际经验，当人均GDP登上1000美元台阶后，消费结构和产业结构升级加快。与此同时，中国工业结构开始出现明显的重化工业化趋势。1999年，重工业增加值增速在改革开放以来首次超过轻工业增速，此后重工业增速始终快于轻工业。特别是2003年以来新一轮高速增长中，重化工业的带动作用更为突出。规模以上工业增加值中重工业比重从2000年的59.9%猛增至2008年的70.8%，比重持续上升。

世界发达国家的经验表明，不同发展阶段钢材消费强度有所不同。处于不发达阶段时钢铁消费强度较低，工业化初期、中期阶段，钢材消费强度呈现迅速上升趋势并维持在一定高水平上；进入工业化后期及成熟阶段后，钢材消费强度缓慢下降，并趋于平稳。据统计，8个已完成工业化国家（美国、加拿大、英国、法国、德国、意大利、比利时、日本）在其经济腾飞至鼎盛时期，人均钢消费均超过500公斤，而中国2002年仅为144公斤。我国目前正处于工业化中期阶段，这一时期钢材消费强度将较大。随着我国进入小康社会和居民消费结构升级，国际贸易强劲增长及机电产品出口比例不断提升，机械、汽车、家电、船舶、铁路等下游产品加工和装备工业等产业也在不断升级，以更好的产品满足国内和国际市场。这些行业的快速增长及对钢铁需求的增加，成为拉动中国钢铁产业持续扩张的巨大动力。

2. 加入WTO使中国钢铁工业面临前所未有的竞争局面

2001年底中国加入世界贸易组织，标志着中国经济全面融入世界经济大潮中。钢铁工业的市场环境和政策环境都发生了巨大变化，面临一系列严峻挑战。

根据我国入世承诺，到2005年冶金产品的进口平均关税税率（算术平均值）将从加入时的10.58%降为8.07%，原则上每年平均减让0.5个百分点。关税减让对我国钢铁工业总的影响不大。1992~1998年，中国钢铁产品的平均进口关税已从20%左右降低到10.58%，年关税降低率达到1.27%，远大于加入WTO后年均的0.5%的降幅。此外，从中国进口钢材的贸易结构看，加工贸易所占比重在一半以上，这部分钢材进口实行零税率。但由于国产钢材在品种和质量上与国外相比竞争力还很弱，部分高附加值、需求增长快的产品和特钢产品将面临进口产品的冲击，如不锈钢板材、不锈钢棒材、型材以及冷轧型材、冷轧硅钢等，而这些产品恰恰是加入WTO前后我们投入巨资进行结构调整的重点品种。

加入WTO前，根据国内外市场竞争情况和钢铁工业的发展战略，我国曾制定一些限制进口、鼓励出口的贸易政策，包括限量登记、指定经营、以产顶进、出口退税、优惠贷款等。根据入世承诺，加入WTO后中国将取消钢铁产品配额和进口许可证，原则上取消各种进口限制和出口补贴（对WTO成员国）；2005年以前全面取消钢铁产品的核定经营和指定经营，开放冶金产品与原材料进出口市场，有外贸经营权的公司均可从事钢铁产品的进出口贸易。这些非关税壁垒取消后，我国政府以行政手段控制进口的方法难度增大，钢铁行业将面临进口产品的较大冲击。与此同时，政府对钢铁调控的手段、方式迫切需要根据WTO原则进行调整。

3. 经济发展面临的资源环境压力日益突出

当我国经济发展进入工业化中期阶段以后,资源需求总量和消耗强度将在较长一段时期保持较高水平。同时,我国的经济增长方式仍具有"高投入、高消耗、高排放、不协调、难循环、低效率"的特征。我国不仅面临资源"瓶颈"制约,环境压力不断加大、生态退化突出等问题,而且资源浪费非常严重,资源利用效率低下,可持续发展问题日益突出。作为贯彻落实科学发展观、构建社会主义和谐社会的重大举措,节能减排被列入"十一五"规划。在规划中明确提出了节能减排的约束性指标,即到2010年,单位GDP能耗比2005年降低20%、主要污染物排放总量降低10%。

钢铁行业是能源、水资源、矿石资源消耗大的资源密集型产业,同时又面临资源不足、环境污染的严重制约。2004年,钢铁工业耗能近3亿吨标准煤,占全国能耗总量的15%,吨钢综合能耗比世界先进水平高15%~20%;耗新水近40亿吨,占工业耗新水总量的14%;运输量10亿吨,占全社会货运量的6%。而钢铁工业增加值仅占GDP的3.14%;钢铁工业是污染排放的大户,固体废弃物占工业排放总量的16%,废水、废气排放量占工业的14%。我国钢铁工业粗放型的现状和其工艺流程的特点,决定了其是最有条件、最具潜力、最为紧迫发展循环经济的产业,也成为国家实现节能减排战略性目标而进行重点调控的行业之一。

4. 全球钢铁业并购浪潮的冲击

21世纪以来,世界钢铁工业结构调整步伐加快,发达国家钢铁企业间兼并重组与战略联盟势头迅猛,从同一国家或地区内部向跨国延伸,从而形成了少数几个在全球范围内资源配置优化、生产规模巨大、产品竞争力更强的钢铁巨头,改变了世界钢铁工业格局,给中国钢铁产业发展战略带来重大影响。2006年7月,米塔尔与安赛乐的合并,宣告了一个年产量1.2亿吨、约占世界钢铁行业10%份额、总市值460亿美元且横跨欧、亚、美、非几大洲的钢铁"寡头"的诞生。在它们合并后,欧洲地区领先的三家钢铁企业的产量占欧盟27国的45%。同一时期,其他地区钢铁业的整合也已经发展到很高的水平:日本新日铁4家联盟企业集团加上JFE公司的钢产量占该国总量的77%;韩国浦项集团等2家钢产量占该国的82%;美国领先的三家钢铁企业占国内钢铁总产量的65%。

在世界钢铁行业跨国并购浪潮的带动下,外资频频出手并购我国钢铁企业,近年来先后有米塔尔对华菱管线、安塞乐对莱钢的并购案发生,并在谋求更大范围的并购。而相对于跨国钢铁企业,我国钢铁企业规模偏小,竞争力不强,外资并购给我国钢铁企业带来严重威胁。因此,顺应世界钢铁业并购浪潮,加快形成具有较强国际竞争力的大企业集团,推动钢铁工业由大变强,逐渐成为政策制定部门和业界的共识。

5. 钢铁产业政策制定主导权从专业部门转向综合性部门

新中国成立之初,中央人民政府设立重工业部,主要负责冶金、化学等多个领域的工作;1956年,重工业部撤销,成立冶金工业部,直到1998年,在长达近40年的时间里负责冶金行业管理。1998年,根据九届全国人大第一次会议通过的国务院机构改革方案,撤销冶金工业部，改设为国家经贸委管理的冶金工业局，行使行业管理职能，但不再直接管理企业和经济工作。1999年，中国钢铁工业协会成立，主要作用是努力发挥在政府和企事业单位之间的桥梁纽带作用。2001年2月，冶金工业局被撤销，政府管理钢铁行业相关事宜的人财物力都大大缩减，相关事权也大大简化，许多原有的管理职能不再存在，冶金行业政府行政管理职能由国家经贸委经济运行局冶金处行使。2003年，根据十届全国人大第一次会议通过的国务院政府机构改革方案，撤销国家经贸委，冶金行业政府行政管理职能并入国家发改委，冶金行业管理和产业发展职能集中于国家发改委。

钢铁行业管理机构的变革，体现了减少政府直接干预，充分发挥市场机制作用的意图。当钢铁行业管理职能从专业部门转移到宏观调控部门后，后者更多地从宏观全局角度制定和实施产业政策而非仅仅从行业角度考虑。特别是2003年以后，在新一轮宏观调控中，国家发改委将产业政策作为实施宏观调控的重要手段。针对钢铁行业的很多政策措施，不仅仅是着眼于行业发展，而且是服务于宏观调控大局。

三、近年来钢铁产业政策的演变与调控重点

2000年，国家开始实施"十五"计划，更加注重产业结构调整和优化升级，尤其是2003年以来着眼于抑制局部经济过热的宏观调控中，产业政策的作用十分突出。根据宏观经济形势的变化，对钢铁行业的调控大致可分为以下三个阶段。

1. 第一阶段：2003~2005年，调控重点是抑制投资过快增长

2003年，伴随着经济增长的快速回升，部分行业投资大幅增长，推动产能快速扩张，同时由于国内市场需求旺盛，带动钢材、电解铝、水泥等产品市场价格持续上涨，反过来又进一步刺激了投资扩张，引发了煤电油运的全面紧张。2004年第一季度的宏观经济运行态势，使政府宏观经济管理部门更加明确了抑制部分行业、局部领域出现过热的目标。为防止经济出现大的起落，有关部门加大了宏观调控力度，综合运用货币政策、土地供应政策和必要的行政手段，对投资规模进行控制，减轻通货膨胀压力。从2003年底到2004年上半年，国家集中出台了一系列宏观调控政策措施。

——2003年11月9日，国务院办公厅转发了国家发改委等部门《关于制止钢铁、电解铝、水泥等行业盲目投资若干规定的通知》（国发〔2003〕103号），拉开了针对钢铁行业宏观调控的序幕。文件指出，近几年来我国钢铁工业出现了盲目投资、低水平扩张的现象。一些地方不顾市场及外部条件，以各种名义大规模新建炼钢炼铁项目，并低价出让、未征先用土地，给企业提供各种不合理的优惠政策和减免税收，还有一些地方以外商投资鼓励类名义，违规审批炼钢、炼铁项目，造成钢铁工业出现生产能力过剩、铁矿资源不足、布局不合理、结构性矛盾突出等问题。文件提出，要加强产业政策和规划导向，严格市场准入管理，强化环境监督和执法，加强用地管理，加强和改进信贷管理和认真做好项目的清理工作。

——2004年4月26日，国务院下发《关于调整部分行业固定资产投资项目资本金比例的通知》，规定钢铁项目资本金比例由25%及以上提高到40%及以上。

——2004年4月27日，国务院办公厅下发《关于清理固定资产投资项目的通知》，重点清理钢铁、电解铝、水泥以及党政机关办公楼和培训中心、城市快速轻轨交通、高尔夫球场、会展中心、物流园区、大型购物中心等项目和2004年以来新开工的所有项目。

——2004年4月28日，国务院召开常务会议，听取了监察部、发改委等部门对江苏铁本钢铁有限公司违规建设钢铁项目查处情况的汇报，责成江苏省和有关部门对有关责任人员做出严肃处理。"铁本事件"是国家维护宏观调控政令畅通而抓的一个典型。国务院强调，各地区、各部门要进一步统一思想，自觉维护国民经济宏观调控的大局，坚决维护国家宏观调控措施的统一性、权威性和有效性。

——2004年4月29日，国务院办公厅发出紧急通知，要求各地区、各部门和各有关单位对所有在建、拟建固定资产投资项目进行一次全面清理。对国家明令禁止的、违反有关法律法规和国家政策的在建项目，下决心进行清理整顿，该停止建设的项目要立即停止。治理整顿期间暂停农用地转用审批。

——2004年7月25日，国务院发布《关于投资体制改革的决定》，上收了钢铁行业的核准权限。根据原先的规定，地方对于规模较小（5000万元以下）的项目还有一定的权限。而新的《政府核准的投资项目目录》规定，已探明工业储量5000万吨及以上规模的铁矿开发项目和新增生产能力的炼铁、炼钢、轧钢项目由国务院投资主管部门核准，其他铁矿开发项目由省级政府投资主管部门核准。

除了运用必要的行政手段进行调控，宏观经济管理部门还有意识地加强了各种政策手段的协调配合，以形成政策合力。

——信贷政策方面：2004年4月12日，银监会派出5个检查组，分别赴广东、浙江、河南等7省部分银行业金融机构，对钢铁、房地产、汽车、水泥、电解铝等过热行业贷款情况进行重点检查。2004年4月30日，国家发改委、人民银行、银监会联合发出《关于进一步加强产业政策和信贷政策协调配合控制信贷风险有关问题的通知》，并发布《当前部分行业制止低水平重复建设目录》。

——价格杠杆方面：2004年6月16日，国家发改委发出通知，全国销售电价水平每千瓦时平均提高2.2分钱，对钢铁等6个高耗能行业区分淘汰类、限制类、允许和鼓励类企业试行差别电价。

——环保政策方面：2004年6月20日，环保总局、国家发改委、监察部等部门联合举行环保专项整治活动，钢铁行业是重点。

应当说，从2003年底到2004年中出台的一系列旨在控制投资过热的政策措施，是改革开放以来国家对钢铁行业调控力度最大、调控措施最集中、调控手段最严厉、调控范围最广泛的时期。以"铁本事件"为标志，这一轮宏观调控呈现出较强的行政性色彩。从随后的发展来看，钢铁行业投资的过快增长势头得到了控制，2003年钢铁行业投资同比增长92.6%，2004年一季度增长106.4%，逐渐回落到全年增长26.9%，2005年一季度下降1.4%。另外，这一轮调控也反映出国家对钢铁行业的管理和调控沿用的仍是审批或核准的管理模式，更多的是依靠行政手段，经济和法律手段严重不足，已不能完全适应钢铁工业发展形势变化和市场的要求，难以有效地指导钢铁工业的稳定、健康发展。

对此，宏观经济管理部门认识到，解决钢铁行业发展中的问题，必须采取综合性的措施，特别是要制定一个系统性、纲领性的指导文件，加强和改善对钢铁行业的宏观调控，以促进我国钢铁工业健康有序发展。国家发改委从2003年初组织中国钢铁工业协会、冶金工业规划研究院、中国国际工程咨询公司等单位研究编制了《钢铁产业发展政策》和《钢铁工业中长期发展规划》初稿，并广泛征求了有关部门、行业协会、各类钢铁企业、研究院所等方面的意见。2005年4月20日，国务院常务会议审议并原则通过了《钢铁产业发展政策》，2005年7月20日以国家发改委令的形式予以颁布。

《钢铁产业发展政策》全文6000多字，分9章40条，分别就政策目标、产业发展规划、产业布局调整、产业技术政策、企业组织结构调整、投资管理、原材料政策钢材节约使用及其他相关问题进行了阐述。其主要内容包括以下几方面：

（1）合理控制钢铁行业生产规模。今后原则上不再单独建设新的钢铁联合企业、独立炼铁厂、炼钢厂，不提倡建设独立轧钢厂。新增生产能力要和淘汰落后生产能力相结合，原则上不再大幅度扩大钢铁生产能力。为抑制投资过热，设置了技术和企业规模两个门槛。例如，在规模上，2003年500万吨的企业集团制定发展规划实行备案制，在投资上要求企业自有资本金比例必须达到40%及以上。

（2）优化钢铁产业布局。从矿石、能源、资源、水资源、运输条件和国内外市场考虑，大型钢铁企业主要布局在沿海地区，内陆地区钢铁企业应结合本地市场和矿石资源状况，以矿定产，不谋求生产规模的扩大，以可持续发展为主要考虑因素。

（3）优化钢铁品种结构。到2010年，我国钢铁产品优良品率有大幅度提高，多数产品基本满足建筑、机械、化工、汽车、家电、船舶、军工等行业的发展需要。

（4）鼓励企业兼并重组，提高产业集中度。到2010年，钢铁冶炼企业数量较大幅度减少，国内排名前10位的钢铁企业集团钢产量占全国产量的比例达到50%以上，2020年达到70%以上。到2010年，形成两个3000万吨级、若干个千万吨级的具有国际竞争力的特大型企业集团。

（5）大力发展钢铁循环经济。文件明确规定了钢铁企业吨钢综合能耗、可比能耗、耗新水等具体指标，要求钢铁工业在水资源消耗总量和能源消耗总量增加不多的前提下，实现总量适度发展。对于新上项目工艺流程、资源节约、循环利用、污染排放等方面做了具体规定。

（6）淘汰落后技术装备。为防止低水平重复建设，促进钢铁产业升级，对钢铁工业装备水平和技术经济标准准入条件作了详细规定，并在用地、环保及污染物排放上严格限定，不能满足规定的不准生产运行。

《钢铁产业发展政策》是新中国成立以来第一部指导钢铁工业全面、协调、健康发展的纲领性文件。它把提高产业集中度和优化生产力布局作为产业政策调整的核心。在政策推动下，国内钢铁企业横向并购开始大量涌现。2005年8月，鞍钢与本钢组成了鞍本钢铁集团。2007年初，宝钢集团并购新疆八一钢铁。与此同时，鞍钢鲅鱼圈和首钢曹妃甸两个大型钢铁联合项目分别于2006年和2007年开工建设，拉开了钢铁工业布局战略性调整的序幕。

2. 第二阶段：2006~2008年上半年，调控重点是抑制产能过剩和淘汰落后产能

从2005年下半年开始，钢铁行业产能过剩问题日益突出，不良后果逐步显现。2005年9月下旬后，钢材价格出现全面下跌，而原材料价格居高不下，95%的钢材产品价格跌破成本，企业产成品资金占用增长50%。在钢铁工业整体走向微利甚至亏损的形势下，相当多的企业仍在继续增产，加剧了市场供大于求的矛盾。而且钢铁产业集中度下降，现有能力中低水平产能占有相当比重，资源供给和环境容量也难以支撑。

根据国务院《关于加快推进产能过剩行业结构调整的通知》(国发[2006]11号)的部署，为解决钢铁行业产能严重过剩问题，做好钢铁工业控制总量、淘汰落后、加快结构调整的宏观调控工作，国家发改委对华东、华北和东北三个钢铁主要生产区进行调查，并两次组织召开座谈会，广泛征求有关方面的意见。2006年6月14日国家发改委等8部委联合出台了《关于钢铁工业控制总量淘汰落后加快结构调整的通知》(发改工业[2006]1084号)。文件强调，要充分认识钢铁工业产能过剩的严峻形势，把控制总量、淘汰落后和调整结构作为当前和今后一个时期内钢铁工业发展的重要任务，作为转变增长方式、实现单位国内生产总值能耗下降20%的重要举措加以推进。文件明确了钢铁行业结构调整的目标、原则和具体措施，包括严格执行法律法规和钢铁产业发展政策，严格控制钢铁工业新增生产能力，淘汰落后生产能力，支持企业技术改造和技术创新，鼓励企业加大技术开发力度，推进钢铁企业联合重组，加强行业自律和组织领导等。文件重申了《钢铁产业发展政策》提出的优化布局、产品结构调整、提高产业集中度的目标，并明确提出了淘汰落后的目标，即"十一五"期间，淘汰约1亿吨落后炼铁能力，2007年前淘汰5500万吨落后炼钢能力等，2006年淘汰落后产能工作要取得实质性进展。

与上一轮调控期间出台的政策相比，这一文件以附件的形式列出了淘汰落后产能的法律依据，以强调运用法律手段，淡化行政干预。此外，文件再次强调"严把项目准入关，原则上不批准新建钢铁企业，个别结合搬迁、淘汰落后的项目也要从严掌握"。

同时，为了实现"十一五"节能减排目标，国务院于2007年6月3日印发了《节能减排综合性工作方案》，包括40多条重大政策措施和多项具体目标。《方案》提出要控制高耗能、高污染行业过快增长，严格控制新建高耗能、高污染项目，提高市场准入门槛，建立高耗能、高污染行业新上项目与地方节能减排指标完成进度挂钩、与淘汰落后产能相结合的机制，落实限制高耗能、高污染产品出口的各项政策。《方案》进一步明确了"十一五"期间钢铁行业淘汰落后生产能力的目标，包括淘汰落后炼铁生产能力1亿吨、落后炼钢生产能力5500万吨；淘汰300立方米以下高炉和年产20万吨以下小电炉、小转炉。《方案》要求制定淘汰落后产能分地区、分年度的具体工作方案，并认真组织实施。对没有完成淘汰落后产能任务的地区，严格控制国家安排投资的项目，实行项目"区域限批"。国家发改委每年向社会公告淘汰落后产能的企业名单和各地执行情况。

钢铁行业淘汰落后工作积极推进。2007年4月27日，国务院召开钢铁工业关停和淘汰落后产能工作会议。国家发改委与河北、山西等10个主要产钢省（区、市）政府签订了

第一批《责任书》。按照要求，这10个地区将在"十一五"期间关停和淘汰落后炼铁能力3986万吨、炼钢能力4167万吨。2007年12月27日，国家发改委与18个省（区、市）及宝钢集团签订第二批《关停和淘汰落后钢铁生产能力责任书》。按照要求，这些地区到2010年，将累计关停和淘汰炼铁能力4931万吨、炼钢能力3610万吨，涉及企业573家。

3. 第三阶段：2008年下半年以来，调控重点是应对危机、加快结构调整

2008年9月爆发的国际金融危机对全球经济发展格局产生了深远影响，也对我国实体经济造成了较大冲击。钢铁行业是受到冲击较为严重的行业之一。2008年下半年，随着国际金融危机的扩散和蔓延，我国钢铁产业出现了产需快速下滑、价格急剧下跌、企业经营困难、全行业亏损的局面，钢铁产业稳定发展面临着前所未有的挑战。特别是，前几年大力推动结构调整的大型钢铁企业产量大幅下降、效益大幅下滑，代表当今世界先进水平的首钢和鞍钢新项目被迫推迟投产；而中小钢铁企业在4万亿投资计划的推动下快速发展，建筑用钢材等被视为低附加值的品种产量大幅增长，一些本应淘汰的落后能力再度进入市场，预期中的联合重组没有大的进展。同时，金融危机也使我国钢铁产业长期粗放式发展所积累的深层次矛盾和问题集中显现，这促使最高决策层关注中国钢铁产业的发展道路和政策取向。国务院总理温家宝在2009年6月底至7月初，连续用三个周末考察了唐钢、济钢和太钢。他强调，钢铁行业面临的一个重大任务就是结构调整，结构调整必须把技术改造、压缩落后产能和兼并重组这三者结合起来，把钢铁工业的发展和改革结合起来。钢铁发展要有大思路、新思路，要下大决心、抓住机遇、不懈努力、走出一条新的更好更快的发展路子，推动我国钢铁行业取得更大发展。

为应对国际金融危机的影响，落实党中央、国务院保增长、扩内需、调结构的总体要求，国务院制定了包括钢铁产业在内的十大产业调整振兴规划。2009年3月20日，《钢铁产业调整和振兴规划》公布实施，规划期为2009~2011年。《规划》指出，钢铁产业在经历了长期粗放型扩张后，必然要进行一次大的调整。现阶段，我国城镇化、工业化任务依然繁重，内需潜力巨大，钢铁产业发展的基本面没有改变。必须抓住机遇，制定实施钢铁产业结构调整和振兴规划，促进钢铁产业平稳运行、健康发展。《规划》在控制总量、淘汰落后、优化布局、联合重组等方面提出了具体的目标和任务。

（1）控制总量方面。《规划》的目标是总量恢复到合理水平。2009年、2010年粗钢产量分别控制在4.6亿吨和5亿吨。再次重申不再核准和支持单纯新建、扩建产能的钢铁项目，所有项目必须以淘汰落后为前提，并提出了2011年前淘汰落后新的目标。

（2）联合重组方面。《规划》的目标是国内排名前5位钢铁企业的产能占全国产能的比例达到45%以上，沿海沿江钢铁企业产能占全国产能的比例达到40%以上，具体任务是"推动鞍本集团、广东钢铁集团、广西钢铁集团、河北钢铁集团和山东钢铁集团完成实质性重组；推进鞍本与攀钢、东北特钢，宝钢与包钢、宁波钢铁等跨地区的重组，推进天津钢管与天铁、天钢、天津冶金公司，太钢与省内钢铁企业等区域内的重组。力争到2011年，全国形成宝钢集团、鞍本集团、武钢集团等几个产能在5000万吨以上、具有较强国际竞争力的特大型钢铁企业；形成若干个产能在1000~3000万吨级的大型钢铁企业"。

（3）优化布局方面。《规划》的目标是沿海沿江钢铁企业产能占全国产能的比例达到

40%以上。明确提出建设沿海钢铁基地、推进城市钢厂搬迁等具体任务。

这些政策措施延续了近年来国家对钢铁产业调控的主线,反映了应对危机、保先进生产力、保市场稳定的要求,同时进一步明确了钢铁行业结构调整的具体方向和任务。

随着国家扩大内需、促进经济增长一揽子计划政策效果的逐步显现,较快扭转了经济增速下滑态势。2009年前三季度,经济增速逐季回升,内需对经济增长的拉动作用显著增强,企业生产经营困难情况有所缓解,产业发展总体向好。但各地区、各行业结构调整进展不平衡,不少领域产能过剩、重复建设问题仍很突出,有的甚至还在加剧。为巩固经济回升的基础,防止部分行业产能过剩和重复建设导致经济运行大起大落,并抓住国际金融危机形成的市场形势推动结构调整的历史机遇,国务院于2009年9月29日批转了国家发改委等部门《关于抑制部分行业产能过剩和重复建设,引导产业健康发展的若干意见》(国发〔2009〕38号),将钢铁、水泥、平板玻璃、煤化工、多晶硅、风电设备6个行业作为调控重点。对于钢铁行业,《意见》提出的政策导向是,控制产能盲目扩张,不再核准和支持单纯新建、扩建产能的钢铁项目。严禁各地借等量淘汰落后产能之名,避开国家环保、土地和投资主管部门的监管、审批,自行建设钢铁项目。同时,明确了国家产业政策重点鼓励发展的钢材品种和规划期间淘汰落后及节能减排的目标。

与此同时,这一时期钢铁产业政策制定的主导权由宏观经济管理部门再次转移到专业部门。2008年,根据十一届全国人大第一次会议批准的国务院机构改革方案,新成立了工业和信息化部,将国家发改委的工业行业管理划入,负责制定并组织实施工业行业规划、计划和产业政策,提出优化产业布局、结构的政策建议,起草相关法律法规草案,制定规章,拟订行业技术规范和标准并组织实施,指导行业质量管理工作。在职能设置上,内设原材料司,承担钢铁、有色、建材等的行业管理工作。工业和信息化部成立后,近期工作的重点放在制定《钢铁行业调整和振兴规划》的相关实施细则,包括完善落后产能退出机制、鼓励兼并重组等方面的指导意见,并开始组织修订2005年出台的《钢铁产业发展政策》。

从《钢铁产业调整和振兴规划》的落实情况看,取消部分钢铁产品的进口关税、提高一些深加工产品的出口退税率、国家投资支持钢铁企业技术创新和重点产品开发、对骨干企业给予信贷支持等财税、金融政策基本到位。但涉及结构调整和优化升级的一些综合性政策进展较慢,如钢铁企业联合重组指导意见、《钢铁产业发展政策》的修订、提高建筑用钢标准等。从规划实施效果看,在国家扩大内需政策拉动下,钢铁行业运行逐步向好:全年粗钢产量5.68亿吨,同比增长13.5%,企业效益自2009年5月份以后明显好转;企业盲目投资、扩大产能的势头有所遏制,2009年钢铁产业投资比上年下降1.3%;企业重组步伐加快,国内前5家钢铁企业产量所占比重由2008年的28.6%上升到2009年的29.1%;一些关键性钢材品种实现批量稳定生产,顶替进口,满足了国家重点工程建设的需要。

四、钢铁产业政策实施效果分析

产业政策效果是产业政策合理性与产业政策执行方式有效性的综合表现,因此,分析评价产业政策的效果,实际上是通过产业政策的实施结果,判断产业政策的合理性程度和产业政策执行方式的有效性程度。需要特别指出的是,钢铁产业政策是一个体系,涉及产业规模、产业布局、产业组织、技术装备等多个方面,而各领域的政策效果不尽相同,并且有的政策出台时间较短(如《钢铁行业调整和振兴规划》),其效应的发挥还需一个过程。因此,简单地说钢铁产业政策是否有效意义不大,需要深入分析各领域政策的具体效果。

1. 钢铁工业对国民经济的快速发展提供了有利支撑

从 2000~2009 年,我国 GDP 从 9.92 万亿元增加到 33.54 万亿元,增长 3.38 倍;同期钢产量从 12850 万吨增加到 56803 万吨,增长 4.42 倍(见表 8-1)。2003 年钢产量突破 2 亿吨,2005 年突破 3 亿吨,2006 年突破 4 亿吨,2008 年突破 5 亿吨。其中,2003~2007 年连续 5 年年均增产钢 6138 万吨。在规模不断扩张的同时,我国钢铁产品品种范围扩大,质量改善,满足国民经济发展的能力明显增强。钢材国内市场占有率从 2000 年的 92.8% 上升到 2008 年的 97.1%(其中长材 99.49%、板带材 94.8%、管材 97%);板管带比从 41.7% 提高到 50.6%。目前,我国大多数钢材品种的自给率超过了 100%,净进口的钢材只剩下冷轧薄板带、电工钢等少量高附加值品种,而这些品种国内产量增长很快。目前,我国机械、汽车、造船、家电、石油、电力、铁路等行业使用的钢材绝大多数是国产的,其质量能够满足这些行业的基本需要,其中部分品种达到了国际先进水平。近几年来,我国开发的船用高强度宽厚板、高强度海洋结构用钢板、高档汽车用板和汽车零部件用钢、工程机械和高层建筑用高强度厚钢板、X80 以上高等级管线钢板、百米在线热处理钢轨和时速 350 公里高速铁路钢轨、高速动车组用钢、高端压力容器用钢板、高牌号取向和无取向硅钢、高档不锈钢新品种、高强度角型钢等均实现了重大的突破,有力地支撑了国家经济建设、工业化、城镇化进程和机电产品出口对钢铁材料的需求。2000~2008 年中国钢材进出口情况见图 8-1。

表 8-1 2000~2009 年中国 GDP 与粗钢产量

年份	国内生产总值		粗钢	
	总量(亿元)	增速(%)	产量(万吨)	增速(%)
2000	99215	8.6	12850	3.4
2001	109655	8.1	15163	18.0
2002	120333	9.5	18237	20.3
2003	135823	10.6	22234	21.9
2004	159878	10.4	28291	27.2
2005	183217	11.2	35324	24.9
2006	211924	11.8	41915	18.7
2007	257306	13.3	48929	16.7
2008	314045	9.6	50092	2.4
2009	335353	8.7	56803	12.9

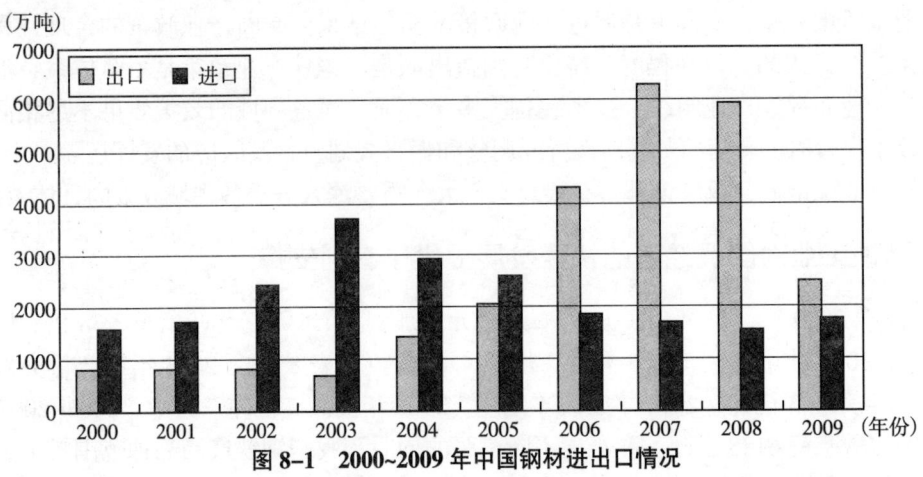

图8-1 2000~2009年中国钢材进出口情况

钢铁产品进出口格局发生转折性变化，我国钢铁业在全球钢铁业的地位大幅提升。2008年我国钢产量超过世界排名第2至第8位的日本、美国、俄罗斯、印度、韩国、德国、乌克兰之和，占全球粗钢产量的38.3%，比2000年提高23个百分点（见图8-2）。2003年我国净进口粗钢（钢材、钢坯折合粗钢，下同）3655万吨，到2006年净出口粗钢3463万吨，2007年净出口粗钢5487万吨，实现了历史性转折。2009年受金融危机影响，我国粗钢产量占全球钢产量比重大幅提升至46.6%；全年净出口粗钢286万吨，较2008年净出口粗钢4766万吨大幅下降。中国钢铁工业快速发展不仅支撑了中国经济的快速发展，而且在2006年以后还支撑了世界经济的较快发展。

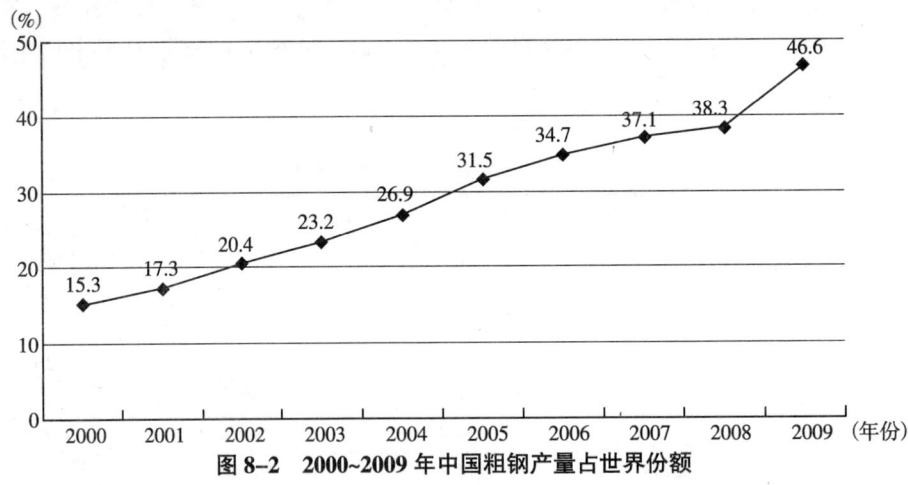

图8-2 2000~2009年中国粗钢产量占世界份额

2. 钢铁技术装备水平明显提高，主要经济指标明显改善

进入21世纪以来，我国钢铁工业进一步加大投资的力度，整体实力明显增强，整体装备水平迅速提高，依托自身技术实力，在部分引进国外高端技术的基础上，实现了技术装备设计和制造的自主集成与创新，主要装备的国产化率进一步提高，有些先进技术装备已达到国际领先水平，如鞍钢不仅实现了自主集成单条生产线——中国第一条拥有自主知识

产权，具有国际先进水平的 1700 中薄板坯连铸连轧带钢生产线（ASP），并实现了向济钢集团有限公司（以下简称济钢）的技术输出；首钢集团（以下简称首钢）自主设计建造了世界首座全干法除尘的 5500 立方米特大型现代化高炉；太原钢铁集团有限公司（以下简称太钢）自主集成与创新建成了世界最大的不锈钢生产企业。目前，我国已成为世界上钢铁工业设计和设备制造、施工建设综合能力最强的国家之一。我国冶金工业达到世界先进水平的装备提高到 30% 左右，已拥有具有世界先进水平的 5500 立方米的高炉、600 吨的顶底复吹转炉，以及世界最大的可年产 150 万吨铁水的 COREX 炉，宝钢、鞍钢、武钢、马钢、太钢等一大批钢铁企业的工艺装备水平已达到或接近世界先进水平。

随着钢铁工业生产工艺技术装备水平的提高，钢铁工业的主要技术经济指标也随之明显提高。目前，我国钢铁工业的高炉利用系数、入炉焦比、高炉喷煤比、转炉炉衬平均寿命、连铸比等，已接近或超过世界先进指标。其中，连铸比已由 2000 年的 84.81% 提高到 2007 年的 98.86% 左右；轧钢综合成材率从 2001 年的 74.8% 提高到 2007 年的 95.3%。

3. 节能减排取得显著进展，可持续发展能力增强

自 2001 年起，国家大力推行循环经济，节能减排在钢铁行业内全面展开，钢铁工业整体的能源利用率有了较为显著的提高，单位能耗量和排污量也不断下降。2000~2008 年，钢铁行业吨钢综合能耗从 920 千克标煤降至 630 千克标煤；吨钢可比能耗则从 760 千克标煤降至 610 千克标煤；转炉能耗率在 2008 年更是下降到 5.74 千克标煤，仅仅为 2000 年平均值的 1/6。中国钢铁行业协会发布的《2008 年我国钢铁行业节能减排研究报告》显示，2008 年大中型钢铁企业万元工业增加值能耗 5.13 吨，比上年下降 2.41%；吨钢可比能耗比上年下降 0.77%；吨钢耗用新水 5.09 立方米，比上年下降 5.11%。外排废水中的化学耗氧量比上年下降 28.99%，二氧化硫排放量下降 3.82%，工业烟尘排放量下降 7.48%，工业粉尘排放量下降 12.06%。

4. 产业布局调整进展不快，不合理状况仍很突出

进入 21 世纪后，为适应国内资源不足和市场需求向沿海倾斜的新变化，我国钢铁工业发展重心逐渐向经济发展迅速、钢材需求旺盛和利用进口铁矿方便的沿海地区转移。2008 年与 2000 年相比，东部地区的钢产量占全国的比重由 60.3% 上升至 64.9%，提高了 4.6 个百分点，而中部地区和西部地区则分别由 27.4% 和 12.3% 下降至 26.3% 和 8.8%。但总体看，产业布局调整进展较慢，布局不合理的状况尚未根本改变。

一方面，"沿海战略"进展缓慢。曹妃甸、营口港、湛江港、日照港、防城港等几个沿海基地都规划了千万吨以上的钢铁综合项目，如果能够建成，将从根本上改变中国钢铁产业布局。但目前仅有首钢曹妃甸、鞍钢营口两大沿海基地项目已基本建成，其他沿海项目尚未得到批准。

另一方面，近几年在市场需求和高额利润的刺激下，在原料短缺、水资源严重匮乏的内陆地区，又新建了一批钢铁企业（其中相当一批属于违规建设项目），使不合理的生产布局进一步加剧。目前，国内水资源短缺地区的粗钢生产能力占总产能的 60%。随着规模不断扩大导致用水量逐年增加，许多企业发展已经和当地农业、生活用水发生很大矛盾。钢

铁工业是运输大户，每吨钢的外部运输量为5吨左右。按5亿吨钢计算，每年的总运量为25亿吨左右，对铁路、公路和港口造成很大压力，也严重挤压了钢铁企业利润。据运输研究部门统计，钢铁产品铁路运量仅次于煤炭，占全国第2位；沿海港口吞吐量仅次于煤炭和石油，居第3位。以长江南京大桥以上沿江钢铁企业为例，受大桥净空高度限制只能通过3000~5000吨驳船，进口铁矿石需要倒运2次，武汉沿江一带的钢铁企业每吨铁矿石的运输费用增加150~200元，折合每吨钢250元以上。1000万吨级企业全部利用进口矿每年增加总成本25亿元左右。有些内陆企业要靠铁路运输，运输距离很长，成本更高。在钢铁产品竞争日益激烈的形势下，每吨钢材高出200~300元的成本，将对产品竞争力产生重大影响，甚至影响企业的生存。

5. 产业集中度明显偏低，联合重组行政色彩浓厚

钢铁工业属于资源密集型和资本密集型产业，钢铁生产的技术特点决定了规模经济在钢铁产业中的重要地位，可以说规模经济是提高产业效率和竞争力的关键要素。从国际钢铁产业的发展历程来看，钢铁企业的联合、兼并和资产重组，向集团化方向发展是发挥专业化生产、实现钢铁产业现代化的需要，也是适应市场竞争的需要。提高产业集中度是我国钢铁产业政策的重要目标。但从21世纪以来的情况看，市场集中度明显偏低，很多年份还呈现下降趋势。2000年，国内前10家最大的钢铁企业产量占国内钢产量份额为50%，随后连年下降，2004~2006年一直在35%左右，2007年上升到38.9%。2008年钢铁企业联合重组取得重大进展，市场集中度进一步提升到40.2%（见图8-3）。进入2009年，中小钢铁企业产量增长速度明显快于大中型钢铁企业，前10家企业的市场集中度又出现下降。

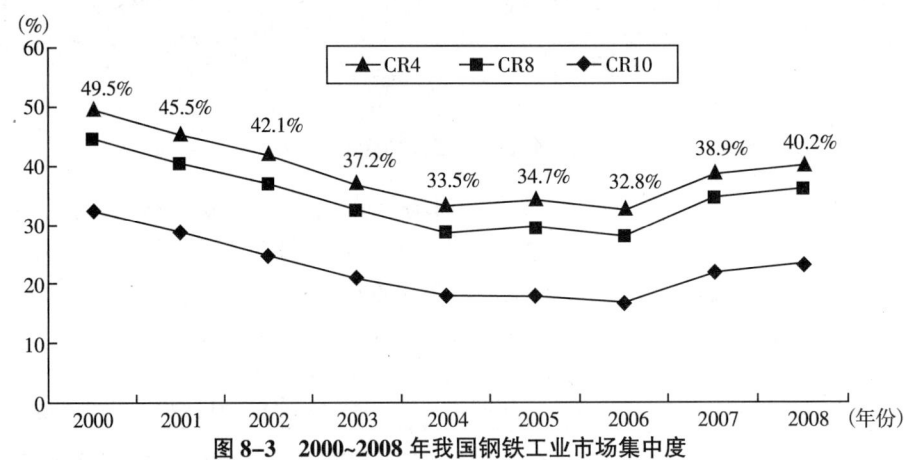

图8-3 2000~2008年我国钢铁工业市场集中度

注：数据来自中国钢铁工业协会。

2005年以来，在《钢铁产业发展政策》等一系列政策的推动下，我国钢铁产业掀起了新一轮联合重组浪潮。2005年8月，鞍钢与本钢组成了鞍本钢铁集团。2007年初，宝钢集团并购新疆八一钢铁。2008年，钢铁行业兼并重组取得重大进展。宝钢重组韶钢、广钢组建广东钢铁集团，武钢重组柳钢组建广西钢铁集团，唐钢、邯钢联合重组河北钢铁集团，济钢、莱钢联合重组山东钢铁集团，由此形成了河北钢铁集团、山东钢铁集团2个地区性大

型钢铁企业和宝钢、武钢2个跨地区大型钢铁企业。2009年,宝钢重组了宁波钢铁公司,山东钢铁集团重组了日照钢铁公司、首钢重组了山西长治钢铁公司和贵阳特钢。从这一轮联合重组的动力看,从中央到地方、从大型钢铁企业到中小民营企业,都有重组的动力,通过兼并重组来提高竞争力已经成为业内共识。大型钢铁企业由于必须淘汰相当能力的落后产能才允许建设新项目,具有较强的并购动力;中小钢铁企业为了避免淘汰,被并购的意愿也十分强烈。处于"第二梯队"、"第三梯队"的钢铁企业主要是地方国有企业。这些企业所在的地方政府面对中央不断强化的宏观调控,也不再鼓励这些钢铁企业扩大产能,转而希望通过整合区内资源来提高本地钢铁企业竞争力,从而应对宝钢等大型钢铁企业的跨区域并购。

从这一轮重组的特点看,区域内重组和跨区域重组并进,但是前者正在大干快上,后者却举步维艰。从目前公布的重组案例看,大多数是以省级政府行政主导的区域内整合。例如,河北钢铁集团、山东钢铁集团的成立是在地方国资部门的直接"撮合"下,将省管钢铁企业"合二为一"。这种合并的效率高,但缺点是以行政命令取代市场规律,导致企业出现"整而不合"的现象。目前山西、陕西也正在积极推动省内钢铁企业联合。与此同时,宝钢、武钢、鞍本等中央企业重组地方中小钢铁企业面临很多阻力。特别是部分地方政府主导的省内重组影响到跨区域资源优化,而后者才是我国钢铁产业优化布局、提高国际竞争力的关键。此外,跨所有制的重组也出现一些新问题,如2009年亏损的山东钢铁集团重组盈利的日照钢铁集团;宁波建龙集团从吉林通钢集团中退出等。究其原因,则是我国钢铁企业所有制不同,代表的各方利益不同,中央企业、地方企业的利益和价值取向存在差异。因此,钢铁企业的兼并重组过程,实质上是有关政府机构之间、上下级政府机构之间利益协调和讨价还价的过程。由于各地方在利益分配格局和政府职能转变上还难有根本性突破,从而影响到联合重组的实际效果。

从政策目标的完成情况看,《钢铁产业调整和振兴规划》提出,到2011年国内排名前5位钢铁企业的产能占全国产能的比例达到45%以上。2009年,我国产钢量前5家企业分别为河北钢铁集团、宝钢、武钢、鞍本集团、江苏沙钢集团,产量合计1.65亿吨,占全国比重29.1%,比2008年提高0.5个百分点。2009年年产钢500万吨以上的企业有28家,其中2000万吨以上有6家,1000万~2000万吨的有5家。要在三年内将前5家企业的市场占有率从不足30%提高到45%以上,难度相当大。

6. 产能过剩压力始终存在,淘汰落后阻力较大

近10年来,在国家针对钢铁行业的政策导向中,首先就是抑制产能的过快增长,"产能过剩"、"重复建设"、"低水平扩张"等词语屡次出现在国家产业政策文件中。为严格控制钢铁产能的过快增长,有关部门相继出台了一些政策措施,如实施限产措施、严查违规项目、减少项目审批数量、实行新增先进产能与淘汰落后产能"等量置换"等。但从实施效果看,这些政策措施的效果并不理想。

2003年底,国务院转发国家发改委等部门《关于制止钢铁行业盲目投资的若干意见》,认定钢铁行业存在比较严重的盲目投资和低水平扩张现象,指出"到2003年底,我国钢铁生产能力将达到2.5亿吨,目前在建能力约0.8亿吨,预计到2005年底将形成3.3亿吨钢

铁生产能力……据不完全统计，各地拟建能力还约有 0.7 亿吨"。但是，根据 2006 年出台的《关于钢铁工业控制总量淘汰落后加快结构调整的通知》罗列的数据，"到 2005 年底已形成炼钢能力 4.7 亿吨，还有在建能力 0.7 亿吨、拟建能力 0.8 亿吨，如果任其全部建成，届时，我国炼钢产能将突破 6 亿吨"。这说明 2005 年底钢铁产能远超过国家于 2003 年设定的控制目标。

2009 年，国家又出台了《关于抑制部分行业产能过剩和重复建设，引导产业健康发展的若干意见》，在分析钢铁行业现状时指出"2008 年我国粗钢产能 6.6 亿吨，需求仅 5 亿吨左右，约 1/4 的钢铁及制成品依赖国际市场……目前在建项目粗钢产能 5800 万吨，多数为违规建设，如不及时加以控制，粗钢产能将超过 7 亿吨，产能过剩矛盾将进一步加剧"。这再次说明，2008 年钢铁产能又远超出 2006 年设定的控制目标。此外，2009 年初出台的《钢铁产业调整和振兴规划》提出的总量控制目标为"2009 年我国粗钢产量 4.6 亿吨，2011 年粗钢产量 5 亿吨左右"。实际情况是，2008 年我国粗钢产量超过 5 亿吨，2009 年达到 5.68 亿吨，远远高于规划目标。特别是随着国家实施拉动经济的 4 万亿元投资计划后，在市场需求的刺激下，一些原本淘汰的落后产能又进入市场，产能过剩的压力进一步加剧。

从钢铁产能利用率的情况看，根据官方统计的产能和实际产量计算，2003 年我国钢铁产能利用率为 88.8%，2005 年下降到 75.1%，反映出较为明显的产能过剩。2008 年下半年受国际金融危机的冲击，钢铁产能利用率大幅下降，全年为 75.8%，低于 79%~83%的正常水平。据钢铁工业协会估计，2009 年钢铁产能利用率约为 80%。

淘汰落后产能是控制总量的重要手段。国家提出的目标是"十一五"期间，全国要淘汰 1 亿吨落后炼铁产能（300 立方米及以下小高炉），2007 年前淘汰 5500 万吨落后炼钢产能（20 吨及以下小转炉和小电炉）。经各方面努力，2006~2009 年，我国已淘汰落后炼铁产能 8172 万吨，炼钢产能 6038 万吨，取得了积极成效。但是，落后炼钢、炼铁产能规模依然很大。而且以规模为主要目标的淘汰标准，客观上又刺激了钢铁产能规模的扩张。例如，产业政策要求淘汰 300 立方米以下高炉，企业就将其改造成 400 立方米高炉；如果准入门槛提高到 400 立方米，企业可以进一步提高到 500 立方米，实际上变相扩大了产能。而且，继续加大淘汰力度面临很多困难，一方面淘汰落后钢铁产能触及地方税收、财政和就业等方面的利益，另一方面目前国内还缺乏对于落后产能有效的淘汰机制，或者可以说是有政策、没措施。

纵观 21 世纪以来钢铁产业政策的变动趋势，有以下几点值得特别关注：

第一，产业政策日益成为宏观调控的重要手段。从近年来钢铁产业政策实施情况看，分析钢铁产业政策的目的和效果，必须放在宏观调控的大背景下考虑，将钢铁产业政策作为宏观调控的有机组成部分，而不能仅从产业自身发展出发。事实上，在有些情况下，针对钢铁产业的调控政策更多地体现的是宏观目标，而非产业目标。

第二，产业政策的效果很大程度上是中央和地方博弈的结果。发达国家产业政策的对象是企业，而我国的特殊国情决定了很多产业政策的对象是地方政府。产业政策的制定和执行情况，不仅仅是政府与企业博弈的结果，更多的是中央政府和地方政府博弈的结果。例如，"铁本事件"，看似针对的是铁本集团违法违规建设钢铁项目的问题，实际上是借此规范地方政府的行为。国家出台的很多产业政策文件，都强调要统一思想，自觉维护宏观调控大局，主要针对的也是地方政府。

第三，控制总量目标始终被放在第一位。从钢铁产业政策实践看，优化生产力布局和提高产业集中度一直是产业政策的核心，而把控制总量作为结构调整的重要手段，这三个政策目标是相互关联、相互影响的。控制总量是优化布局和提高集中度的前提，提高集中度的主要途径是淘汰落后和联合重组，跨区域联合重组是优化布局的重要手段。在钢铁产业政策体系中，控制总量目标始终被放在第一位，是"牛鼻子"，牵一发而动全身，其他很多政策目标及措施都是为控制总量服务的。例如，目前，国家对钢铁行业采取控制产能过快增长的宏观调控措施，一些大型钢铁企业的重大项目虽然对于结构调整、优化布局具有重要意义，但因需经国家审批，主管部门为了实现控制总量的目标而拖延甚至暂停了项目建设。而这一时期，大量民营钢铁企业通过"先建后批"的对策得到了长足发展，并且抢占了很多关键位置。2003年以后新增的炼钢产能中，80%以上未经核准、环评和科学论证。民营钢铁企业生产规模的快速扩张，引发了总量失衡的矛盾。而致力于抑制总量过剩的产业政策，客观上又限制了沿海地区的发展，导致钢铁产业结构调整进入恶性循环的怪圈。

五、进一步完善钢铁产业政策的建议

1. 充分发挥市场机制的作用，合理界定产业政策范围

钢铁工业已经发展成为一个较成熟的竞争性产业，已形成一批具有相当规模和实力的钢铁企业，十几年的市场竞争使钢铁企业自主应对市场的能力显著增强。我国到底需要多少吨钢，生产什么产品更有效，由谁和怎样生产更具有现实合理性，这些问题归根到底要由市场来决定。尽管市场也存在一定的盲目性，但近10年来钢铁产业政策的实践表明，政府不会比市场做得更好，特别是在控制总量、抑制产能过快增长的问题上。我国正处于工业化、城镇化、国际化快速推进的阶段，对于"中国究竟需要多少吨钢"的问题，政府所掌握的信息并不比市场参与者更全面，对未来市场需求进行准确的预测存在非常大的困难，强行按照自己的愿望控制产能增长的结果往往是尴尬的失败。在这种背景下，政府的角色应当是更加充分地发挥市场机制的作用，特别要避免用自己预测的未来市场需求约束企业的投资决策，而应该通过发布经济实际运行中的投资规模、信贷总量、市场需求情况等总量信息，让企业和金融机构了解整个经济现在的投资和供给情况，从而引导资金投向。在对产能过剩进行干预时，要防止出现限制新进入者、保护既得利益者的政策取向，而应鼓励有创新能力、有活力的企业进入。

2. 充分考虑市场需求的多层次性，合理引导结构升级

近年来我国钢铁行业结构调整中，过于强调优化产品结构，提高板管比，鼓励发展高技术含量的板材产品。受此影响，宝钢、鞍钢、武钢等大型骨干企业投资建设了大量板材生产线，逐步淘汰了建筑用钢材生产线。而板材产能相当一部分直接或间接面向国际市场，

在本轮国际金融危机中，由于外需大幅萎缩，出口大幅下降，板材能力过剩十分严重。另外，在国家刺激经济的一揽子计划的直接带动下，普通建筑用钢材需求旺盛。目前，钢铁行业面临的现状是，高端产品过剩，大型企业效益下滑；低端产品供需两旺，企业效益较好。这促使我们反思产业结构调整的政策导向，要充分考虑中国经济发展的现实情况，充分考虑市场需求的多层次性，相应的市场结构和产品结构都要与之相适应，才能有效抵御外部冲击，促进产业健康发展。

同时，根据我国市场需求多层次性的特征，合理设置落后产能的门槛。例如，在未来相当一段时期，普通的长材仍将占我国钢铁产品相当份额。《钢铁产业发展政策》曾规定：钢铁企业要扩大规模，提高门槛；1000立方米及以上高炉将享受差别电价、水价等优惠措施。但这一条明显不适合长材生产企业。生产同样长材产品，用450立方米高炉、50吨转炉生产线，吨钢要节省60公斤标准煤。这意味着如果淘汰落后产能，全国钢厂只剩下1000立方米高炉后，再生产长材产品，全国每年将有1500万吨标准煤被白白消耗掉。

3. 加快完善落后产能退出机制，合理控制钢铁产能规模

在市场经济条件下，钢铁产能过剩不可避免。适当过剩的产能，有利于形成优胜劣汰的市场机制，有利于优化产业组织结构。但从宏观角度，又需要避免产能严重过剩影响到经济平稳运行。淘汰落后产能既是优化钢铁产业结构的重要手段，又是抑制产能过剩的主要举措。但是在实施过程中，中央政府虽然提出了钢铁行业的准入标准和淘汰落后产能的具体目标，地方政府出于当地的经济增长和税收考虑，往往采取变通做法保留这些落后产能。今后政策的重点是完善落后产能退出机制，平衡各方面利益关系，合理解决人员、债务、税收等问题。另外，目前以设备规模作为准入标准的做法往往促使企业采取简单扩充设备规模和产能的应对办法，不但不能减少落后产能，反而导致落后产能的增加。因此，淘汰落后产能应强化环保、能耗、水耗等硬指标。

第九章 21世纪初的中国船舶工业产业政策

中国船舶工业加速发展是从改革开放开始的。经过30余年改革开放，中国船舶工业获得了前所未有的大发展，无论是在基础设施、产值规模，还是在船型种类、建造质量及技术水平等方面都有了长足进步，对国民经济和国防安全的重要战略作用日趋突出。今天的中国船舶工业已是世界上最重要的造船力量之一，形成了与日韩造船业三分天下的格局。2009年中国船舶工业新订单和未交货订单的数量均超过韩国，居世界第一位。中国船舶工业的飞跃发展，是与政府通过产业政策持续予以扶植密切相关的。

一、改革开放至20世纪末船舶工业的发展

1. 从以军为主向军民结合转变

改革开放前，负责管理船舶工业的六机部属军工部门。20世纪70年代，军品产值最高年份占六机部系统全部工业产值80%。党的十一届三中全会作出了把工作重点转移到经济建设上来的战略决策。当时中国船舶工业面临军品任务锐减、民品订货不足的双重压力和国际船舶市场第三次大危机的严峻挑战。党中央、国务院提出的"军民结合"方针为船舶工业战略转型指明了方向。为实现从以军为主向军民结合的重大转变，船舶工业从自身实际出发，重点从以下三个方面狠下工夫：

（1）大力发展民用船舶。改革开放前，船舶工业生产企业和科研院所主要为海军服务，在资源配置上以适应几千吨级以下中小型舰艇为主。面对发展民用船舶建造，我国船舶工业对市场需求量较大的大型民用船舶造修能力明显不足。为此，船舶总公司发挥整体优势，统筹规划、合理布局、集中投入，确保大型造修船坞的建设和重点船厂的技术改造，使造船能力由20世纪80年代初的40万吨左右上升到90年代的260万吨，2000年造船能力已达500万吨，迅速改变了大型造、修船设施严重不足的状况，初步形成了我国沿海地区从北到南分布合理的船、机、仪配套，大、中、小船舶并举的造、修船格局。造船产量迅速增长。1981年，船舶产量只有41.77万吨，1992年突破100万吨达111.90万吨，2000年造船产量已达346.26万吨。20世纪90年代，中国造船产量以年均17%的发展势头高速增长，大大高于世界造船总量的增长速度，也高于大多数主要造船国家的增长速度。随着造船产量迅速增长，中国在世界船舶市场中的份额不断上升，由20世纪80年代初期年造船产量

占世界造船总产量的1%上升到2000年的5%左右，1994年起造船产量跃居世界第三，仅次于日本、韩国。

（2）促进军用技术向民用成果的转化。改革开放以后，根据国家工作重心转向经济建设的要求，船舶工业认真贯彻落实"军民结合"方针，在确保完成军品科研生产任务的同时，积极承担国家重点工程和重大设备的研制，大力开发高新技术和军民两用技术，促进军用技术向民用成果的转化。20多年来，船舶工业利用军工技术，累计开发了二十四大类数千种民用产品，进入航天、冶金、机械、烟草、石化等20多个行业和领域，在国家重点工程和国民经济建设中发挥了重要作用。

（3）积极推进以民促军。在发挥军工技术优势，努力开发民品的同时，把建造民用船舶的先进工艺、技术和管理经验移植到军工科研生产上，促进了重点型号研制。"八五"以后，我国船舶工业进入军工、军贸产出型号最多，研制速度最快，成果最为显著的时期。

2. 从计划经济向市场经济转变

由计划经济向市场经济转变，用经济方法管理经济是改革开放的重要内容。1982年5月，经国务院批准，六机部、交通部和上海市所属船、机、仪骨干企业组织起来，组建了中国船舶工业总公司。在组建中国船舶工业总公司的过程中，国务院领导同志专门研究了国外一些著名公司的组织模式，实行董事会领导下的总经理负责制。船舶工业总公司的建立，解决了六机部作为政府机关不能同外国人签订经济合同的问题，一定程度上解决了依靠行政方法管理船舶工业的问题，集中全国造船优势力量形成了参与国际竞争的较强实力。船舶工业总公司成为船舶工业系统开拓国际市场、出口船舶生产、技术开发、投融资的主体。这一重大改革，适应了进入国际市场的需要，给船舶工业注入了生机与活力。1999年7月，党中央、国务院再次改革军工行业管理体制，船舶工业总公司改组为两大船舶集团。两大船舶集团作为市场经济条件下自主经营、自负盈亏的经济实体，面向国际市场，建立健全现代企业管理制度，带动船舶工业国际竞争力实现了跨越式提升。

随着船舶工业由计划经济体制向市场经济体制的转变，船舶企业所有制结构日益多元化。地方船舶企业、民营船舶企业和中外合资船舶企业从无到有，从小到大，迅速发展为船舶工业的重要组成部分。中国沿江沿海部分地区的造船业发展十分迅速，并得到地方政府的大力支持，造船能力和产量急剧增加，竞争实力和规模明显提高，涌现出大批各种规模的造修船厂。2000年中船工业集团公司船舶产量142万吨，占41.1%；中船重工集团公司船舶产量87万吨，占25.1%；地方及其他系统船舶产量117万综合吨，占33.8%。基本形成了两大造船集团与地方造船力量三足鼎立的局面。借助资本市场力量加快发展是船舶工业走向市场经济的又一重要体现。1993年，广州造船厂改制后在上海交易所和香港联交所同步上市，开船舶工业企业进入资本市场加快发展的先河。

3. 从国内单一市场向国内、国际两个市场转变

1977年12月6日，邓小平同志指出：中国的船舶要出口，要打进国际市场。中国船舶工业界开始认真审视国际市场。20世纪80年代初，船舶工业把香港市场作为突破口，陆续签订了77艘出口船的合同，其中既有27000吨的散货船，也有300吨的小货轮，迈出

了打进国际市场的第一步。

在国际竞争中，为尽快缩短和世界先进造船国家的技术差距，从1979年开始，船舶工业进行了大规模的技术引进。重点引进了50多项世界先进船舶制造技术和关键船用设备制造技术，搜集了世界7大船级社上万个造船标准和技术规范，翻译、出版了8900万字国外标准、规范及工艺资料。同时，积极引进国外的先进管理方式，沿海骨干船厂率先与日本造船企业建立了长期友好的技术合作关系，从工艺技术、操作规范到各种规章制度、现场管理等，全部按国际规范要求实施。船舶工业还制定了灵活的竞争策略。在经营上，先以价格优势争取订单，逐步做到随行就市；在船型选择上，从国际市场需求量较大，我国现有工艺、技术比较接近的常规船型做起；在船舶设计和配套上，对国内暂不能满足需要的，先从国外进口"以进养出"，在消化吸收引进的技术之后，逐步"替代进口"；在生产安排上，先把地理条件优越、技术力量雄厚的沿海军工骨干企业推上一线，再向内地和全系统推广。

20世纪末，我国出口船舶占造船产量比重已从改革开放之初的2%上升到70%以上；年出口船吨位由1981年的6万吨上升到超千万吨；船舶产品进入包括欧美发达国家和日本等造船强国在内的50多个国家和地区；出口船型从最初的散货船、多用途船、原油船等常规船舶发展到集装箱船、成品油船、新型化学品船、液化天然气船（LNG）、全冷式液化石油气船（LPG）、大型超大型油轮（VLCC）等高技术、高附加值船舶；船舶出口金额由1991年的3.09亿美元增长到1996年的11.54亿美元，2000年达16.35亿美元；出口企业从少数骨干船厂发展到绝大多数科研院所和数十家配套企业。船舶工业已经成为外向型产业。

4. 改革开放至20世纪末船舶工业发展存在的主要问题

（1）能力结构不合理，高水平能力不足与低水平重复建设并存。20世纪末，我国造船年产量虽居世界第三位，但在国际船舶市场上，日本、韩国占据了70%左右的份额，而我国造船产量所占份额仅在5%~7%。一方面是由于我国具备的较强竞争力的高水平造船能力不足；另一方面是低水平能力过剩，一些造修船企业不是主要通过提高技术水平和生产效率来扩大造船能力，而是一哄而上、盲目发展，各方无序投资建设大型造修船设施，通过铺新摊子使造船能力急剧扩大，规模小、水平低、设施简陋的造修船企业遍地开花，低水平重复建设使整个行业的结构性矛盾更为突出。

（2）企业规模偏小，规模经济作用没有得到充分发挥。船舶工业是规模经济效益比较明显的产业。我国船舶工业企业数量众多，但企业规模普遍偏小，平均每个船厂产量不到1万载重吨，约为韩国船厂平均规模的1/20。1997年原船舶总公司25家造修船厂的全部产量，还不到韩国现代重工蔚山船厂产量的一半。如果从企业资产规模比较，其差距更为明显。

（3）科技创新能力不足，技术水平提高缓慢。从总体上看，我国船舶科技整体基础薄弱，技术储备不足，加上尚未形成有效的技术创新机制，科技资源利用效率低下，技术水平提高缓慢。20世纪90年代后半期以来，为继续保持和扩大竞争优势，增强科技竞争实力，日、韩及欧洲主要造船国家均不遗余力加大科技投入的规模和强度，与我国船舶科技投入严重不足形成鲜明的对比。由于技术改造缓慢，我国船厂的技术装备水平、产品开发能力及设计制造技术水明显低于先进造船国家。我国主要船厂的人均装备率仅相当于日、韩主要船厂人均装备率的1/10。在船型开发和船舶设计方面，真正属于我国自主开发设计的船型，大多数是常规船型，高技术、高附加值船型很少。船舶设计技术、设计手段落后，设计周期长成为影响我国船舶工业竞争能力的重要因素。

（4）成本优势减弱，国际竞争力不容乐观。价格低是我国船舶产品在国际船舶市场竞争中的主要优势，这一优势主要依靠我国较低的劳动力成本取得。20世纪90年代后期，我国造船成本（无论是劳动力成本还是材料设备成本）一直呈快速上升趋势，加上在造船周期、水平和质量等方面的差距，我国船厂的国际竞争力状况已不容乐观。对20世纪90年代后期的有关数据分析发现，我国与日、韩造船业人均产值相差约25倍，建造每修正总吨船舶所需工时相差5倍左右。在造船周期方面，15万吨以下的各类常规船舶，日本和欧洲主要造船国家的平均造船周期均在10个月以内，而我国约需12~20个月。钢材利用率日本各船厂平均为92.0%，我国主要船厂平均约为87.7%；万美元产值耗电量，日本为347度电，我国需要3606度，相差10倍左右。劳动生产效率等方面的巨大差距，基本上抵消了我国劳动力成本相对较低的优势。

（5）船用配套设备国产化水平停滞不前，实际装船率大幅度下降。随着船舶工业规模的扩大以及船舶品种的增加和优化，我国配套设备的发展越来越难以满足船舶工业发展的需要，国产船用设备的实际装船率不断下降。在20世纪末期，原船舶总公司的国产设备实际装船率曾达到70%以上，而后呈连年下降趋势，2000年已不足40%。而日本的国产船用设备实际装船率已达到97.8%，韩国也达到85%左右。我国配套设备企业的研发和创新能力的不足、关键设备长期依赖进口已成为我国船舶工业发展的重要制约因素。我国加入WTO后，原先向我国提供船用设备技术的外国厂商，可能转向直接向我国出口产品或在我国直接建立生产基地，技术引进面临新的困难。

（6）管理相对落后，造船模式转换缓慢。与国际先进造船水平相比较，我国船舶工业在管理技术上的差距最为突出。由于长期以来在技术引进中重制造技术、轻管理技术，管理落后已成为造成我国船舶企业生产效率不高、生产成本居高不下、经济效益欠佳的重要原因。从20世纪90年代初开始，我国就开始推进传统造船模式向现代造船模式转换，推行壳舾涂一体化区域造船技术，一些骨干船厂转换造船模式已初见成效，但从全行业来看，转换造船模式工作进展还非常缓慢。

二、21世纪初船舶工业产业政策制定背景

世纪之交的中国船舶工业面临着历史性的发展机遇。由于世界经济的持续稳定发展，大量旧船更新，新船需求继续保持较高水平。国内外各有关权威机构的预测结果表明，20世纪90年代后期新船需求旺盛的势头将持续到21世纪初，高峰期大约在2003~2004年，新船年需求量可保持3500万~4500万载重吨，比1980~1995年间平均水平高出约50%。国际船舶市场这一良好发展前景，为我国船舶工业加速发展提供了有利时机。

同时，随着我国经济和对外贸易的发展，以及江河湖泊治理的全面开展，国内市场对新船的需求量也越来越大。特别是加入WTO后，我国经济与世界经济全面融合，对外贸易快速稳定增长，要求我国的航运事业有更大的发展。加上我国远洋船队船龄老化严重，绝大多数船舶需要更新，国内船舶市场需求十分旺盛。

从国内政策环境看，一方面，国家继续实施进一步扩大内需的宏观调控政策，其中包括继续采取积极的财政政策、运用国债资金加大投资力度等一系列措施，推动重点传统产业的现代化改造和高新技术产业的快速发展，加快船舶工业技术改造获得了更大的支持。党的十六大提出了我国要"走新型工业化道路"，要"用高新技术和先进适用技术改造传统产业，大力振兴装备制造业"的重大战略性任务。船舶工业作为航运交通、海洋开发和国防建设提供主要装备的产业，具有极强的产业关联性和对国民经济的综合效应，其在国家总体产业格局中的战略定位已经确定。另一方面，我国正式加入WTO后，除WTO规则对船舶工业产生的直接影响外（如反倾销和反补贴的规定），我国自身的市场环境也发生了巨大变化，社会主义市场经济体制更加完善，改革的步伐大大加快，政府对国民经济的宏观调控方式也迅速向适应市场经济要求的方向转变，促使船舶工业必须探索新的发展方式和途径。

此外，世界造船重心向我国转移趋势增强。受产业转换规律的支配，世界造船业正逐步从高成本国家向低成本国家转移。船舶工业劳动、技术、资金密集的产业特征，以及中国的综合比较优势，使中国最有希望成为下一个造船王国。此外，通过20年来的磨炼与积淀，我国船舶工业已显现出强劲的增长势头和巨大的发展潜力，国际竞争力不断增强，已具备了更大规模发展的坚实基础。

民营造船企业迅速壮大。民营船厂数量已达170余家。民营造船企业熔盛重工已居于全球第九位，中国第三位。2009年以熔盛重工、新世纪造船、扬子江造船、太平洋重工四大民营船厂为支撑的江苏造船业多项指标名列全国第一。2010年民营船厂新签订单占中国船厂新签订单总量（以修正吨计）的60.6%。

如果说20世纪80年代、90年代的中国船舶工业处在谋生存的阶段，那么进入21世纪，中国船舶工业要解决的就是加速发展问题。我国船舶工业与日本、韩国等造船强国相比，还存在较大差距，一些行业发展中的深层次问题，如自主创新能力不强、本土化船用设备装船率低、全行业造船模式仍较落后等制约行业发展的"瓶颈"问题还没有根本解决。

三、21世纪初主要的船舶工业产业政策

2002年6月，胡锦涛总书记视察大连船舶时指出："造船行业是技术密集和劳动密集相结合的行业，我们有一定的竞争优势，要利用加入世贸组织的机遇，从改组、改造及管理等各方面下工夫，增强我们的市场竞争力，使我国造船业更上一个层次，扩大我们在国际市场上的份额。"新一代党和国家领导人就加速发展我国船舶工业作出的一系列重要指示，为船舶工业发展，指明了战略方向，提出了更高要求，成为制定船舶工业产业政策的

指导思想。

21世纪初,国家陆续出台了多项涉及船舶工业或直接针对船舶工业的发展规划、政策(见表9-1),这些产业政策通过财政、金融、税收、租赁、保险等政策措施,有力地支持了船舶工业结构调整、技术创新、重要产品本土化制造等,抗击了全球金融危机,对全面提高我国船舶工业的市场竞争力发挥了重要作用。

表9-1 船舶工业主要产业政策一览(2006~2009年)

发布日期	名称	主要内容
2006年3月14日	《国民经济和社会发展第十一个五年规划纲要》	第十一章第三节明确提出:加强船舶自主设计能力、船用装备配套能力和大型造船设施建设,优化散货船、油船、集装箱船三大主力船型,重点发展高技术、高附加值的新型船舶和海洋工程装备。在环渤海、长江口和珠江口等区域建设造船基地,引导其他地区造船企业合理布局和聚集发展
2006年6月28日	国务院发布《关于加快振兴装备制造业的若干意见》	明确提出要选择一批对国家经济安全和国防建设有重要影响,对促进国民经济可持续发展有显著效果,对结构调整、产业升级有积极带动作用,能够尽快扩大自主装备市场占有率的重大技术装备和产品作为重点,加大政策支持和引导力度,实现关键领域的重大突破
2006年9月7日	发改委、国防科工委联合下发《船舶工业中长期发展规划》	内容涉及船舶工业的发展方针和目标、技术发展、产品发展、生产组织现代化、对外合作、重大项目规划、投资管理和发展政策等
2006年5月27日	国务院转发《关于"十一五"期间加快转变机电产品出口增长方式意见的通知》	明确提出,在提高出口传统机电产品技术含量和附加值的同时,努力扩大技术密集、附加值高的机电产品出口,积极发展和扩大关键零部件、元器件与整机配套产品的出口。其中将船舶及船用设备列为重点产品之一
2007年3月16日	国防科工委发布《船舶工业发展"十一五"规划纲要》	明确提出船舶工业发展重在提高三种能力——高新技术海军武器装备供给能力、自主创新能力和产业国际竞争力。到2010年基本形成结构布局合理、体制机制完善的军民结合型船舶工业体系,满足海军装备建设和国民经济发展需要
2007年7月25日	国防科工委颁布《船舶科技发展"十一五"规划纲要》	自主创新,重点跨越,强化赶超基础,支撑产业发展。实现以下目标:一是船型开发取得重大突破;二是掌握主要海洋工程装备关键技术;三是船用设备国产化水平显著提高;四是信息集成、精度管理、敏捷造船等关键技术取得突破
2007年7月25日	《船舶配套业发展"十一五"规划纲要》	围绕提高主流船型配套产品本土化船舶装船率,加快提升关键配套设备的供应能力和技术水平,培育一批品牌产品和企业,初步具备产业自主发展能力,基本形成造船与配套协调发展的良好局面
2007年7月25日	《全面建立现代造船模式行动纲要(2006~2010年)》	尽快提高船舶工业制造技术水平,打破制约船舶工业发展的重大"瓶颈",加快推进全行业建立现代造船模式,大幅提升现代化管理水平,切实提高我国船舶工业经济运行质量
2009年2月11日	《船舶工业调整和振兴规划》	从信贷、税收、船舶报废更新等五大方面支持造船业渡过危机的同时,针对中国船舶工业存在的问题,确定了造船业调整基调

资料来源:笔者根据相关文献整理。

1. 提高产业集中度,抑制投资过热、低水平重复建设

政府通过政策支持调整存量资产和新建产能相结合,优化船舶工业组织结构。培育具有较强产品开发、制造、营销能力和较高管理水平的大型企业集团。通过兼并、重组、联合和搬迁、扩建等方式,整合产业资源,提高运行效益。集中力量在环渤海湾、长江口和

珠江口区域新建、扩建一批大型造船设施，扩大造船能力，形成三个现代化大型造船基地。

到"十五"末期，中国10万吨级以上船台和船坞共有13座，其中有9座是在"十五"期间建成投产的。2005年，全国前五家船厂造船产量占全国总量的比重达到59%，大大高于"九五"末的30%，产业集中度大幅提高。2008年，我国规模以上船舶工业企业有1242家，其中船舶制造企业600家，船舶配套设备企业368家，全行业直接从业人员近百万人；长兴造船基地一期工程、广州龙穴造船基地、青岛海西湾造船基地正式投产，有力地支撑了造船总量的提升和新船订单的承接。2008年船舶工业完成工业总产值4143亿元，实现工业增加值1180亿元，利润总额310亿元，分别是2003年的6倍、7.7倍和32.3倍；中船集团、中船重工集团、江苏省、浙江省完工船舶分别达845.1万载重吨、412.1万载重吨、889.5万载重吨和520.6万载重吨，其造船完工量约占全国总量的92.6%。其中，上海外高桥造船有限公司造船完工量突破300万载重吨，进入世界造船前5强；大连船舶重工集团有限公司以197.6万吨位列世界第八位。

抑制投资过热、低水平重复建设，保证产品质量、安全，始终是中国政府对船舶工业进行宏观管理的重点之一。《船舶工业中长期发展规划》中规定，新建大型造船设施项目须符合以下条件：

项目总投资一般不低于20亿元，项目资本金占固定资产投资的比例不低于40%；按照现代总装造船模式要求进行工厂设计和工艺布局。

以下类型的固定资产投资项目国家将优先予以支持：

《规划》内改扩建和新建大型造船设施；现有造船厂按照现代总装造船方式的要求建立船用材料配送中心、工艺专业化加工中心和中间产品生产中心；大型船舶企业集团组建民用船舶和海洋工程装备研发机构，高等院校、科研机构建立船舶工程研究中心；企业信息化改造。

为加强船舶工业发展的宏观管理。《船舶生产许可证管理条例》已列入2006年国务院立法计划，有关部门正在积极推进。

为抑制低水平、盲目发展，《船舶工业中长期发展规划》规定，未获得国家核准或备案的造船设施建设项目和船用低、中速柴油机生产项目，土地管理部门不批准建设用地，金融机构不发放贷款，证券管理部门不核准发行股票并上市，工商行政管理部门不办理新建企业登记注册手续。

政府政策虽然对低水平、盲目发展的中小造船项目予以抑制，但是并不等于禁止中小造船企业发展，政府鼓励中小造船企业发展中小型船舶、特殊用途船舶（包括游艇）。

2. 大力推进科技创新，推动产品结构优化升级

实施科技兴船战略，建立和完善船舶工业技术创新机制，重点扶持生产企业和科研机构自主开发和引进消化吸收高技术、高附加值船舶和关键船用设备技术。加大科技投入，特别是对于为建造高技术、高附加值船舶和高新技术成果转化的技术改造项目优先安排支持资金，同时安排一定的政策性贷款额度和一定的专项贴息资金，支持船舶企业进行现代化改造。强化企业与高等学校、科研机构的联合和协作，鼓励一批科研院所直接进入重点造修船企业（集团），同时支持有实力、有产品的科研院所向科技型企业转变，增强船舶行

业技术创新能力。

目前，散货船、油船、集装箱船三大主流船型已经具备了自主开发能力，形成了具有较强国际竞争力的品牌船型。2008年，手持订单中散货船市场占有率达到国际市场的46%，居世界第一位，油船和集装箱船的市场占有率分别达到国际市场的27%和20%，均居世界第二位。除豪华邮轮外，我国已经能够建造大型天然气船、大型客滚船、大型挖泥船、万箱级集装箱船等在内的各种高技术船舶。在海洋工程装备领域也实现了重大突破，承接建造了30万吨海上浮式生产储油船和国际上先进的3000米深水半潜式钻井平台等。根据韩国三星证券有限公司及韩国产业研究院的研究报告，中国船舶工业与韩国船舶工业就建造先进船只的水平而言，只有4年左右的差距。[①]

3. 加强配套产品研发，推进船用设备国产化

"十一五"期间，发展船舶配套业坚持"有所为，有所不为"，着眼"本土化"，重点支持优势产品，着力突破"瓶颈"环节，逐步培育自主研发能力，有规划、有重点地支持船用设备发展，提高船用设备生产本土化水平。在继续作好重点产品技术引进、跟踪、创新的同时，根据我国加入WTO后的新环境，把通过合资、合作、联合研制等方式作为提高配套行业技术水平的主要途径。同时进一步加强宏观调控，制定了鼓励采用国产船用配套设备的政策和措施，切实提高国产配套设备的实际装船率。鼓励有条件的地区加快建设船舶配套园区、配套设备生产基地。通过引进技术、消化吸收、创新，提高关键船用设备国产化研制水平，重点发展船舶动力、甲板机械、通信设备、舱室机械等。

"十一五"期间，6K80、7S80、7K90大功率低速柴油机陆续研制成功并批量装船，自主研发的大型锚绞机已批量为VLCC和超大型集装箱船配套，船用低速柴油机曲轴实现了批量生产。2007年，我国船舶配套企业顺利实现了为VLCC配套的7S80MC低速柴油机、8K90MC-C国内最大功率的低速柴油机、世界首制6RT-flex50B智能型船用低速柴油机三型大功率低速柴油机的本土化制造。我国部分船用设备的技术水平和质量已达到国际先进水平。与此同时，上海、辽宁、山东等地积极发展船舶配套园区，取得显著成效。落户在上海临港船舶配套园区的中船三井造机公司已批量承接大缸径船用柴油机产品，其中包括国内首次制造、世界上最大缸径的8K98MC机。

4. 提高生产和管理效率，加快建立现代造船模式

从"十五"开始，国家大力倡导船舶企业将加强企业管理与转换造船模式紧密结合起来，切实提高生产和管理效率，降低成本费用。要求骨干船企要力争通过几年的努力，基本建成以中间产品组织生产为主要特征的总装造船模式，进一步缩短建造周期。

2008年，上海外高桥造船公司17.5万吨散货船船坞周期、码头周期分别缩短到50天和37天以内，船舶从进坞到交付平均周期不到135天；大连船舶重工超大型油船（VLCC）、4250TEU集装箱船码头周期分别缩短到38天和30天，骨干船厂主要船型的建造周期已经接近世界先进水平，地方一批新兴船企三大主流船型船舶建造周期明显缩短，两大

---

① 《参考消息》，2011年10月6日。

船舶集团提前交付船舶占全年交付船舶总数的60%以上。

5. 进一步扩大出口，提升国际竞争力

增强对扩大船舶产品出口的政策扶持。按照国际通行做法，积极创造条件，提供卖方信贷，在出口信贷方面给予优惠政策，进一步完善船舶出口融资体制，加强出口信用保险体系建设。2003~2008年，我国累计完成造船9463万载重吨，平均增速达到35%以上。其中出口船舶6585万吨，占总产量的70%，远销150多个国家和地区。2010年我国船舶工业造船完工6560万载重吨，新接订单7523万吨，手持订单19590万载重吨，分别占世界船舶市场的43%、54%、41%，均居世界第一。

6. 实施促进节约能源、资源的技术政策

为了使船舶工业发展与中国政府的可持续发展战略同步发展，政府有关部门制定了相应的政策：通过制定船舶技术标准，加速淘汰老旧船舶；采用新船型和先进动力系统；发展大宗散货专业化运输和多式联运等现代运输组织方式；优化船舶运力结构，提高船舶平均载重吨位；[①] 船用柴油机环保指标必须满足国际规范要求，目前出口船、远洋船一般都能达到要求，今后要提高内河船用柴油机的环保要求。

四、金融危机背景下的船舶工业产业政策

受2008年全球金融危机的严重冲击，世界船舶工业陷入低潮，对中国造船企业也带来了严峻挑战。2009年2月11日，中国国务院常务会议审议并原则通过了《船舶工业调整和振兴规划》（以下简称《规划》），按照保增长、扩内需、调结构的总体要求，从信贷、税收、船舶报废更新等五大方面支持造船业渡过危机的同时，更针对中国船舶工业存在的大而不强问题，确定了造船业调整的基调，有利于行业的长远升级和整体竞争力的增强。

1. 淘汰落后产能，控制造船能力扩张

据国际货币基金组织（IMF）对全球GDP增长的预测，以及从世界航运市场发展态势判断，估计2009~2012年新船年订造量将下降至3000万~4000万载重吨，全球总手持订单将由2007年底的超过6亿载重吨快速下降到2011年后2亿载重吨左右。另外，受2002年以来船市空前繁荣的刺激，世界造船能力快速扩张，据现有在建工程分析，估计全球造船产能将由2009年的1.65亿载重吨增长至2012年的2亿载重吨，产能严重过剩。我国造船产能扩张问题也日趋严重。2011年后很可能出现一半以上的产能过剩。所以，在《规划》中，突出了淘汰落后产能的内容。支持大型船舶企业集团及其他骨干船舶企业实施兼并重组；除国家规划内造船项目外，不再受理新建船坞建设项目申请，新建大型海洋工程装用

[①] 国家发展与改革委员会：《节能中长期专项规划》。

基础设施须报国家核准，今后 3 年暂停审批现有船舶生产企业船坞、船台的扩建项目。

2. 调整产业结构，扩大国内市场需求

从航运市场和造船市场的固有特性来看，即使金融危机得到较好解决，世界船市也不大可能立即走出困境，萧条期要持续更长时间。基于这样的判断，《规划》采取了多项措施扩大内需，一是采取鼓励措施，支持购买弃船，研究制定税收优惠政策，鼓励金融融资公司购买两大造船集团和其他造船企业建造的出口船舶；二是对国内企业向国内海上石油、天然气开采企业销售海洋工程装备继续施行增值税退税政策，加大预算内资金投放，提前实施纳入国家规划的政府公务性、公益性船舶建造；三是研究鼓励老旧船舶报废更新政策，对淘汰老旧船舶并在国内大型船舶企业建造新船的给予更新贷款贴息支持，加紧出台单壳油轮强制淘汰政策，严禁超龄船舶改造运营。

3. 加大自主创新能力建设，提升关键设备配套水平

目前，我国大型液化天然气船、海洋工程等高技术、高附加值船舶的设计仍依赖于国外企业，特别是海洋工程装备进展缓慢，国际市场占有率仅为 5% 左右，与我国船舶工业发展规模和海洋大国地位不相适应。与此同时，船用中低速柴油机等主要船用设备仍依靠引进国外专利技术，自主研发能力比较弱，船用设备本土化装船率不足 50%。针对我国船舶工业的上述现状，《规划》提出，要加大技术改造力度，加强关键技术和新产品的研究开发，提高船用配套设备水平，发展海洋工程装备，提高国际竞争力。

4. 提高管理水平，建立现代造船模式

我国船舶工业受人民币升值、原材料价格上涨、劳动力成本上升等因素的影响，今后低成本优势有可能逐步削弱。因此，《规划》提出，要加强船舶企业管理，也就是要转变主要靠要素投入和规模扩张增加经济总量的方式，切实在全面提高质量、效益和素质上下工夫，继续推进建立现代造船模式工作，进一步提升造船总装化、管理精细化和信息集成化的水平，大幅度提高造船效率和能源利用率。

5. 加大信贷融资支持力度

《规划》根据船舶工业特点，侧重对船舶企业的生产经营信贷予以支持。一是各相关银行对船舶企业对在建船舶和有效合同所需的流动资金贷款，要确保按期到位；对船东推迟接船的，要适当给予船舶企业贷款展期支持；对信誉良好的船东和船舶企业，要及时开具付款和还款保函，加强银企合作；对在建船舶实施抵押融资。二是支持符合条件的企业上市和发行债券，加快建立船舶产业基金等。三是鼓励金融机构增加船舶出口买方信贷资金投放，帮助两大船舶集团和其他骨干造船企业稳定现有船舶订单。

在《船舶工业调整和振兴规划》支持下，我国船舶工业相对平稳地渡过了全球金融危机，并且获得了较大发展。

五、船舶工业产业政策的制定

我国船舶工业产业政策的制定,一方面受到了国家领导人的直接关注,另一方面也直接受到政府管理部门的巨大影响。在 20 世纪 80 年代、90 年代,中国船舶工业产业政策主要制定机构是国家计划委员会、国防科工委等部门。六机部及后来的中国船舶工业总公司,作为船舶工业的主管部门对船舶工业产业政策实际发挥着很大影响。船舶工业的主要政策,在很大程度上是由六机部及后来的中国船舶工业总公司提出,并组织论证,之后由国家综合经济管理部门、综合军工管理部门进一步论证,然后上报中央的。

进入 21 世纪后,原来的中国船舶工业总公司一分为二,行业管理职能不复存在;民营造船企业的兴起,也急需政府从更加中立的角度对船舶工业进行管理;船舶工业产业政策的制定转移到政府综合经济管理部门和国防科工委。在国家发展与改革委员会、国防科工委设立相关局、处,研究制定船舶工业产业政策。交通部对船舶工业产业政策也参与制定,有些与航运密切相关的产业政策,交通部处于主导地位。例如,民用船舶的建造标准。

随着政府的"大部制"改革,国防科工委并入工业和信息化部,工业和信息化部成为船舶工业产业政策的主要制定部门,国防科工委转变为国防科工局,在工业和信息化部领导下,仍然对船舶工业产业政策制定发挥重要影响。目前的政府体制,有利于从军民融合角度制定船舶工业产业政策。

进入 21 世纪后,中国船舶工业行业协会由原来主要辅助政府工作,逐步转变为代表行业利益,反映企业要求的行业性组织(团体会员 530 余家,产量占行业 90%以上),受政府委托,承担提出行业规划,制定技术经济政策,协助经济立法,协调相关大项目建设等任务,在船舶工业产业政策制定中发挥着越来越重要的作用。

在船舶工业产业政策制定中,政府重要研究机构,如中央政策研究室、国务院发展研究中心、国务院研究室、中国社会科学院等机构也发挥了咨询作用。

在船舶工业产业政策制定中,中国船舶工业集团公司、中国船舶重工集团公司等国有大企业仍然具有相当的发言权,但是与 20 世纪 90 年代相比,已经有了很大差别。随着民营船舶企业的壮大,民营船舶企业通过协会及其他渠道,也对产业政策制定发挥影响。

产业政策制定过程中,民船发展领域的政策讨论已经比较开放。军船发展领域的政策制定,虽然外部专家、研究机构在一程度上有所介入,但军方与国防工业管理部门仍起主要作用。军委总装备部对军船发展政策发挥了巨大作用。

六、制定船舶工业产业政策应当处理好的几个关系

改革开放以来，我国在船舶工业产业政策的制定过程中，充分遵循了市场规律，抓住了船舶工业发展各个时期的关键问题，反映了船舶工业发展的客观要求。所以，船舶工业产业政策才能够发挥良好的推动作用。例如，改革开放初期从"以军为主"到"军民结合"，六机部改制为中国船舶工业总公司就很好地适应了推进市场经济的要求；21世纪初，面对中国船舶工业大而不强的现状，国家适时提出了调整船舶产业和产品结构的要求，增强了我国船舶工业的核心竞争力；在推进转换造船模式的过程中，国防科工委成立了"推进建立现代造船模式领导小组，"有关部门制定了具体政策、标准，不断解决实施过程中的具体问题等。

今后我国船舶工业产业政策的制定过程中应重点处理好以下四方面关系。

1. 船市兴旺与船市萧条

从产业发展周期角度看，目前，中国船舶工业正处于产业发展的快速成长时期。持续6年之久的本轮船市兴旺为中国船舶工业发展成为世界第一造船大国、强国奠定了坚实的基础。虽然目前全球金融危机对世界及中国造船业产生了较大影响，但本轮船市萧条也成为了中国船舶工业迅速走向成熟的又一起跑线，为中国船舶工业提供了一段潜心推进自主创新、提高管理水平和培养人才的机会。在船市兴旺与船市萧条间大起大落，是全球船舶工业发展的特点，船舶工业产业政策制定要针对这一特点，支持船舶工业稳定发展。

2. 外延式增长与内涵式发展

当前，我国船舶工业在高技术、高附加值船舶方面的自主创新能力还比较薄弱，与日韩相比骨干船厂每修正总吨工时数还相差20余个基本单位，产业结构不合理不协调的地方还有很多。究其原因，这主要与我们以往更关注制造能力建设而忽略创新和管理能力发展不无关系，也就是说我们把更多的时间和精力放在"投资金、上项目、建船坞（台）"等硬件建设方面，而在"重管理、强技术、用人才"等软件提升方面重视不够。这种外延式的发展模式是不可持续的。中国船舶工业战略转型之路任重而道远，中国船舶工业还需要在"软件"方面多补课，才能进一步提高国际竞争力。船舶工业产业政策应当鼓励船舶企业在自主创新、提高经营水平上下工夫，而不是盲目扩大生产规模。

3. 有效供给与有效需求

对于中国船舶工业而言，最为敏感且不可回避的话题就是"产能过剩"。在当前全球运力增速远超需求增速的背景下，供需之间的矛盾进一步深化和加剧，产能过剩问题更加突显。一些民营企业2003年开始介入造船业引致了一些投机性泡沫，市场发生逆转后这部分泡沫也将随之蒸发。目前，中国已建成和在建的5万吨级以上造船项目产能约6600万吨，

是 2003 年的 8 倍。同时各地仍在规划和新建的造船项目产能约 2000 万吨。当前中国造船工业能力过剩约 1600 万载重吨，约占总能力的 1/4。如果全球新船订单低迷的态势持续到明后两年，那么中国很多造船设施将会闲置，民营船厂中的 50%可能会退出造船业或被兼并重组。同时，中国船舶工业在大型 LNG 船、钻井平台、FPSO 等市场中的有效供给能力却是严重不足的，而这些市场的有效需求将在未来 5 年内逐步放大。如何在提高能力的同时，抑制低附加值船舶过剩、产能膨胀，是船舶工业产业政策制定中要予以注意的问题。

4. 建造船舶与发展海洋工程装备

海洋工程装备市场潜力巨大。但是，海洋工程装备制造不同于船舶的批量建造，对资金、技术、管理等方面的要求非常高，所以要避免蜂拥而上，没有前期大量的技术积累、高素质的人才储备、丰富的项目管理经验以及能源巨头的支持是行不通的。目前，中央已经把海洋工程装备列入高端装备制造产业，作为战略性新兴产业的重要组成部分予以重视。但是，如何避免盲目发展、重复发展，值得认真研究。

第十章　21世纪初的中国机械工业产业政策

进入21世纪以来，中国机械工业在急速变化的大环境中，坚持改革开放，取得了较好的发展业绩。2000~2010年，中国机械工业由一个受到政府比较严格管理的产业变成一个以市场竞争机制为基础的产业；由一个以国有企业为主体的产业变成国有、合资、民营企业相互竞争的产业；由一个开放度不高的产业[①]变成在开放环境中走向世界的产业。与这些变化相呼应，中国政府的机械工业产业政策也发生了极大变化。本章从中国机械工业10年来产业政策变化的背景、产业政策的重点指向、产业政策的效果、产业政策存在的问题等方面对21世纪初中国机械工业产业政策进行分析与研究，以寻找今后中国机械工业产业政策的轨迹。

一、20世纪80~90年代机械工业产业政策的扼要回顾

20世纪80~90年代，中国机械工业的改革与发展是在计划经济体制内逐步推进的。当时机械工业产业政策关注的重点如下：

1. 国有企业的改革

20世纪80年代主要探讨在计划经济体制内如何进行国有企业改革。在这一时代主要进行了中央企业下放地方，中央主管部门主要从行业发展角度对企业进行管理的试验；逐步扩大企业自主权的试验（从实行承包制到利润递增包干等）。20世纪90年代，国有企业改革逐渐由管理与运行方式的改革向所有制改革转变。到20世纪90年代末期，所有制的改革已比较深入。1993年机械工业中按照销售收入计算的"三资企业"比重为10%，民营企业为18%；1998年"三资企业"比重已经上升为20%，民营企业为30%，尽管国有企业在地位上、结构上仍居于主导，但是非国有企业已经进入快速发展阶段。随着中央对国有企业"抓大放小"改革思路的形成，中央有关产业管理部门逐步把产业政策的制定重点转向扶植大的企业集团及所谓"排头兵"企业。[②]

[①] 1998年原机械工业部机床工具行业企业共779家，其中与外资合作合资的企业仅25家，落后于全国工业企业7.9%的比例（见国家发展计划委员会《中国产业发展报告》，中国经济出版社，1998年版）。
[②] "排头兵"企业是指在原机械工业部管理范围内，在小行业内处于领先地位的企业。

2. 调整产业组织结构，提高产业集中度

20世纪90年代政府针对机械工业产业组织结构问题，提出了一系列政策。当时提出：机械工业前100家企业集团的生产集中度从18%提高到25%以上，形成一批具有较强竞争能力的大型企业集团和小型专业化协作厂。重点行业和重点产品领域建成5家年销售额超百亿元，30家年销售额超50亿元的大型企业（集团）。[①]

3. 提高产业专业化分工程度

"大而全、小而全"是中国工业当时存在的通病。政府针对这一问题进行了研究，提出了发展"小型巨人"的政策构想，但是没有提出什么可以操作的政策。

4. 提高产业的技术水平，提高产品水平和质量

20世纪80~90年代中国机械工业与发达国家机械工业的差距非常明显，因此加强企业自主开发能力，在当时已经成为政策制定部门关心的重大问题。当时提出：大型企业集团要建立技术开发中心，重点发展产品领域基本具备自主开发能力，技术来源的国内比重由25%提高到40%。[②]

提高机械产品的国际竞争力。当时提出：要力争成为中国最大的出口换汇产业；争取附加值高的产品出口比重有较大增加；机械工业出口要占全国外贸出口总额的20%以上。

增加对机械工业的国家投入强度，增加机械工业企业的投融资能力。

通过关税及行政措施，对于有关机械工业行业予以保护。

改变基础机械、基础零部件严重落后于成套装备的状况。

这些产业政策带有浓厚的计划经济色彩，政府主观意愿也比较明显。从这些政策的效果看，提高产业的技术水平、提高产品水平和质量的产业技术政策发挥了一定效果；出口政策也有一定效果；其他政策则效果不彰。机械工业在企业发展、专业化分工、出口等方面取得的进展，在相当程度上是通过改革，通过市场竞争实现的。

二、21世纪初制定机械工业产业政策的背景

进入21世纪以来，中国机械工业产业政策发生了很大变化，这些变化的发生，是建立在深刻的政治、经济变化背景之上的。

第一，随着中国进入工业化中期阶段，中国工业发展中，高加工度化发展趋势日益明显，中国政府为了应对国际经济形势变化，加大对基础设施的投入，中国机械工业市场需求迅速增加，对于产品水平、质量、功能的要求，也迅速提高。

[①] 赵英主编：《中国产业政策实证分析》，社会科学文献出版社，2000年版，第156页。
[②] 国家发展计划委员会：《中国产业发展报告》，中国经济出版社，1998年版。

中国机械工业在国内市场的推动下,进入了高速发展的时期。1998年中国机械工业产值按照汇率折合为约1800亿美元,据世界第五位,到2005年,据德国机械设备协会(VDMA)公布的数字,中国机械工业产值已经达到1100美元,占世界机械工业总产值的9.78%,居世界第四位。2009年中国机械工业总产值已占全部工业总产值的25.34%。与中国工业发展阶段、机械工业发展阶段相匹配,中国机械工业产业政策也发生了相应的转变。

第二,从管理体制看,机械工业的政府行业管理体制发生了巨大变化。1998年政府管理体制改革中,裁撤机械工业部,建立了隶属国家经贸委的国家机械工业局,2001年国家机械工业局和其他9个国家工业局撤销,有关行政管理职能并入国家经贸委。从此结束了新中国成立以来,由中央部级产业管理机构管理各个产业的历史。机械工业也结束了新中国成立以来,由机械工业专业机构管理的历史。由此机械工业的运行方式、发展模式、政策制定方式都发生了巨大变化。2001年国家经贸委撤销,有关工业管理职能并入国家发展与改革委员会。

撤销机械部的同时,成立了具有政府委托的某些产业管理职能的中国机械工业联合会。在机械工业联合会下面设立了各个分行业协会(例如,内燃机协会、农机协会、汽车工业协会等)。由于政府部门实际上不可能承担被撤销部门遗留下的所有行业管理工作,因此产业协会的地位有所提高,工作内容、工作方式有所改变,成为对产业发展、政策制定比较有发言权的中介组织。

20世纪90年代,中国政府对机械工业的管理基本上还是通过计划,以行政手段进行管理。21世纪初,随着市场经济体制初步形成,计划经济管理手段在机械工业管理中已经基本退出。市场竞争发挥着越来越大的作用,产业政策发挥作用的空间逐步缩小。

第三,随着中国加入WTO,逐步落实加入WTO的承诺,原来以政府行政手段为主实施的支持、保护机械工业发展的许多政策难以继续执行。加入WTO时中国政府承诺,最迟到2006年7月1日将关税降低到承诺水平,到2005年取消机械产品全部非关税壁垒;3年内基本开放流通领域的国内经营权和进出口权,开放与工业品相关的分销服务和售后服务,逐步取消对外商设立分销企业的地域、数量及股权比例限制;取消对外国投资者的外汇平衡、出口实绩、当地含量以及技术转让的要求。[①]

随着中国加入WTO,机械产品国内市场的扩大,机械工业日益卷入国际分工,中国政府面对的产业保护问题也有很大变化。原来简单地以行政手段或关税,把外国机械产品拒之门外,现在则面临着跨国公司在境内的兼并问题。外国政府、跨国公司及外部金融资本,在某种程度上成了利益相关方。外部利益集团的介入,使产业政策的制定变得更加困难。

面对新的国际、国内环境,新的产业安全与发展问题,中国政府不得不在WTO允许的框架内,研究与制定新的机械工业产业政策。

第四,随着中国改革开放进程逐步加速,外资加速进入机械工业,并且加速兼并重组国有机械工业企业;机械工业中的民营企业加速成长;除某些具有战略意义的领域外,从总量看,国有或国有控股企业已不是产业主体了(2006年按照总产值计算,机械工业中三

---

① 中国社会科学院工业经济研究所:《中国工业发展报告》(2008),经济管理出版社,2008年版,第280页。

资企业占规模以上机械工业企业的37.81%,民营企业占37.06%)。[1]在诸多小行业中更是如此。例如,在输变电领域,民营企业——特变电工集团成为行业的领跑企业;在工程机械领域,三一重工成为行业的领跑企业。在若干重要领域(如发电设备制造)存在的国有控股企业,经股份制改造,也不再是原来意义上的国有企业了。这使机械工业产业政策作用的对象和范围发生了很大变化。机械工业中各个国内利益集团的博弈,使政策制定面临复杂局面。

例如,2006年外资企业凯雷企图购并徐州工程机械有限公司(以下简称徐工)时,就引发了一场三方参与的博弈。首先发难的是三一重工,三一重工总经理向文波在博客上指责徐工出售的国有资产被贱卖(因为据说三一重工出价高于凯雷)。一时舆论汹汹,质疑国有资产流失。凯雷不得不提高了标价。美国政府也粉墨登场。美国商务部副部长访华时,特意提及徐工一事。中国商务部召集了与徐工并购案相关的单位,征询意见,就徐工并购一事举行听证。一份关于凯雷的"绝密"标书也被曝光。向文波还到监管部门阐述对凯雷徐工并购协议的看法,并把问题提升到"国家产业安全"的高度。可见各方博弈之激烈。这一事件使中国政府于2006年8月10日出台了《关于外国投资者并购境内企业的规定》,调整了《外商投资产业指导目录》。中央政府认识到,加入WTO后外资进入可能对国家安全、国家经济安全产生某些负面影响,从而建立健全了有关政策法规。通过这一事件,可见中国政府制定与执行产业政策时,面临着比20世纪末复杂得多的环境。

第五,随着改革开放进程持续深化,政府制定产业政策主要指向战略性产业、与国家安全、国家经济安全密切相关的产业,对竞争性产业的政策支持大大减少。机械工业由于整体上属于竞争性产业,因此在刚进入21世纪时,在某种程度上受到了忽视。2005~2006年,机械工业中先后出现了一系列外资企业购并机械工业中"排头兵"企业的事件。例如,FAG公司购并西北轴承有限公司、凯雷试图兼并徐工、舍弗勒试图并购洛轴、卡特皮勒购并厦门厦工机械股份有限公司等。这些事件使政府及学术界认识到机械工业虽然是竞争性产业,但是其中的某些行业关系到国家安全、国家经济安全和国民经济基础;一旦机械工业中的"排头兵"企业被收购,将使机械工业面临"外大而内空"的危险,丧失自主发展能力;[2]因此机械工业产业政策又重新回到政府和学术界的视野,得到政府高度重视。机械工业中的核心部分作为"装备制造业",被定义为"国民经济发展和国防建设提供技术装备的基础性产业"。[3]

三、21世纪初机械工业产业政策的特点

第一,由于撤销了部一级政府主管部门,原有的为机械工业服务的政策研究、制定体

---

[1] 中国社会科学院工业经济研究所:《中国工业发展报告》(2008),经济管理出版社,2008年版,第281页。
[2] 《经济参考报》,2005年11月5日。
[3] 《国务院关于加快振兴装备制造业的若干意见》,2006年6月29日。

系不复存在，使得机械工业产业政策的制定不再像20世纪90年代那样追求完整性、系统性。21世纪初机械工业产业政策的制定，经常是针对重大问题，重点领域出台若干政策。而20世纪90年代，原机械部制定产业政策则追求系统、完整，并且基本上按照机械部各个专业司局的管理范围列出相应条款。20世纪90年代曾经形成了《机械工业产业政策》（送审稿）上报国家计划委员会，经国家计划委员会审订后，上报国务院的政策制定模式。

第二，21世纪机械工业产业政策中，政府投资政策不再占据核心地位。由于机械工业被定位为竞争性产业；机械企业直接融资的渠道日益通畅；更重要的是机械工业已经成为非国有企业占据主体的产业；因此为增加供给，扩大规模而进行政府投资的政策，不能不转变以市场需求为基础进行引导的政策。

第三，20世纪90年代，国有企业改革曾经成为注意的中心问题，在21世纪这一问题已经不再是关注的中心。企业层面的关注，转变为关注大企业集团的发展；民族企业与外资企业之间的博弈。即便是这一问题，也是站在国家经济安全这一宏观高度予以关注的。如何认识与引导外资进入机械工业成为产业政策关注的重点问题。

第四，政府从国家安全、国家经济安全角度再度关注机械工业的同时，把机械工业中与国家安全、国家经济安全密切相关的核心领域与其他领域进行了区分，核心领域实际上被定位为战略性产业。[①]这一领域在有关产业政策文件中被称为"装备制造业"。实际上范围还要小，主要指的是与国家安全、国家经济安全、国民经济建设重大项目密切相关的重大、关键的机械产品。例如，大型发电机组、输变电设备、高档数控机床、钻探设备、工业机器人、高端自动控制装置、轨道交通装备、石化成套设备等。

第五，由于21世纪制定机械工业产业政策是国家经贸委、国家计委等高层宏观经济管理机构，主要机械工业产业政策是由国务院颁布的，其制定政策的思路已逐步转变为在发挥市场机制基础作用的基础上制定产业政策，因此制定政策的思路、视角及方法都发生了较大变化，与原来专业管理部门在计划经济体制下制定的政策，从重点到政策手段运用，都有了很大不同。产业政策制定的立足点更高了，关注的问题更宏观了。例如，原来机械部制定的产业政策，具体干预到企业生产过程（推广计算机辅助设计，提高设备精度和效率，建立健全质量保证体系等）。[②]进入21世纪，这些内容在机械工业产业政策中已不复存在。

第六，制定机械工业产业政策过程中，以机械工业联合会为核心的中介机构发挥了相当大的作用。学术界乃至宣传舆论界也对产业政策的制定发挥了一定作用。发挥机械工业联合会在产业政策制定中的作用，是明确得到国务院授权的。在21世纪初最重要的两个机械工业产业政策文件中都明确指出："发挥行业协会的作用。各行业协会要充分发挥政府和企业之间的桥梁作用，建立市场供求、生产能力、技术经济指标等方面的信息定期发布制度和行业预警制度，向政府行政主管部门及时反映行业动向，提出政策建议，帮助企业协调解决有关问题，引导企业健康发展。同时，行业协会要加强自身建设，完善行业自律机

---

① 这些机械产品及有关技术，发达国家出于政治、军事目的，对中国仍然进行禁运、封锁。这也是政府把机械工业某些部分定位为战略性产业的重要原因之一。

② 赵英主编：《中国产业政策实证分析》，社会科学文献出版社，2000年版，第158页。

制,努力成为独立、公正、自主运作的行业组织。"[①] 在某些行业重大问题上,机械工业中的大企业也积极参与,发挥了相当的作用。机械工业产业政策的制定,从政策制定技术角度看,成为一个多种意见逐步融合的过程。

第七,由于21世纪初,整个中国工业的发展所面临的能源、资源、环境制约越来越严重,因此节能减排,可持续发展成为制定机械工业产业政策时的核心理念之一。在考虑政府政策支持领域,产业发展方向时,都充分考虑到了能源、资源、环境问题。

第八,21世纪初无论政府部门、企业还是学术界对机械工业发展认识的基调是:中国已经是机械工业大国,但还远不是机械工业强国。机械工业存在着创新能力不强、产品多数处于中低端、企业规模小、自主品牌少等问题。因此,中国机械工业如何由大变强,成为产业政策关注的重点,产业技术政策的地位也有所提高。由于政府要在中国加入WTO承诺的框架内制定产业政策,产业技术政策也成为政府支持产业发展的重要途径。

第九,产业保护趋于弱化,加入WTO后,中国政府完全废止了以行政手段保护机械工业的政策。机械产品的进口关税已经很低。国家政策对于机械工业的支持,主要集中于重大成套装备方面。例如,对于重大成套设备进口,组织统一对外谈判、招标,要求同步转让技术;重大工程中要求优先选用国产装备;对新开发的装备给予首套采购财政补贴等。

同时鼓励产品出口的政策占有更加重要的地位。"十二五"期间,商务部将起草《"十二五"期间促进机电产品出口持续健康发展的意见》、《关于"十二五"期间实施积极机电产品进口促进战略的若干意见》等指导性文件,明确转变机电产品进出口发展方式的原则和政策措施。2010年我国机电产品出口额将达9400亿美元,同比增速约30%,我国有望成为世界第一大机电产品出口国。

四、21世纪初的机械工业产业政策

21世纪初中国政府推出的机械工业产业政策文件主要有两个:2006年6月29日国务院颁布的《国务院关于加快振兴装备制造业的若干意见》;2009年5月12日国务院办公厅颁布的《装备制造业调整和振兴规划》。这两个文件集中地反映了进入21世纪以来,中国机械工业产业政策的战略目标、战略重点和政策手段运用。因此本章以这两个文件为基础,对21世纪初的中国机械工业产业政策进行分析。

1. 21世纪初中国机械工业产业政策的战略目标

《国务院关于加快振兴装备制造业的若干意见》(2006年)中明确规定了到2010年的机械工业振兴战略目标:发展一批有较强竞争力的大型装备制造企业集团,增强具有自主知识产权重大技术装备的制造能力,基本满足能源、交通、原材料等领域及国防建设的需要。依靠区域优势,发挥产业集聚效应,形成若干具有特色和知名品牌的装备制造业集中

[①]《国务院关于加快振兴装备制造业的若干意见》,2006年6月29日。

地。建设和完善一批具有国际先进水平的国家级重大技术装备工程中心，初步建立以企业为主体的技术创新体系。逐渐形成重大技术装备、高新技术产业装备、基础装备、一般机械装备等专业化合理分工、相互促进、协调发展的产业格局。[①]

在战略目标中我们可以看到，集中体现了中国政府对机械工业发展的关注领域：发展大的、具有国际竞争力的企业集团；形成自主创新能力；保证满足国民经济及国家安全需要的重点大型成套设备的供应；促进专业化分工。

应当说战略目标，是针对中国机械工业存在的主要问题提出来的，指向准确。这些战略与20世纪80~90年代产业政策关注的目标，既有联系，又有区别。

首先，强调大企业集团的发展，是20世纪80~90年代产业政策中致力于国有大集团的发展有关政策的延续，但是在21世纪初这一政策已经指的是全部机械工业企业，而不仅仅是国有企业。

其次，强调自主创新的政策是一贯的。但是，在21世纪初，自主知识产权得到了强调，而20世纪80~90年代有关政策的表述还只是强调具体产品的水平提高和新产品所占比重。

再次，强调建立以企业为主体的技术创新体系，这在20世纪80~90年代是没有的，当时还是强调国家支持下的技术创新。

最后，机械工业产业政策针对的领域与20世纪80~90年代相比有了进一步的集中。主要集中于和国民经济基础领域、国防建设密切相关的领域，强调"坚持重点发展和全面提升相结合。依托重点工程，研制一批对国民经济发展和产业升级影响大、关联度高的重点领域的重大技术装备，实现核心技术和系统集成能力的突破；以点带面，通过自主设计和自主制造，带动基础装备和一般机械装备产品及零部件生产制造水平的全面提升。"[②]在任务部分方向性地概括提出了16个重点领域。20世纪80~90年代，原机械工业部则提出了"重点扶植的98种产品和限制发展的105种产品，以及具体实施产业政策的措施，研究制定了中小功率内燃机、小型拖拉机、叉车、低压电器、轴衬、轿车等58种产品的经济规模"。[③]

为应对全球金融危机而出台的《装备制造业调整和振兴规划》（2008年）提出："2008年下半年以来，国内外市场装备需求急剧萎缩，我国装备制造业持续多年的高速增长势头明显趋缓，企业生产经营困难、经济效益下滑，可持续发展面临挑战。应该看到，我国目前正处于扩大内需、加快基础设施建设和产业转型升级的关键时期，对先进装备有着巨大的市场需求；金融危机加快了世界产业格局的调整，为我国提供了参与产业再分工的机遇，装备制造业发展的基本面没有改变。必须采取有效措施，抓住机遇，加快产业结构调整，推动产业优化升级，加强技术创新，促进装备制造业持续稳定发展，为经济平稳较快发展做出贡献。"在战略目标上与《国务院关于加快振兴装备制造业的若干意见》中的战略目标没有变化，只是根据全球金融危机发生后的情况以及应对金融危机冲击的需要，制定了2009~2011年的具体目标。由于《装备制造业调整和振兴规划》是部门制定和提出的，为了

[①②]《国务院关于加快振兴装备制造业的若干意见》，2006年6月29日。
[③] 赵英主编：《中国产业政策实证分析》，社会科学文献出版社，2000年版，第153页。

扩大内需，抑制机械工业下滑趋势的"工作路线图"，因此《装备制造业调整和振兴规划》在振兴机械工业具体政策目标方面很具体。

2. 21 世纪初中国机械工业产业政策的指导原则

21 世纪初，机械工业产业政策制定和实施的指导原则概括起来主要有以下四条：坚持市场竞争和政府政策引导相结合，充分发挥市场在资源配置中的基础性作用、导向作用，加强政府的组织领导和宏观调控；坚持对外开放和自主创新相结合，积极扩大开放，在引进国外先进技术的基础上，实现消化吸收再创新，不断增强自主创新能力；坚持发展企业集团与扶持专业化企业相结合，支持装备制造骨干企业通过兼并重组发展大型综合性企业集团，引导专业化零部件生产企业向"专、精、特"方向发展；坚持装备自主化与重点建设工程相结合。加强政策支持和市场引导，充分利用实施重点建设工程和调整振兴重点产业形成的市场需求，带动产业发展。①

21 世纪初机械工业产业政策指导原则与 20 世纪 80~90 年代产业政策指导原则相比较，在相当程度上是有所继承的（如促进大企业集团和专业化分工等）。最大不同点则是，承认了市场在资源配置中的基础作用、导向作用，强调要根据市场需求，确定支持重点，选择支持政策。

3. 21 世纪初中国机械工业产业政策的战略重点

在《国务院关于加快振兴装备制造业的若干意见》中，确定了一批对国家经济安全和国防建设有重要影响，对促进国民经济可持续发展有显著效果，对结构调整、产业升级有积极带动作用，能够尽快扩大自主装备市场占有率的 16 项重大技术装备和产品作为战略重点。

（1）大型清洁高效发电装备，包括百万千瓦级核电机组、超超临界火电机组、燃气—蒸汽联合循环机组、整体煤气化燃气-蒸汽联合循环机组、大型循环流化床锅炉、大型水电机组及抽水蓄能水电站机组、大型空冷电站机组及大功率风力发电机等新型能源装备，满足电力建设需要。

（2）1000 千伏特高压交流和±800 千伏直流输变电成套设备的研制，全面掌握 500 千伏交直流和 750 千伏交流输变电关键设备制造技术。

（3）以一批大型乙烯项目为国产化依托工程，通过引进关键技术消化吸收再创新和自主开发，实现百万吨级大型乙烯成套设备和对二甲苯（PX）、对苯二甲酸（PTA）、聚脂成套设备国产化。

（4）大型煤化工成套设备的研制开发，满足我国能源结构调整的需要。

（5）研制大型薄板冷热连轧成套设备及涂镀层加工成套设备，实现成套设备国产化，满足汽车工业和家电等行业发展需要。

（6）大型煤炭井下综合采掘、提升和洗选设备以及大型露天矿设备，实现大型综采、提升和洗选设备国产化。

（7）大型海洋石油工程装备、30 万吨矿石和原油运输船、海上浮动生产储油轮（FP-

---

① 笔者根据有关文献做出的概括。

SO)、10000箱以上集装箱船、LNG运输船等大型高技术、高附加值船舶及大功率柴油机等配套装备。

（8）以铁路客运专线、城市轨道交通等项目为依托，通过引进消化吸收先进技术和自主创新相结合，掌握时速200公里以上高速列车、新型地铁车辆等装备核心技术，使我国轨道交通装备制造业在较短时间内达到世界先进水平。

（9）大气治理、城市及工业污水处理、固体废弃物处理等大型环保装备，以及海水淡化、报废汽车处理等资源综合利用设备，提高环保设备研发制造水平。

（10）大断面岩石掘进机等大型施工机械的研制，尽快掌握关键设备制造技术。

（11）重大工程自动化控制系统和关键精密测试仪器，满足重点建设工程及其他重大（成套）技术装备高度自动化和智能化的需要。

（12）大型、精密、高速数控装备和数控系统及功能部件，改变大型、高精度数控机床大部分依赖进口的现状，满足机械、航空航天等工业发展的需要。

（13）新型纺织机械，重点对日产200吨以上涤纶短纤维成套设备、高速粘胶长丝连续纺丝机、高效现代化成套棉纺设备、机电一体化剑杆织机和喷气织机等新型成套关键设备进行技术攻关并使其产业化。

（14）新型、大马力农业装备，提高大马力拖拉机、半喂入水稻联合收割机、玉米联合收割机、采棉机等国产化水平和技术档次，改变目前125马力以上拖拉机、新型农业装备主要依赖进口的状况。

（15）集成电路关键设备、新型平板显示器件生产设备、电子元器件生产设备、无铅工艺的整机装联设备、数字化医疗影像设备、生物工程和医药生产专用设备等，促进装备制造业全面升级。

（16）民用飞机及发动机、机载设备。[①]

其后推出的《装备制造业调整与振兴规划》在战略重点领域，基本延续了这些内容，只是有些具体的变化。重要的是加入了国防军工的内容，提出："结合国防军工发展需要，以航空、航天、舰船、兵器、核工业等需要的关键技术装备，以及试验、检测设备为重点，推进国防军工装备自主化。发挥军工技术优势，促进军民结合。"

战略重点的选择与确定可以看出，这些项目都是中国国民经济和国家安全急需的成套重大项目，对于中国工业从大变强，提高中国国际竞争力，进行产业结构调整与升级具有重要意义。这些项目在中国21世纪初的经济发展环境中，从中国企业的实力看，仍然有必要由政府予以有力的支持。21世纪初中国机械工业产业政策，更加集中于产业的战略领域。

4. 21世纪初中国机械工业产业政策的政策措施

21世纪初的机械工业产业政策，在具体政策形态上有了相当的改变，主要体现在：在政策手段的选择上，行政手段的运用大大减少；在政策手段的考量上，尽量与国际规则接轨，尤其是与WTO框架内的国际规则接轨；在政策支持的领域方面，尽量集中与产业发展需要的，非竞争的公共领域；政策的特征则由供给管理为重点（安排计划、投资项目等），

---

① 《国务院关于加快振兴装备制造业的若干意见》，2006年6月29日。

在相当大程度上转为以需求为重点的管理。

具体政策由以下几方面构成:

(1) 产业组织政策。延续了20世纪80~90年代的理念,继续鼓励和支持大企业集团的发展。重点支持装备制造骨干企业跨行业、跨地区、跨所有制重组,逐步形成具有工程总承包、系统集成、国际贸易和融资能力的大型企业集团。重大技术装备制造领域具有关键作用的装备制造骨干企业,要在保证国家控制能力和主导权的基础上,支持其进行跨行业、跨区域、跨所有制的重组。大型重点骨干装备制造企业控股权向外资转让时应征求国务院有关部门的意见。

与此同时,鼓励重大装备制造企业集团在集中力量加强关键技术开发和系统集成的同时,通过市场化的外包分工和社会化协作,带动配套及零部件生产的中小企业向"专、精、特"方向发展,进一步加速企业间的专业化分工。

与20世纪80~90年代政策不同的是,尽管仍然强调对国有大企业集团的支持,但整体上已经转为面向各种所有制企业。

(2) 产业技术政策。由20世纪80~90年代的强调推动产业技术水平、装备水平逼近国际水平,转为强调自主开发能力、自主品牌。国家重点支持自主创新项目,包括原始创新、集成创新和引进消化吸收基础上再创新的项目。对关系国家全局和战略利益、企业难以独立完成的重大技术装备,给予必要的支持。鼓励企业通过自主开发、引进技术消化吸收以及国际合作、并购、参股国外先进的研发、制造企业等方式掌握核心技术。鼓励企业与科研院所、大专院校联合开展研发工作,加快研究成果的产业化进程,创建享誉国内外的知名品牌。

制定重点领域装备技术政策。根据国民经济重点领域中长期发展的需要,制定科学合理、先进适用和相对稳定的装备技术政策,为装备制造业制定中长期技术引进和自主创新发展规划奠定基础。

加速制定和更新机械工业技术标准。在21世纪初的产业政策体系中,技术标准政策对于引导产业可持续发展、淘汰落后产能起到了越来越重要的作用。

以专业人才培养为重点,加强创新队伍建设。采取持股、技术入股、提高薪酬等更加灵活的政策措施,吸引国内外高水平专业技术人才,为装备制造业长远发展造就雄厚的后备力量。

(3) 产业扶植政策。鼓励订购和使用国产首台(套)重大技术装备。对订购和使用首台(套)国产重大技术装备的国家重点工程,可确定为技术进步示范工程,优先予以安排。尽快研究建立由项目业主、装备制造和保险公司风险共担、利益共享的重大技术装备保险机制,引导装备制造企业和项目业主对首台(套)国产重大技术装备投保。

重大工程建设和重点设备引进时,政府有关部门以工厂为依托,统一组织对外谈判,引进和消化吸收国外先进技术。

调整进口税收优惠政策。对列入国家发展重点的重大技术装备和产品,条件成熟时,由财政部会同发展改革委等部门制定专项进口税收政策,对国内生产企业为开发、制造这些装备而进口的部分关键配套部件和原材料,免征进口关税或实行先征后返,进口环节增值税实行先征后返。同时,取消相应整机和成套设备的进口免税政策。对国产装备不能完全满足需求，仍需进口的，作为过渡措施，经财政部会同发展改革委等有关部门严格审核，以逐步降低优惠幅度、缩小免税范围的方式，在一定期限内继续给予进口优惠政策。

以重点工程为依托，推进重大技术装备自主制造。国家在核准或审批重点建设工程时，有针对性地安排一批重大技术装备自主化依托工程，并要求项目业主和制造部门联合制定详细的装备自主制造实施方案。

重大工程建设和重点设备引进时，政府有关部门以工厂为依托，统一组织对外谈判，引进和消化吸收国外先进技术。

充分发挥增值税转型政策对企业技术进步的促进作用，鼓励企业加大技术改造力度，加快装备更新，调整产品结构，推动企业技术进步。

完善出口退税政策，适当提高部分高技术、高附加值装备产品的出口退税率。鼓励金融机构增加出口信贷资金投放，支持国内企业承揽国外重大工程，带动成套设备和施工机械出口。①

五、21世纪初中国机械工业产业政策的绩效评价

1. 在机械工业总体发展与增长方面，产业政策发挥了一定作用

中国加入WTO以后，机械工业得到了比较快的发展。2000~2006年机械工业年均增长率达到26.1%。到2007年底，机械工业国内市场占有率已经达到83%，机械工业实现利润4346亿元，比2000年的1083亿元增长了3倍。从2001~2006年数据看，机械工业整体增长的同时，其中的装备工业以更快的速度增长，体现了中国工业增长中的高加工度倾向。②

2006年机械工业首次实现了贸易顺差。2007年贸易顺差为241.41亿美元。机械工业产品出口中，一般贸易出口962.86亿美元，加工贸易出口862.12亿美元，多年来第一次实现了一般贸易大于加工贸易出口，反映了中国机械工业国际竞争力的提高。③

中国机械工业在提高装备制造水平、成套装备的研制方面也取得了较大进展。例如，2005年中国数控金切机床产量已达到59639台，是2000年14605台的4.08倍。

从总体上看，由于进入21世纪后，实际上一直到2006年中，《国务院关于加快振兴装备制造业的若干意见》出台前，政府并未出台任何关于机械工业的重大产业政策，因此可以从实证角度认为，机械工业产业政策对机械工业整体增长作用有限。其后出台的产业政策，也只是针对重要领域的，当然通过对于这些领域的支持，也促进了机械工业的发展。但是，从整体看，应当说主要是进一步放开管制，深化改革对机械工业发展起到了主要推动作用。

---

① 以上政策措施是笔者在《国务院关于加快振兴装备制造业的若干意见》、《装备制造业调整和振兴规划》等文件基础上进行的概括。
② 中国社会科学院工业经济研究所：《中国工业发展报告》(2008)，经济管理出版社，2009年版，第281页。
③ 中国社会科学院工业经济研究所：《中国工业发展报告》(2008)，经济管理出版社，2009年版，第283页。

2. 扶植、支持重大技术装备发展的产业扶植政策取得明显效果

以市场为导向、以重大项目为依托促进重大技术装备国产化的政策收到了很好的效果。"重大技术装备协调办公室"制定的在电站、铁路、石油化工、冶金等重大项目招标中，国内有能力要优先考虑国产装备的政策，对促进大型技术装备国产化，起到了较好的作用。例如，2007年"重大技术装备协调办公室"为推动国内100万吨乙烯装置的国产化，就分别将两大石油集团的镇海、天津、抚顺三个项目作为重点依托工程。[1]

近年来，中国机械工业在汽车制造设备、船舶制造设备、轨道交通设备、发电设备、输变电设备、石化设备、高档数控机床、冶金设备、集成电路专用制造设备、矿山采掘设备、重型机械设备、精密加工仪器仪表设备等过去依赖进口的重大技术装备，已经有不同程度的突破。其中有些成套设备和产品已经达到了国际先进水平。

重大工程建设和重点设备引进时，政府有关部门以工厂为依托，统一组织对外谈判，引进和消化吸收国外先进技术；同时对为实现国产化而进口的装备，实行进口关税和增值税先征后返的政策，收到了明显效果。例如，建设三峡电站时，通过统一对外招标，引进技术，使我国的电站设备制造能力有了明显提高。又如，国家确定2009~2011年开工建设的项目一律为技术装备自主依托工程，鼓励核电装备的国产化。通过统一引进，消化吸收，我国已经基本掌握了二代改进型核电站技术，关键设备国产化达到了80%以上。目前，国家核电技术公司、中广核集团和中核集团正在进行第三代核电技术（AP1000）的消化吸收。[2]

3. 支持自主创新的产业技术政策效果明显

通过政府支持自主创新的产业技术政策，中央政府及地方政府对机械工业企业自主开发给予了财政、税收方面的支持。中国机械工业自主开发能力有了较快的提高。在机械工业的标志性领域，中国机械工业获得了令世界瞩目的进步。

重型机械设备领域：中国一重集团研制出了世界最大、最先进的，锻造大型、超大型锻件产品的15000吨水压机。

化肥生产设备领域：30万吨合成氨成套技术。该项目主要技术指标达到国际同类产品先进水平，价格却大大降低。

通信装备领域：40Gb/sSDH（STM-256）光纤通信设备与系统。该项目是国家"十五"攻关项目。该项目的突破，使我国在光通信领域达到了国际领先水平。

冶金装备领域：热连轧技术与工艺开发项目。该项目的研制成功，结束了我国高、精、尖铝板带铂产品长期依赖进口的历史，使我国高精铝板带轧制技术达到了世界先进水平。我国已经能够提供年产800万吨的钢铁联合企业常规流程成套设备。

数控机床领域：我国已经掌握了西方国家对我国禁运的数控五轴连动产品技术，推出了供航天、航空、造船、冶金等产业用的重型龙门移动式及各种类型数控五轴联动镗铣床

---

[1]《装备制造》，2008年第8期，第36页。
[2]《装备制造》，2009年第3期，第33页。

和加工中心。截至 2008 年底，全国更新后的机床品种累计达到 3500 种（其中数控机床及其他高技术品种达到 1500 种），基本上已经没有空白，在世界范围位居前列。[①]

轨道交通领域：通过对引进技术的消化吸收，我国已经生产出了世界上速度最快的高速列车，并且投入运行。

发电设备领域："水、火、气、核、风"五大发电设备以及主机、辅机和输变电设备都有了长足发展。输变电装备和技术已经达到世界先进水平。

4. 效果不彰的产业组织政策

尽管从 20 世纪 80~90 年代以来，政府一直把促进机械工业大集团发展，促进中小企业专业化作为产业政策的重点，但是一直缺乏有效的、可操作的引导、支持政策。对于机械工业中长期存在的通用件、基础件薄弱的问题，也缺乏有效的支持政策。中国机械工业中"小而强"、"小而精"、"小而专"的企业仍然不多。

进入 21 世纪以来，机械工业大企业集团的发展，与其说是政府政策支持的产物，不如说是市场竞争、经济体制改革、国有企业改革的结果。特别是在市场经济大潮中诞生的一大批专业化程度比较高、水平比较高的机械工业中小企业。这些中小企业基本上是民营企业，实际上是依靠自己的力量在市场中拼搏出来的。发展得比较好的国有控股大企业集团，也是在改制后，转变经营管理机制，获得大发展的。目前，在相关领域具有举足轻重作用的大集团，有很多是民营企业。例如，工程机械领域的三一重工；输变电领域的特变电工；通讯设备领域的华为等大公司。又如，在股市中小板、创业板上市的众多具有专有技术的机械工业中小企业，实际上是依靠自己开发的技术，同时受惠于企业能够直接融资的金融市场。

六、21 世纪初中国机械工业产业政策的制定过程

前面已经分析过，进入 21 世纪以后中国政府工业管理部门发生了很大变化，产业政策制定的过程也发生了很大变化。机械工业产业政策的制定过程同样发生了很大变化。

1998 年在政府管理体制改革中，裁撤了机械工业部，建立了隶属国家经贸委的国家机械工业局，2001 年国家机械工业局和其他 9 个国家工业局被撤销，有关行政管理职能并入国家经贸委。国家经贸委撤销后，国家发展和改革委员会负责工业政策的制定，机械工业产业政策当然也由国家发展和改革委员会负责制定。《国务院关于振兴装备制造业的若干意见》于 2006 年 2 月发布后，5 月根据中央编制办的批复："国务院统一领导下，由发展改革委负责振兴装备制造业的组织领导和协调工作，其职能主要是：组织编制国家重大技术装备规划，协调重大相关政策，推进重大技术装备国产化的落实，完成国务院交办的其他任

---

① 《装备制造》，2009 年第 3 期，第 50 页；2009 年第 6 期，第 44 页。

务。"① 由设立在国家发展和改革委员会内的国务院振兴东北办公室承担具体工作，在国务院振兴东北办公室工业组加挂"重大技术装备协调办公室"的牌子。2006年7月"重大技术装备协调办公室"开始对外办公，承担起机械工业产业政策制定的某些职能。

工业和信息化部成立后，机械工业产业政策的制定由国家发展和改革委员会、工业和信息化部共同负责。其中，宏观政策一般由国家发展与改革委员会制定，行业性的政策则由工业和信息化部负责。与之相应的是，"重大技术装备协调办公室"撤销，其相关职能分别并入工业和信息化部以及国家能源局。通用机械、交通、冶金、纺织、矿山采掘等装备行业的管理职能被工业和信息化部接受。国家能源局则负责石油化工、核电、水电等能源装备的协调管理。

"重大技术装备协调办公室"存在的两年间，由于处于中国宏观决策的高层综合机构，因此积极推动了大型装备国产化与项目审批捆绑的政策，提出在电站、铁路、石油化工、冶金等重大项目招标中，一律不得歧视国产装备，国内有能力要优先考虑国产装备的政策。对于促进大型技术装备国产化，起到了较好的作用。②

无论国家发展和改革委员会，还是工业和信息化部都面临一个共同的技术性问题：由于管理范围过大，管理产业过多，因此实际上不可能具体承担所有产业政策的制定、修订。只能采取委托方式，发挥协会、学会及其他研究机构的作用。进入21世纪后，继承了原国家机械工业局某些职能和任务的中国机械工业联合会在帮助政府制定政策、向政府提供政策建议方面起到了较大作用。

中国机械工业联合会帮助政府制定政策，向政府提供政策建议主要通过两种形式：其一是接受政府委托，就某些重大政策进行调研，提出政策建议；其二是在听取本行业企业意见基础上形成某些政策性意见，主动向上反映，以期形成政策。

例如，在制定《国务院关于加快振兴装备制造业的若干意见》过程中，中国机械工业联合会积极协助国家发改委起草了文件初稿，广泛吸收了其他协会、行业企业和专家的意见；协助政府部门起草了《关于振兴老工业基地的意见》。

2008年在全球金融危机发生后，中国机械工业也面临着发展放缓、生产下滑等问题。中国机械工业联合会领导、下属专业协会、业务部门分别在国务院、工业和信息化部、商务部、国资委等政府部门召开的专题会议上反映情况，提出有针对性和可操作性的政策建议，对政府宏观决策发挥了重要作用。又如，在温家宝总理主持的国务院第43次常务会议上，朱森第副会长就"高档数控机床与基础制造装备"科技重大专项实施方案进行了汇报。中国机械工业联合会提出的加大我国核电装备自主制造工作力度的政策建议得到采纳，国家加大了相关资金支持和税收优惠。③

中国机械工业联合会承担的与产业政策制定关系密切的重要任务还有如下：

编制行业发展规划，目前正在编制机械工业各个行业的"十二五"发展规划，这方面的工作实际上是受国家发展与改革委员会的委托进行的。

---

① 《国务院关于加快振兴装备制造业的若干意见》。
② 《装备制造》，2008年第8期，第36页。
③ 《中国机械工业年鉴》（2009），机械工业出版社，2009年版，第3页。

制定并发布《建议重点推广的节能减排产品目录》、《建议加快淘汰的落后产品目录》、《建议重点推广的先进工艺目录》、《建议加快淘汰的落后工艺目录》。制定和发布这些目录实际上是通过信息手段，对产业进行引导，推动机械工业产业结构、产品结构调整，是实施产业技术政策的重要途径，同时也为政府制定相关产业技术政策提供了依据。

协助政府具体抓好重大机械装备国产化工作。中国机械工业联合会在"西气东输"工程的项目论证、编制重大装备攻关可行性报告、组织企业参与竞标、促进国外大公司与国内企业合作等方面做了大量协调工作。[①] 2009年中国机械工业联合会本着"总结提高，系统规划的原则，对重大技术装备国产化进行了推动"。重点抓了核电、大型高效清洁能源装置、高压变电装置、大型石化装置、大型液化泵和大型施工机械等重大技术装备国产化工作。[②]

积极开展维护产业安全，促进贸易发展，改进税收的政策建议工作，建立和完善了产业损害监控预警系统。这些工作实际上是具体参与了产业扶植和产业保护政策的制定。

从上面的分析，可以看出，21世纪初中国机械工业产业政策的制定过程中，协会等中介机构发挥的作用，远远大于上世纪中后期。由于行业协会参与制定政策，提出政策制定参考意见时，更加重视企业及相关研究机构的意见，因此产业政策制定过程更加民主，企业参与程度更高了。

中国机械工业联合会在接受政策制定的有关委托后，一般要组成由中国机械工业联合会相关部门、有关企业、机械工业的研究机构、国家有关研究机构（包括国务院发展研究中心、中国社会科学院等）的人员组成课题组，共同进行研究。经过反复谈论后，形成意见上报政府有关机构。

国家发展与改革委员会、工业和信息化部在制定相关政策前，一般要进行有关的政策前期研究，这时会把与机械工业有关的课题委托给有关协会（中国机械工业联合会、汽车工业协会等）、研究机构及企业。在研究成果的基础上，进行政策提炼。政府有关部门一般来说，会有预想的政策前提，但是经过研究后，即使基本结论不发生变化，在具体如何操作及政策形态等技术层面，总会发生变化。相关政策形成基本文本后，一般要经过两到三轮的意见征求，听取行业协会、企业、学者及其他部门的意见。

中国机械工业产业政策形成逐步演变成自上而下、自下而上相互影响的两个过程。

从中国机械工业产业政策的制定过程看，中国产业政策的制定更加科学化、民主化，作为公共政策而言与20世纪末官僚主导的政策制定有了很大不同。

但是，从另一个角度看，政府通过行业协会解决了自身能力不足、人力不够的政策制定技术层面的问题，实际仍在很大程度上把握着对产业发展的干预。尽管机械工业产业政策已经趋向于突出重大技术装备等重点领域，但是21世纪初中国机械工业产业政策涉及面仍然比较广泛，干预的范围仍然比较大。政府通过委托式的政策制定流程，仍然保持了对产业发展的政策干预能力。

---

① 《中国工业报》，2005年3月31日。
② 赵英：《21世纪初中国产业变动趋势实证分析》研究报告，工业经济研究所，2011年10月。

七、21世纪初中国机械工业产业政策的走向

展望 2010~2020 年中国机械工业的产业政策,基本上将延续目前的走向。

第一,21 世纪初的机械工业产业政策将更加立足于市场需求牵引的基础之上,发挥市场机制的基础作用。2000~2010 年间的机械工业产业政策中,市场的作用得到了高度的重视。无论是重大技术装备项目的选择,还是扶植政策的制定,都体现了对于市场的重视。越来越多的政府官员认识到:"给钱不如给政策,给政策不如给机会。""市场确实是最大的资源。"[①] 在 21 世纪初机械工业产业政策最重要的两个文件《国务院关于加快振兴装备制造业的若干意见》、《装备制造业调整和振兴规划》中,都鲜明地体现了以市场为导向,以重大项目为依托,发挥市场机制基础作用的思想。2010~2020 年机械工业的产业政策必将更加发挥市场机制的作用。产业政策手段的选择与运用,也必将更加充分地考虑如何顺应市场规律。

第二,21 世纪初的机械工业产业政策,将延续 21 世纪前 10 年机械工业产业政策的走向,主要致力于产业发展水平的提高,而非规模的扩大。

当然,中国机械工业规模的扩大,仍然有着广阔的市场空间,但是政府政策不应当再鼓励规模的扩大,更不应当鼓励低水平重复发展。政府产业政策在抑制过剩产能时,要尽量少用行政手段(即使用了,作用也有限),尽量在市场机制基础上因势利导,抑制盲目发展。

第三,21 世纪初的机械工业产业政策,仍将重点支持某些领域。重大技术装备仍将是机械工业产业政策的关注重点。从我国机械工业发展的实际情况看,我国机械工业整体上与发达国家相比,在关键技术、关键产品上仍然存在着较大差距,仍需要国家予以政策扶植。当然,随着我国机械工业水平的提高,规模的扩大,政府产业政策干预的领域应当逐步缩小。

应当进一步细化鼓励订购和使用国产首台(套)重大技术装备的产业政策,使之继续对我国重大技术装备的发展起到促进作用。同时,继续依托国家重大工程(包括基础设施、国防工程等),引进技术,消化吸收,使之成为促进我国重大技术装备发展的市场基础。

第四,继续支持机械工业重点领域的自主创新能力的形成,仍将是机械工业产业政策的着力点。中央政府及地方政府对于机械工业关键共用技术、关键装备,仍然要予以财政支持(包括财政补贴、减税等)。除继续支持关键技术和关键产品自主开发外,要对长期以来困扰我国机械工业的薄弱环节——基础件、通用件技术水平的提高,探索出适合市场经济体制、机制的支持政策。

第五,通过制定产业技术政策促进机械工业向节能减排方向发展是必然趋势。在 21 世纪,机械工业不仅担负着自身节能减排的任务,还担负着提供节能减排装备,促进工业体

[①] 国家能源局能源节约和科技装备司司长李冶:《振兴装备制造业需要理性和信心》,《装备制造》,2009 年第 11 期。

系节能减排，促进社会节能减排的历史使命。因此，产业技术政策在机械工业产业政策体系中占有越来越重要的地位。

在制定机械工业产技术政策时，制定节能减排的技术标准、节能减排的产品目录具有更加重要的作用。

第六，中国机械工业产业政策中将包括越来越多的扶植、引导机械制造业服务化的政策内容，即从简单加工尽量向研发、设计、设备安装调试、品牌营销、专业维修等高附加值的方向延伸。机械工业产业政策制定必将由只局限于第二产业向第二、三产业并重转变。

第七，支持机械工业企业走出去（包括对外购并、产品出口）的相关产业将在机械工业产业政策体系中占有重要地位。要进一步完善出口退税政策，适当提高重大技术装备的出口退税率。鼓励金融机构支持国内企业承揽外国重大工程，为之提供出口信贷及融资。

第十一章 21世纪初的中国军事工业产业政策

进入21世纪以来,中国军事工业产业发展形态、企业形态均发生了深刻变化。严格地讲,本章研究的已不是单纯的军事工业或者主要以军品为主要内容的产业,而是以为国防服务为特点,以军事装备为核心的一批高技术产业。这些产业在计划经济年代是以政府集中配置资源,完全为国家武装力量服务的形态发展起来的。在改革开放的20世纪80~90年代,这些产业逐步摆脱了原来单一地为国防提供军事装备的发展特点,转向军民结合、军民兼容的新型军事工业形态。到20世纪90年代中后期随着转型的加速,这些产业已经由迫不及待地寻找民品维持生存,逐步找到了自己在相应的产业内的发展定位,相应的民用产品在这些产业中的比重实际上已经居于主导地位。

进入21世纪后,随着中国经济的发展,改革开放进程的加速,体制改革的推进,人民生活水平的提高,市场需求的引导,军费的持续增加;军事工业不仅在满足国防需要方面取得了重大进展,在带动国民经济发展,满足人民生活需要等方面也起着越来越大的作用。军事工业产业政策,也适应这些变化,在产业政策关注重点、产业政策工具选择、产业政策制定过程等方面发生了巨大变化。

一、20世纪80~90年代军事工业产业政策的扼要回顾

改革开放进程开始后,中国进入了"一心一意搞建设的新路"。[①] 中国对世界安全态势的判断,也有了改变。"战争的危险依然存在,仍要提高警惕,但防止新的世界战争爆发的因素在增长。"[②] 新的世界战争发生的可能性不大。在这种背景下,缩减计划经济下长期形成的、过大的军事工业规模,并且使之转移到国民经济的其他领域去,就成为军事工业产业政策的重点。"军转民"成为这一时期军事工业产业政策的主要内容。

与中国政府对世界局势的判断相一致,国家在军费支出上采取了缩减政策。同时,要求军队服从整个国家建设的大局。1984年11月1日,邓小平同志在中央军委扩大会议上提出:"无论空军也好,海军也好,国防科工委也好,都应当考虑腾出力量来支援国民经济发展,如空军可以腾出一些机场,一是搞军民合用,一是搞民用,支援国家发展民航事业。

[①] 邓小平:《邓小平文选》第三卷,人民出版社,第11页。
[②] 邓小平:《邓小平文选》第三卷,人民出版社,第82页。

海军的港口，有的可以合用，有的可以腾出来搞民用，以增大国家的港口吞吐能力。国防工业设备好，技术力量雄厚，要充分利用起来，加入到整个国家建设中去，大力发展民用生产。这样做，有百利而无一害。总之，大家都要从大局出发，照顾大局，千方百计使我们国家经济发展起来。发展起来就好办了。大局好起来，国力大大增强了，再搞一点原子弹、导弹，更新一些装备，空中的也好，海上的也好，陆上的也好，到那个时候就容易了。"[1]邓小平同志这段话是20世纪80、90年代制定军事工业产业政策的基本依据。

在中央决策下，军队在发展武器装备时，不得不"忍耐"。十一届全国人大一次会议新闻发布会上，大会新闻发言人姜恩柱在回答记者提问时说："20世纪1979~1989年，中国国防费平均每年下降5.83%。"

这一阶段的军事工业产业政策主要有：通过政策支持、鼓励原来的军工企业生产民品或为民品企业配套；调整军事工业规模，对三线军工企业实行搬迁、改造、调整；支持军工企业开展军品外贸，以在国家定货减少的情况下，维持军工企业生存，维持军工能力的发展与提高；军事工业的结构调整，包括产业组织结构、企业结构、产品结构等；引导军事工业发展的产业技术政策。

20世纪80年代到90年代中期，军事工业产业政策主要是围绕核、航天、航空、兵器、电子、船舶六大军工产业的转型展开的。

由于20世纪80年代开始的改革，对习惯于计划经济的庞大军工体系形成了相当大的冲击，因此军事工业产业政策，在20世纪80年代、90年代中期，带有强烈的应急、解困的色彩。军工企业也在市场中进行探索，经历了一段摸索过程。在这一段"军转民"中，许多军工企业进入了自己原来并不擅长的领域，利用原来的生产装备进行生产，以解决发工资、人员下岗等紧迫问题。这一时期，有些军工企业选择的民品，最终站稳了脚跟（例如，生产彩电的四川长虹，生产汽车的长安），有些则最终从市场上消失（例如，众多的军工企业生产冰箱，但是没有生存下来）。这一时期开始的在本行业内寻找支柱民品的"军转民"企业则比较成功，为后来大发展奠定了基础。

这一阶段出台的政策主要包括：支持军工企业开展军品贸易的政策；支持军工企业建立现代企业制度，缩小规模，精简人员的政策；通过保持国家的必要定货，财政支持军工维持费、封存能力维持费、必要的科研经费，以保持精干的军工科研生产能力的政策；考虑国家战略需要，引进消化吸收，并且追踪国际军事装备先进水平进行研制的军工产业技术政策；调整军工产业布局，从三线搬迁的政策；支持军工企业进行民品生产的优惠政策；调整产业结构、产业组织结构、企业结构的政策。

20世纪90年代末，大约80%过剩生产能力转向民用，三线企业搬迁50余家，军工产业的"军转民"进入稳步提高的阶段。一方面，经过摸索，已经看清楚了本行业民品的主要方向；另一方面，随着国家安全态势的变化（1996年的台湾海峡危机；1999年的中国驻南斯拉夫大使馆被炸），军事工业的重要性凸显，军品需要激增，军品订货增加，使得军工企业可以比较从容地面对转型问题。

20世纪90年代中后期，一方面军事工业产业政策已经逐步集中于这些产业的民品支

---

[1] 邓小平：《邓小平文选》第三卷，人民出版社，第99页。

柱来制定，军事工业各行业已基本找到了本产业内部，发挥自己技术特长，重点发展的民品方向。例如，船舶工业产业政策主要围绕民用船舶发展；核工业产业政策主要围绕核电的发展（见表11-1）。另一方面为打赢高技术条件下局部战争需要的军品制定了军品研发的政策。

表 11-1　20 世纪 90 年代末至今各军工产业的主要民品

行业	核工业	兵器工业	航天工业	航空工业	电子工业	船舶工业
主要民品	核电站、同位素、化工产品、仪器仪表	汽车、摩托车、工程车、民爆产品、光学仪器、新能源、输变电设备、装备制造	民用卫星、航天系统地面设备、航天器使用、航天发射服务、导航定位服务	支线、干线民用客机、直升机、通用飞机、航空零部件、燃气轮机、环保设备	民用通讯设备、家电、软件、电子仪器仪表、电子元器件	民用船舶、海洋工程设备、船舶配套设备、仪器仪表

从表 11-1 可以看出，如果说 20 世纪 80 年代，"军转民"刚刚开始时，军事工业企业是"在别人碗里找饭吃"，那么 20 世纪 90 年代中后期军事工业企业已经是在自己专长的领域，在原来军品的技术、产品延长线上，在本行业的核心部位，以自己的军民两用核心技术和军民两用核心产品进行市场竞争。军事工业军民一体融合的发展方向已非常清晰，并且相对稳定了。因此，这些领域的产业政策制定，与军事工业发展起来的具有核心竞争力的核心产品密切相关。

20 世纪 80~90 年代，中国政府军事工业管理体系、产业组织结构发生了重大变化。

首次，20 世纪 80 年代初，各个管理军工的中央部由原来为保密而采用的名称，改为与所管产业相应的名称：核工业部（原第二机械工业部）、航空工业部（原第三机械工业部）、电子工业部（原第四机械工业部）、兵器工业总公司（原第五机械工业部）、航天工业部（原第七机械工业部）。其中，第六机械工业部作为体制改革试点，改为船舶工业总公司。名称的改变，具有重要意义，意味着中央政府希望这些产业沿着军民一体的道路发展。

其次，这些工业部，又改为总公司。开始按照经济规律发展相关产业。与此相适应，部队装备订货也由原来的指令性计划切块安排，转变为合同制。1987 年，国务院、中央军委颁布了《国防科研试制拨款管理办法》、《武器装备研制合同管理办法》两个法规性文件，对改革军品研制中长期存在的供给制、"大锅饭"的弊端，起到了巨大推动作用。调动了使用部门和研制部门的积极性，加强了军品生产目标管理责任制，提高了军品研制费用的使用效率。武器装备研制实行合同制意味着承认武器的商品属性，意味着在武器研制中，承认竞争，责任承担由政治责任，转变为行政与经济责任兼有。"武器装备研制任务就可以由军方使用部门按照国家指令性计划，通过招标或者谈判，与研制部门在平等基础上签订合同。"①

1999 年 7 月 1 日，中央决定把各军工总公司一分为二，组建了十大军工集团：原核工业总公司分为中国核工业集团公司、中国核工业建设集团公司；原航天工业总公司分为中

---

① 杨价佩、王晓平编著：《军工科技之路——国防科技工业改革与管理探索》，兵器工业出版社，2000 年版，第 11 页。

国航天科技集团公司、中国航天机电集团公司；原航空工业总公司分为中国航空工业第一集团公司、中国航空工业第二集团公司；原船舶工业总公司分为中国船舶工业集团公司、中国船舶重工集团公司；原兵器工业总公司分为中国兵器工业集团公司、中国兵器装备集团公司。

十大军工集团公司的成立，标志着国防科技工业改革和发展进入了一个新阶段。同时成立了国防科技工业委员会作为国务院的军工管理部门。

原总理朱镕基在十大军工集团成立大会上的讲话，体现了中央对军工体制改革的认识与做法："今天国防科技工业完成了一次伟大改组，这是件很大的事情，不仅是党的喜事，全国的喜事，人民的喜事，也是国防科技工业的喜事。国防科技工业非常重要，是战略性产业，是国家的基础，也是我国综合国力的体现，没有国防就没有国家，没有国防工业，就没有国防。要强大，就要有实力，我最近非常高兴，因为我们发射了几次卫星，发一次成一次，每发必中，都打成了，谢谢大家。中国航天战线连续三年15次火箭发射成功的事实证明，中国人民没有办不成的事，怕就怕认真二字。我们一定要争口气，把国防科技工业搞上去，这是全国人民衷心希望的。没有国防实力，受别人欺负，还搞什么建设，现在要加强国防实力，关键是要把科技搞上去。今年，国防科技工业重组就是完成历史使命的重要事情。经过几十年努力，国防科技工业取得了辉煌的成绩，没有国防工业的成就，国家就不可能有这样的威望。我们重视国防科技工业的改组工作，从1997年开始，国务院花了很大精力多次研究，这是国务院政府机构改革的最后一仗，前后经历了一年半时间，中央和国务院非常认真地反复考虑和研究。去年10月到今年4月，两次召开总理办公会议，我向江泽民总书记作了汇报，3月8日，中央政治局常委会通过了改组方案。对于中央和国务院的最后决策，大家思想要统一，认识要坚定，态度要积极，不这样就要成为国防工业的罪人。"

对未来发展和主要工作，朱镕基提出：一是要转变观念和职能，真正把政企分开。国防科工委是国务院政府机构，它具有行业规划、行业政策、行业管理、行业标准、行业监督的职能。各集团公司要做到"四自"，即：自主经营、自负盈亏、自我约束和自我发展。企业是市场的主体，政府干预越多，企业靠政府靠得越紧，因此必须做到政企分开。二是保军，加快武器发展，保证军队所需的装备，不断提高武器的科技水平，增强后劲。军队要支持国防科技工业，否则不利于国防工业的发展。现代战争是打科技战、电子战，所以保军是全力以赴的任务。三是促民，光靠保军还不能满足国防工业发展，还必须搞民品，发展民品不单可以减少国防工业企业的亏损，更重要的是可以促进国防发展。四是希望国防工业深化企业改革，加快军工企业脱困步伐。①

这次改革，在某种程度上体现了中央政府及军方希望打破原有几大公司分别垄断某一军工领域的愿望。这次改革是中国军事工业发展历史上的大事：推动了军工产业组织结构的深刻转变；一定程度上引入了竞争机制；使军工企业真正朝着企业化方向前进了一大步。但是，尽管引入竞争想法是好的，也在某种程度上存在着过度相信市场竞争，对实际市场运行状态、军工产业特点、技术经济特征考虑不够的问题。例如，各个大公司实际上在主

---

① 《中国航天》，1999年第8期。

要产品上并未形成竞争,也难以实际形成竞争,其中核工业的分立只是核工业部分与建设部分的分离,更谈不上竞争。有些产业甚至在分立后,在某种程度上还出现了重复建设。对中国这样一个发展中国家来说,能否承担重要军工产品领域,两大公司竞争的成本,是值得商榷的。同一军工领域,原来一套内部组织的配套体系,转变为两个公司之间的市场交易,其效果也是值得研究的。在同一军工领域,原有的规模经济、范围经济绩效在改组后大大削弱,也是值得探讨的。

当然,在兵器、船舶等市场足够大,投入相对比较少的部分,是可以存在某些竞争的,也是有益的。但是,在航天、航空、核等领域,所有发达国家都是一套体系(甚至欧洲只能搞一套体系),中国是否能够支持两套体系呢?进入21世纪,开始对这次改革进行微调,把两个航空工业公司又合成一个,显示了经过实践后政府态度的转变。

20世纪80~90年代,中国政府军事工业产业政策主要是针对国有企业制定的。军事工业的基本构成主要为国有企业,并且是中央所属的大中型国有企业。军事工业体系相对封闭。

二、21世纪初制定军事工业产业政策的背景

第一,中国加入WTO,使军工集团作为市场上的竞争者,面临着国际竞争对手的激烈竞争,作为军民一体的大企业集团,政府在制定有关支持政策时,也不能不考虑WTO的有关规定。

第二,随着中国重化工业的加速发展,中国进入人均GDP4000美元的发展阶段,军工集团的核心竞争力部分迎来了市场大发展的时代,为军工集团在自己擅长领域发展民品,提供了难得的发展契机。例如,国家发展核电的战略决策,使核工业焕发了生机;国家发展大飞机的决策,使航空工业有了新的发展方向;GPS的使用,促进了航天工业民品的发展。各个军工大集团成为本领域民品的领军企业。

第三,国家经济实力增强,工业水平提高,科技投入增加,促进了军工集团重大科技工程的推进。例如,登月工程,极大地促进了航天工业科技水平的提高。第三代互联网、3G手机的使用,极大地促进了电子工业的发展。船舶工业的大发展,促进了高技术船舶的研制。

第四,随着国家经济实力的提高,国防建设的需要,国家的军费支出逐步提高。进入21世纪以来,基本上保持了两位数的军费增长,为军工产品的研制创造了条件。

第五,民品在产业发展中占有举足轻重的地位,促进各个军工产业成为军民融合的战略性产业。国家针对这些产业中民用部分制定的产业政策越来越多。例如,船舶工业的发展,国家就制定了许多支持其出口、研发的产业政策。又如,大飞机的"上马",国家也相应地制定了有关政策。

第六,随着各个军工产业实际上已经成为军民一体、军民融合的战略性产业,民品企业进入军工领域,军工企业主导民品领域,成为一个相互融合的过程。在这个过程中,军

工企业的民营化改革，成为引人注目的现象。

第七，随着军工企业内部机制的转变，国民消费水平的提高，中国工业化水平的提高，军工产品、技术的市场化应用，有了广阔的市场空间和内在动力。21世纪初，军工技术转向民用，出现了跨越产业界限，横向融合的趋势。例如，北京航天发射技术研究所就开发了制药机械（包括药品包装线、滚模式软胶囊机、沸腾包衣造粒机等）、烟草机械（包括制丝草车间控制网络系统、加料加香控制装置、烟叶复烤线专用定量称重系统等）。这一趋势的出现表明，军工技术转向民用，有了强大的内在动力和机制，有利于最大限度地推动军工科技成果的产业化，最大限度地体现范围经济效益。

三、21世纪初军事工业产业政策的特点

第一，由于21世纪初各个军事工业实际上成为军民融合、军民一体的战略性产业，因而对于整个国民经济发展起着越来越重要的作用，所以军事工业产业政策实际上作为国家产业政策的重要部分被予以关注，制定军事工业产业政策，综合经济管理部门也积极参与。例如，在本次金融危机中，国家制定的十大产业振兴政策中，就包括船舶工业振兴政策、电子信息产业振兴政策。

第二，军事工业产业政策制定过程逐步开放，开始向军民一体的方向转变。由"军民结合"转向"军民融合"。①随着国家管理体制的转变（国防科工委并入工业和信息化部，设立国防科工局），实际上制定政策的体制也在逐步一体化。例如，在《装备制造业调整和振兴规划》中指出："结合国防军工发展需要，以航空、航天、舰船、兵器、核工业等需要的关键技术装备，以及试验、检测设备为重点，推进国防军工装备自主化。发挥军工技术优势，促进军民结合。"当然，其完全融合，仍要有一个过程。

第三，各个军工大集团成为市场主体后，开始积极地影响产业政策的制定。由于各个大军工集团实际上就是产业主体，因而政府针对各个大集团的政策，实际具有产业政策含义。

第四，军方对产业政策制定给予了积极的关注。

第五，军事工业产业政策的目标与政策手段选择，仍然带有较强的指令性计划色彩。

第六，军事工业产业政策的制定，在民品部分开放程度已经比较大，政策讨论空间较大，参与的部门与人员较广泛；军品部分仍主要是行政管理体制内，自上而下的制定过程，但是在制定过程中更加重视专家论证。

第七，军事工业产业政策的制定是建立在对国际形势充分考虑基础上的，很大程度上受到国际政治、军事环境的束缚。例如，在对外开放、引进技术方面，在进军国际市场方面，就不能不局限于当时的国际政治、军事环境，不能不以国家安全战略为前提。

---

① 最早提出"军民融合"是在制订国家中长期科技发展规划中，中国社会科学院工业经济研究所赵英等学者提出了高技术产业要军民融合、军民统筹式发展。

21 世纪初，中国军事工业产业政策在对外开放、引进技术方面遇到的束缚，与 20 世纪 90 年代相比，没有太大改变。这是军事工业产业政策与一般产业政策的最大不同。即便这些产业已转变为以民品为主的产业，但是在国际舞台上仍受到有关国家及组织的种种遏制。

四、21 世纪初军事工业产业政策的战略目标与主要内容

2004 年，经国务院批准，国防科学技术工业委员会、国家发展和改革委员会联合发布了《国防科技工业产业政策纲要》。《国防科技工业产业政策纲要》全面体现了中央关于国防科技工业建设的构想，加速推进国防科技工业调整、改革与发展的政策，集中反映了军事工业产业政策的战略目标与主要内容，本章主要依据这一文件，并结合笔者的研究进行论述。

《国防科技工业产业政策纲要》指出，国家对国防科技工业实行重点支持，加快国防科技工业发展，全面振兴国防科技工业；在国民经济发展的基础上，建立国防科技工业投入稳定增长机制；加强国防科技工业信息化建设，支持企业发展科技含量高、经济效益好、资源消耗低、环境污染少、人力资源得到充分发挥的项目，推进国防科技工业现代化；加快研制生产技术先进、质量精良、价格低廉的高新技术武器装备。

在提高资源使用效益基础上，围绕国家安全战略，提供高水平的武器装备，仍然是军事工业核心任务。正因为如此，政府有关部门在考核军工集团领导人时，仍把军品任务完成放在第一位。

《国防科技工业产业政策纲要》对各个军工产业提出了民用方面发展的战略目标：促进核能及核应用技术、民用航天、民用飞机、民用船舶、民爆和特种化工等军工主导民品的发展与技术进步；推动国防科技工业转变经济增长方式，积极发展信息技术、新材料、节能与环保、生命科学、海洋工程等高技术为先导的新兴产业，培育新的经济增长点。显然，这一纲要是建立在军民融合发展思路上的。

《国防科技工业产业政策纲要》提出了具体的支持政策：国家加大对军民结合高技术产业发展的支持力度；推进国防科技工业投资主体多元化，发挥国家投入的导向性作用，引导和带动社会资金参与国防科技工业建设；鼓励符合条件的企业，尤其是军民两用产品生产企业改制上市；充分利用国家教育资源，发展国防科技工业教育事业，加速培养和造就国防科技工业高技术人才、优秀管理人才和复合型人才。[①] 显然，中央支持军事产业发展的思路，也是建立在军民资源一体配置，融合发展基础上的。

在军事工业结构调整方面，《国防科技工业产业政策纲要》指出，要适时调整武器装备科研生产能力结构；重点支持武器装备科研生产的核心能力，普通加工制造能力原则上面向全社会放开，形成有利于适度竞争的武器装备科研生产能力结构。

---

① 新华网，2004 年 6 月 1 日。

保证军品的研制，武器装备水平的提高，仍然是军事工业的核心使命与战略目标。《国防科技工业产业政策纲要》提出，要提高国防科技工业自主创新能力，加强基础研究、战略高技术和共性技术研究，在战略性、基础性的重大国防科技项目上确保拥有自主知识产权；加强国防高科技的前瞻性研究，增加技术储备，缩短研制周期，降低产品成本，加快武器装备现代化建设；大力发展军民两用技术及其产业化，积极吸纳各行业的先进民用技术为国防建设服务，推动军用和民用高技术双向转移。

显然，军民企业的双向进入，是中央政府推动军事工业改革开放的重要考量，是政府实施军事工业改革开放的重要战略措施。21世纪初，政府在推动普通加工制造能力向全社会放开，允许民营企业进入军品生产领域；大力发展军民两用技术及其产业化，积极吸纳各行业的先进民用技术为国防建设服务；给予了大力政策支持，改革力度很大。成为21世纪初，军事工业产业政策的特色之一。

这里要特别指出的是，为了加速军工企业与民营企业双向进入，利用民间能力扩大军工生产基础，利用军工技术加速民用产业发展，利用社会资源发展军事工业，2002年10月，中央军委颁布了面向市场经济的《装备采购条例》。2003年，解放军总装备部颁发了《装备承制单位资格审查管理规定》，为民企设置了与军工企业相同的"进入门槛"。其后又陆续颁布了《武器装备科研生产许可管理条例》、《关于加强竞争性装备采购工作的意见》，为民企参与装备采购竞争提供了规则与路径。

2005年，武器装备科研生产的行政许可管理办法正式修订。取得科研生产许可证是民营企业和民用企业参与配套领域的前提。此前只有少数企业在相关配套领域取得许可资质。但2005年全面放开，主要面向民营和民用企业发放科研生产许可证。但是，重要军工科研生产领域仍未对外开放，某些重要武器装备的配件不排除由民企生产可能。同时，要建立严格的保密制度，民营或民用企业取得许可资质后需接受相关制度。此外，需要保障建设和科研资产投入的时候，也将考虑出台相关政策。[①]

为进一步引入竞争，提高效率，转变企业机制，军事工业企业所有制结构改革成为军事工业产业政策的重要组成部分。2007年，国防科工委、国家发展与改革委员会、国家国有资产管理委员会共同制定了《关于推进军工企业股份制改造的指导意见》、《关于非公有制企业参与国防科技工业建设的指导意见》、《深化国防科技工业投资体制改革的若干意见》等文件。民品产业作为改革突破口被大力推进，鼓励并支持军工企业改变国有独资的产权结构，通过多种形式实现投资主体多元化，逐步调整军工企业科研院所的机制。

这些文件的制定，在相当程度上改变了新中国成立以来形成的军事工业产业构成、格局和发展方式。有利于打破几十年来形成的行业壁垒，所有制壁垒，有利于竞争，有利于扩大军事工业的动员能力，有利于军事工业在市场经济环境中保持充分的灵活性，有利于形成精干核心研制能力与较大规模生产能力相匹配的军事工业产业结构，大大加速了军工企业与民营企业的双向发展，形成利用社会各方面力量发展军事工业的新局面。

---

① 原国防科工委经济协调司司长刘东奎2005年在科博会中国科技产业论坛上的讲话。

五、21世纪初军事工业产业政策的绩效评价

第一，军事工业产业政策保证了维护我国安全所需要的武器装备的研制，推动我国军事工业整体水平迅速提高。到21世纪初，我国的军事工业基本上依靠自主创新，按照打赢高技术条件下局部战争的要求，完成了陆、海、空、二炮的武器装备升级换代。生产的新一代武器水平接近或达到国际先进水平。有力地促进了我军装备由机械化向信息化转变。

高新技术武器装备科研生产实现跨越。"十一五"期间，中国高新技术武器装备科研生产计划全面完成，后续项目加速推进，一批新装备完成定型并装备部队，完成新中国成立60周年阅兵武器装备科研生产和保障任务。我国的第一艘航空母舰已经下水。北斗导航系统初步形成体系。

军工核心能力建设迈上新台阶。"十一五"期间，中国国防科技工业武器装备供给保障能力不断提升，基础支撑能力显著增强，可持续发展能力逐步提高。中国武器装备研制周期明显缩短，质量与可靠性不断提高。军工经济实现平稳较快发展，总收入年平均增长22%；万元增加值综合能耗降低20%和减排主要目标提前1年完成。[①]

第二，军事工业产业政策有力地支持了军事工业中各产业在本行业民品领域的发展。各大军工集团已经成为本行业民品生产的主体。

在核电领域，中国核工业集团公司、中国核工业建设集团公司发挥着主导作用；在船舶生产领域，中国船舶工业集团公司、中国船舶重工集团公司起着主导作用；在民用飞机研制生产领域，中国航空工业集团公司起着主导作用；在民用卫星应用、卫星发射领域，中国航天科技集团公司、中国航天机电集团公司发挥着主导作用；在交通运输设备、工程机械、民爆和特种化工、光学仪器等领域，中国兵器工业集团公司、中国兵器装备集团公司发挥着重要作用。

由于这些产业的研发基础、生产制造基础都是建立在几十年形成的我国军事工业自力更生的基础之上的，因而这些产业具有完全的发展自主权，完整的产业链条，是我国真正能够在国际舞台上参与竞争的高技术产业。

军事工业不仅成为本行业民品发展的主体，而且有机地与地方经济发展融为一体。2005年以后，军事工业有关产业与地方政府合作建立高技术产业园区成为引人注目的潮流，对于拉动地方经济起到了显著作用，同时加速了军工产业技术成果的转化。逐步形成了核能开发、民用航天、民用飞机、民用船舶等对国民经济有带动作用的高技术产业集聚区。例如，江西省就在南昌、景德镇、九江三个航空产业集中地区，布局"一城二园区"，计划在2015年成为全国直升机、教练机研制生产的核心基地，通用飞机、大飞机主要部件研发生产基地。

第三，军工产品与民用产品的自主创新能力与制造水平均有了很大提高。试验快堆建

[①] 中新社，北京12月30日电"中国2011年国防科技工业工作会议30日在北京举行"。

成并投入运行；新一代运载火箭研制取得重要进展，120吨液氧煤油发动机双机摇摆试车成功；深空探测、重型运载火箭的研制论证工作已经展开；风云三号02星成功发射，与01星实现双星在轨运行；风云四号气象卫星、中法天文观测卫星立项研制。

国家科技重大专项取得重要成果。探月工程嫦娥一号、二号任务圆满成功，嫦娥三号、四号任务顺利推进，探月三期工程和高分辨率对地观测系统全面展开。载人航天、北斗卫星导航系统等重大项目顺利推进。国家重大公共系统工程，已经成为军民一体的服务平台。例如，我国的北斗卫星导航系统，既是民用卫星导航系统的核心，又服务于军事。

我国自主研制的神州载人飞船系列；研制成功的歼10战斗机、支线民航飞机新舟60、ARJ21-700已经进入国际市场，目前正在研制大飞机；我国的核工业已具备了30万千瓦、60万千瓦、100万千瓦核电站自主设计、建造、运行、管理的能力，开发出了核电自主创新品牌，已系统地掌握了30万千瓦、60万千瓦、70万千瓦、90万千瓦、100万千瓦等各系列装机容量的核反应堆的建造关键技术，形成了核电站建设专有技术体系和知识产权，实现了包括以AP1000和EPR为代表的第三代核电机组在内的百万千瓦核电机组自主化建造；已经能够出口集装箱船、成品油船、新型化学品船、液化天然气船（LNG）、全冷式液化石油气船（LPG）、大型超大型油轮（VLCC）等高技术、高附加值船舶。

第四，市场竞争机制开始发挥作用。各大军工集团开始具有市场竞争意识，行为方式也有了很大改变，逐步具有市场主体意识和自我发展能力。有些大军工集团还积极进入海外市场成为跨国经营的企业。2011年4月中旬，中国兵器装备集团宣布成立董事会，这是军工集团首家成立的董事会，标志着各大军工集团建立现代企业制度、完善法人治理结构工作进入新阶段。

第五，军工企业利用社会资源，民营企业进入军工生产领域取得了实质性进展。中国民营企业参与军事工业产品研制、生产，大部分是做核心军工企业的配套生产，分为一级、二级、三级配套。民营企业的产品多数在三级、四级配套的层面。一级配套的产品还是核心的国有军工企业。

以航天工业为例，民营企业参与我国航天产业主要以提供航天器发射的外围产品和基础零配件为主，政府通过招标进行采购。"神6"研制中，仪表、陀螺仪、原材料、低压电器等零配件来自民营企业。技术领先的某些民营企业的通信技术也被采用。

到2009年，中国已有400多家高科技民企获得解放军装备承制单位资格或通过初审，从事装备研发，成为推动武器装备建设的一支力量。据解放军总装备部综合计划部介绍，随着众多民企的加入，目前解放军装备竞争性采购项目已占全部采购项目的25%。民企参与竞争的范围，也逐渐由元器件、零部件向整机、主机扩展，由生产阶段向科研、维修保障阶段延伸。引入民企参与竞争，降低了装备费用、在一定程度上推动了军工企业技术进步。

近年来随着《陆军及通用装备型号研制竞争择优实施办法》等制度的出台，民营企业的参与深度在不断提高。民营企业参与装备采购竞争的范围，逐渐由元器件、零部件向整机、主机延伸。杭州一家民营企业，在与多家传统军工企业竞争某红外热像仪研制任务中胜出，凭借技术优势大大缩短了装备研制周期，满足了部队执行多样化军事任务的需求。2004年，陕西一家民企受权为维和部队生产轻型装甲防暴车，创造了民企进入武器装备整装制造的第一。2005年，民营企业"德力西"集团为"神州7号"飞船发射提供了成套设备、电线电缆和高压元件等电器产品。

目前我军装备竞争性采购项目已占全部采购项目的25%。引入民营企业参与竞争，收到了提升装备质量、降低研发费用、推动军工企业技术进步等功效。总装陆军装备科研订购部率先在民营企业中开展的军用方舱、光电观测、军用空调等装备试点采购，为全军装备部门探索了宝贵经验。以军用方舱为例，通过竞争采购型号由438种减少为20种，不仅提高了方舱标准化水平，而且节约了大量科研经费，取得显著的军事效益和经济效益。[①]

第六，在水平不断提高的基础上，军贸取得了较大进展，军民两用高技术出口也进展迅速。例如，2007年7月，我国首次通过整星出口、星箭在轨交付的方式，为尼日利亚发射了"尼日利亚1号"通信卫星。我国与巴基斯坦合作研究的新一代战斗机"枭龙"、自主开发的歼10，已成为国际市场上具有竞争力的产品。我国自主开发的陆战武器，也获得了较大的定单。

随着我国新一代武器装备研制成功，中国武器以优异性能，低廉价格重返国际市场。军贸的推进，既获得了较好的经济效益，军工企业可以在规模经济基础上降低成本，加速发展；又打破了某些国家的封锁，扩大了我国的政治、军事影响，成为显示我国力量的战略手段。

新加坡学者认为："近20年来，中国防务公司生产的装备越来越先进，逐渐引起全球出口市场的注意。它们的产品也比西方军火公司的便宜。不过，最大的好处是北京对支付方式灵活处理，愿意向客户转让技术，而不是仅仅出售武器了事。例如，泰国近来根据2009年从中国获得的技术，开始开发先进的火箭系统。"[②]

军事工业生产的主要民品出口也有明显进展。我国的核电站已经出口巴基斯坦；新舟60飞机，到2009年6月已经交付国外客户29架。我国船舶企业手持定单，已经居于世界第一位。

第七，军事工业产业政策有力地促进了军工企业转变企业机制，建立现代企业制度，利用社会资源，进行股份制改造。政府除了在《关于军工企业股份制改造的指导意见》、《深化国防科技工业投资体制改革的若干意见》、《关于非公有制经济参与国防科技工业建设的指导意见》、《武器装备科研生产许可管理条例》、《军工关键设备设施管理条例》等规章中对军工企业上市做出规定外，证监会也做出了一些规定。例如，随着军工资产的整合加速以及越来越多军工资产证券化，上市公司重组涉及军工产品的案例增多，根据原有规定，承制军品的境内上市公司，应建立军品信息披露审查制度，披露信息中涉及军品秘密的，可持国防科工局安全保密部门出具的证明，向证监部门和交易所提出信息披露豁免申请。为了规范军工企业涉密军品信息豁免披露行为，新规明确，上市公司拟收购、重组军工企业、军品业务及相关资产的，交易方案应当经国防科工局批准；上市公司资产重组和股份权益变动等事项，信息披露义务人认为信息披露涉及军品秘密需要豁免披露的，应当经国防科工局批准。[③]

---

① 环球网，2012年2月2日。
② 新加坡拉惹勒南国际研究院：《评论》，2010年8月18日，转载自《环球时报》，2010年8月23日。
③ 新浪网，2010年8月6日。

21世纪初，军事工业各个行业都有企业上市。有些军工大集团还实现了整体上市。有些上市公司中，军品生产占有相当的比重。军工企业的股份制改造步伐大大加速。以中国航空工业总公司为例，到2009年其旗下在上海、深圳、香港股票交易所上市的公司已经达到22家，其中有些公司是从事核心业务的企业。

第八，军事工业开放程度迅速提高。军事工业各产业不仅尽可能地引进了国际先进水平的技术、装备（包括军品和民品），建立了合资企业，还积极参与了有关产业的国际分工。例如，我国航空工业就承接了美国、英国等国家飞机制造公司的航空零部件外包，包括机头、机翼、机身、仓门、发动机部件等产品的生产。

当然，军事工业产业政策在制定与执行中，也存在某些问题。

首先，军事工业产业政策中，民用部分的产业政策与军品部分产业政策衔接不够紧密，仍然存在着军民产业政策分离的状况。军品研制仍然相对隔绝。军民通用、系列化产品平台的打造，依然推进缓慢。军用技术的转移，仍然缺乏有效途径和有效政策。

其次，在军事工业产业政策中，对于经济政策手段的运用，仍然不够熟练，对于行政手段依赖较大。

再次，制定军事工业产业政策时，眼界不够广阔，对于区域化、全球化及我国区域、全球国家发展战略、安全战略带来的挑战与机遇深入思考不够，缺乏从政治经济学角度去综合思考军事工业在区域、全球的开放与展开。

最后，对于我国军事工业中最核心部分——科研生产联合体的改革，仍然缺乏明确的政策。军用及军民两用技术向民用转移的途径仍然不够通畅，速度仍然比较缓慢；机制仍然有待健全。促进军工科研成果转化的相关政策也有待进一步改进。

六、军事工业产业政策的制定过程

21世纪初，军事工业产业政策制定与20世纪80~90年代的最大不同是：原来军事工业各个政府专业管理部门取消，政府综合管理部门（包括国防科工委、国家发展与改革委员会、国资委、工业和信息化部等）对军事工业产业政策制定起着重要作用。当然，军方意见（解放军总装备部等）在军品发展政策制定上，尤其在产业技术政策上具有举足轻重的作用。

随着国防科学技术委员会并入工业和信息化部，成为其下属但相对独立的部门，工业和信息化部对军工产业政策的发言权增大，军工产业政策与一般民用产业政策的一体化增强了。例如，全球金融危机时出台的十大产业振兴规划，就是在军民一体基础上制定的。

军事工业产业政策制定与一般民用产业相比，带有更加浓厚的自上而下，行政指导的色彩。其中军品领域的产业政策更是如此。

民品领域的产业政策制定相对比较开放。有些民品领域的产业政策本身就是以政府其他部门为主制定的。例如，发展核电的政策，主要制定者是国家发展与改革委员会、国家能源局。因此，这些领域的产业政策制定，行业协会、大军工集团、一般企业意见会得到比较充分的表达。在军工产业技术转移、军民两用技术产业化、建设产业化园区等方面，大集团与地方政府发挥着更大的作用。

涉及军工核心部分的大项目、大工程有关政策的制定，则主要由政府部门、军方组织专家进行技术性的论证。尽管也会涉及利益问题，但主要是从技术的合理性、经济的合理性、满足国家军事战略需要的合理性等方面进行论证。在这些大项目和工程的论证中，权威科学家（主要是科学院和工程院院士）拥有相对较大的话语权。

七、21世纪初中国军事工业产业政策的走向

第一，军事工业产业政策将逐步实现军品与民品产业政策的一体化。目前，各个军工产业已成为军民融合的战略性高技术产业，军民产品在技术标准、技术平台、核心技术、配套零部件等方面将逐步形成系列化、通用化的共同技术基础、产业基础，这也是世界军事工业发展的大趋势。美国商务部和国防部确定的关键技术清单上，有80%的技术是类似的。在此基础上，进一步打破军事工业与民用产业的政策区隔，不仅在发展上是必要的，在实际生产力、科学技术基础方面也具有了条件。在统一的发展战略指导下发展，统一制定相关产业政策是大势所趋。政府政策应当围绕军民融合，显著提高军民资源开放程度，不断扩大军民融合的产业规模和空间。

随着政府对产业发展、干预越来越少，政府对军事工业产业政策的制定也将逐步集中于核心技术、基础科学的研究，关键产品、关键零部件的开发支持等方面，在这些领域，更是具备制定军民一体产业政策的条件。

随着"北斗"等大型公共服务系统平台的推广使用，政府将日益从军民融合的角度，制定促进这类系统市场化的消费政策。大型平台系统使用的军民融合，不仅有利于产业的良性发展、形成良性循环，而且有利于形成民众支持产业发展的共识。

第二，在原来各个军工产业中，民品将越来越占有重要地位。因此，产业政策将带有越来越多的民用产业的色彩，将不得不越来越建立在发挥市场机制基础作用的基础上。产业政策手段选择也将越来越减少行政手段的运用，多考虑以经济手段来达到目标。

第三，尽管军事工业已经成为军民融合的战略性高技术产业，产业政策手段选择也将多考虑以经济手段来达到目标，但是在一定程度上保持相当的行政干预，甚至指令性计划干预，仍然是军事工业产业政策的特点。当然，要充分考虑行政干预的形式、手段，考虑指令性计划如何与其他手段巧妙结合。在保证军品科研、生产任务完成方面，尤其要注意这一点。

第四，大军工集团内部管理机制的转换、大科研生产综合体内部管理机制的转换仍然是军事工业体制改革的重点，也是制定产业政策的一个重点。

第五，如何从国家安全战略与军事工业区域性、全球性扩展结合的角度，从更高的战略层面考虑军事工业的对外开放、对外军贸是值得充分思考的战略性问题。要看到随着技术进步，即便是过去认为技术含量比较低的陆军兵器，也在逐步演变为高技术武器，并且

各武器系统间网络连接与利用,已经成为武器发挥作用的不可缺少的条件,这也使得所有武器系统都向高技术方向发展。武器系统及单个武器单元的研发成本迅速增加,使武器开发合作成为21世纪初全球军工产业的特点。美国、俄罗斯、英国、法国、日本这样的传统武器强国,也不得不开展国际合作。由于军事工业高投入、高风险、高度依赖政府武器装备定货、高度依赖广阔市场,以实现规模经济和范围经济等特点,世界上已经形成了区域性、全球性的武器研制分工集成体系和武器装备使用、维修体系。美国与欧洲、日本在国家导弹防御体系、战区导弹防御体系方面都实行分工合作。俄罗斯与印度在飞机、导弹等重要武器研制上也开展了合作。我国虽然是具有独立的武器研制体系和足够广阔的国内武器市场的国家,也要从战略高度考虑,如何在武器研制、生产和销售中利用区域和全球武器研制体系和市场体系,来提高我国军事工业效率与水平,降低成本,实现我国的政治、经济与安全战略目标。

在军工产业开展国际合作方面,要看到由于地缘战略、政治制度等方面的原因,我国处于不利地位。能够与我国合作的国家比较少,愿意与我国合作的国家又往往技术水平低。这就需要我国军工产业有深谋远虑的对外合作计划与政策。

具体地说,就是要考虑在不影响自主研制核心军品的情况下,如何利用国际资源,分工合作,研制武器装备,逐步构成以我为主的区域、全球武器研制和使用体系,形成相对稳定的中国武器市场。例如,中国通过与巴基斯坦合作,成功研发枭龙战机(JF-17),不仅为巴基斯坦提供了第三代战机,而且开辟了中外合作研究尖端武器的途径,使中国的军工研发体系,在国际范围内得到了延伸,提升了中国的政治军事影响力。同时,枭龙战机还可以出口其他国家(据《巴基斯坦防务》网站报道,巴基斯坦正在全力向伊斯兰国家推销枭龙战机),并且装备中国空军,为中国军工产业探索、适应国际市场,根据国际市场进行研发,摸索了经验,也降低了中国尖端武器的研制成本。

例如,东盟国家希望减少对西方防务技术的依赖,促进本国工业基础的发展。2010年早些时候,马来西亚国防部长艾哈迈德·扎希德·哈米迪就呼吁东盟国家在本地区内分享和提升防务技术,减少对西方技术的依赖。① 我国在防务技术转让问题上做法灵活,合乎东盟成员国的期望,特别是一些希望改善防务工业基础,但又不太富裕、国家预算紧张的国家。我国可以随着东盟-中国自由贸易协定生效,中国与东盟之间包括军火在内的产品关税降低,向东盟国家提供更便宜的军工产品,促进中国军事装备区域性使用体系的形成。

我国还可以与俄罗斯加强军工产品研制的合作,通过适当订购产品,合作研究,利用俄罗斯军工体系的长处,加速发展我国的军工产品。在与俄罗斯及其他东欧国家的合作中,要以更加广阔的胸怀与之打交道。例如,在引进技术的同时,要给予必要的利润空间,要更加深入地与有关大学、研究所合作,在相关科研成果处于科研阶段就予以关注,引进人才。

第六,要保持国家财政对于战略性核心技术、核心装备、核心零部件、原材料研制的支持力度。对这些领域的研制活动,要给予税收方面的优惠。

第七,要继续扩大军事工业、军工企业的对外开放,大力引进技术、人才。政府要支

---

① 《环球时报》,2010年8月23日。

持有关企业进行海外购并。

第八,要扩大引入竞争机制的领域,完善军品采购制度,逐步放宽军品市场准入。加速推动民营企业进入军工生产研制领域,推进军工企业所有制结构的改革。

第九,在军品研制领域要鼓励创新、鼓励发明,发挥企业和科技人员的积极性,在军事战略引领武器装备研制的同时,以创造发明推动新军事战略构想和作战方式的出现,实现创造发明与军事战略的双向互动,促进以非对称武器装备应对霸权国家武力威胁。

第十,要继续探索军品定价机制的改革;继续深化军贸体制与机制的改革。在军贸领域研究如何适度引入竞争机制,使生产企业及时获得市场信息和更大的利润。

第十一,要注重对从军工产业中萌生出来的战略性新兴产业的扶植。例如,我国卫星导航产业进入高速发展时期,预计 2015 年产值将超过 2250 亿元,成为国民经济重要的新增长点。全球卫星导航系统是国家重大空间和信息化基础设施,也是综合国力的重要标志。由于其广泛的产业关联度和与通信产业的融合度,将成为继移动通信和互联网之后的全球第三个发展得最快的电子信息产业新的增长点。目前,我国涉足卫星导航应用与服务产业的厂商与机构超过 5000 家,2010 年产值超过 500 亿元。我国北斗一号终端持有量已达 8 万余套,活动用户数 3 万余个。[①] 如何加速卫星导航产业发展值得认真研究,并且制定有关产业政策。

[①] 徐德明:《中国地理信息产业发展报告(2011)》(2011 年测绘地理信息蓝皮书),社会科学文献出版社,2011 年版。

第十二章 21世纪初的中国汽车工业产业政策

进入21世纪后,中国汽车工业深化改革,加大对外开放的力度,规模迅速扩张。2009年中国汽车工业产销量均居于世界第一位。中国汽车工业由受到政府比较严格规制的产业,变成以市场竞争机制为基础的产业;由以国有企业为主体的产业,变成国有、合资、民营企业相互竞争的产业;由长期进口大于出口的产业,成为出口高速增长的产业。因此,进入21世纪,中国汽车工业发展的战略方向,战略重点都发生了巨大变化。与此相适应,中国政府的汽车工业产业政策也发生了极大变化。本章从中国汽车工业10年来产业政策变化的背景;产业政策的重点指向;产业政策的效果;产业政策存在的问题等方面,对21世纪初中国汽车工业产业政策进行研究,并对今后中国汽车工业产业政策演化趋势进行展望。

一、20世纪80~90年代汽车工业产业政策的扼要回顾

1. 20世纪80年代的中国汽车工业产业政策

1978~1990年是中国汽车工业在计划经济体制内逐步推进改革开放的阶段。这一阶段中国汽车工业产业政策的重点如下:

(1)改革计划经济体制下以行政管理方式为主的汽车工业管理体制与管理方式。新中国成立以来,中国汽车工业的政府管理体制是在第一机械工业部内设有汽车工业局。改革开放后,作为用经济组织、经济机制管理工业的试点,1982年成立了中国汽车工业公司。中国汽车工业公司成立时明确了七项改革任务:改革经济管理体制,结束单纯用行政管理办法管理企业的历史;改革企业结构,结束汽车工业分散、重复、"小而全"小生产的历史;改革组织生产方式,结束单一生产的历史;改革不利于产品发展的制度,结束汽车生产几十年一贯制的历史;改革企业内部管理制度,结束企业只抓生产和工艺,不重视产品开发和销售服务的历史;改革汽车产品结构,结束汽车工业缺重型车,少轻型车和轿车,缺农用车,少专用车的历史;改革交通运输结构,结束汽车运输在交通运输中比例不适应的历史。[①] 今天看来,这些改革任务正确地勾勒出了汽车工业改革开放的大方向。

---

① 《光辉的成就》(上册),人民出版社,1984年版,第690页。

(2) 搞活国有企业，转变国有企业内部机制。20世纪80年代，汽车工业管理体制改革是逐步向企业放权的过程。首先，在中国汽车工业公司范围内推动产供销一体化的管理方式，改变了企业只抓生产工艺，不重视产品开发和销售服务的状况。其次，大力推动企业技术改造，在技术引进的同时，第一汽车制造厂、第二汽车制造厂、南京汽车制造厂、济南汽车制造厂等主要汽车企业，依靠自己力量对产品进行了升级换代。升级换代产品基本上达到国际汽车工业20世纪70年代末、80年代初的水平。[①]再次，通过对企业逐步放权，中国汽车工业公司对下属企业实行利润递增包干、在国家计划单列、贯彻责权利相结合的经济责任制等改革措施，使企业逐步具有了自主经营的机制与动力。最后，改革是在计划经济体制内进行的，在政府和企业间划分权力、利益、职责的范围，逐步扩大了企业自主发展的空间。

尽管中国汽车工业公司对企业管理进行了若干改革，但是，随着中国改革开放进程的深化，中国汽车工业公司既是大企业又是政府管理部门，一身二任的矛盾，成为改革进程中的重大问题。作为政府管理机构，中国汽车工业公司管理方式仍带有明显的行政色彩，难以真正搞活下属企业。

由于宏观环境仍是计划体制为主，中国汽车工业公司推进的一些改革也举步维艰。例如，中国汽车工业公司曾把北京、天津、河北的汽车工业企业联合成一个大企业（京津冀汽车工业联营公司），试图在此基础上按照专业化分工，形成主导华北地区的大汽车企业。但是，由于行政条块分割，最后京津冀汽车联营公司不得不解散。

在中国汽车工业公司运行框架内发展，汽车工业大企业仍觉得生产经营受到束缚过大。根据中央领导指示，中国汽车工业公司对一汽、二汽两大集团大幅放权，使之在国家计划中单独立户。1987年，国家确定东风、解放和重型3个汽车工业联营公司实行国有资产授权经营试点，进一步实施现代企业管理制度改革。

(3) 计划控制下对外开放。1984年10月成立的上海大众汽车有限公司和1985年1月成立的北京吉普汽车有限公司是我国工业领域成立最早、规模最大的合资企业。这两家合资公司的组建给中国汽车工业带来了先进制造技术、先进生产管理方式、现代汽车工业发展理念；为汽车工业全面开放培养了人才；为后来合资企业的建立，积累了经验；为中国汽车工业全面与国际汽车工业接轨摸索了经验；解决了计划体制下汽车工业发展的资金"瓶颈"。

在计划控制下引进技术。1983年10月，中国汽车工业公司董事长饶斌在《关于汽车行业实行技贸结合试点的报告》中提到："批量进口汽车必须贯彻技贸结合、进出口结合，走引进技术、合作设计、合作生产的道路。"国务院领导对此批示："应把技贸结合、进出结合作为体制改革的一项重要内容，可以考虑以冶金、汽车行业作为突破口，先行试点，探索经验，逐步推广。"[②]

在技贸结合政策的指导下，中国汽车工业公司统一对外谈判，共引进技术170余项。引进技术基本涵盖了汽车工业主要领域。这是20世纪50年代全面引进前苏联汽车技术之

---

① 《光辉的成就》（上册），人民出版社，1984年版，第690页。
② 中国汽车工业公司：《中国汽车工业公司文件汇编》，1988年版。

后，又一次全面引进，为我国汽车工业在全面开放环境中自主发展，奠定了基础。

值得特别提出的是，中国汽车工业政府管理部门与企业在20世纪80年代初，邀请发达国家专家来华进行汽车工业发展战略、政策及技术发展的咨询。例如，中国汽车工业总公司曾邀请美国福特汽车公司前总裁麦克唐纳、苏联汽车工业部长波里亚科夫等专家就中国汽车工业发展战略进行咨询。这些研究使政府管理部门及企业深入认识了世界汽车工业发展的规律，对制定中国汽车工业产业政策起了一定作用。

（4）提高汽车工业在国民经济和国家发展战略中的地位，按照市场需求组织生产。经过政府有关部门、研究单位反复论证，中央接受了把汽车工业作为支柱产业发展的建议。1985年9月，在《中共中央关于制定国民经济和社会发展第七个五年计划的建议》中提出："根据加快交通运输建设的要求，要把汽车制造业作为重要的支柱产业，争取有一个较大的发展，同时发展机车、船舶、飞机制造业"。

汽车产品的生产与销售，逐步走上了以市场需求为主要目标的道路。汽车产品生产不再是单纯为了满足国家计划定货，而是为了满足社会多方面的需要。

2. 20世纪90年代汽车工业产业政策

（1）彻底实现政企分开，政府机构逐步不再干预企业生产经营。1987年6月，国务院批准成立中国汽车工业联合会，撤销中国汽车工业公司，中国汽车工业联合会肩负着政府授权行业管理（联合会内设汽车工业办公室）、企业实体和中介民间社团的三个职能，是首次把政府管理机构变为行业协会的试点。中国汽车工业联合会作为社会中介团体，行使行业管理职能与计划经济体制难以适应，后来又改为中国汽车工业总公司（实际代表政府从事行业管理）。20世纪90年代初，汽车工业管理体制进一步改革。政府行业管理职能集中于机械工业部汽车司（见图12-1）。中国汽车工业总公司成为企业，最终因经营混乱于2003年解散。

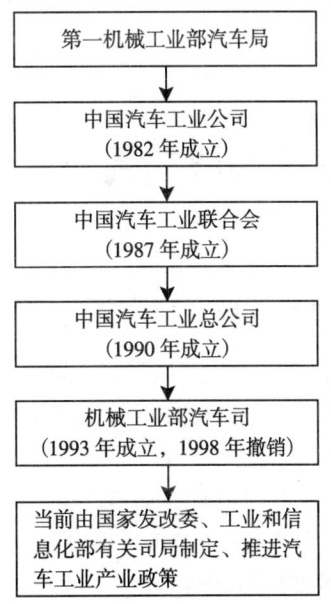

图12-1 中国汽车工业政府管理体制演变

机械工业部汽车司在1998年撤销后，汽车工业行业管理主要由国家经贸委、国家计委有关机构负责。国家经贸委撤销后，汽车工业行业管理主要由国家发改委和工业和信息化部有关机构负责。中国汽车工业协会在政府支持下从事行业的协调、组织工作。中国汽车工业协会、中国汽车工程学会等行业中介组织开始发挥更大作用。

（2）汽车工业产业政策正式出台。1994年7月，《汽车工业产业政策》颁布实施，这是中国汽车工业的第一部产业政策，也是中国工业领域政府出台的第一部产业政策。汽车工业产业政策系统阐明了政策目标和发展重点、产品认证和产业组织、产业技术、投资融资、利用外资、进口管理、出口管理、国产化、消费与价格、相关工业和社会保障等各项政策，以及产业规划与项目管理。

20世纪90年代初，政府基本上退出了企业日常经营管理领域，投资领域企业也有了较大自主权。但是，政府对企业项目立项，引进外资保留了很强的干预权力。具体体现于通过汽车工业产业政策进行管理。

（3）轿车工业成为发展重点。1989年3月，国务院发布《产业政策要点》，把已批准的轿车项目列为国家重点支持项目。进入20世纪90年代，轿车发展正式成为中国汽车工业发展重点。政府在投资、规划、技术引进等方面予以重点关注。在此期间，政府加大了对主要汽车企业轿车项目的投入，使汽车工业生产能力和主要汽车企业的规模以较快速度扩大，为加入WTO后迎接外资企业大规模进入的挑战奠定了基础。

（4）为加入WTO做好准备。加入WTO，使中国汽车工业面临着严峻挑战。为此中国汽车工业对加入WTO后可能遇到的问题进行深入研究，对中国汽车工业各个领域的国际竞争进行了深入分析，提出了若干对策。同时对原有政策法规进行了调整，产业准入有所放松。例如，逐步开放了生产轿车的准入限制。

20世纪90年代汽车工业的产业政策与80年代相比，虽然带有明显的向市场经济过度的色彩，计划经济色彩明显下降，但仍然以政府对投资、合资、技术改造、产品发展等方面较多的行政干预、规制为特色。

二、21世纪初的汽车工业产业政策

1. 加入WTO谈判中对汽车工业产业政策的修订

中国政府在加入WTO前的谈判中，在汽车工业及相关领域做出了以下承诺：

（1）下调关税税率。高关税一直是中国政府保护汽车工业发展的主要手段之一。根据中国政府与世界贸易组织成员谈判达成的协议，小轿车、小客车（9座）、四轮越野车的关税税率，自加入之日的约束税率将下调至61.7%~51.9%，最终约束税率（到2006年7月1日）为25%。货车（不超过5吨至8吨以上）自加入之日的约束税率将下调至40%~26%，最终约束税率（到2006年7月1日）为25%~15%。10座以上到30座以上的大中型客车自加入之日的约束税率将下调至55%~41.7%，最终约束税率（到2006年7月1日）为

25%。① 各种专用车自加入之日的约束税率将下调至 19.8%~3%，最终约束税率（某些重要产品到 2002 年、2003 年）为 15%~9%。②

装有发动机的汽车底盘的关税税率，自加入之日的约束税率将下调至 40%~8%，最终约束税率（根据不同产品分别在 2002、2004、2005、2006 年实施）为 20%~10%。③

汽车车身（包括驾驶室）的关税税率自加入之日的约束税率将下调至 46%~34%，最终约束税率（到 2006 年 7 月 1 日）为 10%。

各类汽车零部件的关税税率自加入之日的约束税率将下调至 35.7%~6%，主要汽车零部件最终约束税率（到从 2002 年到 2006 年 7 月 1 日逐步实施）为 25%~10%。④

汽车发动机的关税税率自加入之日的约束税率将下调至 31%~18%，最终约束税率（到从 2004 年到 2006 年 7 月 1 日逐步实施）为 10%。⑤

总体上说，汽车以及汽车零部件的关税到 2006 年 7 月 1 日分别降至 25% 和 10% 的平均水平。

（2）逐步取消保护汽车工业的非关税壁垒。中国承诺按照 WTO 有关规定，将对 400 多项产品实施的非关税壁垒（配额、许可证、机电产品特点招标）在 2005 年 1 月 1 日之前取消，并承诺今后不再实施任何新的非关税措施。汽车产品到 2005 年 1 月 1 日自然也丧失了政府通过配额予以的保护。对汽车关键零部件的非关税保护最迟于 2003 年取消。过渡期间，中国政府对汽车进口实行配额管理，初始配额为 60 亿美元，配额年递增为 15%。

（3）改变对外资汽车企业的管理规则。中国政府将实施《与贸易有关的投资措施协定》取消贸易和外汇平衡要求，当地含量要求，技术转让要求等与贸易有关的投资措施。中国政府承诺在法律、法规和部门规章中不再强制规定出口实绩要求和技术转让要求，而由投资双方通过谈判议定。⑥ 取消了对进口技术的汽车以及关键零部件的国产化优惠税率。在汽车发动机制造领域，自中国加入之日起，取消了对合资企业外资股份不得超过 50% 的限制。只需要在省一级政府批准的外国汽车制造商投资企业的投资比例限额（目前为 3000 万美元），自加入后 1 年起陆续提高，到加入后 4 年提高到 1.5 亿美元。加入后两年，中国政府取消对汽车生产者在车型生产方面的限制。外国股东可以更加自由地选择合作伙伴。中国政府承诺，政府采购将更加公开、公平、公正、透明，按照最惠国待遇的原则，向所有外国供应商提供参与采购的平等机会。

（4）产品管理制度、规则更加透明、统一。中国政府承诺，实施"统一适用国产和进口汽车和零部件的法律、法规和标准。制定、公布和实施法律、法规、标准和实施条例。以建立透明的体制，所有法律和法规将据此得以实施，从而给予进口产品不低于国产同类产品的待遇"。⑦

---

① 在《中国加入议定书》（第 152 减让表——中华人民共和国）所列税号 87041090-87049000。
② 在《中国加入议定书》（第 152 减让表——中华人民共和国）所列税号 87051021-87059090。
③ 在《中国加入议定书》（第 152 减让表——中华人民共和国）所列税号 87060010-87060090。
④ 在《中国加入议定书》（第 152 减让表——中华人民共和国）所列税号 87081000-87089990。
⑤ 在《中国加入议定书》（第 152 减让表——中华人民共和国）所列税号 84073100-84079090。
⑥《关于中国加入 WTO 组织法律文件的说明》。
⑦《中国加入工作组报告书》第 195 条。

(5) 对知识产权的保护更加严格。中国政府对外国国民和企业的知识产权保护，做出了全面的承诺（包括版权、商标权、工业设计、专利等方面），并表示将进一步在知识产权保护方面向国际标准靠拢。

(6) 较大幅度地开放汽车服务业。允许外商从事有关的市场调查，有关调查只需报省一级统计机构备案；允许外资非银行金融机构提供汽车信贷；允许外国保险公司开展汽车第三者保险、公共汽车和其他商业运载工具驾驶员和运营者责任险的业务。"加入后3年内取消对外资参与佣金代理及批发服务（盐及烟草除外）和零售服务（烟草除外）的地域、股权数量限制，取消对外资参与特许经营的所有限制；加入后5年内取消对外资参与分销领域的所有限制。"①

2. 为应对全球金融危机推出《汽车产业调整和振兴规划》

受到全球金融危机影响，中国汽车工业增长在2008年出现了大幅度下滑，2008年中国汽车工业产销同比增长幅度分别为5.2%和6.7%，是进入21世纪以来出现的最低增长加速。全行业工业增长加值、利润总额出现负增长。汽车工业增长缓慢，也对钢铁、橡胶、化工等相关产业产生了负面影响。在这种情况下，中央政府审时度势，在2009年首先推出了《汽车产业调整和振兴规划》，把振兴汽车工业摆到了在扩大内需，摆脱危机进程中，起带头作用的战略地位。在《汽车产业调整和振兴规划》的支持下，中国汽车工业很快扭转了下滑趋势，形成了又一个发展高峰。

(1)《汽车产业调整和振兴规划》的主要目标。作为中央政府应对全球金融危机首个推出的产业调整与振兴政策，《汽车产业调整和振兴规划》的主要目标如下：

第一，抑制汽车工业下滑，通过进一步开拓汽车市场，推动汽车工业以较高速度发展（2009年汽车产销量力争超过1000万辆，三年平均增长率达到10%），进而带动国民经济相关产业的发展，推动国民消费，保证国民经济增长8%目标的实现。

第二，汽车消费环境明显改善。建立完整的汽车消费政策法规框架体系、科学合理的汽车税费制度、现代化的汽车服务体系和智能交通管理系统，建立电动汽车基础设施配套体系，为汽车市场稳定发展提供保障。

第三，推动汽车产品结构调整，进一步提高小排量轿车在消费结构中的比重，使市场需求结构得到优化。1.5升以下排量乘用车市场份额达到40%以上，其中1.0升以下小排量车市场份额达到15%以上。重型货车占载货车的比例达到25%以上。

第四，推动汽车工业产业组织结构加速调整，加速汽车企业兼并重组。通过兼并重组，形成2~3家产销规模超过200万辆的大型汽车企业集团，4~5家产销规模超过100万辆的汽车企业集团，产销规模占市场份额90%以上的汽车企业集团由目前的14家减少到10家以内。

第五，加速自主品牌发展，扩大自主品牌汽车市场比例。自主品牌乘用车国内市场份额超过40%，其中轿车超过30%。自主品牌汽车出口占产销量的比例接近10%。

第六，加速新能源汽车的产业化，电动汽车产销形成规模。改造现有生产能力，形成

---

① 《有关中国加入世界贸易组织法律文件的说明》。

50万辆纯电动、充电式混合动力和普通型混合动力等新能源汽车产能，新能源汽车销量占乘用车销售总量的5%左右。主要乘用车生产企业应具有通过认证的新能源汽车产品。

第七，推动自主创新能力形成，大幅提高整车研发水平。自主研发整车产品尤其是小排量轿车的节能、环保和安全指标力争达到国际先进水平。主要轿车产品满足发达国家法规要求，重型货车、大型客车的安全性和舒适性接近国际水平，新能源汽车整体技术达到国际先进水平。

（2）《汽车产业调整和振兴规划》实施的效果。

第一，抑制汽车工业下滑，通过进一步开拓汽车市场，推动汽车工业以较高速度发展，进而带动国民经济相关产业的发展的战略目标得到很好的实现。汽车工业的产销量已居于世界第一，汽车工业增长幅度大大超过了政府的预定目标。

汽车工业快速发展对国民经济发展起到了重要拉动作用。汽车工业拉动的社会消费总额达到10000亿元，对消费增长的贡献度为15.5%。汽车工业直接、间接实现的就业人数为3800万人。

第二，通过《汽车产业调整和振兴规划》及一系列相关政策（如燃油税的推出）对汽车产品消费结构进行的调整收到了明显效果。乘用车销售比重达到76%，比2008年提高4个百分点。乘用车中，低排量的汽车品种市场份额提升很快。1.6升以下的小排量轿车增长明显快于中高档轿车的增长。在所有政策中，1.6升及以下乘用车购置税减半政策对汽车产销增长影响的力度最大，2009年该类车型销售为719.55万辆，同比增长71%，销售增长贡献度70%。这部分轿车主要由私人购买。

第三，自主创新能力加速形成。目前，中国汽车企业已经进入了正向开发阶段，开发的车型也由低端转向中高端。作为对中国汽车工业技术能力的肯定，2009年国际汽车工程学会常务理事会上，中国一汽集团技术中心的李俊博士当选为该组织主席。这是中国人首次出任这一国际汽车权威机构的主席。

随着我国成为世界第一的汽车消费市场，汽车新产品在我国汽车市场加速推出。2009年新上市汽车产品创历年新高。上市新品种达221款，比2008年多114款。其中轿车最多，推出175款，比上年多75款。从国别看，自主品牌最多，共推出120款，比上年多83款。

第四，自主品牌车型市场份额迅速扩大。统计显示，2009年我国自主品牌乘用车共销售457.7万辆，占乘用车销售总量的44%，比2008年提高4个百分点。日系、德系、美系、韩系和法系分别销售219.66万辆、145.83万辆、101.78万辆、81.17万辆和27万辆，占乘用车销售总量的21%、14%、10%、8%和3%。[①]自主品牌开发方面，奇瑞有8款为全新品牌。比亚迪和吉利分别有3款全新品牌上市，长城、华晨等企业也推出了一批新车型。

随着东风汽车集团的风神H30上市，国内前4位大汽车企业集团都已推出了自主品牌的产品，并且取得了不俗的市场销售成绩。

第五，产业组织结构调整取得一定进展。2009年在中央政府推动下，汽车企业兼并重组稳步推进，2009年销售量前十名的企业集团共销售汽车达到1189.33万辆，占汽车销售

[①] 新华社，2010年1月11日。

总量的87%，比上年提高4个百分点。年销售量超过百万辆的企业集团有5家，分别是上汽、一汽、东风、长安和北汽，其中上汽销售超过200万辆。5家企业集团2009年销售汽车966.05万辆，占汽车销售总量的71%，比上年提高9个百分点，产业集中度进一步提高。规模较大企业兼并重组有：广汽入股长丰，长安汽车重组中航汽车，吉利收购中誉汽车。

第六，汽车消费市场得到较快扩展。在《汽车产业调整和振兴规划》有关政策推动下，我国汽车市场发生了深远的变化，二、三线城市开始成为汽车企业开拓的重要区域，农村市场有所活跃。根据国家信息中心数据，2009年1~10月二、三线市场的市场增速分别达到41%和51%。二、三线城市的轿车销售同比增长均达到45%以上。据中国汽车工业流通协会统计，受益于汽车下乡政策影响的微型轿车销售量为100万辆。[①] 二、三线城市汽车市场的迅速扩张，农村汽车市场的逐步扩大，将从中长期支持汽车工业稳定发展。

车辆购税减半征收的政策，对扩大汽车消费市场作用明显，虽然减少了部分国家税收，但由于总量增大，全年车购税达到1100亿元，增收100多亿元。

第七，新能源汽车产业化得到了有力推动。在《汽车产业调整和振兴规划》中推动电动汽车有关政策刺激下，电动汽车产业化明显加速。国内现有34家企业的91个整车产品实现了小批量的生产能力，在局部区域开始商业化示范运营，累计投入运营车辆超过500辆，运营里程超过1500万公里。但是，只有比亚迪等少数企业推出了量产车型。[②] 2010年北京将新增1500辆电动汽车，其中纯电动公交车新增200辆，其他电动车将服务于环卫部门。

新能源汽车基础设施建设开始起步。国家电网已经开始在27个城市建设电动汽车充电站。已经在北京、天津和西安建设电动车充电站试点，并且计划到2010年底在27个城市建设75座电动汽车充电站和6029个充电桩试点。[③]

(3)《汽车产业调整和振兴规划》实施中存在的问题。2009年底，中央经济工作会议上已经及时明确了《汽车产业调整和振兴规划》中有关小排量轿车继续实行减征购置税的优惠政策；加大了对汽车下乡和以旧换新政策的实施力度，这对稳定2010年汽车市场的预期起到了很好的作用。但是，《汽车产业调整和振兴规划》在实施中，仍然需要在以下几方面增加执行力度。

由于汽车市场迅速恢复，市场压力减少，企业兼并重组、产业组织结构调整的效果并不明显。已经实现的兼并重组，并未使中国汽车工业的产业组织结构发生明显变化，兼并后的效果也有待观察。某些地方政府借推行《汽车产业调整和振兴规划》之机，保护本地区汽车企业；由于某些汽车产品出现了供不应求的状况，新一轮扩大产能热正在出现。2010年，政府有关部门仍将大力推动企业兼并重组，但在汽车市场仍然可能保持10%~15%增长速度的情况下，政策效果仍有待观察。

在电动车领域，许多地方、企业热衷于上整车项目，对于电动车的关键零部件及公共基础设施研究开发不够，投入不足，协调不够。在电动车的关键零部件及公共基础设施产

---

① 《新京报》，2010年1月25日。
② 《汽车产经新闻》，2009年第36期。
③ 《新京报》，2010年1月2日。

业化方面更是落后于整车。

由于国家尚未正式推出对于购买新能源轿车的补贴政策,因此,在油价 70~80 美元/桶的情况下,新能源汽车进入市场仍然存在着很大市场障碍。

对于支持自主创新能力和自主品牌的有关优惠政策,仍然需要进一步落实和细化。

汽车零部件体系的水平提高与自主开发能力形成,未见明显改善。在金融危机驱动下,加速了外国汽车零部件企业进入中国的步伐。从整体上看,中国自主开发的汽车零部件企业仍然生存困难。

三、2000~2010 年中国汽车工业产业政策总体绩效评价

1. 汽车产销均居世界第一位

2009 年中国汽车工业产销总量分别达到 1379.1 万辆和 1364.48 万辆,同比增长 48.30% 和 46.15%(见表 12-1)。其中乘用车产销分别为 1038.38 万辆和 1033.13 万辆,同比增长 54.11% 和 52.93%;商用车产销分别为 340.72 万辆和 331.35 万辆,同比增长 33.02% 和 28.39%。[①] 中国汽车工业产销量均已居于世界第一位,这是中国汽车工业诞生以来的伟大突破,中国汽车工业几代人的梦想终于变成现实。据日本汽车工业协会统计,2009 年,日本国内汽车产量为 793 万辆,而美国为 570 万辆。中国的汽车产量超过了日本和美国的总和。[②] 自 2006 年以来,由日本汽车工业保持的世界产量第一的位置,在 2009 年被中国取代(见表 12-2)。

2009 年轿车销量较 2008 年净增 242.62 万辆,对当年汽车销量增长的贡献度为 56.31%。2009 年销量前 10 名的轿车车型依次为:F3、凯越、悦动、捷达、桑塔纳、雅阁、伊兰特、QQ、卡罗拉和凯美瑞。2009 年,上述 10 种车型共销售 203.26 万辆,占轿车销售

表 12-1 中国汽车总产量(2000~2009 年)

单位:万辆

年 份	汽车总产量	轿车产量
2000	206.81	60.74
2002	325.36	109.27
2004	507.05	231.63
2006	727.97	386.95
2007	888.24	472.66
2008	934.51	504.69
2009	1379.10	761.24

资料来源:《中国汽车工业协会统计资料》、《中国汽车工业年鉴》。

---

① 中国汽车工业协会,2010 年初发表的统计数据。
② 日本共同社网站,2010 年 1 月 16 日。

表12-2 世界主要汽车生产国排序变化（2000~2009年）

年份	2000	2001	2002	2003	2004	2005	2006	2007	2008	2009
1	美国	美国	美国	美国	美国	美国	日本	日本	日本	中国
2	日本	日本	日本	日本	日本	日本	美国	美国	中国	日本
3	德国	德国	德国	德国	德国	德国	中国	中国	美国	美国
4	法国	法国	法国	中国	中国	中国	德国	德国	德国	德国
5	韩国	韩国	中国	法国	法国	韩国	韩国	韩国	韩国	韩国
6	西班牙	西班牙	韩国	韩国	韩国	法国	法国	法国	巴西	巴西
7	加拿大	加拿大	西班牙	西班牙	西班牙	西班牙	西班牙	巴西	法国	法国
8	中国	中国	加拿大	加拿大	加拿大	加拿大	巴西	西班牙	西班牙	西班牙

资料来源：笔者根据世界汽车制造商协会数据及资料整理而得。

总销量的27%。

商用车中载货汽车的增长，在国家基础设施建设拉动下，逐步恢复增长。中国轻型卡车年产量已占世界轻卡总产量的55%以上，中国一汽与美国通用汽车合资的一汽通用轻型商用汽车有限公司于2009年8月成立，涵盖轻卡等产品，在俄罗斯、乌克兰、墨西哥、越南都有组装厂，现已出口东南亚、美洲、中东等20多个国家和地区。此次双方联手推出的系列轻卡标志着解放系列轻卡已跻身于中高端物流轻卡的行列。

2. 主要汽车企业规模扩大，产业集中度提高

截至2009年底，我国年销量超过百万辆的企业集团达到5家，比2008年增加两家。分别是上汽、一汽、东风、长安和北汽，五家企业集团2009年销售汽车966.05万辆，占国产汽车销售总量的71%，比2008年提高9个百分点。[①] 前3家的汽车产量总和已经超过德国。

内资汽车企业中，奇瑞、比亚迪销量最大。特别是比亚迪，在2009年销量增幅高达160%。合资汽车企业中，北京现代表现突出，全年销量达到570310辆，同比增长率达143%。

3. 行业经营状况明显好转，重点企业利税、利润总额增长显著

与2008年相比，2009年中国汽车工业全行业的生产经营状况明显改善，重点汽车企业利税、利润总额显著增加。

2009年汽车工业重点企业累计完成工业增加值3076.53亿元，同比增长36.34%，由2008年的负增长转变为正增长，高于全国规模以上工业企业增加值增速水平（11%）25.34个百分点。累计完成工业总产值13946.99亿元，同比增长31.01%。产销衔接良好，产成品库存资金同比下降，产销率达到99.07%。

2009年汽车工业重点企业累计完成工业销售产值13817.24亿元，同比增长29.83%。累计实现利润总额1172.83亿元，同比增长68.34%，由2008年的负增长转为正增长。累计

---

① 中国汽车工业协会2010年数据。

实现利税总额 2240.94 亿元，同比增长 68.34%，由 2008 年的负增长转为正增长。其中营业税金及附加 454.36 亿元，同比增长 32.65%；应交增值税 613.74 亿元，同比增长 77.92%。[①]

4. 汽车出口持续大幅度增加

进入 21 世纪以来，中国汽车工业出口持续大幅度增长，实现了汽车出口数量大于汽车进口数量的历史性转折。2004 年以后，多数年份汽车出口总金额大于进口或基本持平。但是，由于出口结构（主要是中低档汽车）、出口地区（主要是发展中国家）方面的问题，要使出口保持稳定的较大额度的顺差，还要付出巨大努力。

据中国汽车工业协会统计，2009 年汽车出口 33.24 万辆，比上年下降 46%，其中乘用车出口 14.96 万辆，比上年下降 57%，乘用车中轿车出口量最大，全年出口 10.81 万辆，比上年下降 59%；商用车出口 18.28 万辆，比上年下降 32%，其中货车全年出口 14.12 万辆，同比下降 27%（见表 12-3）。与国内汽车市场快速增长的态势相比，国际汽车市场需求仍旧十分低迷，出口对象国贸易保护主义抬头，各种贸易保护措施纷纷出台，严重影响了汽车产品出口。由于国内汽车市场的变化，导致对高档轿车（包括 SUV）的大量进口。

表 12-3　2000~2009 年中国汽车整车出口状况

年　份	数量（万辆）	金额（万美元）
2000	2.71	20570
2001	2.61	21369
2002	5.99	25037
2003	4.47	37200
2004	7.80	66200
2005	17.28	158158
2006	34.24	313500
2007	61.27	731200
2008	68.07	963300
2009	33.24	304600

资料来源：根据中国汽车工业协会数据、《中国工业发展报告》(2008) 及相关资料整理。

5. 中国汽车企业走向海外步伐加速

2009 年由于全球汽车市场严重不景气，发达国家汽车企业中有许多企业不得不宣布破产出售，或者进行重组。中国汽车企业抓住了历史机遇，积极进行海外购并，收获巨大。

从中国汽车工业的需求和实力看，中国汽车企业在海外购并中的重点排序应当是：技术、人材、汽车零部件企业、整车生产企业。

购买技术比较突出的事例是：北京汽车工业控股有限责任公司以 2 亿美元收购了瑞典萨博公司的产品、开发系列知识产权，包括 3 个整车平台、3 个主力车型、2 个发动机系

---

① 中国汽车工业协会：《2009 年汽车工业重点企业经济效益分析》，《中国工业报》，2010 年 3 月 5 日。

列、主打的 4 款发动机和 2 款变速器的知识产权，以及整个相关产品研发体系、生产制造体系、供应商体系和产品质量保证体系，其中包括 79 项专利。

中国汽车企业在收购汽车零部件企业方面进展很大。其中比较突出的事例是：潍柴动力公司收购法国博杜安公司。博杜安公司注册资本 355 万欧元，具有百年历史。主要产品包括：发动机、齿轮箱、传动轴和螺旋桨等。通过收购，潍柴动力公司获得了博杜安的产品、技术和品牌，扩大了公司产品配套范围。吉利汽车公司收购了 DSI（澳大利亚自动变速器公司）。该公司是全球第二大汽车自动变速器公司，破产前为福特、克莱斯勒及韩国双龙等大汽车公司配套。北京京西重工公司收购了美国德尔福公司的减振和制动业务。

这些汽车零部件企业的收购，对于提高中国汽车最薄弱的环节——汽车零部件工业的水平；增强中国汽车企业的国际竞争和开发能力都具有重要意义。

中国汽车企业在整车企业收购方面也取得了较大进展，最突出的事例是：吉利汽车公司收购沃尔沃汽车公司。吉利汽车公司对沃尔沃进行的收购，其意义超过了当年上汽对韩国双龙的收购。通过收购，吉利汽车公司不仅可以获得沃尔沃的关键技术知识产权和品牌，侧身高端汽车生产商之列，而且可以获得海外经营、生产运作的基地与市场。如果吉利汽车公司能成功消化吸收沃尔沃汽车公司，就在成为国际化大汽车公司的道路上迈出了一大步。

中国汽车企业在 2009 年抓住时机，引进了一大批人才和技术。一大批在海外跨国公司工作过的技术人才回国，在东风、上汽、奇瑞、长城、北汽、吉利等企业的开发部门成为主要负责人，担当起自主开发的使命。

中国汽车工业企业在海外设厂的步伐也在加速。上汽与通用合作进入印度汽车市场。中国比亚迪汽车公司与埃及阿迈勒汽车制造厂合作生产的比亚迪轿车已经下线。[①]

四、21 世纪初中国汽车工业产业政策的制定过程

与 20 世纪 80~90 年代相比，21 世纪初汽车工业产业政策的制定过程与制定方式，发生了较大变化，主要体现在以下几方面：

政府的政策制定部门由专业管理部门变成综合性宏观经济管理部门；制定产业政策时，听取专家、企业领导的意见，已经成为程序性的操作过程；政府官员虽然依旧在产业政策制定中起主导作用，但是已经不能不考虑企业、行业的意见与利益诉求，甚至要考虑外国政府、跨国公司的意见；从制定产业政策的技术层面看，汽车工业协会、汽车工程学会等中介组织发挥着越来越大的作用；汽车工业产业政策制定关注的问题，越来越趋向于宏观层面，越来越从公共政策角度（如环境保护、消费者利益等）制定相关政策；制定汽车工业产业政策不能不充分考虑国际规则，在国际规则的框架内予以制定和实施。

具体地说，汽车工业产业政策制定，一般是由政府有关部门（国家发改委或工业和信

---

① 《中国工业报》，2009 年 12 月 17 日。

息化部）发起。发起前一般要由政府有关部门组织相关研究机构、企业进行有关课题的研究，以此作为制定政策的基本依据。

一旦政策制定开始，由政府部门委托汽车工业协会、汽车工程学会或者汽车行业其他中介机构、研究机构进行有关文件的起草。文件草稿形成后一般要经过至少三轮的内部征求意见。一要征求有关专家、学者、官员的意见，在征求意见过程中一般通过座谈会形式进行相当充分的谈论；二要征求有关企业的意见，在征求企业意见时，较20世纪只听取一汽、二汽等大企业意见，范围要更加广泛，包括了民营企业；三要征求行业意见，也即行业协会等中介组织的意见，因为行业协会能够比较集中地反映整个行业关心的问题。如果需要，还要征求相关政府部门的意见。

例如，《节能和新能源汽车发展规划》就经过了多次谈论，笔者参加了这些讨论。在谈论过程中，各方面学者、专家、企业家、政府官员，就新能源汽车发展的相关问题进行了充分谈论，工业和信息化部领导也参加讨论。讨论内容涉及新能源汽车技术标准确定（如最低时速）；新能源汽车的技术路线；油电混合动力轿车的发展；经营模式的探讨（如裸车销售、电池租赁）；市场环境的形成（如建筑标准修订、利用峰谷电必须建立小区停车场充电系统）；电池的可靠性及技术路线；电池的回收利用；新能源汽车的自主研发；新能源汽车零部件供应体系的形成；基础配套设施及相关法律法规的修订等，谈论非常充分。

《节能和新能源汽车发展规划》第一次在国务院会议讨论，认为技术路线不明确，未获通过。由工业和信息化部委托中国国际工程咨询公司组织专家又进行了论证，才获得通过。

在充分听取各方面意见的基础上，形成政策的基本框架，此时如果有必要，还要在网上公示，征求社会意见。在汽车消费政策制定时，尤其如此。地方政府制定的汽车消费政策越来越多，因此在网上公示也越来越多。

需要指出的是，进入21世纪后，随着政府机构的改革，政府管理方式的变革，中介组织一方面承担了更大的制定产业政策的具体工作，另一方面代表行业、企业利益的"特性"也逐步显现。中介组织不再是政府机构简单的"传声筒"，而逐步成为产业利益的代表。汽车工业的中介组织也是如此。例如，2010年9月，政府部门认为中国汽车工业产能过剩已经成严重问题时，中国汽车工业协会就表达了不同意见。中国汽车工业协会秘书长董杨说，过去几年的市场状况证实发改委关于汽车产业产能过剩的担忧是多余的。他说，对于中国汽车产业而言，产能过剩问题已不是最重要的问题了。[①] 2010年10月，对于中国汽车工业发展过热，董扬表示，中国汽车产业整体上步入了正常、平稳、可持续的增长状态，并不存在发展过热的问题，但汽车数量增长带来的能源、环境、交通等问题，应引起足够重视。[②] 国家《节能和新能源汽车发展规划》出台前，汽车工业协会就牵头组织了汽车行业前十家大企业，组成了发展新能源汽车的"T10"产业联盟。

随着中介机构由20世纪的政府附属物转变为在很大程度上代表行业利益、企业利益的组织，协会的实际发言权增加了。政府开始真正把协会作为行业、企业利益的代表，听取协会意见了。同时，随着协会能力的增强，协会也有能力成为政府制定产业政策时的得力

---

① 《21世纪经济报道》，2010年9月13日。
② 《新华网》，2010年10月17日。

助手。

中国汽车企业，尤其是大汽车企业，不仅积极参与产业政策的研究制定，还通过媒体、协会等机构，主动反映自己的利益诉求。

值得注意的是，在21世纪中国汽车工业产业政策制定时，外国政府和跨国公司成为"不在场的参与者"。例如，当中国政府制定对于自主开发的汽车予以优惠的政策时，有关国家政府及跨国公司通过施加影响，使这一政策由原来只对完全自主开发的产品实施优惠，变成包括合资企业中"自主开发"的产品也享受优惠。又如，国家发展与改革委员会决定对具有整车特征的零部件进口按照整车征收关税。有关国家政府认为这一政策违背WTO有关规则，上诉到WTO，中国败诉，这一政策不得不废止。由于外国政府和跨国公司这些"不在场的参与者"的干预，中国政府制定汽车工业产业政策时，不得不考虑有关国际规则及外国利益相关方的反应，制定产业政策的空间被大大压缩了。

中国汽车工业产业政策制定过程中，各个政府部门之间的利益博弈，仍然是影响汽车工业产业政策出台的主要因素。参与汽车工业产业政策制定或拥有发言权的部门有：国家发展与改革委员会、工业和信息化部、环境保护部、商务部、交通部、公安部、国家技术质量监督局等。汽车工业产业政策实际上经过各个部门充分发表自己的意见后，产业政策制定主导部门（国家发展与改革委员会、工业和信息化部）的发起目标，很少有不被扭曲的。这种基于官僚机构间博弈，制定出来的政策，实际上已经被切割，往往丧失了"锋芒"。

综观进入21世纪以来汽车工业产业政策的制定过程，与日本产业政策制定过程越来越相似。当然，与日本相比，中国汽车工业产业政策制定过程中政府意愿还是起到了更大作用，政策谈论的透明度也有待增加。尽管如此，中国汽车工业产业政策的制定，也越来越演变成一个相对开放、透明度逐步增加的公共政策讨论过程。

五、21世纪初中国汽车工业产业政策的走向

2009年以来，中国已经成为世界第一的汽车生产国，成为世界第一的汽车消费市场。对汽车工业来说，规模扩张已经不是问题，如何提高水平与质量，使中国汽车工业由大变强，跻身世界汽车强国之林，成为历史性的战略目标。21世纪中国汽车工业要成为引领世界汽车工业的强大工业，实现可持续发展必须解决如下几大问题。

第一，自主创新能力的形成，自主品牌的发展与提高。在中国轿车生产领域，中高档轿车不仅一直是合资企业占据主导地位，核心技术、品牌也基本上掌握在跨国公司手中。获得通过自主开发，获得自主创新能力，发展自主品牌，是中国汽车工业在21世纪的历史任务。

第二，汽车工业的节能减排，转变产业发展方式，转变企业生产经营方式，对于汽车工业可持续发展至关重要。在当前国际政治、经济环境下，汽车工业要得到稳定的发展，就必须注重通过节能减排，获得国际社会、国内公众的认可，从而获得国际、国内市场。

节能减排，实际上集中体现了21世纪一个国家汽车工业的竞争力。节能减排与发展新

能源汽车既紧密联系，又有所区别；在政策制定方面则差异更大。

第三，新能源汽车的发展。新能源汽车已被列入国家"十二五"规划，作为向产业化推进的战略性新兴产业予以支持。新能源汽车在"十二五"期间，面临着产业化推进的复杂问题，面临着技术、市场双重风险，汽车工业产业政策要予以重点关注，并且要及时进行调整。

第四，汽车零部件工业的发展。汽车零部件工业是建立强大汽车工业的基础。但是，中国汽车零部件工业长期严重滞后于整车的发展。20世纪80~90年代政府曾经把解决汽车零部件工业滞后发展问题作为"重中之重"，但是效果甚微。进入21世纪，中国汽车工业整车生产能力飞速提高，汽车零部件工业却越来越滞后。因此，支持汽车零部件工业发展是中国政府制定汽车工业政策应当关注的又一个重点。

汽车零部件工业的发展，对于新能源汽车的发展影响甚大。因为新能源汽车的关键在于是否拥有高水平、高质量、高可靠性的电池、电机、电控系统等。这些新一代的汽车零部件决定着新能源汽车水平的高低。

第五，汽车消费的管理与引导。"十二五"期间，汽车工业要为节能减排，提高人民生活水平，扩大内需做出贡献。这就需要政府通过对汽车消费进行必要的管理与引导。从管理方面来看，要加强对于汽车节能排放的管理，通过逐步提高技术标准，淘汰落后产品和工艺设备；加强对于汽车安全的管理，提高交通管理水平、城市管理水平，提高城市交通效率，保护人民的生命安全；加强对"二手车"市场的管理，以适应旧车市场的逐步扩大。引导汽车消费者购买节能的小排量轿车；引导汽车消费者形成健康、低碳的汽车购买与使用方式。

第六，走向海外。随着中国汽车工业的强大，中国国内市场的逐步饱和，中国汽车企业走向海外不可避免，而走向海外的前提是具有国际规模和足够的国际竞争力。随着中国汽车市场的需求变化，庞大的生产能力也必然以国际市场为主要出口。汽车出口，海外建厂，跨国兼并，在"十二五"期间将成为中国汽车企业的重要战略行为。走向海外的主体是企业，基础是市场。政府可以制定某些支持政策，加速企业走向海外。

第七，国内市场上的兼并重组。随着国内汽车市场的变化，"十二五"末期，国内汽车工业企业间的兼并，会逐步加速。政府可以因势利导地制定政策予以支持。

鉴于汽车工业的上述主要问题，政府在制定汽车工业产业政策时，一要重点制定相关的支持自主创新、新能源产业发展，促进节能减排的产业技术政策。二要制定支持汽车零部件工业发展的产业扶植政策。三要制定对汽车市场加以适当管理与引导的汽车消费政策。四要制定企业出口海外，进行兼并的相关贸易政策。五要实事求是地制定建立在市场机制基础上，推动企业兼并的产业组织政策。

在上述政策制定构想中，产业技术政策占有更加突出的地位。因为无论从政府支持重点看，还是从加入WTO后，政府在WTO有关规则框架内的政策空间看，产业技术政策在产业政策体系中都是最有发挥作用的空间，最可能收到明显效果的政策。

从总体上看，中国汽车工业产业政策要由过去注重产业发展的"供给型产业政策"，转变为注重汽车工业与社会、环境、能源、消费者协调发展的公共政策。

第十三章　21世纪初的中国轻工业产业政策

中国轻工业是由众多消费品行业组成的产业群体。产业政策与中国轻工业持续健康发展有着紧密的联系。随着我国经济的市场化程度不断深入,与世界经济进一步接轨,中国轻工业产业政策的内容与手段,也发生了较大的变化,制定和实施轻工业产业政策面临着新的课题。对中国轻工业产业政策的制定及其效果进行分析研究,总结其经验教训,使产业政策更加符合市场经济规律,无疑是十分必要的。

一、加入WTO至今中国轻工业发生的重大变化

1. 中国轻工业的综合实力明显增强

进入21世纪以来,中国轻工业取得了举世瞩目的成就,综合实力得到显著增强,已成为世界轻工产品生产大国。主要体现在如下几个方面:

(1)综合生产能力显著提高,从根本上扭转了国内市场消费品短缺的局面。轻工产品产量大幅度增长,全面实现了由卖方市场向买方市场转变。我国已跨入了世界轻工产品生产大国的行列。"十一五"期间,轻工业总产值和工业增加值年均分别增长10.1%和7.9%。轻工业总量的快速扩张对国民经济增长的拉动作用十分明显。轻工业总产值、出口创汇和实现利税已分别占到和接近全国工业总产值、出口创汇和利税的1/3。

(2)产品品种增加,质量逐步提高,满足了不同消费群体的需求。轻工业产品产量的提高是以工业生产能力扩张为基础的。随着国内消费需求水平的不断提高,消费市场结构的升级加速,极大地促进了轻工业产品产量的提高。轻工产品从原有的几万种发展到30万种,产品品种结构也加速向多样化、系列化发展。国内消费市场琳琅满目,品种繁多,满足了不同消费群体的需求。一些主要产品产量居世界前列,"十一五"末期,轻工业100多种产品的产量居世界第一位。家电、皮革、家具、羽绒制品、自行车等产品国际市场占有率超过50%,农副食品加工、塑料制品、造纸、食品制造、家电、饮料、皮革、五金8个行业总产值均超过6000亿元人民币。[①] 产品质量明显提高,创出了一批名牌产品和驰名商标,一大批企业通过了ISO质量体系认证,不少轻工企业跻身于世界级合格供应商行列。

[①] 中国社会科学院工业经济研究所:《中国工业发展报告》(2011),经济管理出版社,2011年版,第304页。

(3) 传统行业不断提升，新兴行业发展迅速。轻工传统行业通过更新改造，一些企业的生产技术达到了国际先进水平。新兴行业产值的比重增加，如家电、塑料制品、饮料、化妆品和包装装潢5个行业的工业产值已占轻工行业总产值的29.3%。

(4) 非公有制经济发展较快，所有制结构得到了调整。我国轻工业上市公司达100多家。2009年在轻工业工业总产值中，国有及国有控股企业完成工业总产值占全国轻工行业工业总产值8.73%；集体及集体控股企业完成工业总产值占总产值的5.75%；非公有控股企业完成工业总产值占总产值的85.53%。多种经济成分的共同发展，特别是轻工民营经济和外资经济发展较快，为轻工业的发展注入了新的活力。

(5) 合理调整区域布局，初步形成各具特色的轻工区域集聚。近年来，随着经济全球化的加快，在我国轻工业发展中逐渐呈现出以区域集聚为格局的产业群体。这些产业群体逐步形成了从原材料加工生产到销售服务一条龙的生产体系，并具有一定竞争优势。长期以来，我国轻工业的产业发展政策和产业规划往往集中在国家一级和产业层面上，在产业布局和结构调整上，考虑更多的是宏观经济环境的因素。在如何利用区域集聚的优势发展轻工业等方面，一直在寻求符合轻工业发展实际的契合点。近年来我国轻工业产业集群的发展充分显示了产业发展与区域集聚结合的有效性。目前，我国轻工业已经有30多种产品以产业集群式发展，分布在全国不同的经济区域内。涌现出了一批区域特色明显的市、县、乡镇，这些地区以当地经济发展为依托，集聚效应显著，形成了具有区域性特色的轻工业产业体系。这种集中某种产品生产能力形成的轻工业产业集群表现出极强的活力和竞争力。集群中的很多企业进入了国际市场，参与国际竞争。

(6) 在经济快速增长条件下，中国轻工业的产业组织结构得到了相当程度的调整和优化。形成了一批有竞争力的大型企业和企业集团。520户国家重点企业中轻工企业占11.7%。轻工大型企业和企业集团的生产集中度不断提高，电冰箱行业前6家企业产量已占全国总产量的75%，洗衣机和空调器前6家企业产量分别占全国总产量的74.6%和68.5%，啤酒行业前10家企业的产量已占全国总产量的40%。

(7) 我国轻工业的科技创新实力不断增强。相当一部分科技成果填补了国内空白和达到国际先进水平。科技队伍逐步壮大，"十一五"期间，企业中科技人员比重达到5%左右，一些重点企业已达到10%~20%。目前已有34家企业建立了国家级技术开发中心。例如，海尔集团、佛山陶瓷集体、春兰集体等相继建立了国家级技术开发中心和博士后流动站，并与大学和相关科研部门进行产、学、研合作。海尔、小天鹅等企业还在境外建立了研究所和设计室。有些企业为有效利用全球科技资源，在美国、日本、欧洲建立了信息中心和设计中心。

2. 由封闭走向开放，积极参与国际竞争

(1) 国际贸易大幅增长，轻工业成为国家工业品出口的支柱产业。轻工业出口呈现以下几个显著特点和变化：一是出口增长速度快于全国工业品出口贸易的增长速度。二是出口增长速度快于总产值的增长速度。三是轻工业产品出口结构明显改善。在轻工业出口产品中，相对技术资金密集型、高附加值产品的比重逐渐提高，资源劳动密集型产品比重逐渐下降。2009年，家用电器、文教用品、食品饮料、塑料制品4个行业的出口额均超过

200亿美元，这4个行业的出口总额占全部轻工产品出口总额的41.9%。四是轻工业出口市场不断拓宽。目前，轻工业产品出口遍布拉美市场、欧洲市场、非洲和中东等市场。出口产品中技术和资金密集型、高附加值产品的比重提高较快，出口贸易方式向多渠道、多种形式转变。

（2）合理利用外资，实现跳跃式发展。轻工业是改革开放后较早引进外资的行业。到2010年，全国轻工业已利用外资约600亿美元，其中外商直接投资约450亿美元。利用外资的方式呈现多样化，除直接吸收外商投资外，还利用外国政府、有关国际组织的贷款，以及国内外股市融资等间接利用外资方式。我国加入WTO以后，在全球化大趋势下，国际著名的跨国公司纷纷进入我国轻工业投资领域，利用外资的项目趋于大型化、长期化。轻工业从21世纪初期开始，引进大量的国外先进技术装备，基本上改变了我国轻工业技术装备落后的局面。先进的生产设备使家用电器、照明电器、塑料制品、化妆品、食品饮料等行业得到跳跃式发展，成为轻工业发展中新的经济增长点和支柱行业。对外开放引进外资加速了轻工业发展进程，推动了轻工业结构升级和技术进步。

（3）走国际化发展道路。进入21世纪以来，轻工业一些大型企业为适应全球化的发展趋势，从单纯的产品出口转向建立自己的海外经营机构，向国际化经营发展。并尝试直接在国外投资办厂、输出技术。到2010年，轻工企业在境外办厂300多家，其中生产型企业占50%，分布在30多个国家和地区。

二、21世纪初中国轻工业产业政策的变动趋势

1. 加入WTO后轻工业产业政策制定的背景

（1）国内经济环境的巨大变化。改革开放初期，我国轻工业的产业政策制定的基本依据是以满足人民的日常生活需要，提高人民生活水平为前提的。20世纪80年代，中央政府对轻工业实行"六优先"的政策，使中国轻工业得到长足发展，面貌发生了巨大变化，形成了具有相当规模和一定水平、门类齐全、能够基本满足国内需求又有一定国际竞争能力的生产体系。

20世纪90年代，轻工产品的供求关系已由"卖方市场"转为"买方市场"。生产处于低水平"相对过剩"状态，市场约束成为轻工业结构调整和发展必须重点考虑的关键因素。

21世纪初，我国社会主义市场经济体制基本确立，并不断完善。这种经济环境对竞争性很强的轻工业来说，有利于结构优化与升级。

中西部轻工业得到较快发展。随着国家加大西部的开发力度，中西部地区的投资环境加速改善，有利于西部地区吸收境外资金和东部资金，加快发展具有地区特色的轻工产业。

对外开放和利用外资力度进一步加大。轻工行业的外商（包括中国港澳台）投资稳步增加。

随着城镇化进程加快、城市居民消费结构的升级和农村市场的开拓，为轻工业的结构

调整和产品的更新换代提供了机遇。但农村市场的开拓仍受到农民收入增长缓慢、消费环境较差、营销渠道不畅等因素的制约。

(2) 国内消费品市场结构变化总趋势。从消费趋势看，我国居民消费水平将普遍实现小康，更多的居民群体由"小康型"向"富裕型"消费结构过渡。居民消费总体上逐步从满足生活需要向重视生活质量转变，从追求物质消费向同时追求精神消费和服务消费转变。同时，人们的消费观念发生较大变化，对名牌消费更加注重，对环保、节能、精神文化等产品的普遍追求成为未来的消费时尚。

农村消费与城市消费的变化存在阶段性差异。20世纪80年代在城市以家电产品普及为特征的消费热点，目前正在农村形成。因此，把握农村消费滞后于城市的特点，为轻工业充分利用生产潜力，调整产品结构，拓展农村市场提供了机遇。

消费品更新换代节奏加快，消费多样化和消费分流进一步加强，居民的消费需求从"排浪式"向多样化转变。随着消费结构向高级化方向转化，生活基本消费在总消费中的比重下降，耐用消费品比重大幅度上升，吃的比重下降，住和行的消费明显增加。随着世界经济贸易不断扩大和各国文化相互渗透，国内消费的国际化趋势也开始显现。总体上看，对消费品的需求趋势向追求产品的智能化、方便化、个性化、绿色化方向发展。

随着国民经济的发展和居民消费水平的提高，21世纪初我国居民的衣、食、用、住、行方面的消费构成发生很大变化。

衣着消费。我国居民衣着消费总体上先升后降，但农村居民基本保持稳定。当我国人均GDP超过1000美元后，衣着比重继续下降。全国居民衣着消费比重预计保持在7%~8%，低于国际平均水平。其中城镇居民衣着消费比重由2000年的11.7%下降到2005年的10.4%，农村居民衣着比重稳定在6.0%左右。在城市消费中服装的个性化、中高档化倾向日益明显。品牌消费逐渐成为潮流，但农村仍以经济实用和物美价廉的一般服装消费为主。

家庭设备用品消费。从消费结构看，城镇家庭耐用消费品进入持续的升级换代阶段，新型家用电器、家用通信设备与家用计算机的消费量迅速增长。随着人们生活质量的提高，对空调器、各类新型家用厨具、卫生洁具、健身器具等产品的需求有较大的增长。一般家电产品在农村开始进入快速增长期。娱乐教育文化服务消费，在消费结构由温饱向小康过渡或向富裕型过渡的进程中，人们对娱乐教育文化服务的精神消费需求不断提高，旅游消费日趋增长。"假日经济"的出现，使城乡娱乐文化教育服务及旅游消费比重持续上升。

(3) 国际经济环境的变化。进入21世纪以来，我国轻工业的发展越来越趋于国际化。在经济全球化背景下，国际分工、国际贸易、国际投资等方面直接影响着我国轻工业的发展及产业竞争力的状况。

国外直接投资的格局趋向多元化。20世纪90年代，我国轻工业实际利用外资金额增长了3倍多。引进和利用外资成为我国实行开放政策的重要组成部分。外国直接投资在我国轻工业保持持续增长的势头，在一定程度上缓解了轻工业发展资金的约束。20世纪90年代外商投资看中的是我国劳动力和原材料的低成本优势以及优惠政策。进入21世纪以来，具有巨大潜力的国内消费品市场已成为外国直接投资的主导因素。外国企业利用资金、技术和营销管理上极大的竞争优势，与国内知名企业谈合资合作，并尽一切可能争取控股，然后展开对我国合资方企业的品牌收购战。许多历经数十年辛苦经营创下的国内著名品牌，纷纷被外资企业的品牌所取代。例如，外资在啤酒、洗涤用品、饮料、家电等行业已完全取得垄断地位。外资进入对我国轻工业的市场结构影响巨大，国内竞争国际化。

（4）轻工业产业政策制定的主体发生变化。进入21世纪，我国市场经济体制框架基本确立，市场机制在资源配置中的基础性作用不断加强。处在竞争性较强的轻工产业中的非国有经济领域的企业已按市场导向、市场需求自主做出生产调整。但市场经济体制仍处于逐步建立、不断完善中，加上轻工业发展阶段仍处在较低水平，决定了产业结构调整及产业发展规划不得不受到地方政府的强有力的控制和影响。政府在营造市场机制和市场环境方面承担着重要的责任，在促进轻工业发展上起着无法替代的直接推动作用。

我国轻工业产业结构的调整与发展历来都是在政府强有力的推动和作用下进行的。20世纪90年代，随着体制改革的深入，我国轻工业的行业管理部门经历了几次变动。先是由轻工业部改为中国轻工总会，而后改为中国轻工业联合会，逐渐弱化政府对轻工行业的管理。在这样的背景下，政府参与的产业政策制定行为方式和组织形式都发生了巨大的变化，突出表现为中央政府集权管理减少，取而代之的是进行"分级管理"，地方政府权力得到扩大和强化。虽然国家仍控制着很大部分经济资源，但各级地方政府代表国家调控本地区的经济资源。这样，地方政府对产业发展和结构变动的影响力很大，形成了中央政府和地方政府对大部分经济资源的双重控制，轻工业发展和结构变动也承受着双重影响。

2. 轻工业产业政策的主要变动

进入21世纪，我国轻工业产业政策更多地运用法律、经济、信息等手段，采用间接的方式来调控。以产业政策、财政政策和货币政策紧密配合，形成以协调价格、税收、金融、财政、外贸、外汇等调控手段的综合政策体系。

21世纪初，我国轻工业产业政策总体目标是：通过制度创新和技术创新，在改革上要有突破，调整上要有突破，效益上要有突破，推动轻工业由生产大国向生产强国转变。

（1）加大结构调整力度，促进产业结构的优化，以质量、品种、效益和扩大出口为目标，加快有市场发展前景的行业和企业的技术改造，促进企业向合理经济规模和专业化协作方向发展，对有效益、有市场、符合国家产业政策的技改项目，实行贷款贴息政策。对部分总量过剩的行业实行总量控制，抑制不合理的重复建设。淘汰落后的工艺技术和不适应市场需求的落后生产能力，坚决控制易拉罐、电冰箱、洗衣机、双向拉伸聚丙烯薄膜、味精等产品生产能力的盲目扩大。对污染严重、规模不经济、技术落后、无原料保证、扭亏无望的小制浆厂、小糖厂、小制革厂、小酿造厂等，坚决依法实行关停并转和资源重组。围绕西部大开发战略的实施，继续实施东西部携手工程，加大对西部轻工业支持的力度。发挥比较优势，促进东中西区域协调发展。东部地区要着力发展技术密集产品和高新技术产业，促进产业升级，积极参与国际分工；中西部地区应发挥市场潜力、资源、人力等优势，加大改革和开放力度，发展特色经济和优势产业，使各区域形成分工协作、协调发展的轻工业生产力布局。

（2）根据国际规则，适度、合理地保护轻工产业利益和经济安全。轻工业多为劳动密集型产品，出口量大、面广，易遭受国外反倾销调查和制裁。因此，根据WTO的有关协议和条款，特别是有关技术性贸易壁垒，反补贴、反倾销等协议、保障措施和争端解决机制，加强轻工业反倾销反补贴保障措施工作体系建设,建立以企业和行业协会为主体的反倾销应诉新机制,成为产业保护政策的主要内容。

(3) 坚持产业发展与环境保护同步,企业治污与社会治污相结合,加大"三废"治理力度,实现轻工重点行业排放总量控制下的经济增长。对轻工污染严重的行业,包括造纸、皮革和发酵等,要依据国家环境保护相关政策,积极采用先进清洁生产工艺,减少终端污染物排放总量;同时,加大治污力度,提高治理水平。围绕西部资源的开发,更要注重生态环境保护和建设,防止污染转移,走可持续发展道路。

(4) 适应信息化、网络化时代发展的要求,加快轻工业信息化进程。鼓励轻工各行业和企业广泛应用信息技术,加强信息资源的开发利用,提高计算机和网络普及应用程度。一是要用现代信息技术改造轻工产品,在钟表、缝纫机、家电和轻工机械等行业,大力开展信息化、数字化产品创新,增加产品技术含量和附加值,实现产品升级换代。要增加高新技术产品产出比重,满足信息时代的新需求。二是要适应信息技术发展趋势,大力推行计算机辅助设计(CAD)、计算机辅助制造(CAM)、计算机辅助检测(CAT)和计算机集成制造系统(CIMS)技术,缩短产品开发周期,降低制造成本,满足消费者多样化需求。三是运用现代信息手段,改造轻工传统管理模式和生产组织方式,推广计算机优化控制系统,实现轻工业的管理创新和结构重组。四是要发展电子商务,推进全球比较采购、全球销售和售后服务,降低交易成本,开展国际化经营,实现轻工产业的跨跃式发展。

(5) 加强技术创新,实现技术跨越,促进轻工产业升级。一是推动轻工企业成为技术创新的主体。二是加快应用型轻工科研机构和设计单位实行企业化转制的步伐。三是大力支持多种形式的轻工民营科技企业发展,逐步建立适应广大轻工中小企业特点的科研开发网络体系。四是努力建立有利于人才成长及发挥作用的技术创新人员的培养和激励机制,造就一批适应市场竞争,善于经营管理,勇于开拓创新的技术创新带头人。五是鼓励轻工企业与大专院校、科研院所以产学研相结合的方式进行技术研究、开发和成果的产业化。六是培育社会化、网络化的技术中介服务体系,加速先进、成熟、实用的科技成果向现实生产力转化。

(6) 积极构建符合市场经济规律的轻工业现代产业链。鼓励轻工企业打破行业、部门、地区和所有制的界限,走科农工贸一体化的发展道路,如造纸行业,建立林纸一体化公司,食品行业、皮革行业,建立农工贸、牧工贸一体化公司,盐业,建立盐化工一体化公司等。同时支持其他各种跨行业、跨产业的利益共同体的发展,支持民间资本、外资以及其他行业兴办一体化公司,进一步推动轻工业的快速发展。

(7) 进一步扩大对外开放,建立和完善轻工业开放型经济体系,积极实施"走出去"的国际化战略。一是在进一步放宽政策、扩大利用外资总量的同时,重点优化外商投资结构。特别是要引导外资投向西部地区,促进西部有资源优势的轻工业发展。二是鼓励和支持有条件的企业到境外办厂,发展加工贸易,实现从单纯出口商品向海外设厂、进行境外投资的转变。三是全方位引进国外智力和人才,为轻工业的全面开放和持续发展提供智力支持。

(8) 大力开拓国内市场,千方百计扩大出口。一是大力开拓国内城市市场,调整产品结构,满足消费结构升级的要求,同时通过新产品开发创造新的需求领域,引导城镇居民消费。二是积极开拓农村市场，改善农村消费环境和物流通道，研制、设计、开发和生产适应农村市场需求、物美价廉、方便耐用的轻工消费品。三是提高技术密集型、附加值高的轻工机电产品出口比重，加大皮革、塑料、五金、家电、钟表、照明电器、工艺美术等重点出口行业及企业的技术改造，对高创汇型企业实行政策倾斜。四是继续实施市场多元化和以质取胜战略，开拓国际轻工产品市场。要在巩固原有东南亚传统市场的基础上，深度开拓美、欧、日等市场，加大东欧、非洲、澳新、拉美等新兴市场的开发力度。五是要深入研究国内外市场走向，建立现代轻工业营销网络体系。

（9）充分利用资本市场，多形式、多渠道地吸纳各类资金。一是更多地吸收国外贷款和外商直接投资，以及各类投资基金等，鼓励有条件的轻工大型企业到国外上市直接融资。二是推进有条件的企业，特别是高科技型企业在国内上市，或发行企业债券，募集发展资金。三是加大轻工企业资产兼并与重组力度，促进不同所有制经济实体资本的相互渗透和融合，形成多元化的企业资本结构。四是充分利用好金融和财政政策，促进轻工业的调整与发展。

（10）为了更有效地吸收外商投资，优化外商投资结构，提高利用外资的质量，引导外资的合理投向，加速轻工产业结构的调整和优化，中国轻工业联合会根据国家有关产业政策，结合轻工业的特点，制定了《轻工业利用外商投资导向意见》，在实施细则中，明确提出了鼓励轻工业外商投资的项目主要是：发展轻工业基础原材料及关键零部件的项目；轻工业机械制造行业通过合资、合作，提高制造水平和研制开发能力的项目；高新技术和先进技术装备，且能提高企业生产工艺技术和装备水平、促进行业技术进步，提高产品质量、档次、国内生产能力不足、市场短缺或能够提高民族品牌国际知名度的项目；新技术、新产品开发、填补国内空白，且市场前景广阔或轻工技术密集型产业的项目；能够大力提高轻工产品档次，改进产品性能，优化出口产品结构，产品外销比重大，增大出口产品附加值，适应国际市场需求的项目；采用新工艺、新技术、新设备、新材料、综合利用资源、防止环境污染、推行清洁生产及节能降耗的项目；符合中西部开发和轻工产业区域转移，且产业布局合理的项目；国际知名跨国公司（企业）通过合资、合作，转让高新技术或国内急需且具有国内或世界先进水平的技术成果，改造现有轻工大中型企业的项目。

中国轻工总会还明确了限制轻工业外商投资项目的适应范围，主要是：不符合国家产业政策和轻工业中长期规划发展重点的项目；生产能力已满足国内市场需求，产品档次低，产品或技术外销比重很小，重复大量引进技术的项目；有可能形成外商对重点行业的垄断局面或扼杀国内知名品牌的外商合资、合作的控股项目；工艺技术落后、起点低、能耗高、污染重，以及以内需为主的散件进口组装加工的项目；有关国计民生的轻工重要产品，外资有垄断或控股趋势的项目；需要国家和轻工业统筹规划布局的项目；禁止外商投资严重污染环境、破坏生态平衡或损害人体健康的项目；属于采用中国传统的特种工艺和技术生产的"国家级"工艺美术品或其他产品的项目以及属于国家法律、行政法规禁止的其他项目。在投资导向目录实施细则中列出了20个大项、100个子项的具体产业政策的指向。

三、轻工业产业政策中财税政策的运用

改革开放以来，国家轻工业产业政策中的财政税收政策，对促进我国轻工业发展发挥了重要作用，特别是在建立现代企业制度、加快企业技术进步、推动产业结构升级、吸引外资、促进外贸出口等方面，发挥了其他政策手段不可替代的作用，产生了显著的效果。值得指出的是，自1998年我国实行积极财政政策以来，财税政策在我国轻工业的发展过程中扮演了更加重要的角色。因此，笔者以1998年实行积极财政政策为界，分为两阶段对我国政府所采取的一些有关轻工业发展的主要财税政策措施予以回顾和评价。

1. 改革开放至1998年的财政税收政策

三中全会以后的1979~1983年，为了扭转轻重工业比例失调和改变市场消费品供应紧张的状况，国家决定"加快轻纺工业的发展"，对轻工业实行"六优先政策"，即原材料、电力优先供应；挖潜、革新、改造措施优先；基本建设优先；银行贷款优先；外汇和引进技术优先；交通运输优先。有了六优先政策保障，我国的轻工业得到快速的发展，生产出大批市场急需的轻工产品，对尽快地缓和商品供应和社会购买力之间的矛盾起到了应有作用。在这期间，在主要依靠计划和价格手段的同时，国家也认识到财税政策的重要调控作用。为了解决重复征税问题，从1983年开始，在全国范围内对缝纫机、电风扇、自行车等5个行业统一试行增值税，有效地减轻了企业的不合理负担。

1984年和1994年两次重大的税收制度改革，使我国的财税制度建设上了两个台阶：1984年的两步利改税改革恢复和重建了税收体系；1994年的分税制改革和新税制改革，则为适应社会主义市场经济需要，建立了与国际惯例接轨的现代化财税体系。在此基础上，政府通过财政补贴、税收减免、关税调节、出口退税等措施扶持了轻工业发展。

（1）财政补贴。随着我国经济体制转变，政府对产业及相关企业的财政补贴也相应加大了对产业结构调整的力度。财政补贴政策按照结构调整的战略安排，逐渐实现从以价格补贴为主向以投资补贴为主的转变，对国家扶持的产业直接给予技术改造贴息或政策性贷款进行贴息。

第一，在价格补贴方面，为稳定洗衣粉价格，1989年专项补贴14995万元，1990年的专项价格补贴为1.5亿元。1989年对猪皮价格的财政补贴为4亿元。

第二，在专项基金方面，1987年国务院发布"关于扩大沿海地区轻工产品出口有关政策措施的意见"，决定"七五"期间建立重点出口企业发展基金，该基金专用于支持沿海8省市的17类轻工产品出口企业及8省市以外的150个重点出口企业的轻工产品出口。1989年为促进盐业技术改造和发展，财政部批准，每吨盐提取40元作为盐业发展基金。实行交纳能源交通发展基金和预算基金政策后，每吨盐提取30元，其中中央提10元，地方20元。

第三，在贴息贷款方面，1987年为扶持轻工产品扩大出口，增加贴息贷款4亿元。1988年以4亿元额度为基数继续给予。1996年国家增加2亿元财政拨款用于重点项目的技

术改造贷款贴息，以后每年增加一定额度的财政拨款用于技术改造贷款贴息。

（2）税收减免。根据宏观经济运行状况，这一期间政府对一些影响面大的产业，就其生产环节中的因税负过重产生负面影响的问题，依问题持续时间的长短，临时调低或免除相应税项的法定税率。税收减免对促进技术进步，调整产业结构，涵养新兴、后续税源，保障长期、稳定的经济增长起了一定作用。除了共性的税收优惠外，轻工业还享有以下（主要的）税收减免：

1988年国家对猪皮革，罐头，搪瓷面盆，口杯，日用玻璃器皿及仪器，碱性锌锰电池，纸浆，牛皮包装板，景泰兰，漆器，日用陶瓷中的坛、罐、碗、盆、缸等实行减免税政策；对生产洗衣粉的原料五钠实行减免税；对15~40W灯泡实行免税。

由于控制物价，1989年国家对部分轻工业品采取倾斜政策，对猪皮革、15~40W灯泡、农用薄膜免征增值税；搪瓷面盆、口杯税率由20%减至14%；日用玻璃器皿、玻璃仪器由23%减至14%；五钠免税或减税；罐头食品，陶瓷日用缸、碗、罐、盆、坛的应纳税额减半；日用陶瓷用金水的产品税由18%调为10%。

1990年为稳定居民生活必需品价格，帮助解决企业面临原材料涨价的困难，对搪瓷面盆、口杯的增值税由20%减为14%；日用玻璃器皿、玻璃仪器由23%减为14%；罐头食品，日用陶瓷缸、碗、盆、罐，按应纳税额减半征收；日用陶瓷用金水由18%减为10%；五钠免税或减税；对猪皮革免征增值税。

配合行业改组改造，1992年国家对日用陶瓷中的坛、碗、缸、盆减征增值税，为鼓励出口，对罐头行业减半征收增值税；对人民生活日用玻璃器皿、仪器增值税由23%减至14%；为了限制进口，保护国内生产正常进行，对玻璃纸的增值税由26%降至18%。

1994年政府对180户重点猪皮革生产企业的增值税采取先征后返、按收缴税额的50%退返企业的优惠政策，并在1994年和1995年两年中，对猪皮革的收购缓征农业特产税，对牛羊皮收购减半征收农业特产税。将香皂的消费税率暂由17%调到5%，确定将痱子粉、爽身粉从开征消费税的税目中取消。调低了黄酒的消费税率。1994年，金饰品生产企业缴纳的消费税由10%减征到5%，从1995年起，其消费税改在消费环节征收，法定税率为5%。

1997年在充分调查和严格论证的基础上，将原皮的农业特产税法定税率10%，调整到猪皮免税、牛羊皮按5%计征；香波消费税下调为7%，护肤护发品消费税从17%调整到8%。

（3）关税调节。第一，关税减免方面，1988年对11种轻工进口原料实行减税照顾，对发展生产、扩大出口起到了明显效果。为了解决农膜原料紧缺，国家对进口的农膜原料实行了"双减五"税率的特殊照顾。1989年国家对国内紧缺或不能生产的轻工原料，如洗衣粉原料、棕榈油、马口铁、薄板、塑料原料、木浆等在该年内给予减免关税和产品税（增值税）的照顾。

1990年为保证轻工业品有效供给，缓解原材料涨价给生产带来的困难，国家批准轻工系统18种进口原材料减税，主要有：洗衣粉原料、棕榈油、马口铁、薄板、塑料原料、木薯、乳清粉等；同时，对7项进口轻工原材料给予了减免关税、产品税（增值税）的照顾，它们是：生产农用薄膜用的聚乙烯和聚丙烯；生产肥皂用的牛羊油和工业棕榈；生产奶粉的乳清粉；车工用的甲苯二异氰酸酯和聚醚。1990年国家对生产用农膜产品给予免征增值税。对进口农膜原料和化肥包装袋、农用水管的塑料原料给予关税的照顾。1992~1996年对企业生产农膜给予免征增值税。

1994年对生产肥皂用的工业棕榈油、出口包装印刷用纸等产品实行了内部临时关税税率的优惠政策；对30多种轻工生产所需进口原材料，给予公开临时低关税税率的政策。

1997年对农用聚乙烯原料的进口关税税率继续由22%减征到3%，对其进口增值税在1997年6月1日前继续实行先征后退，6月1日以后实行免征；对农膜生产企业增值税免征，其原料聚乙烯进口环节的增值税免征，农用水管原料聚乙烯进口环节的增值税先征后返；1997年对包装用纸的进口关税由20%、15%继续减征到6%；对涉及轻工行业的26个品种、34个税号的原材料、零部件的进口关税实行社会公开的暂定税率。

第二，关税保护方面，1988年提高了进口彩色胶卷、彩色相纸的关税税率。1989年国家对限制出口的产品提高关税，如三聚磷酸钠、山羊板皮等，对进口的烟酒、易拉罐、饮料、香皂、化妆品等提高了关税。1990年对需要限制进口的产品，如进口谷氨酸、变色镜片、铝制容器等提高了关税税率。1996年针对进口新闻纸低价倾销，分两次下文，将进口新闻纸的关税由7%分别提高到15%和20%，稳定了国内市场秩序，维护了国内厂商合法权益。

（4）出口退税。为增强出口商品的竞争能力，避免跨国重复征税，必须将出口商品中所含的间接税退还出口商，使商品以不含税的价格进入国际市场。出口退税是WTO成员国普遍采用的一项国际通行的税收制度。

我国自1985年起开始对出口商品实施出口退税政策。1988年明确了"征多少退多少，不征不退和彻底退税"的原则。在1995年和1996年两年连续下调出口退税率之后，1997年鉴于亚洲金融危机压力，为了保证轻工产品出口，对轻工高档家电、钟表、自行车、日用陶瓷、照明电器和皮鞋6类产品的出口退税率由9%提高到11%。国务院决定从1997年1月1日起实行对有进出口经营权的生产企业自营出口或委托外贸企业代理出口的货物实行"免抵退"的办法。连同以后在出口退税方面采取的一系列措施，出口退税政策在成功地抵御亚洲金融危机的冲击、扩大出口方面，起到了重要作用。

总之，从1986年我国申请加入关税贸易总协定之日起，我国的财税制度和财税政策都逐渐地向WTO的非歧视原则、市场准入原则、公平竞争原则、贸易政策法规透明度原则、鼓励与发展原则靠拢，在降低关税、规范税收等方面已经取得了巨大的成绩。以最为敏感的出口补贴（指财政补贴及税收优惠）为例，我国在改革开放初期实行过按出口实绩补贴、外汇留成计划等WTO明文规定的禁止性补贴。为了适应WTO规则要求，我国自觉转向实行不可申诉性补贴，即从给某一企业或企业群补贴转向普遍性税收优惠或税收减免、鼓励研究与开发的补贴、支持落后地区的补贴及对环境保护的补贴。

特别是1994年的税制改革，根据"统一税法、保障财政收入和有利于加强中央宏观调控"的指导思想，砍掉了一大批税收优惠项目，解决了减免项目过多、过滥、规模失控的问题，转而通过法定的税前扣除和法定的税收优惠对国家支持的产业进行扶持，建立了较为公平的税收环境，同时较好地解决了与国际惯例接轨的问题。

2. 实施积极财政政策以后的相关财税政策

（1）出口退税。20世纪90年代中期，我国大部分轻工产品由卖方市场转变为买方市场。加之农村消费市场难以启动，开拓国际市场，积极参与国际分工，"以出口创汇为突破口，全面振兴轻工业"和"轻工际化"成为我国轻工业发展的必然选择和增长点。1998年，受亚洲金融危机的影响，轻工产品出口遇到了前所未有的困难。

为克服亚洲金融危机的不利影响，增强外贸出口对经济增长的拉动作用，缓减国内重点行业企业的生产经营困难，继1995年和1996年两次下调出口退税率之后，我国政府开始转向上调出口退税率的政策。从1998年7月1日起，将7类机电产品、5类轻工产品的出口退税率从9%提高到11%。从1999年1月1日起，国家又决定提高部分产品的出口退税率。将机械及设备、电器及电子产品、运输工具、仪器仪表四大类机电产品出口退税率提高到17%，将农机、纺织原料及制品、钟表、鞋、陶瓷、钢材及其制品、水泥的出口退税率提高到13%，将有机和无机化工原料、涂染颜料、橡胶制品、玩具及运动用品、塑料制品、旅行用品及箱包的退税率提高到11%，将原适用6%出口退税率的商品统一提高到9%。

2001年，我国正式成为WTO成员，为增强我国出口产品竞争力，2002年我国的出口退税率又有所提高，具体分为17%、15%、13%、6%和5%等5个档次。从产品结构上看，轻工产品的出口退税率较之1999年也有了新的提高。实践表明，我国轻工业具有很强的外向依赖性，出口退税政策在支持我国轻工业参与国际竞争方面产生了明显效果。

从宏观经济效果看，上述政策的实施使我国成功地抵御了亚洲金融危机冲击，有效地促进了外贸出口，已经并将继续为加入WTO后，保持我国国民经济的持续稳定增长作出突出贡献。与此同时，还应当看到，在执行出口退税政策的过程中还存在着机制不完善、退税指标短缺和退税滞后等问题。

（2）技改贴息。1999年以来实施的国债技改贴息政策是积极财政政策的一个重要组成部分。受亚洲金融危机的影响，1998年下半年开始，我国技术改造投资增幅急速下滑。1999年首次出现负增长。在这种背景下，1999年6月，党中央、国务院决定从增发国债中，每年专门划出90亿元，用于企业技改和产业升级的贴息。力度之大，相当于过去中央财政年技改贴息金额的10倍。据了解，1999~2001年，国家共安排国债技改资金265.4亿元，共安排了6批1218项国债技改项目。国债技改项目确定了冶金、有色、石化、纺织、机械、电子信息和造纸等分行业标志性目标，由于造纸原属轻工业，俗称"六个半标志性目标"。

我国造纸工业与世界造纸工业水平差距很大，附加值大、技术含量高的产品大量依赖进口，在40多个轻工行业中，是进口第一大户，年进口纸及纸板和原料的用汇约60亿美元。故此，国债技改贴息政策对轻工业的支持主要以造纸业为主。其目标是关键纸种2~3年内实现替代进口60%以上，产品质量、档次达到国际先进水平，其中高档新闻纸基本立足国内生产。造纸原料结构得到调整，治理污染，造纸废液实现达标排放，纸机国产化率提高40%。

国债技改目标中，造纸工业共组织实施21项，截至2001年10月底，已开工19项，建成投产6项，实现部分标志性目标，有效供给高档新闻纸35万吨，高档包装纸35万吨，节能降耗和综合治理效果显著，吨纸水耗下降30%，废水排放量下降40%，万元产值能耗下降5%，改造后造纸企业废液已达标排放，多年未能解决的环境污染得到解决。以设备进口为依托，通过技贸结合，引进国内急需的造纸机械，缩短了和国外造纸业的差距。

1999年国家拨出的90亿元国债技改贴息资金，先后安排了三批共647个项目，总投资1718亿元。其中轻工业36个项目使用国债6.7亿元，总投资171.8亿元，占10%。轻工业投资拉动为技改国债资金的25.64倍，高于1∶19的平均水平。

国债技改贴息政策的实施调动了企业技术改造的积极性，引导了企业技术改造的方向，推动了企业技术进步，同时增强了银行对重点技术改造项目支持的信心和贷款的力度，带动了社会资金对技术改造的投入，发挥了"四两拨千斤"的作用。此外，国债技改贴息政策还与国有企业改革和产业结构调整相配合，推进了国有企业改革和产业结构的升级。

2002年轻工业国债技改重点项目，除继续抓好骨干纸厂改造和提高造纸原料自给率外，增加了农副产品深度加工项目。

（3）税率调整。实行积极财政政策以来，尽管没有把减税作为实施扩张性财政政策的主要手段，总体税负水平未变，但仍有结构性或局部的调整。其中涉及轻工业的有以下几种：

第一，增值税。①对部分农业生产资料免征增值税的政策，直接惠及一些轻工产品，如农膜属免征之列。②经国务院批准，从2002年1月1日起，增值税一般纳税人购进农业生产者销售的免税农业产品的进项税额扣除率由10%提高到13%。该政策使以农产品为原料的多种轻工产品生产企业受益，有利于农轻结合，促进农业和轻工业的发展。

第二，消费税。随着居民生活水平的提高，护肤护发品已成为人们日常生活的基本用品。自1999年1月1日起，除对香皂仍按现行政策规定依5%的税率征收消费税以外，其他护肤护发品的消费税税率统一由17%降为8%。该政策有利于提高人们的生活水平和相关轻工业的发展。

第三，农业特产税。2002年对猪皮停止征收10%的农业特产税，对牛羊皮减按5%征收。减轻了皮革行业的税负，增强了皮革制品的竞争力。

四、21世纪初中国轻工业产业政策的基本评价

20世纪80年代后，中国轻工业产业政策开始逐步发生变化，在建立市场经济体制过程中，产业政策质量有了较大提高。但这一时期的产业政策是在20世纪80年代中期到90年代中期计划经济和市场经济两种体制并行的双轨制中产生的，其运行机制也带有两种体制的特点。这一阶段市场化改革尚未完成，传统计划经济体制仍有很强作用，政府对市场仍有很强干预，政府仍然拥有经济绝对控制权，同时各项政策又是由传统管理体制和传统观念下指导的官员制定，强调行政手段运用，带有很强的计划经济特征。

进入21世纪后，我国轻工业的产业政策不断进行适应性的调整，从单纯的赶超模式和差别化的政策手段向更注重发挥比较优势、强化市场功能和提供信息的方向转变。

1. 产业结构政策

调整产业结构一直是我国轻工业产业政策的重点内容。20世纪80~90年代，我国轻工业产业结构政策的重点是针对满足国内消费品市场，扩大和提高生产能力进行全方位的产业结构调整。直至"八五"期间，我国轻工业产业结构政策仍以此为主要目标。随着政策的倾斜及国外直接投资进入那些劳动力成本低、市场需求大、具备了相当技术基础的传统轻工业和家电行业，使轻工业得到了飞速的发展，产业结构不合理的状况有所改观。同时，工业品出口迅速增长，我国也就此告别了"短缺经济"，进入了供给充足、市场繁荣的阶段。

从20世纪90年代开始，面对经济全球化带来的产业结构变动的新趋势，我国轻工业的产业政策在继续致力于产业结构调整的同时，也开始注重通过国际分工和国际经济技术合作寻求产业结构升级的策略选择。

21世纪轻工业产业政策的主要内容与20世纪80年代的产业政策相比有所不同：一是缩小重点支持产业的范围。明确提出重点支持家电、造纸、塑料加工等几个支柱行业和出口行业。二是重视弥补市场失灵。20世纪80年代产业政策的重点在于促进供不应求产业的发展，同时限制供大于求产业的发展。而新产业政策的重点是：优化产品结构，大幅度提高产品质量和档次，增加中高档产品、高附加值产品、技术密集型、知识型产品比重，适应多元化的市场需求，其重点产品质量接近或达到国际水平，且培育一批国际知名品牌，淘汰不适应市场需求的落后产品。提出许多措施保证产业政策的推行。

21世纪以来，我国轻工业致力于产业结构升级的产业结构政策取得了一定的效果。我国宏观经济环境发生了深刻的变化，供求总量格局发生了根本性转变，即总量的不均衡从供不应求转变为供大于求。我国消费品零售市场上已经没有供不应求的商品，而且出现了一些重要产品生产能力过剩的情况，并在随后的几年中呈加剧态势。从总体上来说，我国已经告别了短缺经济，开始步入相对过剩时期，买方市场已经形成。这标志着以数量协调为主阶段的结束，并进入到以提高国际竞争力为主的转变。过剩经济的运行态势为轻工业产业结构的调整和升级创造了一个有利的环境。

随着经济全球化进程的加快，外资在各领域的全面扩张及跨国公司的大举进入，我国轻工业的产业结构体系已经纳入了全球生产体系。以高新技术产业不断崛起和传统产业的大规模技术改造为核心的产业升级全球化趋势不断加强。在这样的背景下，我国轻工业的产业结构政策主要特点已经不再是适应性地"填平补齐"，而是更加注重用技术创新成果改造传统产业，发展新兴行业。以实现产业结构的整体升级作为政策的重点。

从实践效果来看，21世纪，我国轻工业产业结构的调整和升级取得了一定进展，突出表现为：一般轻工业加工工业在轻工业产值中的比重有所下降，而技术相对密集产业的比重有所上升，尤其是技术密集度高和具有高新技术产业特征的家用电器行业等的比重明显上升。这期间轻工业在工业增加值中的比重呈上升趋势。这些成效也是因为经济运行态势的变化和市场改革取向的深化提高了市场机制的调节功能的结果。然而，目前我国轻工业产业结构仍不合理。受到体制性和政策性因素的约束，某些行业因受到政策性进入的限制，发展仍然相对滞后。内部结构的不合理及外部环境的冲击，使我国轻工业产业结构升级受到制约。

轻工业因其投资少、进入门槛低等特点成为主要的投资领域，规模小、技术含量低的中小加工企业迅速大量涌现。这样，加重了业已存在的产业结构失衡、产业低度化和分散化等问题。产业之间以及产业内部结构不合理现象依然存在，产业整体素质不高的问题相当突出。

2. 产业组织政策

20世纪90年代以前，我国轻工业的产业政策主要侧重于产业结构和市场结构政策，较少涉及具体行业部门企业规模结构、组织关系、进入与退出、技术进步等问题的明确、系统、规范的产业组织政策。20世纪90代以后，我国开始制定诸如"抓大放小"，推动企业兼并、破产、重组，实施重点产业部门大公司、大集团战略，提高我国轻工业国际竞争力的各种政策。

产业组织政策主要包括以下四个部分：一是以《反不正当竞争法》为基础的反不正当竞争政策。其基本目的是保障社会主义市场经济健康发展，鼓励和保护公平竞争，制止不正当竞争行为，保护经营者和消费者的合法权益。二是《20世纪90年代国家产业政策纲要》中关于产业组织合理化的原则性规定。三是以《反不正当竞争法》和《20世纪90年代国家产业政策纲要》为主要依据的轻工业产业组织政策，如1994年颁布的《家电工业产业政策》等。四是适合轻工业特点的发展中小企业的法律，如2002年6月由全国人大常委会通过的《中华人民共和国中小企业促进法》。从这些文件看，我国产业组织政策的主旨是鼓励和保护公平竞争，提高产业内部专业化程度，提高产业集中度，形成合理的企业经济规模，促进产业组织优化升级。但总的来说，我国轻工业产业组织政策仍然处在探索阶段。由于政策本身存有许多不明确之处，致使其效果也不甚理想。

（1）产业组织政策重视市场结构而轻视市场行为，规范的市场行为并未形成。《"十一五"轻工业发展规划》规定了轻工业产业组织政策的四大目标是：促进企业合理竞争，实现规模经济和专业化协作，形成适合轻工业技术经济特点和我国经济发展阶段的产业组织结构；对规模经济效益显著的行业，应形成以少数大型企业（集团）为竞争主体的市场结构；对产品由大量零部件组成的行业，应形成大、中、小企业合理分工协作，规模适当的市场结构；对规模经济效益不显著的产业，应鼓励小企业的发展，形成大、中、小企业并存，企业数目较多的竞争性市场结构。

四大目标中，后三个目标明显侧重市场结构；第一个目标虽涉及市场行为，但很不明确，既没有提反垄断，又没有提有效竞争。由于政策上缺乏对市场行为的规范，我国一些轻工业企业的价格行为、非价格行为、企业自组织行为都存在不同程度的问题。

第一，价格行为。随着经济体制的转变、价格改革的深化，目前，我国轻工业消费品价格全部放开。在实行的市场调节价、政府指导价、政府定价三种价格形式中，政府定价所占比例已经很小，市场价格机制基本形成，企业作为自主经营的法人实体和价格决策主体，已在市场价格形成中成为主角。但我国社会主义市场经济尚处于初级阶段，市场发育不成熟，市场竞争不充分，法制体系不完善，市场价格机制还不健全。企业长期受计划经济及计划价格体制的影响，价格由企业自主决策的制度尚不成熟，企业价格行为不规范的问题很突出，随意定价、价格欺诈、价格垄断、牟取暴利、低价倾销等行为制约着市场价格机制作用的发挥，扰乱了正常的市场竞争秩序。不仅如此，而且还存在着企业价格过度竞争的问题。以空调行业为例，20世纪90年代末期彩电行业价格大战余烟未尽，空调行业的价格大战又风起云涌。2000年空调的均价是4200元/台，2001年的均价是3200元/台，而2002年的空调均价只有2500元/台了。据统计，2002年我国空调行业的生产能力已达到3500万台以上，当年全国空调产量3135万台，比2001年增长30%，而国内销量不足1500万台，出口不足1000万台，2002年底全国空调库存在700万台以上。2004年度开局，格力率先将旗下一款空调打出1188元的特价，美的跟进，打出1088元，华凌999元。2004年11月份，格力又将一款空调打出2999元的特价。

2005年全行业尽管面临原材料上涨、生产成本上升，库存压力沉重，但各品牌大打价格恶战的状况仍在继续。延续了数年的价格战，已把空调行业的所得利润压制到微利水平。此起彼伏的价格战显示出市场的极不成熟。

第二，企业非价格行为。20世纪90年代后，在激烈的商品竞争中，单纯依赖价格竞争，其弊端日渐突出，企业运用价格以外的其他营销手段来赢得市场的竞争成为一种主要策略。企业非价格行为的规范需要有相应的法律法规。尽管这些年我国也不断有相关法律法规出台，但力度不够。由于政府部门缺乏对非价格竞争的法制化、规范化管理，企业在市场中产品竞争优势不突出，产品竞争力弱等。

（2）产业组织结构仍然不合理。进入21世纪后，我国轻工业产业组织结构得到很大改观，产业集中度、企业平均规模结构以及专业化协作水平都有不同程度的提高，但总体上来说，仍没有摆脱产业组织结构不合理的状况，与发达国家相比，差距还是很大。产业集中度。进入21世纪，随着经济体制改革的深化，市场竞争中的优胜劣汰机制开始发挥作用，一定程度上导致了产业集中度的上升，如家电行业前几位企业的市场占有率大大提高，像彩电等产业集中度上升得很快，1995年彩电CR3为43%，2008年提高到60.29%。食品制造业等8个产业的集中度上升。

尽管我国轻工业产业集中度水平有所提高，但同发达国家相比，我国轻工业44个行业中，半数以上的产业集中度偏低。

轻工业行业投资少，进入门槛较低的特点，导致部分行业盲目进入，过度竞争的态势没有改变。虽然，轻工业消费品总量上有很大增长，但是一些行业企业盲目进入，拼资源、拼消耗，生产集中度进一步降低。尽管国家加强了宏观调控，某些行业过度竞争的局面却仍进一步恶化，加剧了各种经济资源的紧张。很多轻工业消费品低水平重复建设极为严重，几千家、几百家企业生产类似产品，严重影响了工业的竞争力，造成了生产能力和资源消耗的极大浪费。总的来看，我国轻工业企业规模普遍偏小，未获得规模经济效益的小企业是市场的主要供应者，而且部分行业生产能力过剩的现象愈演愈烈，因而，我国轻工业的产业的规模结构效率处于低效率状态。目前，我国轻工业的产业组织结构的特点是中小企业多。"大而全"、"小而全"式非经济性全能企业数量过多，使大、中、小企业间无法形成优势互补，相互争夺原材料和市场，造成资源浪费，降低了提高劳动生产率、产品质量合格率和技术创新的能力，失去了分工效益和规模效益，最终削弱了产业整体在国际市场上的竞争力。

（3）产业组织政策不能有效地维护产业竞争秩序。有些地方政府（部门）从本位利益出发随意决策、审批，导致中小型企业遍地开花，地区布局趋同化，生产能力过剩，技术落伍。一些企业为摆脱困境，只能不择手段地进行不合理竞争，这样就削弱了有效竞争对收缩过剩生产能力的作用，加剧了规模不经济的小企业的过量发展和更大范围的低水平重复建设。

3. 产业技术政策

进入21世纪以来，为适应建立社会主义市场经济体制的要求，轻工业产业技术政策发生了一些相应的变化。表现为更加注重高新技术创新方面，创造有利于技术创新的环境，完善相关的法律法规体系，制定税收优惠政策，推动技术扩散的技术市场政策，扶持高新技术产业改造传统行业发展的政策等。

近些年，我国轻工业产业技术政策在培育自主创新方面加大了力度，但从实际效果来看，仍不理想。从总体上看，目前，我国轻工业技术装备仍落后，技术创新能力弱。大部分轻工企业的技术装备仍停留在20世纪80年代以前水平，与国外先进技术水平差距很大。轻工科研机构与企业和市场的结合不够紧密，很多中小企业基本没有技术开发能力，技术人员匮乏，缺少科研设备和资金，大企业科研开发也普遍投入不足。

企业国际竞争力较差。我国轻工业在世界轻工类产品的贸易额中，仅占5%，且出口市场过于集中。出口产品档次不高，换汇率低，如每双皮鞋平均仅5.5美元，陶瓷单件换汇0.3美元。跨国经营水平较低，一些企业虽已到境外办厂，但承受国际风险的能力还不强。

4. 产业布局政策

21世纪初，轻工业产业布局政策开始注重区域经济协调发展。从整体上看，轻工业的产业布局政策取得了相当的成就。但也应该看到，合理的产业布局至今尚未形成，区域结构及资源配置不合理。在轻工业产值中，东部占74.4%，西部占9.4%；人均劳动生产率东部比西部高110%。区域经济比较优势未能很好发挥，东中西部轻工业发展的差距仍然较大。

五、对《轻工业调整和振兴规划》实施和效果基本评估

2008年下半年，全球金融危机通过多种传导机制影响到我国经济的正常发展，对食品工业的增长、出口、就业、企业效益等方面的影响逐步显现，并不断加剧。为了应对国际金融危机对中国经济的影响与冲击，中央政府及时地推出了以扩大内需、刺激经济增长为目的的一系列政策措施。2009年初经国务院批准发布了《轻工业调整和振兴规划》。推出了确保轻工业增长的一系列政策措施，为轻工业克服困难、保持快速发展创造了较好的政策环境。

1. 金融危机对轻工业的影响

国际金融危机对我国轻工业造成严重冲击，国内外市场供求失衡，产品库存积压严重，

企业融资困难，生产经营陷入困境。

从 2008 年第三季度开始，国际金融危机逐渐影响我国轻工业，轻工行业面临着多年来没有过的严峻形势。受到的影响主要在几个方面：

（1）国际市场需求萎缩，轻工业出口受到严重冲击。国际金融危机的影响，首先表现在国际市场萎缩，对轻工业产品出口的影响较大，国际购买力下降导致我国轻工业出口形势严峻，除个别刚性需求产品外，轻工业出口面临价格下降和国际贸易的绿色壁垒保护，轻工业产品出口增幅回落或减少。据统计，2009 年第一季度，我国轻工业外贸出口同比下降 6.7%，其中，罐头产品出口交货值下降 43.9%，其他一些农副产品出口下降 34.9%。

（2）轻工企业生产经营困难程度加深。对轻工企业的资金流动和原材料的采购影响。金融危机带来的银根紧缩和流动性严重影响了轻工企业原辅材料的采购资金的规模。企业生产经营成本居高不下，一些轻工行业和企业生产经营陷入困境。企业资金压力加大。2008 年下半年，一些企业成品库存和应收账款增多，流动资金不足，资金缺口进一步扩大。2009 年前两个月，在信贷规模大幅增加的情况下，中小企业授信额度总体偏小。尽管有关部门加大财政、信贷支持力度，拓宽中小企业直接融资渠道，构建多层次中小企业信用担保体系等方面努力开展工作，但中小企业融资难的问题未得到根本性解决。

（3）对轻工业基本建设投资的影响。国际金融危机对轻工企业规划中投资的影响较大，轻工业行业中许多前期论证项目被迫停止。2000 年以来，国际资本原来非常看好我国食品加工业的未来高速发展前景，投资不断加大，但是受到金融危机的影响，我国食品产业国际投资持续走低。同时也波及国内金融资本对食品行业的投资力度和规模。2007 年食品工业投资规模 3448.4 亿元，2008 年食品行业投资规模为 3299.7 亿元，远远低于往年的平均水平。

（4）轻工业生产呈现波动增长。从 2008 年分月度轻工业生产运行情况看，轻工业增加值增长速度在 10.8%~17.4%波动。受国际金融危机产生的连带影响，2008 年 4 月、9 月、12 月全行业生产增长速度放慢，出现全年的低点，这也是轻工业多年来出现的一年三次大幅度月度波动。

2.《轻工业调整和振兴规划》的主要政策措施

为应对国际金融危机的影响，落实保增长、扩内需、调结构的总体要求，确保轻工业稳定发展，加快结构调整，推进产业升级。2009 年初，国务院推出十大产业振兴规划。其中在《轻工业调整和振兴规划》中，制定了确保轻工业增长的一系列政策措施，为轻工业恢复持续快速发展创造了积极利好的政策环境。

（1）进一步扩大"家电下乡"补贴品种。根据农民意愿和行业发展要求，将微波炉和电磁炉纳入"家电下乡"补贴范围，并将每类产品每户只能购买一台的限制放宽到两台。中央财政加大对民族地区和地震重灾区的支持力度。

（2）提高部分轻工产品出口退税率。进一步提高部分不属于"两高一资"的轻工产品的出口退税率，加快出口退税进度，确保及时足额退税。

（3）调整加工贸易目录。继续禁止"两高一资"产品加工贸易。对符合国家产业政策和宏观调控要求，不属于高耗能、高污染的产品，取消加工贸易禁止。对部分劳动密集型产品以及技术含量较高、环保节能的产品,取消加工贸易限制。对全部使用进口资源且生产过程中污染和能耗较低的产品,允许开展加工贸易。

(4)解决涉农产品收储问题。进一步扩大食糖国家储备。鼓励地方政府采取流动资金贷款贴息等措施,支持企业收储纸浆及纸、浓缩苹果汁等涉农产品,缓解产品销售不畅、积压严重的状况。

(5)加强技术创新和技术改造。支持重点装备自主化、关键技术创新与产业化,支持提高重点行业技术装备水平、推进节能减排、强化食品加工安全以及自主品牌建设等。

(6)加大金融支持力度。尽快落实《国务院办公厅关于当前金融促进经济发展的若干意见》(国办发〔2008〕126号),鼓励金融机构加大对轻工企业信贷支持力度,对一些基本面较好、带动就业明显、信用记录较好但暂时出现经营困难的企业给予信贷支持,允许将到期的贷款适当展期;简化税务部门审核金融机构呆账核销手续和程序,对中小企业贷款实行税前全额拨备损失准备金;支持符合条件的企业发行公司债券、企业债券、中小企业集合债券、短期融资券等,拓展企业融资渠道;中央和地方财政要加大对资质好、管理规范的中小企业信用担保机构的支持力度,鼓励担保机构为中小型轻工企业提供信用担保和融资服务;利用出口信贷、出口信用保险等金融工具,帮助轻工企业便利贸易融资,防范国际贸易风险。鼓励保险公司开展产品质量保险和出口信用保险,为轻工企业提供风险保障。建立和完善中央集中式的、以互联网为基础的动产和权利担保登记中心,简化登记手续,降低登记收费,落实债权人的担保权益。

(7)大力扶持中小企业。现有支持中小企业发展的专项资金(基金)等向轻工企业倾斜,中央外贸发展基金加大对符合条件的轻工企业巩固和开拓国外市场的支持力度;按照有关规定,对中小型轻工企业实施缓缴社会保险费或降低相关社会保险费率等政策。

(8)加强产业政策引导。尽快研究制定发酵、粮油、皮革、电池、照明电器、日用玻璃、农膜等产业政策以及准入条件,研究完善重污染企业和落后产能退出机制,适时调整《产业结构调整指导目录》和《外商投资产业指导目录》。环保、土地、信贷、工商登记等相关政策要与产业政策相互衔接配合,充分体现有保有压的调控作用。

(9)鼓励兼并重组和淘汰落后。认真落实有关兼并重组的政策,在流动资金、债务核定、职工安置等方面给予支持;对于实施兼并重组企业的技术创新、技术改造给予优先支持。各级政府要加大轻工业重点行业淘汰落后产能力度,解决好职工安置、企业转产、债务化解等问题,促进社会和谐稳定。

(10)发挥行业协会作用。充分发挥行业协会在产业发展、技术进步、标准制定、贸易促进、行业准入和公共服务等方面的作用。建立轻工业经济运行及预测预警信息平台,及时反映行业情况和问题,引导企业落实产业政策,加强行业自律。

3.《轻工业调整和振兴规划》实施效果及评价

国家《轻工业调整和振兴规划》的实施,对轻工业加快结构调整步伐、有效应对金融危机发挥了重要作用,有力遏制了轻工业急剧下滑局面,并促进行业回升向好。

(1)轻工经济企稳回升,从2009年上半年开始回升,整体效益转好。2010年,产值、利润保持持续稳定增长。

(2) 提高出口退税率政策惠及轻工企业，涉及2300多个税号的轻工商品，使出口迅速恢复，并创下月度出口的历史新高。

(3) 扩大内需等政策拉动效果明显，内需比重由78.0%提高到83.5%。家电下乡、以旧换新等政策成为拉动消费的有力支撑，取得效果显著：2009年家电下乡金额692.57亿元，2010年1~8月家电下乡金额达到1009.4亿元。

(4) 为恢复和促进就业做出了贡献，2010年1~8月，全行业就业职工2234万人，比金融危机时的1913万人增加了321万人。

(5) 实施一批技术改造项目，对产业升级起到了积极推动作用。电池、皮革、塑料和洗涤用品等行业协会向发改委上报23个产业化项目，其中13个项目已通过发改委组织的专家评审。组织完成了酿酒和发酵两个行业清洁生产推行方案、35个清洁生产示范项目的专家评审，其中发酵、造纸、酿酒三个行业的4个项目获得3200万元的国家拨款支持。

(6) 有序推进企业淘汰落后产能、兼并重组取得进展。到2010年9月底前造纸行业将淘汰落后产能465.3万吨，涉及279个企业；酒精行业将淘汰落后产能68.8万吨，涉及38个企业；味精行业将淘汰落后产能19.5万吨，涉及7个企业；柠檬酸行业将淘汰落后产能1.7万吨，涉及2个企业；皮革行业将淘汰落后产能1435.8万标张，涉及84个企业；一批企业以市场为导向，积极实施兼并重组，如中粮集团出资61亿港元收购蒙牛乳业20%股份。

(7) 推动产业有序转移，特色区域和产业集群建设取得新的进展。2009年以来轻工行业通过与地方共建等措施，新建32个产业集群和特色区域，成为轻工业和地方经济新的增长点。目前，轻工产业集群的产值已占到轻工总产值的30%。

(8) 轻工产品和技术标准的制定、修订为提升产品质量提供了支撑。2011年共组织完成制定、修订国家标准124项，行业标准248项。

附录　调查问卷分析

为了对 2000~2010 年中国产业政策的实态进行分析，课题组设计并发放了"中国产业政策实证研究调查问卷"。问卷采取实际访谈时填写、会议间隙填写、由某些单位负责组织填写、寄送填写等方法，共发放问卷 400 余份，收回问卷 382 份，其中有效问卷 363 份。回答问卷者分别来自以下部门：政府机关 82 人（其中，地方政府机关 38 人，中央政府机关 44 人），占 22.6%；企业 74 人，占 20.4%；大专院校 37 人，占 10.2%；科研院所 46 人，占 12.7%；中介机构（协会、学会）71 人，占 19.5%；舆论界（报刊、网络从业人员）53 人，占 14.6%。

为了与 20 世纪 90 年代末进行的产业政策实证研究成果便于对比，在问卷设计上尽量延续了当年的主要问题，同时根据改革开放新进展、经济体制改革新情况设置了某些新问题。

调查问卷的问题共分 4 类：简答题；程度类；选择项之间没有关系，但只能选择一项；选择项之间没有关系，但可以做多项选择。

一、简答题

问题 1：你关心产业政策吗？（共四个选项：不关心、一般了解、比较关心、很关心）

不关心的人有 24 人，占 7%；一般了解的人有 78 人，占 21%；比较关心的人有 156 人，占 43%；很关心的人有 105 人，占 29%。

问题 2：产业政策的作用与 20 世纪 90 年代相比有何变化？（共四个选项：作用增强、没有变化、作用减弱、作用明显减弱）

认为作用增强的人有 168 人，占 46%；认为没有变化的人有 84 人，占 23%；认为作用减弱的人有 93 人，占 26%；认为作用明显减弱的人有 18 人，占 5%。

问题 3：产业政策失效的原因是什么？

359 人对此问题做出了回答。

83 人认为，对于市场因素考虑不充分，市场预测不准确是产业政策失效的重要原因；90 人认为，中央政府、地方政府及企业之间的利益冲突是产业政策失效的重要原因；75 人认为，中央政府各经济管理部门，中央政府与地方政府之间的权力分割导致执行力度不够是产业政策失效的重要原因；61 人认为，主观随意性比较大，行政干预过多，政策与经济发展现实差距较大是产业政策失效的重要原因；50人认为，中央政府与地方政府在经济发展目标上存在着矛盾是产业政策失效的重要原因。

问题4：产业政策产生效果的原因是什么？

360人对此问题做出了回答。

145人认为，尊重市场经济规律，考虑了市场机制作用是产业政策产生效果的重要原因；73人认为，充分考虑了各方面利益是产业政策产生效果的重要原因；40人认为，对主要产业进行支持，政策重点突出是产业政策产生效果的重要原因；38人认为，产业政策制定过程中，科学决策水平有所提高是产业政策产生效果的重要原因；33人认为，执行力增强是产业政策产生效果的重要原因；31人认为，综合运用了各种政策手段，尤其是运用了财政、税收政策是产业政策产生效果的重要原因。

问题5：产业政策制定的改进方向是什么？

362人对此问题做出了回答。

105人认为，今后要进一步发挥市场机制作用；96人认为，政策制定要充分听取地方政府、企业的意见，充分考虑利益协调；46人认为，要进一步减少行政干预；43人认为，要充分考虑民生问题；30人认为，要进一步增强科学性决策；25人认为，要充分考虑国际因素，进一步与国际规则接轨；17人认为，要充分发挥财政、税收手段的作用。

问题6：你认为今后10年产业政策的发展趋势是什么？（此问题给出了3个选项：影响进一步增强、维持目前的状况、影响逐步削弱）

360人对此问题做出了回答。

181人认为，今后10年产业政策的影响将进一步增强；92人认为，今后10年产业政策的影响将维持现状；69人认为，今后10年产业政策的影响将逐步削弱。

问题7：你认为21世纪前10年产业政策制定过程中的科学性、民主性与20世纪90年代相比是否增加？（此问题给出了3个选项：明显增强、逐步增强、没有增强）

343人对此问题做出了回答。

92人认为，明显增强；150人认为，逐步增强；101人认为，没有增强。

问题8：你认为21世纪前10年产业政策制定过程中的政策透明度与20世纪90年代相比是否增加？（此问题给出了3个选项：明显提高、有所提高、没有提高）

345人对此问题做出了回答。

50人认为，明显提高；163人认为，有所提高；132人认为，没有提高。

二、程度类问题

该类问题选择项表明产业政策起作用的程度，或政府部门制定产业政策时起作用的程度，共5个问题。问题9、10、11、12、13均有5个选择项（见附表1）：①显著作用，②较大作用，③有作用，④没有作用，⑤有负作用。对问题回答时，只能在选择项中选择一个。

对程度类问题的选择项分配不同的权数，显著作用；较大作用；有作用；没有作用；有负作用5个选择项的权数分别为3、2、1、0、–1。然后计算每一个问题各选择项被选择的次数和占总数的百分比，以及该问题的加权平均得分。得分为负，说明有负作用，得分在0~1，说明作用小，得分在1~2之间，说明作用中等；得分在2~3之间，说明作用大。

对问题9、10、11、12、13进行统计后，得出的结果见附表1。表格中的两个数字含义分别为：上面的数字是该选择项被选择的次数，也即选择该选择项的人数；下面的数字是被选择次数占总数的百分比，也即选择该选择项的人数占总人数的百分比。

从附表1可以看出，对第9个问题的回答，选择"有作用"的人数最多，为147人，占40.68%；选择"较大作用"的人，为144人，占39.83%；选择"显著作用"的人，为48人，占13.56%；选择"没有作用"的人，为15人，占3.39%；选择"负作用"的人，为9人占2.94%。选择"较大作用"和"显著作用"的人数总和为291人，占总数的80.06%。这一项的加权平均分为1.53，说明大多数人认为，我国的产业政策对产业发展起到了中等程度的作用，程度上与20世纪90年代问卷调查基本相同。但是与20世纪90年代末的调查相比，认同产业政策起中等程度作用的人的比重有所下降，得分也有所下降。

由第10个问题的统计结果可知，多数人认为产业政策对基础产业发展起的作用相对较大，这一项的平均得分达到1.88，在所列的5个产业中得分最高。但是，与20世纪90年代末的调查得分相比，基础产业与其他产业的得分差距相对缩小。其他4个产业的平均分也都在1~2，说明人们普遍认为产业政策对这几个产业的发展也都起到了一定程度的作用。其中高技术产业的得分与基础产业得分相同，表明进入21世纪以来，产业政策的扶植重点更加向高技术产业转移。同时，对服务业的产业政策是此次调查增加的。服务业产业政策作用与制造业相比仍然略低，但是基本处于同一层面。产业政策对制造业和原材料产业的作用的得分，与20世纪相比也有所提高。这意味深长，表明在进入21世纪后，中国在重化工业轨道上前进，产业政策在产业选择方面仍持续了与20世纪90年代相同的内容。

从对第11个问题的统计结果可以看出，在制定产业政策的过程中，中央政府综合部门被认为起着突出作用，这项的加权平均分高达2.23；中央政府专业部门，加权平均分为2.04；产业协会的作用与20世纪90年代末相比有了较大提高，加权平均分为1.17，影响程度为"中等"，而20世纪影响程度为"小"；地方政府的作用与20世纪相比也有所提高，加权平均分为1.51；本国大企业或企业集团的作用有了提高，加权平均分为1.27。在20世纪末进行的调查中，认为"行业协会"和"大企业或企业集团"对于产业政策制定有影响力的人数加起来才只占4.2%，加权平均分分别为0.78、1.06。

专家学者、新闻舆论机构、外国政府、跨国公司等对产业政策制定的作用，在20世纪进行的调查中没有包括，是本次调查新设立的项目。专家学者对产业政策制定的作用，加权平均分为1.02，程度为"中"。可见我国政府产业政策制定过程中，科学论证有所加强。新闻舆论机构、外国政府、跨国公司等对产业政策制定的作用，加权平均分均低于1，程度为"小"，但也表明产业政策制定过程中参与者、利益相关者越来越多，制定过程越来越开放。

对第12个问题的统计结果表明，财政、金融等在产业政策体系中被认为是最有效的政策工具。行政手段的作用与20世纪90年代末进行的调查相比，有明显降低。在20世纪

90年代末进行的调查中,近一半(48.39%)人认为,我国产业政策中起主要作用的手段是政府行政调控,行政手段在诸种产业政策手段中居于最有影响力的地位。国内法律法规、国际法律法规的加权平均得分分别为1.73、1.17,起作用程度为"中",表明与20世纪90年代末相比,我国产业政策制定时,国内、国际法律的影响明显加大,产业政策不能不在相关法律框架内制定、存在与运行。技术标准的作用程度为"中",产业联盟起的作用虽然"小",但也开始发挥作用,表明产业技术政策发挥着越来越大的作用。

对第13个问题的统计结果表明,进入21世纪以来的产业政策在推动产业结构调整、产业组织结构调整、产业技术进步、增加出口、保护国内产业、扶植国内产业等方面起着中等程度的作用。但是,对维护市场竞争秩序作用较小。

附表1 21世纪初中国产业政策实证研究调查

问 题	选择项被选次数及百分比					平均得分	程度
	显著作用 (3)*	较大作用 (2)*	有作用 (1)*	没有作用 (0)*	负作用 (-1)*		
9. 加入WTO以来,产业政策对产业发展在何种程度上起到了推动作用	48	144	147	15	9	1.53	中
	13.56	39.83	40.68	3.39	2.54		
10. 产业政策对下列行业分别起到了何种程度的作用							
基础工业	120	111	105	21	6	1.88	
	33.06	30.58	28.93	5.79	1.65		
加工工业	63	138	132	21	9	1.62	中
	17.36	38.02	36.36	5.79	2.48		
原材料工业	81	114	126	33	9	1.62	中
	22.31	31.40	34.71	9.09	2.48		
高技术产业	117	114	108	21	3	1.88	中
	32.23	31.40	29.75	5.79	0.83		
现代服务业	60	111	144	45	3	1.50	中
	16.53	30.58	39.67	12.40	0.83		
11. 下列各种力量在产业政策制定中起作用的程度							
中央政府综合管理部门	189	96	54	21	3	2.23	大
	52.07	26.45	14.88	5.79	0.83		
中央政府专业管理部门	114	171	60	15	3	2.04	大
	31.40	47.11	16.53	4.13	0.83		
地方政府	51	135	132	39	6	1.51	中
	14.05	37.19	36.36	10.74	1.65		
产业协会	21	81	204	54	3	1.17	中
	5.79	22.31	56.20	14.88	0.83		
本国大企业或企业集团	21	99	207	30	6	1.27	中
	5.79	27.27	57.02	8.26	1.65		
专家学者	15	60	219	54	15	1.02	中
	4.13	16.53	60.33	14.88	4.13		

续表

问 题	选择项被选次数及百分比					平均得分	程度
	显著作用 (3)*	较大作用 (2)*	有作用 (1)*	没有作用 (0)*	负作用 (-1)*		
新闻舆论机构	12	21	228	93	9	0.82	小
	3.31	5.79	62.81	25.62	2.48		
外国政府	3	30	159	126	45	0.50	小
	0.83	8.26	43.80	34.71	12.40		
跨国公司	6	39	183	72	63	0.60	小
12.下列政策手段在产业政策中起作用的程度							
行政调控	93	168	78	6	18	1.86	中
	25.62	46.28	21.49	1.65	4.96		
国内法律法规	57	171	117	15	3	1.73	中
	15.70	47.11	32.23	4.13	0.83		
国际法律法规	3	120	180	54	6	1.17	中
	0.83	33.06	49.59	14.88	1.65		
财政	99	192	63	9	0	2.05	大
	27.27	52.89	17.36	2.48	0.00		
税收	123	168	63	9	0	1.12	中
	33.88	46.28	17.36	2.48	0.00		
金融	87	171	99	6	0	1.93	中
	23.97	47.11	27.27	1.65	0.00		
信息引导	27	78	177	81	0	1.14	中
	7.44	21.49	48.76	22.31	0.00		
技术标准	36	132	144	51	0	1.42	中
	9.92	36.36	39.67	14.05	0.00		
产官学联盟	15	84	156	96	12	0.98	小
	4.13	23.14	42.98	26.45	3.31		
13.产业政策不同领域的效果							
产业结构调整	66	114	138	45	0	1.55	中
	18.18	31.40	38.02	12.40	0.00		
产业组织结构调整	27	117	165	54	0	1.32	中
	7.44	32.23	45.45	14.88	0.00		
产业技术进步	36	126	177	24	0	1.42	中
	9.92	34.71	48.76	6.61	0.00		
增加出口	51	102	183	27	0	1.49	中
	14.05	28.10	50.41	7.44	0.00		
保护国内产业	36	87	189	42	9	1.27	中
	9.92	23.97	52.07	11.57	2.48		
扶植国内产业	33	114	174	33	9	1.36	中
	9.09	31.40	47.93	9.09	2.48		
维护市场竞争秩序	15	66	198	54	30	0.95	小
	4.13	18.18	54.55	14.88	8.26		

附表2 问题14的统计分析结果

问题	选择项被选次数及百分比				平均得分	程度
	未考虑 (0)*	一定程度 (1)*	很大程度 (2)*	以市场机制为基础 (3)*		
你认为产业政策制定过程中，何种程度上考虑了市场的作用	21	246	72	24	1.27	中
	5.79	67.77	19.83	6.61		

问题14有4个选择项（见附表2）：①未考虑，②一定程度，③很大程度，④以市场经济为基础。对问题进行回答时，只能在选择项中选择一个。四个选择项的权数分别为0、1、2、3。然后计算每一个问题各选择项被选择的次数和占总数的百分比，以及该问题的加权平均得分。得分为负，说明有负作用，得分在0~1，说明作用小，得分在1~2，说明作用中等；得分在2~3，说明作用大。

根据本次调查，产业政策制定过程中，对市场作用的考虑，处于"中"。与20世纪90年代末的调查相比，基本没有变化。

三、选择项之间没有关系，但可以做多项选择

附表3是对问题15进行统计的结果。对每一个选择项都可以有多个选项。表格中有两组数据，上边的一组对应选择的被选次数，下边的一组对应选择的百分比。

从统计结果可见，接受调查者认为中央政府综合部门在产业政策制定中的政策目标顺序依次是：GDP、财政收入、就业、产业发展、生态、企业利润、市场份额。

中央政府专业部门在产业政策制定中的政策目标顺序依次是：产业发展、就业、GDP、财政收入、生态、企业利润、市场份额。

地方政府在产业政策制定中的政策目标顺序依次是：财政收入、GDP、就业、产业发展、企业利润、生态、市场份额。

产业协会在产业政策制定中的政策目标顺序依次是：产业发展、企业利润、市场份额、GDP、就业、财政收入、生态。

本土大企业在产业政策制定中的政策目标顺序依次是：企业利润、市场份额、产业发展、GDP、生态、就业、财政收入。

专家学者在产业政策制定中的政策目标顺序依次是：产业发展、生态、GDP、企业利润、就业、市场份额、财政收入。

新闻舆论机构在产业政策制定中的政策目标顺序依次是：产业发展、生态、就业、GDP、企业利润、市场份额、财政收入。

外国政府在产业政策制定中的政策目标顺序依次是：企业利润、市场份额、生态、产业发展、就业、财政收入。

跨国公司在产业政策制定中的政策目标顺序依次是：企业利润、市场份额、生态、产业发展、财政收入、GDP、就业。

附表3 各选择项被选择的次数及所占百分比

问题：下列各种力量在产业政策制定中的政策目标顺序是什么							
	产业发展	就业	财政收入	生态	GDP	企业利润	市场份额
中央政府综合部门	204	216	234	195	246	39	30
	56.20	59.50	64.46	53.72	67.77	10.74	8.26
中央政府专业部门	294	220	141	111	144	114	69
	80.99	60.61	38.84	30.58	39.67	31.40	19.01
地方政府	120	183	270	96	240	117	51
	33.06	50.41	74.4	26.45	66.12	32.23	14.05
产业协会	258	75	63	51	102	222	141
	71.07	20.66	17.36	14.05	28.10	61.16	38.84
本土大企业	150	42	36	48	48	240	222
	41.32	11.57	9.92	13.22	13.22	66.12	61.16
专家学者	255	129	123	180	138	135	126
	70.25	35.54	33.88	49.59	38.02	37.19	34.71
新闻舆论机构	228	177	117	213	174	126	120
	62.81	48.76	32.23	58.68	47.93	34.71	33.06
外国政府	87	48	42	99	24	219	216
	23.97	13.22	11.57	27.27	6.61	60.33	59.50
跨国公司	54	6	24	90	18	300	264
	14.88	1.65	6.61	24.79	4.96	82.64	72.73

从上面的结果可以看出，对于产业政策制定有不同影响力的9种力量在制定产业政策时关心的政策目标顺序有很大不同，其中排在第一、二位的目标更是存在着很大差异。这些差异，造成了产业政策制定与执行过程中多种形态的博弈，影响着产业政策的实际效果。

参考文献

一、中文部分

[1] [德] 卡尔·马克思：《资本论》，中央编译局译，人民出版社，2004年版。

[2] [英] 约翰·梅纳德：《凯恩斯就业利息及货币通论》，徐毓丹译，商务印书馆，1977年版。

[3] 赵英主编：《中国产业政策实证分析》，社会科学文献出版社，2000年版。

[4] 《中共中央关于制定国民经济和社会发展第十二个五年规划的建议》，人民出版社，2010年版。

[5] 科技部办公厅调研室、中国科技促进发展研究中心：《中国科技实力研究报告》(2007)。

[6] 科技部办公厅调研室：《科技发展重大问题研究》(2010)。

[7] 赵英主编：《中国制造业技术标准与国际竞争力研究》，经济管理出版社，2008年版。

[8] 中国社会科学院工业经济研究所：《中国工业发展报告》(1995~2011)，经济管理出版社。

[9] 赵英：《工业可持续发展问题综述》，《学科理论前沿》，工业经济研究所研究报告，2007年第4期。

[10] 赵英：《21世纪初中国产业变动趋势实证分析》研究报告，工业经济研究所，2011年10月。

[11] 中国社会科学院工业经济研究所、日本总合研究所编：《日本经济事典》，中国社会科学出版社、日本总合出版股份公司，1982年版，第73页。

[12] [日] 宫崎义一：《日本经济的结构和演变》，中译本，中国对外经济贸易出版社，1990年版。

[13] [日] 宫崎勇：《日本经济政策亲历者实录》，中译本，中信出版社，2009年版。

[14] [日] 安场保吉：《高速增长》(日本经济史第8卷)，中译本，生活·读书·新知三联书店，1997年版。

[15] 工业和信息化部：《工业和信息化部关于充分发挥行业协会作用的指导意见》，2009年4月。

[16] 江小娟：《经济转轨时期的产业政策——对中国经验的实证分析与前景展望》，上海三联书店，1996年版。

[17] 林致远：《建立公共财政与提高产业竞争力》，《财政研究》，2001年第11期。

[18] 《中国财政年鉴》（2008、2009）。

[19] 冯晓琦等：《从产业政策到竞争政策：东亚地区政府干预方式的转型及对中国的启示》，《南开经济研究》，2005年第5期。

[20] 唐志红：《基于全球视角下的产业结构开放与互动》，《经济经纬》，2004年第3期。

[21] 吴进红：《对外贸易与江苏产业结构升级》，《南京社会科学》，2006年第3期。

[22] 魏浩、毛日：《中国制成品出口比较优势及贸易结构分析》，《世界经济》，2005年第2期。

[23] 余剑、谷克鉴：《开放条件下的要素供给优势转化与产业贸易结构变革》，《国际贸易问题》，2005年第11期。

[24] 张阳加：《我国出口退税政策调整的影响效应分析》，《税务与经济》，2006年第1期。

[25] 张小蒂、孙景蔚：《基于垂直专业化分工的中国产业国际竞争力分析》，《世界经济》，2006年第5期。

[26] 李怀、张悦：《当代产业政策趋势下对我国当前经济刺激政策的几点建议》，《经济学家》，2009年第5期。

[27] 谷克鉴、余剑：《汇率变化与中国产业结构调整研究》，中国人民大学出版社，2008年4月。

[28] 《中国贸易救济》（2010~2011年）。

[29] 李先云：《从贸易救济法的角度谈我国产业安全的保护》，http://www.xyggfw.cn，2009年12月1日。

[30] 尚明：《WTO框架下的贸易救济体系与中国的对策》，维普资讯，http://www.cqvip.com。

[31] 倪月菊：《世界各主要国家和地区服务贸易管理体制比较研究》，《国际贸易》，2007年第2期。

[32] 张宏乐：《多边贸易体制下我国服务贸易救济措施构建初探》，《世界贸易组织动态与研究》，2008年第4期。

[33] 董展眉：《加入WTO后过渡期我国贸易救济体系的完善》，《商业研究》，2007年5月。

[34] 刘向丽：《健全我国进口贸易救济体制的若干思考》，《国际贸易》，2006年第7期。

[35] 王世春：《依法运用救济措施维护公平贸易秩序》，《对外经贸财会》，2005年第4期。

[36] 宋和平：《有效运用贸易救济措施化解国际贸易摩擦》，《中国检验检疫》，2005年第4期。

[37] 吴竑：《运用贸易救济措施维护产业安全的思考》，《湖南财经高等专科学校学报》，2007年12月。

[38] 董展眉：《对完善我国贸易救济组织体系的思考》，《企业活力》，2008年第9期。

[39] 张玉卿、杨荣珍：《我国对外反倾销贸易救济效果评估》，《世界贸易组织动态与研

究》，2008 年第 11 期。

[40] 李平贾：《WTO 框架下我国贸易救济体系的完善》，《商场现代化》，2008 年 3 月（中旬刊）总第 533 期。

[41] 李小芳：《WTO 体制下我国贸易救济制度的不足与完善》，《广西财经学院学报》，2008 年 6 月第 21 卷第 3 期。

[42] 姜维：《入世后过渡期如何完善和加强我国贸易救济体系》，《商业时代》，2005 年 23 期。

[43] 高永富：《我国贸易救济措施实施情况评估》，《世界贸易组织动态与研究》，2006 年第 6 期。

[44] 高维新：《我国贸易救济制度的建立、实践和完善》，《对外经贸实务》，2010 年第 5 期。

[45] 杨益：《全球贸易救济的现状、发展及我国面临的形势》，《国际贸易》，2007 年第 9 期。

[46] 商务部：《2010 全球贸易摩擦研究报告》，2010 年 12 月 17 日。

[47] 商务部：《2009 全球贸易摩擦研究报告》，2009 年 12 月 1 日。

[48] 商务部：《"十一五"期间我国公平贸易工作回顾展望》，商务部网站，2010 年 10 月 28 日。

[49] 石勇：《未来中国贸易救济措施走势的分析》，《中国贸易救济》，2007 年第 3 期。

[50] 《中国贸易救济》（2009~2011）。

[51] [美] 本·斯泰尔、戴维·维克托：《技术创新与经济绩效》，上海人民出版社，2006 年版。

[52] 科学技术部：《中国科学技术发展报告 2008》，科学技术文献出版社，2009 年版。

[53] 詹·法格博格、戴维·莫利、理查德·纳尔逊：《牛津创新手册》，知识产权出版社，2009 年版。

[54] 伍蓓：《技术政策的内涵、分类、评估和支撑体系》，《科技进步与对策》，2007 年第 11 期。

[55] 彭蕾：《技术政策价值取向特点分析——兼评我国技术政策价值取向》，《南京财经大学学报》，2005 年第 2 期。

[56] 刘彦：《美国产业技术政策的发展与特征》，《中国科技论坛》，2008 年第 3 期。

[57] 中国科学技术发展战略研究院：《中国产业技术政策研究报告 2008》，北京出版社，2008 年版。

[58] 赵英：《推动科技发展的科学决策》，《瞭望》，2005 年第 2 期。

[59] 赵英、王焕：《21 世纪初我国的产业升级与科技发展》，2005 年。

[60] [美] 赫伯特·西蒙：《现代决策理论的基石》，中译本，北京经济学院出版社，1989 年版。

[61] [美] 保罗·海恩等：《经济学的思考方式》，中译本，世界图书出版公司，2008 年版。

[62] [美] 维纳：《人有人的用处——控制论和社会》，中译本，商务印书馆，1978

年版。

[63] [德] 康德：《历史理性批判》，中译本，商务出版社，1997 年版。

[64] [法] 狄德罗：《狄德罗哲学选集》，中译本，商务印书馆，1979 年版。

[65] [英] 亚当·斯密：《道德情操论》，中译本，中央编译出版社，2008 年版。

[66] 王建彬：《不同生命周期产业创新政策之评估研究》，中国台湾交通大学博士论文，2005 年。

[67] 邢怀滨、苏竣：《均衡与演化框架下的技术政策比较》，《科学学研究》，2004 年第 5 期。

[68] [美] 保罗·戴维森：《凯恩斯方案——通向全球经济复苏与繁荣之路》，孙时联译，机械工业出版社，2011 年版。

[69] [美] 保罗·克鲁格曼：《战略性贸易政策与新国际经济学》，海闻等译，中国人民大学出版社、北京大学出版社，2000 年版。

[70] [美] 克莱德·普雷斯托维茨：《经济繁荣的代价》，中译本，何正云译，中信出版社，2011 年版。

[71] 温家宝：《在全国金融工作会议上的讲话》，《新京报》，2012 年 1 月 8 日。

[72] 吴溪淳：《中国钢铁工业 60 年发展历程、主要成就和基本经验》，《中国冶金报》，2009 年 10 月 1 日。

[73] 周维富：《我国钢铁工业 60 年发展的回顾与展望》，《中国钢铁业》，2009 年第 7 期。

[74] 王东杰：《近年来国内钢铁行业横向并购的态势评析》，《学术论坛》，2008 年第 10 期。

[75] 刘铁男、郝冀成：《入世对我国钢铁工业的影响及其对策》，《东北大学学报》，2004 年第 1 期。

[76] 陈凌：《钢铁产业政策问题再认识》，《冶金管理》，2004 年第 1 期。

[77] 徐康宁、韩剑：《中国钢铁产业集中度、布局与结构优化研究》，《中国工业经济》，2006 年第 2 期。

[78] 李晓华、吕铁：《正确判断钢铁行业产能过剩问题》，《中国经济时报》，2009 年 10 月 27 日。

[79]《中国船舶工业年鉴》（2003~2008）。

[80] 谭作钧：《改革开放 30 年中国船舶工业产能跃居世界前列》，《光明日报》，2008 年 10 月。

[81]《装备制造》（2008~2009 年）。

[82] 中国机械工业年鉴编辑委员会：《中国机械工业》（2000~2009 年），机械工业出版社。

[83]《国务院关于加快振兴装备制造业的若干意见》。

[84]《装备制造业调整和振兴规划》。

[85]《中国工业报》（2005~2010 年）。

[86]《政府采购报》（2011 年）。

[87]《轻工业年鉴》（2003~2020）。

[88]《中国轻工业"十五"规划》、《中国轻工业"十一五"规划》。

[89]《轻工业调整和振兴规划》(2008年)。

[90] 杨价佩、王晓平编:《军工科技之路——国防科技工业改革与管理探索》,兵器工业出版社,2000年版。

[91] 国防科学技术工业委员会、国家发展和改革委员会:《国防科技工业产业政策纲要》(2004年)。

[92] 邓小平:《邓小平文选》第三卷,人民出版社,1993年版。

[93]《中国共产党第十七次代表大会文件汇编》,人民出版社,2007年版。

[94] 赵英:《论战略性高技术产业中的所有制结构》,《中国工业经济》,2001年第8期。

[95] 赵英:《"军转民"的新思维》,《中国经贸导刊》,2003年第9期。

[96] 赵英:《军事工业自主创新浅谈》,《中国国防经济》,2005年第5期。

[97] 赵英:《我国军工科研机构转型面临的重大问题和政策建议》,《经济管理》,2004年第23期。

[98]《中国汽车工业公司文件汇编》,1988年版。

[99]《光辉的成就》上册,人民出版社,1984年版。

[100]《汽车工业年鉴》(2000~2010)。

[101] 石广生主编:《中国加入世界贸易组织知识读本》,人民出版社,2002年版。

[102] 商务部产业损害调查局、贸易谈判办公室:《入世六年来我国产业安全状况评估》(2006)。

[103] 连玉明、武建中主编:《中国救市》,中国时代经济出版社,2009年版。

二、外文部分

[1] Executive Office of the President's Council of Advisors on Science and Technology. Report to The President on Ensuring American Leadership in Advanced Manufacturing, 2011.

[2] Goldsmith Raymond. 1969. Financial Structure and Development. New Haven: Yale University Press.

[3] King, Robert G., and Ross Levine, 1993. Finance and Growth: Schumpeter Might Be Right. Quarterly Journal of Economics, August.

[4] King, Robert G., Ross Levine. Finance, Entrepreneurship and Growth: Theory and Evidence. Journal of Monetary Economics.

[5] Levine, Ross. 1997. Financial Development and Economic Growth: Views and Agenda. Journal of Economic Literature, 35: 688-726.

[6] Levine, Ross, and Sara Zervos. 1998. Stock Markets, Banks, and Economic Growth. American Economic Review, June.

[7] McKinnon, Ronald. 1973. Money and Capital in Economic Development, Washington: Brookings Institution.

[8] Shaw, Edward S. 1973. Financial Deepening in Economic Development.NY: Oxford University Press.

［9］Alic, J., Mowery, D., and Rubin, E. (2003). U.S. Technology and Innovation Policies: Lessons for Climate Change. Arlington, VA: Pew Center on Global Climate Change.

［10］日本经济产业省工业技术院：《产业技术振兴施策便览》，通产政策广报社，1994年。

［11］［日］产业调查会：《通产省》，1998年版。

［12］［日］矢部洋三等编：《现代日本经济史年表》，日本经济评论社，2001年。

［13］［日］矢野恒太纪念会编：《日本百年》，2006年版。

［14］［日］经济产业省：《通商白书》（2008~2010）。

［15］［日］经济产业省：《平成20年度产业集群计划手册》（2008）。

［16］［日］筒井义郎、山根承子：《行动经济学》，2012年版。

后 记

本书是中国社会科学院重点课题"21世纪初中国产业政策变动趋势实证分析"的最终成果。20世纪90年代末，笔者主持了中国社会科学院工业经济研究所"中国产业政策实证研究"的课题，对中国20世纪80年代到90年代中后期的产业政策，进行了实证研究。该课题最终成果形成了《中国产业政策实证分析》一书。本书则是对中国21世纪初（2000~2010年）中国产业政策的实证研究。两书跨越20年，基本反映了中国20世纪80年代至今产业政策的实态；反映了改革开放进程中，政府、理论界、企业界对产业政策的认识与政策实践。

本课题基本延续了"中国产业政策实证研究"课题的实证研究方法，在研究中不再刻意进行对产业政策绩效定量的研究。因为据笔者所见，即便国外学者有关研究中，也认为对产业政策绩效进行定量研究是非常困难的。

产业政策既是重要的经济政策，同时也是公共政策。在中国21世纪的政治、经济环境中，从公共政策角度对中国产业政策进行研究，不仅有利于我们对产业政策加深认识，也有利于我们从历史角度看中国公共政策的转变。因此本书增加了从中国公共政策制定角度对中国产业政策进行研究的内容。随着中国政治、经济、社会以及社会基础设施的变化，我们相信，从公共政策角度对于中国产业政策进行的研究，对未来中国政府制定一般经济政策，也具有重要意义。

在本书的问卷设计上也基本上沿用了前一次研究的问卷内容，当然也有相当改变。这样做是为了使读者在阅读本书时，对于中国产业政策的变迁有一个鲜明对比，也有利于对此有兴趣的学者进行研究。

本书对2000~2010年的产业政策文件进行了分析，由于篇幅所限，这些文件附表只好删除。另有7个案例研究也一并删除了，实在可惜。

本课题参加者都是对中国产业政策有多年研究的官员、学者，其中有些人还亲身参加了近年来中国有关产业政策的制定与实施。各位研究者学术背景不同，对问题的认识也不同，本书基本保留了各个子课题研究者的看法与观点。

本书各章的撰写者是：导论、第七章、第十一章、第十二章：赵英；第一章：时杰；第二章：余剑；第三章：倪月菊；第四章：刘峰、倪月菊、陈志；第五章：赵英、倪月菊；第六章、第八章：关鹏；第九章：贺颖；第十章：赵昭；第十三章：吕宁；附录：倪月菊。

赵英对各个章节做了补充与修订。倪月菊、赵昭、崔鹏对产业政策文件进行了统计分析。

本课题主要参加者学术背景简介如下：

赵英：中国社会科学院工业经济研究所研究员、中国社会科学院研究生院博士生导师、国家经济风险与经济发展研究中心主任。享受政府特殊津贴。主要研究方向：产业经济、国家安全。曾在日本亚洲经济研究所做访问学者。获得国家级学术奖两项，省部级学术奖10项。出版专著12部，发表论文160余篇。

倪月菊：经济学博士，中国社会科学院世界经济与政治研究所研究员，曾在日本大阪大学进修博士课程。主要研究方向：国际贸易、国际贸易史、中日经济关系等。已发表论文100余篇。

刘峰：经济学博士、研究员、中国社会科学院工业经济研究所博士后、科技部科技发展战略研究院产业研究所所长。主要研究方向：科技创新、地区产业发展、科技政策等。已发表论文80余篇。

余剑：经济学博士、中国社会科学院工业经济研究所博士后，中国人民银行营业管理部金融研究处《北京金融评论》编辑部主任，副研究员。主要研究方向：货币理论与政策、产业经济学、国际经济学。已发表专著1部，论文10余篇。

关鹏：经济学博士，国家发展与改革委员会经济调节司副处长。主要研究方向：经济运行宏观调节、产业发展等。已发表论文10余篇。

吕宁：中国社会科学院工业经济研究所副研究员。主要研究方向：轻工业、工业品市场。已经发表论文50余篇。

时杰：经济学博士，中国社会科学院工业经济研究所副研究员。主要研究方向：财政税收政策、财政税收政策对工业发展的影响、企业经营战略等。发表论文50余篇。

陈志：经济学博士，科技部科技发展战略研究院副研究员。主要研究方向：产业经济。发表论文20余篇，专著2部。

贺颖：法学硕士，《中船重工》办公室主任。主要研究方向：船舶工业。发表论文10余篇。

赵昭：英国罗伯特·高登大学理学硕士。现在中信银行工作。主要研究方向：金融风险控制、中小企业融资。

经济管理出版社总编辑沈志渔先生多年来对我的学术专著出版给予了热情支持，对于此书的出版同样给予了大力帮助，在此表示由衷感谢。出版社编辑对本书的出版，给予了热情帮助，做了细致的编辑，也在此表示感谢。工业经济研究所科研处谷玉珍处长、王楠先生对本课题的研究、本书的出版，给予了周到的帮助，在此也表示感谢。

自1991年初进入中国社会科学院工业经济研究所，我即从事产业政策研究。我主持的两次"中国产业政策实证研究"课题，为中国产业政策勾画了20年演进的历程。我想这一研究不仅对后人认识中国产业政策，研究中国产业发展具有重要意义，而且对认识中国20年来经济管理体制、行政管理体制及运行方式的演变，也有一定意义。中国需要有耐心、有坚持地追踪一个问题的长期研究。与国际学术界相比，我国在这方面差距较大。感谢中国社会科学院科研局、工业经济研究所在10余年中支持我持续进行这方面的探索。

我已届退休之年，回首进入中国社会科学院的20年，成绩不大，但驽牛致远，尽力而为。开始本课题研究时，从西方主流经济学的视角看，我认为中国产业政策应当逐渐减少、衰落，但实际情况并非如此，从实证研究结论看，产业政策在今后10年地位不仅不会下降，还将大行其道。究竟是中国经济管理体制改革缓慢，还是西方经济学应当修正，耐人寻味！如果2020年能够再度进行同样的研究，届时或许可以得出许多更加有趣的结论吧！

1969年投身北国荒原，我才17岁，自那时起在人生道路上跋涉40余年矣！明年即将退休。退休对一个人来说，既是既往生活的结束，也是新生活的开始。我想用两首诗结束本书，算是对既往做一个回顾，对今后做一点激励，也是对20余年学术生涯的纪念吧！

自 励

白首望穹苍，
莫怨山路长。
临渊观衰影，
长剑起秋霜。

行 藏

栉风沐雨北大荒，
奔走齐鲁著戎装。
烂断朝报雕虫技，
伏案七载秘书郎。
经济天下春秋笔，
书生意气也轩昂。
廿载坐览家国事，
丈夫处处有行藏。

赵 英
京东听雨斋
2011年12月8日夜